INFORMÁTICA

CONCEITOS BÁSICOS

O GEN | Grupo Editorial Nacional – maior plataforma editorial brasileira no segmento científico, técnico e profissional – publica conteúdos nas áreas de ciências exatas, humanas, jurídicas, da saúde e sociais aplicadas, além de prover serviços direcionados à educação continuada e à preparação para concursos.

As editoras que integram o GEN, das mais respeitadas no mercado editorial, construíram catálogos inigualáveis, com obras decisivas para a formação acadêmica e o aperfeiçoamento de várias gerações de profissionais e estudantes, tendo se tornado sinônimo de qualidade e seriedade.

A missão do GEN e dos núcleos de conteúdo que o compõem é prover a melhor informação científica e distribuí-la de maneira flexível e conveniente, a preços justos, gerando benefícios e servindo a autores, docentes, livreiros, funcionários, colaboradores e acionistas.

Nosso comportamento ético incondicional e nossa responsabilidade social e ambiental são reforçados pela natureza educacional de nossa atividade e dão sustentabilidade ao crescimento contínuo e à rentabilidade do grupo.

FERNANDO DE CASTRO **VELLOSO**

INFORMÁTICA

CONCEITOS BÁSICOS

11ª EDIÇÃO

 **LTC**

Dedicatória

Dedico este livro, com acendrado afeto,
às pessoas que dão significado a meus sonhos
e que levam adiante, com muito amor,
nossa bonita história de família:
Ivonete – sólido alicerce! –,
Mônica, Tiago, Luíza, Fernanda,
Fernando, Lílian, Vinícius, Carolina.

In Memoriam

A meu pai e minha mãe,
meus mais importantes mestres.

Não, nada acabou!
Está, apenas, começando...
As gerações vão-se sucedendo:
De cada uma
Vão ficando suas marcas;
Vão ficando seus feitos, seus efeitos.
Vão ficando suas palavras...
Vem, então, o advento
De uma nova era. E tudo recomeça,
Com força.
É hora de acreditar
De saber buscar (...)

Fernando Velloso Filho,
in "Pensei, Senti, Escrevi...", 1990

"Somos todos professores imperfeitos, mas podemos ser perdoados se tivermos levado a questão um pouco adiante e se tivermos feito o que nos foi possível. Anunciamos o prólogo e nos retiramos; depois de nós, melhores atores virão."

Will Durant

Prefácio

Não há exagero na afirmação de que a vida contemporânea se desenvolve sobre o alicerce da informática: centenas das mais importantes atividades relacionadas com o nosso cotidiano seriam absolutamente impossíveis não fosse o concurso do computador eletrônico.

Nessa nova sociedade, não só o desempenho de qualquer atividade profissional, como o próprio relacionamento com o meio e com os semelhantes, impõe o conhecimento da tecnologia dos computadores.

Ultrapassamos a fase, própria ao despertar da nova era, em que interessante e útil foi, por algum tempo, o domínio de uma ou duas linguagens de programação, visando ao diálogo – no início mais difícil – com as máquinas grandes, precursoras.

Impõe-se, hoje, conhecer a potencialidade, acompanhar o desenvolvimento, estar a par do incessante progresso para manter condições de explorar judiciosamente os recursos disponíveis. Avaliações e ações, dentro desse quadro, só poderão ser corretas se houver um lastro de conhecimento. Essa fundamentação apresenta-se, portanto, como indispensável à formação dos profissionais das mais diversas atividades.

Desejamos, pois, que esta nova edição, cujo escopo coaduna-se com a visão do presente e do futuro que aqui foi colocada, continue sendo útil como ponto de apoio e de partida.

Apresentação à 11ª edição

A revolucionária tecnologia 5G de telefonia móvel, a Internet das Coisas, o Aprendizado de Máquinas, o Big Data – lidando com informações a gigabits por segundo –, o turbilhão de dados, nas casas de zetabytes (21 zeros!!!) crescendo continuamente, o consequente surgir de novas linguagens de programação – enfim, todo esse panorama contemporâneo – descortina, segundo Jim Gray, a "ciência centrada nos dados", um novo paradigma na evolução da pesquisa científica da humanidade.

Com o objetivo de fazer desta nova edição – como tem acontecido ao longo do tempo – uma fonte de consulta atualizada e objetiva, as diversas conquistas tecnológicas mais recentes estão aqui apresentadas, fazendo com que este livro continue nos trazendo o que há de atual nas áreas de informática e telecomunicações. Particularmente na abordagem de assuntos que dizem respeito à informática empresarial de ponta, contamos, uma vez mais, com a colaboração do engenheiro de computação e advogado Tiago Velloso, profissional que empresta sua experiência em avançado centro de tecnologia bancária; a ele renovamos o agradecimento em nome dos leitores.

Auguramos, portanto, que esta publicação continue proporcionando perfeita compreensão do venturoso presente e visão do promissor futuro, continuando a ser útil como ponto de apoio e de partida.

O AUTOR

Material Suplementar

Este livro conta com os seguintes materiais suplementares:

- Exercícios gerais.
- Questões de concursos públicos.

O acesso ao material suplementar é gratuito. Basta que o leitor se cadastre e faça seu *login* em nosso *site* (www.grupogen.com.br), clicando em Ambiente de aprendizagem, no *menu* superior do lado direito. Em seguida, clique no *menu* retrátil ▤ e insira o código (PIN) de acesso localizado na orelha deste livro.

O acesso ao material suplementar online fica disponível até seis meses após a edição do livro ser retirada do mercado.

Caso haja alguma mudança no sistema ou dificuldade de acesso, entre em contato conosco (gendigital@grupogen.com.br).

Sumário

CAPÍTULO 10

Sistemas, 167

CAPÍTULO 11

Teleprocessamento e redes, 183

CAPÍTULO 12

Tecnologia da informação, 235

CAPÍTULO 13

Internet, 247

Fundamentos

1.1 Informática

Informática é informação automática, isto é, o tratamento da informação de modo automático. Portanto, informática pressupõe o uso de **computadores eletrônicos** no trato da informação.

O neologismo foi criado na França (*informatique*), em abril de 1966, como alternativa a *information science,* até então acolhido pela comunidade internacional. Em consequência, mesmo em inglês, em seguida, popularizou-se o termo *informatic*.

O aspecto que se lhe pretende conferir de ciência acarreta, em busca de sua estruturação formal, o que se deve dar no terreno da **semiótica**: tem a informática comprometimentos tanto com a área das ciências exatas quanto com das ciências sociais.

Pode-se considerá-la como situada na interseção de quatro áreas do conhecimento: Ciência da Computação, Ciência da Informação, Teoria dos Sistemas e Cibernética (ver Fig. 1.1).

A **Ciência da Computação** preocupa-se com o processamento dos dados, abrangendo a arquitetura das máquinas e as respectivas engenharias de software, isto é, sua programação; a **Ciência da Informação** volta-se ao trato da informação, notadamente no tocante a seu armazenamento e a sua veiculação; a **Teoria dos Sistemas** sugere a solução de problemas a partir da conjugação dos elementos capazes de levar a objetivos pretendidos; a **Cibernética** preocupa-se com a busca da eficácia, mediante ações ordenadas sob convenientes mecanismos de automação.

Essa visão da informática ajuda não só a melhor caracterizá-la como também – e principalmente – evidencia que a utilização de suas técnicas e metodologias é imprescindível à vida do homem moderno, seja qual for a sua área de interesse.

Os computadores datam dos anos 1940, dos tempos da Segunda Guerra Mundial. O emprego crescente, a partir de então, dessas máquinas, deu origem logo cedo às designações *Processamento Automático de Dados, Processamento Eletrônico de Dados* ou, simplesmente, *Processamento de Dados* às operações que nelas se apoiam. A partir dos anos 1980, a utilização corrente dos computadores deixou de ser privilégio de especialistas para passar ao domínio generalizado da sociedade: nessa época a terminologia "processamento de dados" cedeu lugar ao uso mais correto que hoje se faz do vocábulo *informática,* caracterizando procedimentos diversos que se apoiam no computador.

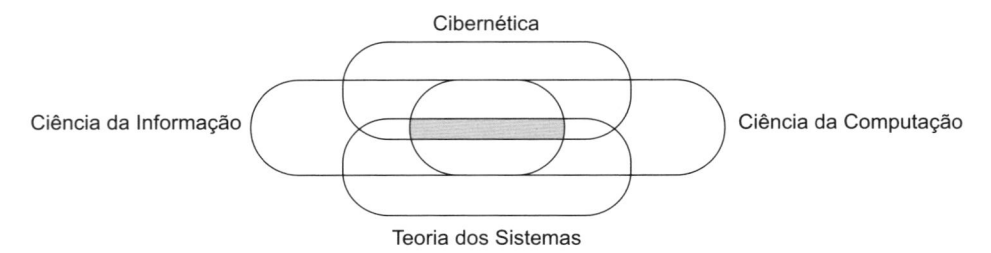

Figura 1.1 Informática: na interseção de quatro áreas.

> Os horizontes da informática são muito amplos. Informação e Comunicação formam o binômio do maior poder na sociedade moderna. Possuir a informação ao alcance, poder levá-la ao destino certo, fazer dela o melhor uso, eis no que reside, em essência, o sucesso dos empreendimentos, das organizações.

À informática, ferramenta indispensável ao desenvolvimento técnico e científico, suporte da modernização em todas as áreas de atividade, cabe a tarefa precípua de **coletar**, **tratar** e **disseminar dados**, sua matéria-prima, gerando informação.

> Dados – **Elementos conhecidos de um problema.**
> Informação – **Um conjunto estruturado de dados transmitindo conhecimento.**

1.2 Novas tecnologias de informação e comunicação

Denominam-se Novas Tecnologias de Informação e Comunicação (NTICs) as tecnologias e métodos para comunicar surgidos no contexto da Revolução Informacional, "Revolução Telemática", ou Terceira Revolução Industrial, desenvolvidos gradativamente desde a segunda metade da década de 1970, principalmente nos anos 1990. A imensa maioria delas se caracteriza por agilizar, horizontalizar e tornar menos palpável, isto é, fisicamente manipulável o conteúdo da comunicação, por meio da digitalização e da comunicação em redes – mediada ou não por computadores – para a captação, transmissão e distribuição das informações: texto, imagem estática, vídeo e som. Considera-se que o advento dessas novas tecnologias e a forma como foram utilizadas por governos, empresas, indivíduos e setores sociais possibilitaram o surgimento da "Sociedade da Informação". Alguns estudiosos falam em sociedade do conhecimento para destacar o valor do capital humano na sociedade estruturada em redes telemáticas.

São considerados NTICs, entre outras:

- computadores pessoais (PCs, *personal computers*);
- câmeras de vídeo e foto para computador ou webcam;
- CDs e DVDs, permitindo gravações domésticas;
- diversos suportes para guardar e portar dados, como os disquetes (de variados tamanhos), discos rígidos ou HDs, cartões de memória, pen drives, zip drives e assemelhados;
- telefonia móvel (telemóveis ou telefones celulares);
- TV por assinatura:
  - TV a cabo;
  - TV por antena parabólica;
- correio eletrônico (e-mail);
- listas de discussão (*mailing lists*);

- internet:
    - *world wide web* (principal interface gráfica);
    - websites e home pages;
    - quadros de discussão (*message boards*);
- *streaming* (fluxo contínuo de áudio e vídeo via internet);
- *podcasting* (transmissão sob demanda de áudio e vídeo via internet);
- Wikipédia, possível graças à internet, à www e à invenção do wiki;
- tecnologias digitais de captação e tratamento de imagens:
    - captura eletrônica ou digitalização de imagens (scanners);
    - fotografia digital;
    - vídeo digital;
    - cinema digital (da captação à exibição);
    - som digital;
    - TV digital;
    - rádio digital;
- tecnologias de acesso remoto sem fio (wireless):
    - Wi-Fi;
    - Bluetooth;[1]
    - RFID;
    - EPVC.

De modo geral, as novas tecnologias estão associadas à interatividade e à quebra com o modelo comunicacional um-todos, em que a informação é transmitida de modo unidirecional, adotando o modelo todos-todos, em que aqueles que integram redes de conexão operacionalizadas por meio das NTICs fazem parte do envio e do recebimento das informações. Nesse sentido, muitas tecnologias são questionadas quanto a sua inclusão no conceito de novas tecnologias da informação e comunicação, ou meramente novos modelos de antigas tecnologias.

As novas tecnologias, relacionadas com a revolução informacional, oferecem infraestrutura comunicacional, que permite a interação em rede de seus integrantes. São descartados, geralmente, modelos em que haja produção unilateral das informações, somente repassadas aos outros terminais de acesso, considerados reativos e não interativos, como os portais e agências midiáticas que disponibilizam suas informações e serviços pela internet.

---

1   Curiosidade: Bluetooth é a tecnologia que permite comunicação simples, rápida, segura, barata e sem fio entre aparelhos computadores, celulares, smartphones, fones de ouvido etc. A denominação advém do apelido dado ao rei da Dinamarca, no século X, Harald Batland; esse monarca tinha dentes azulados que lhe valeram o apelido; unificou os reinos nórdicos da Dinamarca e da Noruega; assim, "bluetooth" foi trazido à terminologia da informática como sinônimo de "unificação".

1.3 Várias modalidades de computadores

Os sistemas de aferição ou medição podem ser classificados em dois grandes grupos:

- sistemas analógicos;
- sistemas digitais.

No painel de um automóvel, o velocímetro é um marcador analógico; o odômetro, assinalando as distâncias percorridas, é digital (ver Fig. 1.2).

Figura 1.2 Sistema analógico e sistema digital.

Nos sistemas analógicos, converte-se a manifestação do fenômeno que se quer aferir em algum tipo de sinalização visual que se comporte analogamente.

Nos sistemas digitais, mede-se com determinada frequência o estado; e os resultados são sempre traduzidos por dígitos.

Existem duas classes de computadores, fundamentalmente diferentes, quanto ao princípio de operação: computadores analógicos e computadores digitais.

O **computador analógico** representa variáveis por meio de analogias físicas. Trata-se de uma classe de computadores que resolve problemas referentes a condições físicas, por meio de quantidades mecânicas ou elétricas, utilizando circuitos equivalentes como analogia ao fenômeno físico que está sendo tratado.

O **computador digital** processa informações representadas por combinações de dados discretos ou descontínuos.

Mais especificamente: trata-se de um dispositivo projetado para executar sequências de operações aritméticas e lógicas.

Os computadores analógicos têm emprego principalmente em laboratórios de pesquisa e para aplicações científicas e tecnológicas, enquanto os digitais têm emprego mais generalizado em bancos, comércio, indústria e empresas de modo geral.

> **O computador analógico mede. O computador digital conta.**

Nosso estudo tratará dos computadores digitais, elemento básico nas aplicações da informática.

Além dessa classificação, que diz respeito às características de operação, os computadores são classificados segundo as características de utilização e de construção.

Quanto à utilização, diz-se que um computador é do tipo **científico** quando é dirigido a emprego em áreas de cálculos e pesquisas científicas, nas quais são requeridos resultados de maior precisão, isto é, trato de problemas em que números muito grandes costumam ter unidades processadoras sofisticadas e pequeno volume de entrada e saída de dados. Em contrapartida, **computadores comerciais**, que constituem a grande maioria dos equipamentos utilizados nas empresas, caracterizam-se por permitirem o trato rápido e seguro de problemas que comportam grande volume de entrada e saída de dados. A maior parte dos fabricantes hoje dispõe de produtos – ditos de uso geral – que comportam emprego tanto na área científica quanto na área comercial.

Quanto à característica de construção, os computadores – que vêm aprimorando-se ao longo dos anos – podem ser de 1ª, 2ª, 3ª, 4ª ou 5ª geração (ver Quadro 1.1).

Quadro 1.1 Classificação dos computadores

Quanto à característica de operação:
Analógicos
Digitais
Quanto à característica de utilização:
Científicos
Comerciais
Quanto à característica de construção/interconexão:
1ª geração
2ª geração
3ª geração
4ª geração
5ª geração

1.4 Cronologia

A terminologia 5ª geração foi criada pelos japoneses para descrever os potentes computadores "inteligentes" pesquisados a partir da década de 1990. O estado da arte envolve elementos de diversas áreas de pesquisa: inteligência artificial, sistemas especialistas e linguagem natural. Porém, o verdadeiro foco dessa atual "5ª geração" é a conectividade, o maciço esforço da indústria para permitir aos usuários conectarem seus computadores. O conceito de supervia da informação capturou a imaginação tanto de profissionais da computação quanto de usuários comuns.

Marcos da evolução tecnológica e da computação:

1624 – Heinrich Schikart constrói a primeira máquina com rodas dentadas;

1642 – Blaise Pascal constrói a primeira calculadora mecânica;

1728 – Falcon utiliza cartões perfurados como memória para máquinas;

1805 – Jackard cria o primeiro tear automático;

1830 – Motor diferencial de Babbage;

1874 – Primeira máquina de escrever;

1890 – Herman Hollerith realiza o primeiro processamento automático de dados;

1892 – Máquinas de cálculo Burroughs;

1900 – Memória magnética;

1906 – Tubo de vácuo;

1926 – Transistores;

1936 – Alan Turing descreve a fundamentação teórica do computador;

1936 – Primeiro computador elétrico de Atanasoff e início dos computadores ABC;

1940 – Lógica booleana de Claude Shannon;

1941 – Konrad Zuse desenvolve o primeiro computador eletrônico programável;

1944 – Koward Ailsen cria o Mark I, primeira máquina totalmente automática;

1946 – ENIAC torna-se operacional, inaugurando a primeira geração de computadores;

1948 – MIT desenvolve a cibernética;

1950 – Primeiro transistor de junção bipolar; primeiro modem digital;

1959 – Circuito Integrado, marca de inovação tecnológica;

1960 – Theodore H. Nelson e o hipertexto; surgimento do sistema Unix baseado no Mutics;

1964 – Linguagem de programação Basic;

1965 – Leis de Moore sobre a capacidade do microchip;

1969 – ARPANET dá início à internet;

1971 – Primeiro microprocessador, o Intel 4004; redes LAN sem fios (wireless); primeiro e-mail;

1972 – Surge a Ethernet;

1975 – Bill Gates e Paul Allen criam a Microsoft; BASIC para o MITS Altair;

1981 – Lançamento do IBM PC; Microsoft inicia o desenvolvimento do MS-DOS;

1985 – Lançamento do Windows 1.0;

1990 – Archie (do inglês "archive", sem a letra "v"), indexando arquivos, surge como a primeira ferramenta utilizada para busca na internet;

1990 – Tim Berners-Lee cria a WWW (World Wide Web) enquanto desenvolvia maneiras de controlar computadores a distância;

1991 – Surge o Gopher, primeiro **indexador de documentos**;

1991 – Nasce o Linux;

1993 – Lançamento do microprocessador Pentium;

1994 – Desenvolvimento do primeiro navegador comercial, o Netscape;

1995 – Amazon.com abre suas portas virtuais;

1995 – Criada a primeira rede social;

1996 – Larry Page e Sergey Brin, estudantes de ciências da computação de Stanford, iniciam uma parceria para o desenvolvimento de um mecanismo de pesquisa chamado BackRub;

1997 – Larry Page e Sergey Brin decidem que o BackRub precisa de um novo nome. Após algumas sugestões, escolhem Google, um trocadilho em cima da palavra "googol", termo matemático para o número representado pelo dígito 1 seguido de cem dígitos 0. O uso do termo reflete a missão da dupla em organizar uma quantidade aparentemente infinita de informações na web;

1998 – O Departamento de Justiça dos EUA acusa a Microsoft, criadora do onipresente sistema operacional Windows, de abusar de seu poder de mercado, frustrando sua competição com o Netscape e outros;

1999 – A população usuária da internet no mundo ultrapassa 250 milhões de pessoas;

2000 – São lançadas dez primeiras versões do Google.com em outros idiomas: francês, alemão, italiano, sueco, finlandês, espanhol, português, holandês, norueguês e dinamarquês;

2001 – Lançamento do primeiro iPod da Apple;

2002 – A população usuária da internet do mundo ultrapassa 500 milhões de pessoas;

2004 – Microprocessador Pentium 4E com capacidade de três bilhões de operações por segundo;

2004 – Surge o Facebook, atualmente a rede social mais popular no mundo, com mais de 1 bilhão de usuários; 67 milhões só no Brasil. Em segundo lugar está o Google +, seguido por YouTube e Twitter;

2004 – O Orkut (nome do engenheiro turco Orkut Büyükkökten) é lançado como forma de inserir o Google no âmbito das redes sociais;

2004 – Google lança o Gmail, serviço gratuito de webmail;

2005 – Inaugurado o site de compartilhamento de vídeos YouTube;

2006 – Lançamento do microprocessador Intel Core Duo;

2006 – A população usuária de internet do mundo ultrapassa 1 bilhão de pessoas;

2007 – Primeiros microprocessadores fabricados sem chumbo, resguardando o meio ambiente;

2007 – IBM lança primeiro chip a laser;

2007 – Google anuncia o Android, a primeira plataforma aberta para aparelhos celulares, e o Android Developer Challenge;

2007 – Surgem as primeiras impressoras com tecnologia 3D;

2007 – Apple lança o iPhone, trazendo o acesso à internet sem fio a milhões de pessoas;

2008 – Os usuários da internet do mundo ultrapassam 1,5 bilhão de pessoas. Só na China, o total chega a 250 milhões, ultrapassando os Estados Unidos como o país com a maior população usuária da internet do mundo;

2008 – O Android se transforma em Open Source, com código publicado como AOSP (Android Open Source Project);

2008 – Os desenvolvedores do Netscape descontinuam o navegador pioneiro, embora seu sucessor, o Firefox, permaneça forte;

2008 – Importantes companhias aéreas intensificam o uso de serviços de internet nos voos;

2009 – "Seattle Post-Intelligencer" torna-se o primeiro grande jornal diário a ficar exclusivamente on-line;

2009 – Lançado o Motorola Droid ou Milestone, considerado um dos melhores aparelhos com o sistema Android;

2009 – Microsoft lança o Windows 7;

2010 – Apple apresenta o iPad;

2010 – Google lança o primeiro celular com sua marca, o HTC Nexus One, considerado o primeiro superphone, em razão do processador de 1 GHz;

2011 – Chegada do Google Plus ou Google +;

2011 – Motorola Xoom é o primeiro tablet comercialmente disponível com Android 3.0;

2012 – Microsoft lança o sistema operacional Windows 8, tendo como um dos alvos os "tablets" (Windows Phone);

2013 – O Instagram permite a usuários compartilharem vídeos de até 15 segundos;

2013 – Lançado o Windows 8.1;

2014 – A cotação da moeda digital **bitcoin**, criada em 2009, sofre grande queda em relação à do ano anterior;

2015 – A Microsoft lança o **Windows 10**, considerado por muitos o melhor de toda a série, atendendo a reivindicações e proporcionando atualização gratuita aos usuários do Windows 7, do Windows 8 e do Windows 8.1;

2018 – Início da implantação da 5ª geração de telefonia móvel no mundo;

2018 – Sancionada a Lei Geral de Proteção de Dados no Brasil;

2019 – A internet atinge a marca de 3,9 bilhões de pessoas conectadas;

2020 – A "Lei da Internet das Coisas" é sancionada no Brasil;

2021 – Apple lança o iPhone 12 Pro Max, o mais moderno smartphone.

1.5 Circuitos integrados

Um circuito integrado (também conhecido como CI, microcomputador, microchip, chip de silício ou, simplesmente, chip) é um circuito eletrônico miniaturizado, composto principalmente por dispositivos semicondutores, que tem sido produzido na superfície de um substrato fino de material semicondutor, pastilha de cristal de alguns milímetros quadrados. Os circuitos integrados revolucionaram o mundo da eletrônica e são usados em quase todos os equipamentos modernos.

Há duas principais vantagens dos circuitos integrados sobre os circuitos discretos: custo e desempenho. O custo é baixo, porque os chips, com todos os seus componentes, são impressos com muito menos material do que os circuitos discretos. O desempenho é alto, porque os componentes se alternam rapidamente e consomem pouca energia (em comparação com os seus homólogos discretos), pois são pequenos e estão próximos entre si.

A partir de 2006, as áreas de chips variam de poucos milímetros quadrados até cerca de 350 mm², comportando até 1 milhão de transistores por mm² (Quadros 1.2 e 1.3).

Quadro 1.2 Equipamentos eletrônicos de computação convencionais

1ª geração – 1946[2]

Circuitos eletrônicos a válvulas

Operações internas em milissegundos

2ª geração

Circuitos eletrônicos transistorizados

Operações internas em microssegundos

3ª geração

Circuitos integrados (SSI e MSI)

Operações internas em nanossegundos

4ª geração

Tecnologia de firmware

Integração em escalas superiores (LSI – VLSI – ULSI)

Chips

Operações internas em picossegundos

5ª geração

Sistemas especialistas

Conectividade

Quadro 1.3 Integração

Escalas de integração	Quantidade de elementos por chip
Integração em pequena escala (SSI)	Menos de 10
Integração em média escala (MSI)	10 a 100
Integração em grande escala (LSI)	100 a 5.000
Integração em muito grande escala (VLSI)	5.000 a 50.000 (início da 1ª geração)
Integração em supergrande escala (SLSI)	50.000 a 10.000.000
Integração em ultragrande escala (ULSI)	mais de 10.000.000

Atualmente, a eletrônica está entrando na era da nanotecnologia. Os componentes eletrônicos se comportam de maneira diferente do que na eletrônica convencional e na microeletrônica, nas quais a passagem de corrente elétrica praticamente não altera o estado de funcionamento.

Na nanotecnologia, esse fenômeno precisa ser controlado, pois existe sensibilidade maior às variações de temperatura e, principalmente, às variações dimensionais. Alterações nas medidas físicas dos componentes podem vir a danificá-los. Por isso, a nanotecnologia é tão sensível do ponto de vista de estabilidade.

---

2   Comercialmente a partir de 1951: UNIVAC I e IBM 701.

1.6 Esquema do computador

Um sistema de computador é integrado pelo hardware e pelo software.

O **hardware** é o equipamento propriamente dito, incluindo os periféricos de entrada e saída; a máquina, seus elementos físicos: carcaças, placas, fios, componentes em geral. O **software** é constituído pelos programas que permitem atender às necessidades dos usuários.

O software abriga programas fornecidos pelos fabricantes do computador e programas desenvolvidos pelo usuário. Assim, podem-se considerar: software do fabricante e software do usuário.

No software do fabricante (produzido pelas *software houses*), destaca-se o sistema operacional, responsável pelo controle das operações do computador e de seus periféricos, proporcionando a alocação e a otimização de recursos operacionais. Além dele, o software do fabricante abriga programas destinados a auxiliar o desenvolvimento e a manutenção de sistemas aplicativos como: gerência de Banco de Dados e gerência de Comunicação de Dados.

O hardware é constituído por elementos básicos, ditos **unidades funcionais básicas**: unidade central de processamento, memória principal e unidades de entrada e saída (E/S).

Dos três componentes básicos do hardware, dois são fundamentais para o processamento dos dados propriamente dito: a **Unidade Central de Processamento** (UCP, também abreviada com frequência por CPU, em função de sua denominação em inglês) e a **Memória Principal**.

A UCP é a unidade "ativa" desse núcleo, pois nela são coordenadas e executadas as instruções e as operações aritméticas e lógicas. Possui duas seções:[3] a Seção de Controle e a Seção Aritmética e Lógica.

Diz-se que a memória é um dispositivo "passivo", pois a partir dela são fornecidos elementos à UCP ou a uma unidade de entrada/saída. Também para ela voltam os dados vindos da UCP ou de uma unidade de entrada.

Podemos, a essa altura, esboçar o diagrama de blocos de um computador, como na Figura 1.3.

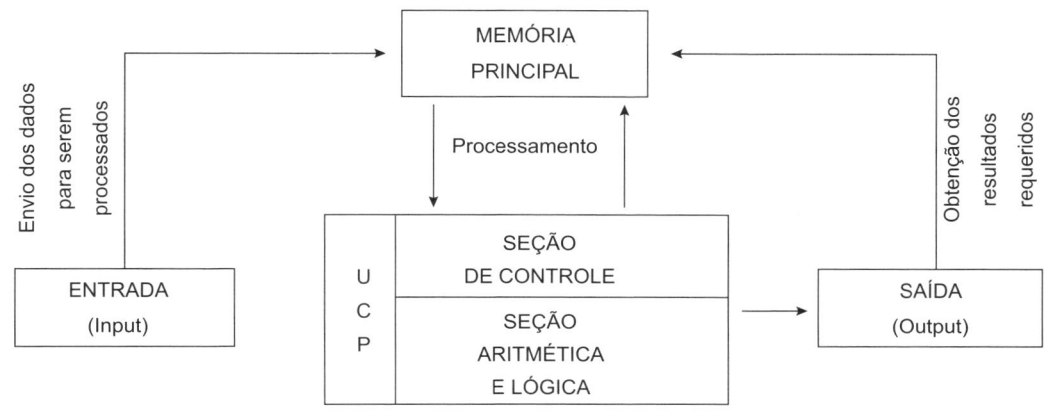

Figura 1.3 Diagrama de blocos de um computador.

---

3   Frequentemente, também denominadas Unidade de Controle e Unidade Lógica e Aritmética.

As unidades de entrada e saída trabalham com os **meios** ou **veículos** próprios ao armazenamento e à transmissão de dados e informações, chamados de **mídia eletrônica**: discos, fitas, cartuchos, cassetes etc.

Um sistema que trabalha com várias formas distintas de mídia ao mesmo tempo é um **sistema multimídia**. Como exemplo, podemos citar microcomputadores que são capazes de manipular imagens (estáticas ou animadas), sons e textos simultaneamente. Nesse caso, ao microcomputador são acoplados terminais convenientes como unidades de discos CD (compact disc), DVD (Digital Video Disk) e Blu-Ray (nome advindo da coloração azul de seu laser de leitura), caixas de som, microfones e câmeras, todos logicamente se constituindo em unidades de E/S (ver Fig. 1.4).

Figura 1.4 Microcomputador com multimídia.

1.7 Placa-mãe

Os diversos componentes do computador são interligados entre si, todos conectados a um dispositivo denominado **placa principal** (*mainboard*) ou, mais comumente, **placa-mãe** (*motherboard*). Pela placa-mãe, além de trafegarem os dados, transita a energia elétrica, oriunda da fonte de alimentação, que supre alguns periféricos. Com a sua evolução, diversos chips abrigados por ela passaram a compor um conjunto (*set*) de componentes eletrônicos de baixa capacidade, em circuito integrado, denominado chipset, que gerencia esse fluxo de dados, realizando diversas funções, entre as quais comunicação de processador/memória, controle de dispositivos de entrada e saída, periféricos on board e off board, controle de barramentos, acesso à memória RAM, acesso ao HD, controle de interfaces e controle dos sinais de interrupção. Por esse motivo, o chipset, normalmente específico para determinada família de microprocessadores, tem grande importância no desempenho de um computador, ou seja, a sua qualidade é um indicativo da qualidade da placa-mãe em que ele está inserido. Da mesma forma que o processador e a memória são decisivos para a escolha de um equipamento, o tipo da placa-mãe é fator preponderante na oportunidade dessa definição: enquanto um computador mais simples carece de algumas tecnologias, em face do seu menor valor, modelos mais atualizados contam com os tipos de placas-mãe mais sofisticadas e completas. O chipset, entre outras coisas, define a quantidade máxima de memória RAM que uma placa-mãe pode ter, o tipo de memória que pode ser usada e o padrão de discos rígidos aceitos.

Na memória volátil da placa-mãe, em uma pequena área denominada "Complementary Metal Oxide Semiconductor" (CMOS), está gravado um programa denominado SETUP (configuração da placa-mãe) que se mantém permanentemente gravado, apesar da característica volátil, por essa área ser alimentada pela bateria da placa-mãe – geralmente de lítio – que é, também, a responsável pela alimentação permanente do relógio digital (*real time clock*) do equipamento. Quando necessário, as configurações de setup podem ser resetadas.

Na placa-mãe, armazenam-se dois programas além do SETUP (configuração), ambos em memória tipo ROM: o BIOS (Basic Input/Output System, ou Sistema Básico de Entrada e Saída) e o POST (Power-On Self-Test, ou Autoteste de Inicialização). O BIOS, com a função de controlar todo o hardware, é o responsável pelo reconhecimento dos dispositivos instalados, a verificação das horas no relógio interno e a inicialização do sistema operacional, enquanto o POST é um processo executado por rotinas de firmware ou software imediatamente após o computador ser ligado, ou seja, uma rotina que testa o perfeito funcionamento do hardware.

Um chipset é geralmente composto por duas partes, denominadas *north bridge* e *south bridge* (pontes norte e sul): a primeira – que, na evolução, tem migrado para o interior do processador – é de alta velocidade e faz a comunicação com as memórias; a segunda, de baixa velocidade, faz o controle dos periféricos de entrada e saída, como os HD, CD-ROM e DVD-ROM, e controla dispositivos on board.

On board, como o nome indica, é qualquer componente ou circuito que integra diretamente a placa-mãe, ou seja, essa denominação se aplica a qualquer dispositivo de som, vídeo, modem e rede integrados aos circuitos da placa-mãe do equipamento. Dispositivos on board acrescentam mais funcionalidades e reduzem os custos de produção dos fabricantes. Além disso, o equipamento oferece mais recursos por preço bem menor do que outro com placa off board. Outro ponto positivo é o fato de esses dispositivos serem simples e, por isso, consumirem menos energia, gerando, consequentemente, menos calor. Têm menor desempenho, pois dependem do processador para o funcionamento, e, apesar da vantagem do menor custo, perdem ao não serem recuperáveis em caso de defeitos.

Off board é denominação dada a um componente que funciona separado dos circuitos da placa-mãe, tendo modo independente de trabalhar e, dessa forma, não utilizando o processador. Ao se conectarem à placa-mãe, os vídeos, sons, modems ou redes off boards usam os seus slots de expansão. Para utilizar um componente off board é preciso dispor de um conector específico na placa-mãe e, em relação ao software, é necessário instalar o driver fornecido pelo fabricante da placa. Off boards têm preços mais elevados que os dos dispositivos on board, e praticamente todo o seu processamento é realizado por chipset situado nas placas dos próprios dispositivos. Por utilizarem processadores independentes, liberam o do computador para outras tarefas, o que resulta em melhor desempenho geral do equipamento. E, como grandes vantagens adicionais, as placas off board suportam alguns recursos não providos pelos modelos on board, como gráficos em 3D, por exemplo, e permitem que os usuários montem suas próprias configurações, de acordo com as necessidades específicas.

Exemplificando: uma placa de vídeo, responsável por tudo que é exibido no computador, fazendo a ligação entre a placa-mãe e o monitor, pode vir embutida na placa-mãe (on board), ou não (off board); quando on board, a placa de vídeo é soldada na placa-mãe, ficando seu conector próximo às entradas USB, PS2 e de outros componentes embutidos. No caso de off board, o slot em que se vai conectar fica na parte do gabinete que lhe é especificamente reservada.

1.8 Processamento de dados

Em qualquer atividade humana, verifica-se que a resolução dos problemas consiste em uma série de tarefas, das quais as fundamentais são: **decidir** o que e como fazer e **executar** as operações. Nas atividades em que se emprega o computador, os homens tomam as decisões e a máquina as executa.

O computador é mais do que um simples instrumento para solução de problemas. Hoje em dia, ele é largamente utilizado como máquina capaz de executar uma série de tarefas complexas que, se fossem feitas manualmente, exigiriam um tempo muitíssimo maior. Desse modo, o computador é um dispositivo que aumenta grandemente a gama de atividades que podem ser desenvolvidas pelo homem.

A todas as atividades que, a partir de dados conhecidos, por meio de processamento, conduzem a resultados procurados, com ou sem emprego de qualquer equipamento auxiliar, podemos denominar atividades de processamento de dados.

Há quem prefira denominar Processamento Automático de Dados (PAD) ou Processamento Eletrônico de Dados (PED) as atividades descritas quando se utilizam computadores.

No entanto, foi justamente o advento dos computadores que dinamizou de tal forma o tratamento das informações que, a partir daí, vulgarizou-se a terminologia *processamento de dados*; assim, essa denominação se associa, no presente, à ideia do emprego de computadores.

Qualquer processamento se realiza segundo o esquema:

Essa é a essência do processamento de dados, ou seja, seu ciclo vital.

Conceitos básicos

Instrução - comando que define uma operação a ser executada.

Programa - conjunto de instruções, ordenadas logicamente, visando a determinado fim.

1.9 O computador nas empresas

1.9.1 Razões para o uso do computador

- Competição entre empresas.
- Constantes atrasos em rotinas administrativas.
- Maior facilidade para examinar possíveis aplicações.
- Obsolescência das máquinas disponíveis.
- Rápida expansão dos negócios exigindo mais informações para eficiente administração.
- Uso do computador, com sucesso, em determinada área, induzindo ao uso em outras áreas.

1.9.2 Vantagens do computador

- **Facilidade de armazenamento e recuperação da informação.** O volume de dados que cabe em um meio magnético ou ótico chega a milhões de caracteres. A velocidade fantástica de pesquisa da informação nesses arquivos e a passagem para dispositivos legíveis deixam o empresário a par de fatos que, por processo manual, levariam pelo menos algumas horas para ser detectados. A facilidade de armazenamento proporciona redução de espaço físico em relação aos sistemas manuais, bem como permite a recuperação de tais dados, sem o uso excessivo de mão de obra.

- **Racionalização da rotina.** A utilização do computador é, por muitos, considerada o maior veículo de racionalização de rotinas (os formulários supérfluos são reduzidos e descartados). As tarefas repetitivas são eliminadas e surgem novas tarefas voltadas apenas para as exceções. O tempo disponível dos funcionários passa a ser utilizado para o planejamento da atividade.

- **Velocidade de respostas.** Medir a eficiência da computação pela velocidade do equipamento seria por demais supérfluo. A característica de velocidade de resposta deve ser analisada como derivada das facilidades de armazenamento, recuperação das informações e das reformulações de rotinas.

- **Planejamento e controle.** A reunião, em um relatório, de informações capazes de retratar tendências e sintetizar o comportamento de tal setor da empresa não representa nenhuma dificuldade para o computador, se tiver havido o necessário planejamento e a programação coerente.

- **Segurança.** Diversas técnicas, como a conferência mecânica, a conferência visual de informações, o fechamento de totais etc., constituem a alma de todos os sistemas automatizados, garantindo confiabilidade.

- **Redução dos custos.** A continuidade da rotina implantada se encarrega de amortizar o investimento inicial, e a programação é praticamente independente do volume envolvido, o que não ocorre em rotinas manuais. Assim, quanto maior o volume de informações processadas pelo computador, mais rápida é a amortização do investimento inicial.

1.10 Modalidades de processamento

A forma de tratamento do processamento de dados evolui ao longo dos tempos, em face das mudanças nos ambientes tanto no que diz respeito a hardware quanto a software.

O tratamento de dados pelas empresas tem passado por modalidades de gerenciamento, cujas características principais são apresentadas a seguir, considerando-se uma empresa que tenha sedes geograficamente distantes.

- **Processamento de dados descentralizado.** Cada sede possui controle local sobre os recursos que lhe dizem respeito, conservando os dados próximos às suas fontes. Esse procedimento faz com que, muitas vezes, a gerência geral não tenha condições de acesso a informações de interesse, dentro de um tempo em que é prático esperar por elas.

- **Processamento centralizado.** O advento do teleprocessamento tornou possíveis ganhos significativos com o controle centralizado do planejamento de processamento de dados. As sedes puderam passar a trabalhar com aplicações de coleta de dados, recebendo, em contrapartida, resultados consubstanciados pelo computador da sede central, em aplicações de distribuição de dados. À proporção que as aplicações se tornaram mais volumosas e complexas, esse procedimento, no entanto, gerou um custo muito elevado resultante da necessária expansão do sistema central e, por outro lado, causou conflitos entre áreas, em consequência do estabelecimento de prioridades aos diversos segmentos da organização.

- **Processamento distribuído.** Nessa modalidade, característica dos anos 1980, a empresa estabelece uma rede de processamento interligando suas diversas sedes, com os seguintes aspectos principais:

  - Terminais que permitem entrada, acesso e consistência de dados e de informações, em cada sede.

  - Armazenamento e processamento local dos dados referentes às aplicações específicas da sede ou setor.

  - Comunicação de dados entre os computadores da rede.

  - Um computador da rede eleito como Central, para efeito de fornecimento de relatórios gerenciais nos prazos solicitados.

- **Grande distribuição de processamento.** Nos anos 1990, estabelecendo competente malha de comunicação, base necessária à moderna administração, as empresas estruturam redes locais nas sedes e as interligam, formando grandes redes corporativas de total abrangência.

Isso se tornou possível em função de as **redes locais** (LAN – Local Area Network) passarem a gozar de compatibilidade com os sistemas de comunicação de dados de maiores abrangências geográficas (MAN – Metropolitan Area Network, e WAN – Wide Area Network). Atualmente, a internet serve de infraestrutura básica para interconexão de diversas redes privadas.

Na sede, cada ponto pode ser contemplado com equipamento adequado à respectiva necessidade, graças à variedade de microcomputadores, capazes de prover variada gama de necessidades. Essa "pulverização" do processamento, em detrimento dos "mainframes", recebeu a denominação downsizing.

Correntemente tem sido adotada, nas redes locais, a arquitetura denominada **cliente/servidor**, que trata tanto o(s) servidor(es) quanto as demais estações como equipamentos programáveis.

O panorama descrito acarreta que o momento se caracteriza pela **grande distribuição do processamento e da inteligência na empresa**. Ademais, o tratamento digital nas transmissões levou a transmissão de dados a um aumento de eficiência, contribuindo para ampliação de fronteiras.

Com a criação da **World Wide Web** (www ou, simplesmente, **web**), cujo significado é **teia de amplitude mundial**, foram levadas à grande rede de comunicação internet[4] as facilidades das interfaces gráficas da computação moderna: ícones, apontadores mouses, imagens. A web, além disso, proporcionou que usuários de diferentes fabricantes passassem a gozar de toda a facilidade para navegar pela internet.

As redes corporativas, operando nos mesmos moldes da internet e, no caso de algumas empresas, até interagindo com ela, passaram a se denominar intranets.

O **downsizing**, as **intranets** e a cada vez mais densa **rede de comunicação digital comunitária** – usada, em alguns casos, como solução econômica na interligação de sedes de uma organização – caracterizam a forma corrente do processamento empresarial moderno.

O vocábulo intranet, que tem frequentado assiduamente revistas e outras publicações técnicas de informática, designa uma cópia da filosofia da internet utilizada em território restrito, isto é, voltada apenas para o interior de uma empresa.

Cada diretoria, departamento ou setor pode criar suas próprias *home pages*, sob a coordenação dos Centros de Informática. Divulgam-se, para conhecimento de todos, resultados obtidos e notícias sobre os serviços relevantes em desenvolvimento. A localização de documentos, formulários específicos e arquivos também fica mais fácil quando se dispõe de uma intranet, pois as páginas podem ser organizadas por assunto.

É possível, ainda, criar fóruns de discussão sobre os mais diversos assuntos de interesse da comunidade e que venham a contribuir para o aprimoramento e a formação do pessoal, resultando em melhoria no desempenho da organização como um todo.

1.11 Tecnologia da Informação e sistemas de informação nas organizações

1.11.1 Datacenter

Sistemas de informação compreendem um conjunto de recursos humanos, materiais, tecnológicos e financeiros agregados segundo uma sequência lógica para o processamento dos dados e a uma correspondente tradução em informações.

Sendo a Tecnologia da Informação (TI) definida como o conjunto das atividades e soluções providas por recursos de computação, é necessário utilizar esses recursos de maneira apropriada,

---

4   Internet é uma rede de comunicação que interliga milhões de computadores em todo o mundo, desde micros pessoais até serviços comerciais on-line.

ou seja, é preciso utilizar ferramentas, sistemas e outros meios que façam das informações um diferencial competitivo.

A nova economia mundial, baseada na Tecnologia da Informação, requer das organizações conhecimento para coletar, trabalhar, interpretar e gerenciar esses recursos. O desenvolvimento e o domínio dessas habilidades apresentam-se como fundamentais para as organizações buscarem uma posição melhor no mercado em relação a seus concorrentes, sendo necessário um engajamento na constante procura por inovação. Em contrapartida, as organizações que insistirem em economia nesse particular serão facilmente vencidas pela concorrência. É importante ressaltar que altos investimentos em Tecnologia da Informação não são suficientes para gerar vantagem competitiva. Maior capacidade de uma empresa diante de seus concorrentes só é obtida com o uso inteligente da TI, ou seja, a utilização desse recurso estratégico sob a ótica de lucratividade e de competitividade empresarial.

Centros de TI, anteriormente conhecidos como CPDs, são caros, porém, com certeza tornam os resultados mais econômicos do que quando não utilizados. No entanto, nos últimos anos, a informática tem consumido mais e mais recursos das empresas. Em consequência, estudos vêm sendo feitos em busca de aumentar a relação custo-benefício no processamento dos dados empresariais (ver Fig. 1.5).

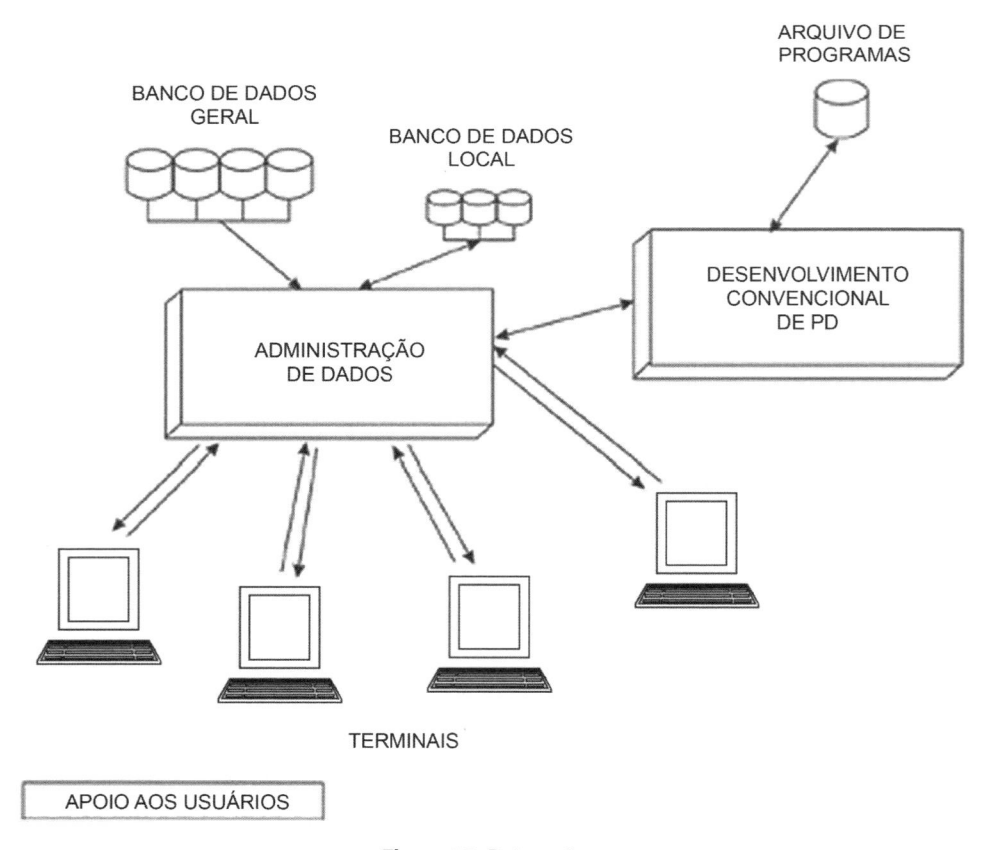

Figura 1.5 Datacenters.

Nos dias atuais, dificilmente encontra-se média ou grande empresa que não utilize um Datacenter. Ele permite que se viabilizem serviços com valor agregado e disponibilidade de grande capacidade, flexibilidade e segurança, do ponto de vista de hardware e de software, no processamento e no armazenamento das informações.

Sem dúvida, o moderno Datacenter, sucessor dos tradicionais CPDs, encerra essa estratégia corrente de parcimônia com gastos. Com ela, obtém-se otimização na relação custo-benefício, por meio de utilização compartilhada de recursos, por diversas empresas, tanto de espaço físico quanto de processamento e tráfego de informações.

Servidores dedicados, efetivamente, oneram as empresas, inclusive com desperdício de energia e ocupação de espaço. Além de evitar esse problema, cabe ao Datacenter – quando utilizado – a preocupação com a administração especializada dos recursos computacionais: falhas na segurança, novos "bugs", novas tecnologias a exigir grande consumo de tempo, de esforço e de dedicação. E, mais do que tudo, servidores dedicados não permitem que se tenham – pelo valor de um servidor – diversas tecnologias (SQL Server, MySQL, IMAP, ColdFusion, Php4, Php5, JSP4, JSP5, JSP6, ASP etc.), leque de opções disponibilizadas pelo Datacenter.

O gerenciamento é um dos principais serviços que um Datacenter oferece na previsão de falhas dos sistemas e equipamentos dos usuários. São duas as categorias desse gerenciamento: básico e avançado.

A diferença está no fato de que, no gerenciamento básico, os servidores são monitorados continuamente mediante o envio de pacotes de dados de verificação; no gerenciamento avançado, além do envio desses pacotes de dados, os serviços (web, banco de dados, entre outros) são checados, ou seja, o servidor do provedor faz uma requisição aos serviços que estão rodando para assegurar a qualidade máxima no gerenciamento do sistema de um site, possibilitando, em muitos casos, o envio de mensagens de e-mail, page etc. aos administradores da rede, informando o estado das aplicações. Pode-se até avaliar o desempenho médio e ter diagnóstico antes mesmo de o problema acontecer.

Um dos aspectos que deve ser observado na contratação de um serviço de Datacenter é o tipo de acesso (co-location) que o usuário terá ao servidor do provedor de serviço, pois ele é que irá definir por qual método o servidor será acessado em caso de necessidade.

Por meio do co-location (locação de um servidor exclusivo do usuário, instalado e operado na estrutura do provedor), o usuário pode se beneficiar de uma série de recursos. Um co-location proporciona alta escalabilidade, ou seja, em caso de necessidade de ampliação dos serviços ou equipamentos, a escalabilidade pode ser feita imediatamente, com monitoramento 24 horas todos os dias (24×7), backup (cópia de segurança), otimização dos custos de operação e manutenção, rede com alta disponibilidade e carga balanceada.

Existem várias modalidades de utilização dos Datacenters (DC). Nas modalidades ditas corporativas, o objetivo central é terceirizar a operação e a gestão dos processos informatizados da empresa na forma de *outsourcing* (aluguel de copiadoras, impressoras, computadores etc.), em que o provedor de serviços passa a se responsabilizar pelos processos operacionais da área de TI.

1.11.2 Desenvolvimento e implantação de sistemas de informação

Na administração moderna, tarefas ligadas a planejamento, desenvolvimento, implantação e gerência de sistemas de informação – quer na gestão de empresas privadas, quer na prestação de serviço público – estão presentes nos diversos segmentos – condução, registro e análise – dos processos organizacionais. Além de emprestarem seu grande potencial de inovação e transformação às atividades de gerência, os sistemas de informação constituem-se em suporte essencial na condução dos negócios junto a clientes e fornecedores e no controle de atividades de produção. Tamanha abrangência acarreta que, em seu projeto – sempre envolvendo algum grau de complexidade –, sejam considerados aspectos tecnológicos e sociais, de modo a gerar dados e informações de real interesse para clientes, usuários, parceiros e fornecedores. Isso pode ser realizado com a utilização das inovações e da potencialidade da tecnologia, mas, sobretudo, com particular atenção a aspectos relacionados com a segurança e com o respeito social, com obediência a preceitos de não invasão à privacidade de terceiros. No que se refere a estratégias empresariais, segundo Michael Eugene Porter, professor da Universidade de Harvard, ao analisar o ambiente externo de um negócio, a organização deve considerar aspectos competitivos para a definição de sua estratégia empresarial.

São as cinco **forças de Porter**:

1. analisar o grau de rivalidade entre os concorrentes do seu mercado;
2. conhecer até que ponto seus clientes podem barganhar;
3. conhecer até que ponto seus fornecedores podem barganhar;
4. identificar barreiras e saber como se livrar delas;
5. saber como enfrentar os similares.

Do alinhamento das estratégias empresariais com as decisões atinentes à tecnologia e aos sistemas de informação, surgem os modelos de gestão, segundo os quais as aplicações corporativas se materializam. É importante para o profissional de TI ter conhecimento sobre diferentes tipos de sistemas, como o Enterprise Resource Planning (ERP) e o Customer Relationship Management (CRM), para utilizá-los judiciosamente.

ERP (Enterprise Resource Planning, ou Planejamento de Recurso Corporativo): é uma forma de integrar os dados e os processos da organização em apenas um sistema, como um grande banco de dados com informações que interagem e se realimentam. Essa integração pode obedecer a uma perspectiva funcional (contabilidade, recursos humanos, produção, marketing, vendas etc.) ou a uma perspectiva sistêmica de sistemas de apoio a decisão, sistemas de informação etc. Integra, assim, os diversos departamentos da empresa, constituindo-se em espinha dorsal dos negócios e proporcionando maior confiabilidade dos dados – monitorados em tempo real – e a diminuição do retrabalho. A adoção do ERP nas empresas é muito relevante para maior agilidade na tomada de decisão (Cf. 12.5.4).

CRM (Customer Relationship Management, ou Gestão de Relacionamento com o Cliente): consiste no emprego de ferramentas de automatização de funções de contato com os clientes. Compreende sistemas informatizados e pressupõe mudança de atitude corporativa com os clientes, armazenando de modo inteligente informações sobre suas atividades e suas interações com a empresa. Entre outras vantagens, isso lhe permite antecipar suas necessidades e conquistar sua fidelização (Cf. 12.5.5).

Esses e múltiplos outros temas atinentes à implementação e à correta utilização de sistemas de informação nas organizações são apresentados de forma direta, clara e objetiva – ilustrados em peculiares casos de empresas brasileiras – por Prado & Souza *et al.* em *Fundamentos de Sistemas de Informação* (Elsevier/Campus): aplicação estratégica dos sistemas corporativos; questões sociais, legais e éticas; administração da informação e do banco de dados; redes sociais; computação em nuvem; aspectos da governança e gestão de TI nas organizações; aspectos de infraestrutura dos sistemas de informação, arquitetura e tecnologias emergentes; governo eletrônico: bases e implicações.

1.12 Cloud Computing

1.12.1 Considerações básicas iniciais

O crescente poder de manter e divulgar informações de todas as naturezas e das mais diversas origens – característica primordial da evolução tecnológica – e a progressiva necessidade de otimização no aproveitamento desses recursos fizeram surgir, nos anos mais recentes, o conceito de Cloud Computing.

Essa tecnologia, conhecida no Brasil como Computação em Nuvem ou Computação nas Nuvens, é consequência do que, ao final do século passado, se convencionou denominar Grid Computing ou Grades Computacionais. Já àquela época, John McCarthy, antevendo a Computação em Grade, afirmava: "se os computadores do tipo que eu imagino vierem a se tornar os computadores do futuro, a computação poderá vir a ser organizada como um serviço público, assim como o é a telefonia". Grid Computing diz respeito à possibilidade de acesso dos usuários de computação a "clusters" de alto desempenho.

O conceito de Computação em Nuvem está associado à ideia de utilizar as mais variadas aplicações, por meio da internet, em qualquer lugar e usando qualquer plataforma, com a mesma facilidade de tê-las residindo no próprio computador. Assim, mais do que agilidade na obtenção de dados e informações, a tecnologia permite que aplicações sejam efetuadas, com transparência, em qualquer ambiente e a qualquer tempo, sem comprometimento com o elevado custo dos supercomputadores que lhes servem de suporte. Claro está que ela só se tornou possível a partir do aprimoramento dos computadores pessoais e das redes de computação, que acarretaram a crescente evolução na interconexão de máquinas e a execução de aplicações paralelas e distribuídas.

Os investimentos de empresas e de universidades levaram pesquisadores a produzirem interfaces padronizadas da web, permitindo o uso dessa supercomputação; ou seja, foi a disponibilização dessas interfaces que propiciou às pessoas das mais diversas áreas o uso da computação em grade, dando origem à Cloud Computing.

Atualmente, a Cloud Computing é dividida em cinco tipos:

- **IaaS** – *Infrastructure as a Service* ou Infraestrutura como Serviço: quando se utiliza uma porcentagem de um servidor, geralmente com configuração que seja adequada à sua necessidade.
- **PaaS** – *Platform as a Service* ou Plataforma como Serviço: utilizando-se apenas uma plataforma como um banco de dados, um web service etc. (p. ex., Windows Azure).
- **DaaS** – *Development as a Service* ou Desenvolvimento como Serviço: as ferramentas de desenvolvimento tomam forma no Cloud Computing como ferramentas compartilhadas, ferramentas de desenvolvimento web-based e serviços baseados em mashup.

- **SaaS** – *Software as a Service* ou Software como Serviço: uso de um software em regime de utilização web (p. ex., Google Docs, Microsoft Sharepoint On-line).
- **CaaS** – *Communication as a Service* ou Comunicação como Serviço: uso de uma solução de Comunicação Unificada hospedada em Datacenter do provedor ou fabricante (p. ex., Siemens Enterprise, Locaweb).

Ao abordar Cloud Computing, encontramos a virtualização de computadores como um dos vieses. Trata-se de um ambiente onde vários sistemas operacionais trabalham dividindo um mesmo equipamento, ou seja, virtualização de hardware. Porém, esse é apenas um dos tipos de virtualização. Para entender perfeitamente o conceito da tecnologia, deve-se traçar um paralelo entre o que é real e o que é virtual. Seguindo essa linha de raciocínio, algo real teria características físicas, concretas. Já o virtual está associado àquilo que é simulado, abstrato. Dessa forma, a virtualização pode ser definida como a criação de um ambiente virtual que simula um ambiente real, proporcionando a utilização de diversos sistemas e aplicativos sem a necessidade de acesso físico à máquina que os hospeda.

Isso acaba reduzindo a relação de dependência que os recursos de computação exercem entre si, pois possibilita, por exemplo, a dissociação entre um aplicativo e o sistema operacional que ele utiliza. Imagine acessar uma aplicação do Windows 98 pelo Ubuntu (sistema operacional baseado no Linux, ideal para notebooks e desktops), ou vice-versa. Isto é possível!

1.12.2 Conceituação do NIST

Após um processo de maturação, caracterizado por ampla discussão no âmbito da comunidade de informática, o NIST (National Institute of Standards and Technology) do Ministério do Comércio norte-americano publicou, em setembro de 2011, a sua definição:

> Computação em nuvem é um modelo para habilitar o acesso por rede ubíquo, conveniente e sob demanda a um conjunto compartilhado de recursos de computação (como redes, servidores, armazenamento, aplicações e serviços) que possam ser rapidamente provisionados e liberados com o mínimo de esforço de gerenciamento ou interação com o provedor de serviços.

1.12.3 Vantagens e características essenciais

Podem ser enumerados como vantagens da computação em nuvem:

- diminuição de custos;
- aumento de confiabilidade;
- aumento de segurança;
- desobrigação de estrutura interna de servidores.

Suas características essenciais são:

- **Autosserviço sob demanda**: o consumidor pode provisionar, por conta própria, automaticamente, recursos de computação, como tempo de servidor e armazenamento em rede sem intervenção humana de provedores de serviços.

- **Amplo acesso por rede**: os recursos estão disponíveis na rede e são acessados por mecanismos padronizados que propiciam sua utilização a dispositivos clientes de diversas plataformas (smartphones, tablets, laptops, desktops etc.).

- **Agrupamento de recursos**: os recursos de computação do provedor são agrupados para atender a múltiplos consumidores em modalidade multi-inquilinos, atribuídos e reatribuídos conforme as diversas demandas. O consumidor, de modo geral, não conhece a localização exata dos recursos (armazenamento, processamento, memória e comunicação de rede), mas pode ser capaz de especificar a localização em nível de abstração mais alto (país, estado ou Datacenter).

- **Elasticidade rápida**: os recursos são provisionados e liberados elasticamente, podendo aumentar ou diminuir de acordo com a demanda. Para o consumidor, eles muitas vezes parecem ilimitados e podem ser alocados rapidamente em qualquer quantidade e a qualquer tempo.

- **Serviço mensurado**: os sistemas na nuvem controlam e otimizam o uso dos recursos por meio de medições em nível apropriado de abstração para o tipo de serviço (armazenamento, processamento, comunicação de rede e contas ativas de usuários). A utilização de recursos pode ser monitorada, controlada e informada, gerando transparência tanto para o fornecedor como para o consumidor do serviço.

1.12.4 Modalidades de instalação

Infraestrutura na nuvem é um conjunto de hardware e software capaz de habilitar as cinco características essenciais da computação em nuvem citadas no tópico anterior. A infraestrutura na nuvem é composta por uma camada física e uma de abstração. A camada física comporta os recursos de hardware que suportam os serviços e, geralmente, inclui servidores, armazenamento e rede. A camada de abstração consiste no software, instalado sobre a camada física, em função do qual as cinco características essenciais da nuvem se manifestam. Maneiras diversas de provisionamento de infraestrutura na nuvem estabelecem quatro tipos de serviços da computação em nuvem:

- **Nuvem privada**: a infraestrutura na nuvem é provisionada para uso exclusivo por uma única organização composta de diversos consumidores (p. ex., unidades de negócio). A propriedade, o gerenciamento e a operação podem ser da organização, de terceiros ou de uma combinação, podendo estar dentro ou fora das instalações da organização.

- **Nuvem comunitária**: a infraestrutura na nuvem é provisionada para uso exclusivo por determinada comunidade de consumidores de organizações com interesses comuns (missão, requisitos de segurança, políticas, observância de regulamentações). A propriedade, o gerenciamento e a operação podem ser de uma ou mais organizações da comunidade, de terceiros ou de uma combinação e estar dentro ou fora das instalações das organizações participantes.

- **Nuvem pública**: a infraestrutura na nuvem é provisionada para uso aberto ao público em geral. A propriedade, o gerenciamento e a operação podem ser de uma empresa, de uma instituição acadêmica, de uma organização do governo, ou de uma combinação. Ela fica em instalações do fornecedor.

- **Nuvem híbrida**: a infraestrutura na nuvem é uma composição de duas ou mais infraestruturas (privada, comunitária, pública), permanecendo entidades distintas, mas interligadas por tecnologia padronizada ou proprietária.

1.12.5 Caso prático como ilustração

A Amazon Web Services (AWS) é provedora de infraestrutura "cloud" no mundo. Hoje a empresa já conta com Datacenter no Brasil melhorando, em muito, a *performance* dos sistemas que rodam na nuvem. Ela foi a primeira a fornecer serviços públicos de Cloud Computing em escala mundial. A AWS iniciou sua oferta de serviços em 2002 e conta com Datacenters nos Estados Unidos (Virgínia, Oregon e Califórnia), Irlanda, Singapura, Japão (Tóquio) e, mais recentemente, no Brasil (São Paulo). Seu portfólio de serviços inclui computação sob demanda, armazenamento sob demanda, distribuição geográfica de conteúdo e streaming, banco de dados sob demanda, forma de distribuir informação multimídia, entre outros. Por seu turno, a Framework System explora as mais modernas práticas e tecnologias de computação na nuvem (clouding) a fim de melhorar a produtividade e maximizar o retorno do investimento de seus clientes. Com isso, a Framework vem ganhando seu espaço como referência em migração de serviços para a nuvem em Belo Horizonte e em todo o estado de Minas Gerais. Além do mercado brasileiro, a empresa teve a oportunidade de solidificar sua experiência em Cloud Computing pelo mercado internacional, atuando em projetos na Inglaterra, Holanda etc.

Por outro lado, a Boltblue International é provedora de conteúdo para telefonia celular baseada em Londres. Disponibiliza produtos para mobile e serviços para os públicos da Inglaterra, Irlanda, Austrália, Alemanha e Holanda. Em 2007, a Boltblue decidiu migrar sua infraestrutura, até então hospedada em um Datacenter local, para um ambiente Cloud. A Amazon Web Services foi selecionada como provedor. A Framework atuou no planejamento e execução da migração dos serviços para o novo ambiente. O principal requisito dessa migração era a manutenção da prestação de serviços para os clientes durante todo o processo.

Necessidades dos sistemas da empresa:

- grande número de acessos por dia, partindo de diferentes países e horários;
- necessidade de uma taxa de 100 % de disponibilidade de serviços (24×7);
- grande acervo de vídeos, games, wallpapers e ringtones;
- constante monitoramento das taxas de vendas de produtos.

A migração foi executada com sucesso graças à engenharia de sistemas projetada pela Framework, utilizando ao máximo o potencial de serviços oferecidos pela AWS. Servidores foram migrados para determinado tipo de serviço (EC2) Amazon (computação sob demanda); outro tipo de serviço (S3) Amazon (armazenamento sob demanda) foi utilizado para armazenar o extenso catálogo de conteúdo móvel (vídeos, ringtones, wallpapers etc.).

O resultado foi uma redução de mais de 50 % nos custos diretos com infraestrutura e redução da necessidade de mão de obra para manutenção de equipamentos e serviços. Além disso, a Boltblue International se beneficiou da agilidade existente no novo ambiente quando do lançamento de novos produtos e serviços (ver Fig. 1.6).

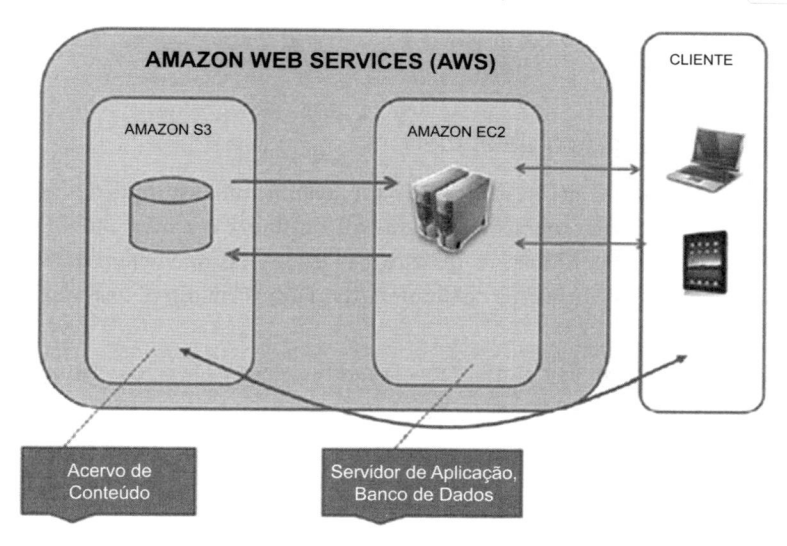

Figura 1.6 Arquitetura utilizada na Boltblue International.

EC2 (Elastic Compute) – serviço da web que fornece capacidade computacional redimensionável na nuvem. Projetado para tornar a escalabilidade computacional de nível de web mais fácil para desenvolvedores.

S3 (Simple Storage Service) – fornece interface simples de serviço web que pode ser usada para armazenar e recuperar qualquer quantidade de dados, a qualquer momento, de qualquer lugar na web. Concede acesso a todos os desenvolvedores para a mesma infraestrutura, altamente escalável, confiável, segura, rápida e econômica. O serviço visa maximizar os benefícios de escala e passá-los para os desenvolvedores.

Principais características da evolução:

Elasticidade

Em Cloud Computing, recursos (processadores, memória, espaço em disco, largura de banda etc.) são adquiridos sob demanda. Isso significa que não são necessários grandes investimentos iniciais com a aquisição, configuração e manutenção de hardware, e que a alocação pode variar de acordo com as necessidades do negócio.

Automação

Cloud Computing torna realidade o conceito de automação de infraestrutura. Tarefas que normalmente requerem interação física com o hardware (provisionar ou reiniciar sistemas, conexões físicas etc.) podem ser totalmente automatizadas no ambiente Cloud, reduzindo bastante os custos de implantação e manutenção de sistemas.

Economia de escala e confiabilidade

Ao agregar o provisionamento de recursos de hardware e conectividade, o provedor de serviços Cloud Computing pode oferecer a seus clientes recursos que antes eram economicamente viáveis apenas para grandes corporações: redundância geográfica de dados, redução progressiva de custos e inovação contínua de produtos e serviços.

1.12.6 Estudo comparativo de eficiência

O jornalista David Sobotta, do site ReadWrite, decidiu realizar um teste para descobrir qual, entre os principais serviços de armazenamento de arquivos on-line, é o mais rápido. Descrevendo-se como alguém que trabalha com diversas plataformas e sistemas operacionais, Sobotta testou o tempo necessário para acessar arquivos de inúmeros tamanhos em diferentes computadores após enviá-los para a nuvem.

O jornalista enviou arquivos de diferentes tamanhos para os serviços Dropbox, Microsoft SkyDrive, Amazon Cloud e Google Drive, calculando o tempo necessário para que os arquivos pudessem ser acessados a partir de outras máquinas.

Resultados obtidos

	Mais rápido	Mais lento	Arquivos extraviados
Dropbox	56 %	4 %	0
Google Drive	4 %	12 %	1
Amazon Cloud	28 %	4 %	0
Microsoft SkyDrive	12 %	80 %	3

Fonte: Reprodução/ReadWrite.

Após realizar 25 tipos diferentes de testes, Sobotta classificou os serviços pela porcentagem de vezes em que ele foi o mais rápido e o mais lento a sincronizar diferentes aparelhos. Estando à frente em 56 % dos casos, o Dropbox mostrou-se a opção mais recomendada. O serviço só foi o mais lento em 4 % dos testes, além de não apresentar nenhum caso de arquivo não sincronizado.

Em segundo lugar ficou o Amazon Cloud, que também não teve nenhum caso de desaparecimento de arquivo e os mesmos 4 % de casos em que foi o mais lento a sincronizar. No entanto, foi o mais rápido em apenas 28 % dos testes.

O Google Drive ficou em terceiro lugar, sendo o mais rápido em 4 % dos testes e o mais lento em 12 % deles, além de contar com um arquivo desaparecido.

Por fim, o Microsoft SkyDrive ficou em quarto lugar, com três arquivos desaparecidos, sendo o mais lento em 80 % dos casos.

1.12.7 Dados de smartphones na nuvem

Um dos temores de quem tem um telefone celular inteligente é vir a perdê-lo e, com ele, os diversos arquivos nele mantidos. E, em consequência, ficar privado de preciosas informações de toda ordem, a começar pelas contidas na sempre preciosa agenda, com dezenas de números e endereços. Visando a prevenir inconvenientes dessa natureza, empresas disponibilizam programas que permitem o "backup" e o armazenamento desses dados, em um PC por exemplo. O usuário que tem um iPhone ou um iPad conta com o iTunes para esse fim.

No entanto, modernamente, é possível enviar os dados para a nuvem, o que equivale ao provimento de uma cópia de segurança, abrindo, ademais, a possibilidade de ter acesso à informação requerida a qualquer momento. Alguns bons sites para armazenamento de seus itens importantes, sob a "Cloud Computing", são o Dropbox (www.dropbox.com), o Flickr (www.flickr.com) e o Google Drive (www.drive.google.com). Ao conectar-se aos sites, o usuário tomará conhecimento, em detalhes, sobre os serviços e vantagens oferecidos por cada um.

1.13 Tipos de virtualização

1.13.1 Hardware

Como mencionado anteriormente, a virtualização de hardware consiste em rodar vários sistemas operacionais na mesma máquina. Isso é possível com o uso de programas específicos, que geram máquinas virtuais (Virtual Machines, ou VMs): estas simulam os componentes físicos de um PC, possibilitando que um sistema operacional diferente seja instalado em cada uma delas. Há duas grandes vantagens na adoção dessa tecnologia: uma voltada a usuários, outra a servidores. No caso das primeiras, o trunfo consiste em eliminar a incompatibilidade entre aplicativos e sistemas operacionais; pense em um usuário cujo PC tenha o Windows Vista instalado, mas que deseje rodar um aplicativo que só é compatível com o Windows XP. Isso pode ser feito por meio da criação, nesse PC, de uma VM que rode o WinXP; depois disso, basta instalar o aplicativo nessa VM e executá-lo normalmente (como se fosse um computador dentro de outro).

Quanto aos servidores, sua virtualização permite que, em vez de ter diversos subservidores (que utilizam apenas uma porcentagem dos recursos das máquinas em que estão hospedados), os processos sejam distribuídos de forma equânime entre um número menor de computadores (que, com isso, chegam mais próximo do aproveitamento total de sua capacidade). Esse procedimento reduz a quantidade de mão de obra técnica, o espaço para alocar as máquinas e o gasto com eletricidade necessários; tudo redunda em economia.

1.13.2 Apresentação

A maioria dos programas disponíveis no mercado funciona no mesmo local em que se encontra a instalação. Esse fato pode parecer óbvio para usuários tradicionais, mas essa barreira foi quebrada com o uso da Virtualização da Apresentação: trata-se do acesso a um ambiente computacional sem a necessidade de estar em contato físico com ele. Esse procedimento propicia, entre outras coisas, a utilização de um sistema operacional completo (bem como de seus aplicativos) de qualquer local do planeta, como se estivessem instalados no seu PC. O conceito é bem parecido com o de acesso remoto, com a diferença de que vários usuários podem se beneficiar do mesmo sistema simultaneamente (sem interferir uns aos outros).

1.13.3 Aplicativos

Cada aplicativo depende do sistema operacional para uma variedade de serviços, como alocação de memória ou gerenciamento de drivers. Resolver incompatibilidades entre determinado programa e o sistema operacional instalado na máquina é fácil, podendo ser feito uso de qualquer um dos dois tipos de virtualização já citados (hardware e apresentação). Porém, e quando o conflito é entre dois aplicativos distintos? Pode ser que cada um deles requeira, por exemplo, uma versão diferente de uma mesma DLL.

Isso é resolvido por meio da virtualização de aplicativos. A técnica consiste em ter uma única cópia de determinado aplicativo, instalada em um servidor virtual; usuários que desejarem ter acesso a esse aplicativo podem fazê-lo diretamente, sem a necessidade de que ele também esteja instalado na máquina física. A partir daí o programa pode ser executado normalmente, já que as características específicas de cada aplicativo (drivers, entradas no registro, DLLs e afins) são compiladas e baixadas diretamente para o PC do usuário, por meio da geração de um aplicativo virtual que fica à parte.

Ciberbullying: fique atento para esse lado perverso!

Ciberbullying é o uso de recursos computacionais para fazer agressão psicológica por meio da propagação de mentiras e/ou calúnias, boatos depreciativos, manipulação de comentários desairosos e, ainda, crítica pública a comportamentos, atitudes ou traços de personalidade de alguém. O Ciberbullying tem características parecidas com o bullying, porém, nele, os agressores – chamados de bullies – geralmente se escondem no anonimato ao fazerem uso de recursos virtuais. Agem por trás de apelidos (nicknames) e/ou identidades falsas, utilizando e-mails, blogs, fotoblogs, MSN, Skype, Twitter, Orkut, YouTube, Facebook, Myspace e outros sites. As vítimas seguidamente sofrem intensa ridicularização ou ataques vexatórios. Essas agressões constantes provocam traumas, adoecimento e, às vezes, levam a reações extremas como o suicídio. O bullie cibernético utiliza perfis falsos em sites de relacionamento ou e-mails para atacar, com conteúdo de cunho racista, sexual ou outra forma preconceituosa, fazendo uso de material constrangedor, vídeos, comentários, impressos, mensagens difamatórias e imagens pessoais, muitas vezes "fabricadas" com montagens ardilosas. Apresentam-se, então, como medidas preventivas importantes: cuidado com exposições de dados pessoais na internet; proteção de senhas, que não devem ser de fácil dedução; cuidado com o que é dito, comentado, exposto ou divulgado na web. É importante estar atento para o fato de que muitos agressores se mostram sedutores no início para, em seguida, envolver suas vítimas e praticar a agressão.

1.14 Big Data

Henrique Cecci, Diretor de Pesquisas e Datacenters da Gartner Group – empresa de consultoria líder mundial no mercado de pesquisas em TI – opina que quatro forças convergentes praticamente definirão a tecnologia do futuro:

- combinação e sinergia entre redes sociais, que consistem na utilização de elevado poder de conectividade, acarretando o chamado "Extreme Networking";

- mobilidade, caracterizada, em essência, pela portabilidade dos instrumentos de acesso à informação;
- nuvem, base ou suporte das demais forças, impactando todos os níveis. Modificando indivíduos no nível pessoal e profissional, organizações e, até mesmo, países, gerando alterações profundas e criando a chamada classe global de entrega de serviços de TI;
- informação universalizada e instantânea, transformando a explosão de dados em respostas imediatas, úteis e relevantes, desonerando e, ainda, criando valores para as empresas.

Denominados megatendências pelos especialistas, existe consenso de que esses quatro vetores irão transformar radicalmente o mundo dos negócios.

Uma tecnologia tem sido apontada como possível ferramenta para resolução de muitos problemas do futuro: o Big Data, cujo emprego já vem sendo utilizado no gerenciamento de tráfego de Los Angeles, na previsão de doenças em Nova York e em diversos outros segmentos da sociedade.

Desse modo, em tecnologia da informação, passou-se a utilizar Big Data como um conceito segundo o qual o foco é o grande armazenamento de dados e recuperação em velocidade superior. Há quem apregoe que são 3 Vs as características essenciais do Big Data: Volume, Velocidade e Variedade. Há ainda quem acrescente mais duas características às anteriores, nomeando-as como 5 Vs: Volume, Velocidade, Variedade, Veracidade e Valor.

É fácil depreender que, na base dessa inovação, aparece a computação em nuvem, cabendo enfatizar que o cenário de "Cloud Computing" transforma as relações entre usuários e provedores de serviços e produtos de TI. Na forma tradicional de adquirir e usar TI, o meio físico é o limite, e podemos subutilizá-lo ou, ao contrário, esbarrar ante uma demanda além de sua capacidade. Em Cloud Computing, a posição é outra: podemos ter sempre o tamanho certo para cada demanda.

A computação em nuvem representa a "cola" que permeia as demais ondas tecnológicas. Ela facilita a criação de modelos colaborativos, pois é o ponto de união das informações e do processamento, aumentando a funcionalidade dos dispositivos móveis e permitindo a criação de novos modelos de sistemas.

É importante sinalizar para o fato de que, conceitualmente, enquanto um Data Warehouse (Cf. 6.5.3.2) é um conjunto de dados não voláteis – baseado em assuntos integrados – variáveis em relação ao tempo, um Big Data suporta dados voláteis ou não e, em vez de criar um subconjunto para ser consultado a partir de um número limitado de formas predeterminadas, seu software recolhe todos os variados dados que uma organização gera, permitindo que os administradores e analistas se preocupem em como usá-los somente mais tarde. Portanto, a grande vantagem dos Big Datas é que são mais escaláveis do que os bancos de dados tradicionais e mesmo que os "Data Warehouses".

Verifica-se que a nova onda tecnológica traz a perspectiva de se pensar de forma diferente a maneira de adquirir e usar TI e, em consequência, cria oportunidade de muitas transformações na gestão dos negócios. Nesse advindo estado da "Economia da Informação", deverão surgir renovadas oportunidades de negócios, novos empregos, necessidade de novos profissionais e de novas habilidades.

1.15 Mobilidade

Significativos avanços tecnológicos, em particular nos domínios da informática e das comunicações, seguem ininterruptamente sendo incorporados à cultura universal e, em consequência, influindo de forma decisiva no dia a dia, modificando, de modo contínuo, o comportamento da sociedade como um todo. A mobilidade, citada no item 1.14 como um dos importantes vetores da tecnologia contemporânea, tem destaque especial não só por modificar hábitos e formas de relacionamento entre as pessoas, como – também e fundamentalmente – por influir na participação dos cidadãos no estabelecimento de negócios com as empresas.

1.15.1 Smartphones

O smartphone ou telefone inteligente é um telefone celular com funcionalidades avançadas. Geralmente, possui características mínimas de hardware e software, sendo as principais a capacidade de conexão com redes de dados para acesso à internet, a capacidade de sincronização dos dados do organizador com um computador pessoal e uma agenda de contatos, podendo utilizar toda a memória disponível do celular, e não sendo limitada a um número fixo de contatos. Os sistemas operacionais dos smartphones permitem que desenvolvedores criem milhares de programas adicionais, com diversas utilidades, agregados em sites como o Google Play. Em essência, o smartphone pode ser considerado a evolução do PDA (personal digital assistant), também conhecido como computador de bolso ou assistente de dados pessoais, dispositivo móvel que funciona como um gerenciador de informações pessoais. Surgido em 1984, esse equipamento palm top passou a ser caracterizado como PDA apenas a partir do lançamento feito pela Apple em 1992. O iphone da Apple, lançado em 2008, é um exemplo de smartphone.

Um smartphone de última geração pode conter mais de 64 GB de dados e, a exemplo da linha Samsung Galaxy, além de GPS nativo, possuir filmadora, câmera digital, editores de texto, planilhas eletrônicas e centenas de aplicativos. A integração das funções no dispositivo também é de grande importância. Alguns aplicativos podem utilizar o GPS, o tocador de música e a conexão de dados simultaneamente. Assim, dotado de tais recursos, durante uma corrida, um desportista pode, por exemplo, acompanhar sua velocidade, controlar a distância percorrida e o tempo consumido e, concomitantemente, ouvir suas músicas preferidas. Ademais, pode também exportar os dados para o Google Earth, identificar seu trajeto no mapa e verificar quais as músicas que ouviu durante o percurso.

Os principais **sistemas operacionais para smartphones** são:

- Android – Google[5]
- iOS – Apple

---

5   Google, em agosto de 2005, adquiriu a Android Inc, pequena empresa em Palo Alto (Califórnia – EUA) que desenvolvia uma plataforma baseada em Linux: flexível, aberta e de fácil migração para os fabricantes. Em novembro de 2007 anunciou o Android como sua plataforma, que veio a ser utilizado, em todo o mundo, por vários fabricantes de celulares.

1.15.2 Apps

O que passou a ser conhecido como "**app**" para os smartphones é uma abreviatura de "application", aplicação em português, ou, melhor dizendo, um aplicativo. Portanto, **app** é um programa específico que pode ser baixado e instalado em determinado equipamento eletrônico. Adquirido gratuitamente ou por meio de downloads pagos, de modo geral, facilitam o acesso a determinados tipos de conteúdo, como notícias, jogos, mapas, dados meteorológicos, áudio etc. Há apps gratuitos para usuários privilegiados como, por exemplo, para assinantes de determinados periódicos, com o intuito de lhes propiciar acesso à versão digital das diversas edições. Majoritariamente, os apps são utilizados em sistemas operacionais específicos para smartphones. O desafio é desenvolver apps que possam ser utilizados em diferentes sistemas e equipamentos, dentro do conceito de convergência; porém, cada empresa detentora dos direitos de seus sistemas operacionais ainda tem gerado aplicativos de uso restrito. Apps também têm sido utilizados como ferramentas de marketing para divulgação de marcas e produtos, advindo daí a tendência de, cada vez mais, serem oferecidos gratuitamente, com o propósito de atrair maior número de consumidores.

1.15.3 Mensagens

Nos anos 1980, foi concebida a ideia de troca de mensagens entre telefones, especialmente entre equipamentos móveis. Na década seguinte, o conceito foi implementado, dando origem ao que se passou a denominar Serviço de Mensagens Curtas (Short Message Service, **SMS**).

Disponível em um vasto leque de redes, incluindo as redes de tecnologia 3G, ficou conhecido popularmente como **mensagem de texto** e passou a ser um serviço de grande utilidade, permitindo a troca de mensagens com até 160 caracteres entre telefones celulares, entre outros dispositivos de mão e até entre telefones de linha fixa. Pode ser tarifado ou não, dependendo da operadora de telefonia e do plano do usuário. Sua evolução levou ao MMS (Serviço de Mensagens Multimídia), com o qual os usuários podem enviar e receber mensagens não mais limitadas a 160 caracteres e, além disso, utilizar recursos audiovisuais, como imagens, sons e gráficos.

No Brasil, o termo **torpedo** popularizou-se por conta do oportunismo e da velocidade com que a notícia chega ao interessado, via telefone celular; assim, portanto, passaram a ser conhecidas as mensagens escritas, tanto as de SMS como as de MMS.

Exercícios

1. Numere a segunda coluna de acordo com a primeira:

1 Hardware

2 Software

3 Processamento

4 Dados

5 Informação

( ) Parte física do computador e o conjunto de comandos que controlam o funcionamento da máquina.

( ) Conjunto de procedimentos que controlam o funcionamento da máquina.

( ) Parte física do computador, incluindo periféricos de entrada e saída.

( ) Elementos específicos que representam uma realidade de forma sistêmica.

( ) Realização de uma série de operações ordenadas e planejadas, visando à obtenção de determinados resultados.

( ) Elementos relativos a um problema, antes de serem processados pelo computador.

( ) Conjunto estruturado e organizado de informações.

( ) Conjunto estruturado e organizado de dados.

2. Relacione as etapas do processamento com as unidades funcionais básicas, numerando a segunda coluna de acordo com a primeira:

1 Entrada

2 Processamento

3 Saída

( ) Unidade de saída.

( ) Unidade de entrada.

( ) Unidade de saída e memória.

( ) Unidade Central de Processamento e Memória.

3. Em um sistema de computador, normalmente encontrado na placa-mãe, o conjunto de componentes eletrônicos, em um circuito integrado, cuja função é realizar diversas funções de hardware, como controle dos barramentos, controle e acesso à memória, controle da interface IDE e USB, timer, controle dos sinais de interrupção IRQ e DMA, entre outras, é denominado:

a) Setup.

b) Clock.

c) Buffer.

d) Chipset.

(Prova: IESES – CEGÁS – Assistente Técnico – Técnico em Tecnologia da Informação – 2017)

4. Considere as afirmativas sobre hardwares:

I. Marca, modelo, memória cache, clock (frequência) e quantidade de núcleos de execução são aspectos relevantes a serem considerados ao adquirir uma placa de memória RAM.

II. O chipset é um conjunto de circuitos integrados que fica localizado na placa-mãe do computador e é composto por três chips principais denominados: Ponte Norte, Ponte Sul e Circuito Central.

III. A memória RAM é considerada uma memória volátil pela sua característica de perder os dados quando o computador é desligado.

Está(ão) correta(s) apenas a(s) afirmativa(s):

a) I.

b) II.

c) III.

d) I e II.

(Prova: IDECAN – Prefeitura de Manhumirim-MG – Gestor Municipal de Contrato – 2017)

5. No contexto de computadores de mesa, o componente cuja função é armazenar dados e programas em caráter permanente é conhecido como:

a) Fonte.

b) Hard Disk.

c) Memória RAM.

d) Placa-mãe.

e) Processador.

(Prova: FGV – Prefeitura de Niterói-RJ – Auxiliar Administrativo – 2018)

6. Em computadores desktop padrão do tipo PC, as informações de configuração inicial do computador são armazenadas em uma pequena memória, chamada memória de configuração ou memória CMOS (Complementary Metal Oxide Semiconductor), que se localiza integrada ao chipset da placa-mãe. Essa memória é volátil e seus dados são apagados quando o micro é desligado. Para evitar que essa perda de dados ocorra,

a) alimenta-se a CMOS por meio do chipset da placa-mãe.

b) utiliza-se uma pequena bateria na placa-mãe, responsável por alimentar a CMOS.

c) o Setup reconfigura os dados da CMOS quando o micro é ligado.

d) a CMOS é inserida em um soquete alimentado pela placa-mãe.

(Prova: COMPERVE – UFRN – Técnico de Tecnologia da Informação – 2019)

7. Entre os componentes funcionais dos computadores, temos a placa-mãe. Sobre esse assunto, analise os itens seguintes e assinale a alternativa correta:

I. A enormidade de peças e circuitos eletrônicos embutidos nessa placa é que garante a intercomunicação entre os dispositivos de hardware.

II. O soquete do processador tem a função de realizar a transmissão de dados entre a Unidade Central de Processamento e os demais componentes da placa.

III. As atuais placas podem trazer dois, quatro, seis ou até oito slots de memória RAM.

IV. O principal conector de energia, o ATW, serve para alimentar a placa-mãe, e tem 24 pinos.

a) Todos os itens estão corretos.

b) Somente os itens I e IV estão corretos.

c) Somente o item II está correto.

d) Somente o item I está correto.

e) Somente os itens I, II e III estão corretos.

(Prova: MS Concursos – GHC-RS – Noções de Informática – 2018)

8. Julgue os itens abaixo sobre os conhecimentos de hardware:

I. É na Unidade Central de Processamento que se encontra o processador central do equipamento, ou seja, é onde ocorre o processamento central.

II. A Unidade Central de Processamento responde pelo processamento dos dados.

III. A placa-mãe é o circuito impresso central de um computador, onde a menor parte dos componentes cruciais do sistema e conectores para periféricos é acoplada.

a) Todos os itens estão corretos.

b) Apenas os itens I e II estão corretos.

c) Apenas os itens I e III estão corretos.

d) Apenas os itens II e III estão corretos.

(Prova: IMA – Prefeitura de Fortaleza dos Nogueiras-MA – Técnico de Enfermagem – 2019)

9. O termo "On Board" é utilizado para denominar qualquer dispositivo de som, vídeo e rede integrado à placa-mãe do equipamento. A partir do exposto, pode-se afirmar:

a) Dispositivos "On Board" possuem alto desempenho em relação ao dispositivo "Off Board".

b) Dispositivos "On Board" são complexos e grandes e ocupam bastante espaço na placa-mãe.

c) Dispositivos "On Board" têm menor desempenho, pois dependem do processador para funcionamento.

d) Placas com dispositivos "On Board" são placas com maior custo financeiro que placas com dispositivos "Off Board".

(Prova: INAZ do Pará – CORE-MS – Técnico em Informática – 2018)

10. "CMOS é a abreviação de "Complementary Metal Oxide Semiconductor". O CMOS é uma pequena área de memória volátil, alimentada por _____, que é usada para gravar as configurações do Setup da placa-mãe. Como elas (as configurações) representam um pequeno volume de informações, ele é bem pequeno em capacidade. Assim como a memória RAM principal, ele é volátil, de forma que as configurações são perdidas quando a alimentação elétrica é cortada. Por isso, toda placa-mãe inclui _____, que mantém as configurações quando o micro é desligado." Disponível em: https://www.hardware.com.br/termos/cmos. Acesso em: 16/06/2018.

De acordo com o texto, qual dispositivo mantém a CMOS e o *clock* funcionando, mesmo quando o computador está desligado?

a) Fonte Atx.

b) Nobreak.

c) Bateria.

d) Cooler.

(Prova: INAZ do Pará – CORE-MS – Técnico em Informática – 2018)

A memória do computador

2.1 Conceito de bit

O computador só pode "identificar" a informação mediante sua elementar e restrita (mas fundamental) capacidade de distinguir entre dois estados; por exemplo: algo está imantado em um sentido ou está imantado no sentido oposto. A uma dessas opções o computador associa o valor 1 e, ao outro estado, o valor 0. Essa é a essência de um sistema chamado de **biestável**.

Outros exemplos de sistemas biestáveis: uma lâmpada que, se acesa, representaria o estado 1 e, se apagada, o estado 0; uma válvula (um diodo, um triodo...) conduzindo ou não o sinal; um transistor deixando ou não passar a corrente elétrica.

Os computadores armazenam as informações e fazem todo o seu tratamento com base em fenômenos sobre sistemas biestáveis. Seus símbolos básicos são, pois, 0 e 1.

Os dígitos 0 e 1 são os únicos elementos do sistema de numeração de base 2. Por isso, 0 e 1 receberam o nome de dígitos binários (*binary digit*) ou, abreviadamente, **bit**, denominação que se estendeu a uma posição elementar de memória ou à menor unidade de informação no computador.

2.2 A que se destina a memória

Na memória do computador são executadas as seguintes funções:

1. Armazenamento das instruções referentes a um programa que está sendo processado.
2. Armazenamento dos dados iniciais referentes àquele programa.
3. Armazenamento de dados intermediários.
4. Armazenamento dos resultados finais a serem transmitidos em fase posterior a um dispositivo da saída.

2.3 Bytes e palavras

É intuitivo perceber que cada um dos elementos armazenados na memória do computador fica em um "local" certo e sabido (para visualizar, pense em uma rua com casas), com um endereço próprio. Só assim torna-se possível a busca na memória exatamente do que se estiver querendo a cada momento. Assim, em termos lógicos, pode-se "ver" a memória como um conjunto de endereços (casas com numeração própria e particular).

Denomina-se **byte** – contração de *binary term* – a unidade básica de tratamento de informação. Um caractere é composto por 8 bits contíguos. Cada byte armazena um **caractere**, ou seja, um algarismo, uma letra ou um símbolo, podendo, para isso, usar todos os seus 8 bits, ou apenas 7 deles, conforme o código utilizado pelo computador (ver Fig. 2.1).

Se o código é de 8 bits, os 2^8 arranjos possíveis dão ensejo a 256 representações diversas; se o código é de 7 bits, serão 128.

0 ou 1	0 ou 1	0 ou 1	0 ou 1	0 ou 1	0 ou 1	0 ou 1	0 ou 1

Figura 2.1 A composição do byte: sete ou oito desses bits estarão representando um caractere, conforme a característica do código. Se o código é de 7 bits, o oitavo bit do byte terá outra destinação específica.

O sistema de endereçamento da memória numera os bytes sequencialmente a partir de zero, permitindo que cada byte seja acessado individualmente. Os diversos modelos de computadores agrupam, por vezes, os bytes em grupos de 2, 4, 6 e até 8, dando um endereço particular para cada um dos grupos assim constituídos. Esse grupo de bytes recebe o nome de **palavra** (*word*).

2.4 O tamanho da memória

A memória principal dos computadores armazena temporariamente as informações, mantendo o sistema operacional e o programa que estiver em uso, além dos dados de processamento necessários a cada momento.

O tamanho dessa memória é um indicador da capacidade do computador. Quanto maior a memória for, mais informações ela poderá guardar, ou seja, quanto mais bytes a memória tiver, mais caracteres poderá conter e, por conseguinte, maior o número de informações que guardará.

As unidades de medida do tamanho das memórias são o kilobyte (Kbyte ou KB), o megabyte (Mbyte ou MB), o gigabyte (Gbyte ou GB) e o terabyte (Tbyte ou TB).[1]

Como elemento para avaliação, observe que uma página datilografada no formato carta, com espaçamento simples, contém cerca de 2,5 kilobytes, em 45 linhas de 60 toques.

2.5 Classificação dos computadores quanto ao porte

O tamanho da memória acaba por se constituir em um parâmetro importante na definição da capacidade ou porte de um computador. Globalmente, no entanto, esse porte depende de quatro tecnologias: componentes – essência da memória e do(s) processador(es) – arquitetura, periféricos e software básico.

A classificação dos computadores quanto ao porte é algo que tem sido apresentado de maneira extremamente mutável ao longo dos anos. Em face do que hoje é oferecido, pode-se reconhecer o seguinte:

---

1   Kbytes, Mbytes, Gbytes e Tbytes: K é o símbolo de mil. Logo, 512 KB aparentemente são 512.000; no entanto, KB, em matéria de posições em computador, vale 1024 (ou seja, 210), porque a memória tem sempre como número de posições uma potência de 2. Logo, Mbytes = 1024 Kbytes, Gbytes = 1024 Mbytes, Tbytes = 1024 Gbytes.

1. Mainframe

Computador dedicado ao trato de grandes volumes de dados, que opera com processadores especializados e utiliza variados recursos tecnológicos, sendo capaz de hospedar e executar diferentes e complexas aplicações e de possibilitar cenários de integração, apresentando características únicas de *performance*, segurança, escalabilidade e resiliência. Esse ambiente, de mais de meio século de concepção, ainda é imprescindível a provedores de informações que operam sistemas integrados e se prestam a atender múltiplas e complexas demandas. Apresentando contínua evolução, tem incorporado as tecnologias correntes, como Computação nas Nuvens e Inteligência Artificial. Em contrapartida, plataformas mainframes, apesar desse progressivo incremento na capacidade computacional, ocupam espaços físicos cada vez menores, distanciando-se das enormes estruturas que as caracterizavam inicialmente.

2. Supercomputador

Utilizado quando o problema é o tempo de cálculo. Normalmente empregado como servidor de rede com sistemas que gerenciam o tráfego de arquivos e correio eletrônico.

3. Microcomputador

Computador de pequeno porte para uso pessoal, tanto para fins domésticos quanto comerciais. Seus recursos são limitados, visando ter um custo reduzido para o consumo no mercado.

4. Minicomputador

Computador de médio porte empregado como suporte multiusuário, sem placas ou programas instalados. Pode ser conectado diretamente a um servidor para emular seus recursos como se estivessem instalados nele.

5. Computador portátil

Também conhecido como laptop ou notebook. Trata-se de computador igual aos microcomputadores, mas desenvolvido com alta tecnologia, que o torna bem compacto.

6. Mesa digitalizadora

Computador com sensores que detectam interferências como toque, movimento, pressão ou calor.

7. Computador de mão

Também conhecido como Handheld ou PDA (Personal Digital Assistant), projetado com tecnologia que visa compactar tanto seus componentes quanto a forma de armazenar os dados.

8. Equipamentos de automação

São minicomputadores com sistemas projetados para executar apenas uma função específica, realizando trabalhos repetitivos ou análises rápidas.

9. Consoles de jogos

Esses equipamentos apresentam, por vezes, elevada complexidade e/ou grandes recursos gráficos, ditados por suas funções específicas de processamento. A seguir, um panorama geral dos fabricantes e seus produtos:

- Nintendo – tradicional e inovadora, começou nos arcades (fliperamas) e estreou em 1983 com o NES. Fez também o SNES, o Nintendo 64 e o GameCube. Líder do mercado de portáteis com o Game Boy, o Game Boy Color, o Game Boy Advance e o Nintendo DS. Lançou em 2006 o seu novo console, o Wii, que propiciou que voltasse a ser a líder do mercado.

- Sony – ex-líder do mercado. Estreou em 1995 com o PlayStation. Em 2001, lançou o PS2; em 2005, o portátil PSP e, em 2006, o PS3.
- Microsoft – gigante dos softwares, estreou em 2001 com o Xbox. Em 2005 deu início à "nova geração", com o Xbox 360.
- Apple – criou o iPhone SDK com suporte a jogos 3D e 2D, para desenvolvedores lançarem seus jogos para iPhone e iPod Touch na App Store.

2.6 Posições de memória

Um computador, tendo byte de 8 bits, tem cada posição de memória constituída por um grupo de oito elementos. Essas posições são numeradas a partir de zero, como já visto. Se o computador usa palavra de 4 bytes, as palavras terão sua numeração (endereço): 0-4-8-12-16 etc.

Esses endereços são permanentes, isto é, vêm de fábrica e não podem ser modificados pelo programador.

Para visualizar melhor, podemos fazer um mapa de uma memória, um desenho esquemático de um trecho ou vários trechos da memória.

Analisemos o esquema:

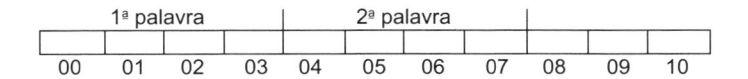

Aí estão representadas as 11 primeiras posições (referentes aos 11 primeiros bytes) da memória de um computador. Nas três últimas delas, por exemplo, poderia estar representado o número 469. Ou seja, o conteúdo de cada uma dessas posições seria, respectivamente, 4-6-9, ou

?	?	?	?	?	?	?	?	4	6	9
00	01	02	03	04	05	06	07	08	09	10

Na verdade, em binário:

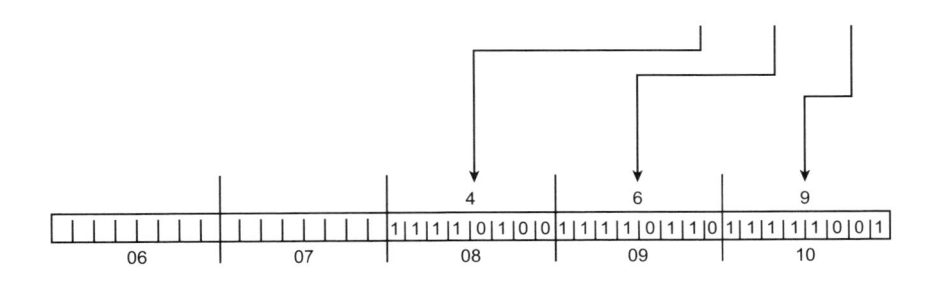

Se houvesse uma instrução que mandasse adicionar ao número 469, assim "acomodado" na memória, o número 120, e armazenar o resultado nessas mesmas posições, teríamos, ao final da operação,

?	?	?	?	?	?	?	?	5	8	9
00	01	02	03	04	05	06	07	08	09	10

Observe que o conteúdo das posições da memória mudou, mas não os endereços.

2.7 Programas em memória ROM

Na memória permanente da CPU dos microcomputadores compatíveis com o IBM-PC, encontram-se gravados programas que tratam de operações de inicialização, como o teste automático de ligação (POST) e o controle de baixo nível para componentes de hardware (unidades de disco, teclado, monitor etc.). Esse conjunto de programas, denominado Basic Input Output System, ou Sistema Básico de Entrada e Saída, tem, portanto, o objetivo de gerenciar as atividades básicas de entrada e saída dos dispositivos, à exceção dos que possuem seus próprios BIOS, como o vídeo, por exemplo. É esse sistema que transfere o sistema operacional do disco rígido para a RAM e, como citado, verifica a composição do computador em função da programação do SETUP.

Programas em memória ROM

BIOS – gerencia entradas e saídas; transfere o SO; verifica o hardware.

POST – testa a ligação; verifica a memória RAM.

SETUP – configura o equipamento.

2.8 Memória virtual

É o conceito segundo o qual o espaço de endereçamento da memória, ou seja, o conjunto de endereços da memória principal disponíveis para um ou mais programas, passa a ser maior que a quantidade real de endereços dessa memória principal.

Esse efeito é obtido em computadores que trabalham sob sistemas operacionais com memória virtual (OS/VS ou MVS) que mapeiam endereços virtuais em endereços reais. O processador, ao executar os programas, gera um conjunto de endereços (*address space*); a cada instante alguns desses endereços virtuais são mapeados sobre os reais mediante uma translação (*address translation*) ocupando-se, então, endereços do espaço efetivamente disponível na memória principal (*memory space*).

A alocação dos espaços da memória é feita segundo as técnicas de paginação ou de segmentação:

- **Paginação**: há um movimento de quadros (páginas) de tamanho constante entre a memória principal e a auxiliar.
- **Segmentação**: a partição da memória é feita em blocos lógicos, de tamanhos variados.

A troca de dados entre disco e memória, de forma que cada um fica com uma parte do programa ou dos dados, é chamada de **swapping**.

2.9 Memória cache e sua importância

Um cache ou uma (memória) cache é um bloco de memória para o armazenamento temporário de dados que possuem grande probabilidade de serem utilizados novamente. Ou, de modo mais simples: uma área de armazenamento temporária onde os dados frequentemente acessados são armazenados para acesso mais rápido.

Uma memória cache é feita de uma fila de elementos. Cada elemento tem um dado que é a cópia exata do dado presente em algum outro local (original). Cada elemento tem uma etiqueta que especifica a identidade do dado no local de armazenamento original, que foi copiado.

Quando o cliente da cache (CPU, navegador etc.) deseja acessar um dado que acredita estar no local de armazenamento, primeiramente verifica a cache. Se uma entrada for encontrada com uma etiqueta correspondente ao dado desejado, o elemento da cache é então utilizado em vez do dado original. Essa situação é conhecida como cache hit (acerto do cache). Como exemplo, um navegador poderia verificar a sua cache local no disco para ver se há uma cópia local dos conteúdos de uma página web em uma URL particular. Nesse exemplo, a URL é a etiqueta, e o conteúdo da página é o dado desejado. A percentagem de acessos que resultam em cache hits é conhecida como taxa de acerto (*hit rate* ou *hit ratio*) da cache.

2.9.1 Tipos de cache

2.9.1.1 Cache L1

Uma pequena porção de memória estática presente dentro do processador. Em alguns tipos de processador, como o Pentium II, a L1 é dividida em dois níveis: dados e instruções (que "dizem" o que fazer com os dados). A partir do Intel 486, começou-se a colocar a L1 no próprio chip [processador]. Geralmente os processadores têm entre 16 KB e 128 KB; hoje já se encontram processadores com até 2 MB de cache.

2.9.1.2 Cache L2

Possuindo a cache L1 um tamanho reduzido e não se apresentando como solução ideal, foi desenvolvida a cache L2, que contém muito mais memória que a cache L1. É mais um caminho para que a informação requisitada não tenha de ser procurada na lenta memória principal. Alguns processadores colocam essa cache fora do processador, por questões econômicas, pois uma cache grande implica um custo igualmente grande, mas há exceções, como no Pentium II, por exemplo, cujas caches L1 e L2 estão no mesmo cartucho em que se encontra o processador. A memória cache L2 é, sobretudo, um dos elementos essenciais para um bom rendimento do processador, mesmo que tenha um clock baixo. Quanto mais alto é o clock do processador, mais este aquece e mais instável se torna. Os processadores Intel Celeron têm fraco desempenho por possuírem menor memória cache L2. Um Pentium M730 de 1,6 GHz de clock interno, 533 MHz FSB e 2 MB de cache L2, tem rendimento semelhante a um Intel Pentium 4 de 2,4 GHz, aquece muito menos e torna-se muito mais estável e bem mais rentável do que o Intel Celeron M440 de 1,86 GHz de clock interno, 533 MHz FSB e 1 MB de cache L2.

2.9.1.3 Cache L3

Terceiro nível de cache de memória. Inicialmente utilizado pelo AMD K6-III (por apresentar a cache L2 integrada ao seu núcleo), usava a cache externa presente na placa-mãe como uma memória de cache adicional. Ainda é um tipo de cache raro em função da complexidade dos processadores atuais, com suas áreas chegando a milhões de transistores por micrômetros ou picômetros de área.

É possível a necessidade futura de níveis ainda mais elevados de cache, como L4, e assim por diante.

2.10 Tempo de acesso e ciclo de memória

O tempo necessário para que um sistema de computador localize uma posição de memória e transfira uma informação de (ou para) esse endereço tem o nome de **tempo de acesso**. Logo,

$$T_{ac} = t_{loc} + T_{tr}$$

O **tempo de localização**, também chamado de **latência**, é desprezível para todos os tipos de memória principal (só existe em relação a memórias secundárias, como disco etc.).

O **tempo de transferência** varia com a natureza da operação que estiver sendo processada e (como todos os tempos gastos na execução de instruções pelo computador) é múltiplo de um valor básico, chamado de *ciclo de memória*; este sim tem um valor característico para cada equipamento (nos computadores modernos, medido em nanossegundos).

Ciclo de memória (ou tempo de ciclo de memória) é o intervalo mínimo entre dois acessos sucessivos à memória.

Exercícios

Marque com um **X** *a resposta certa:*

1. Pode-se definir bit como:

    a) o maior elemento de que se compõe a memória.

    b) o conjunto de anéis que compõem a memória.

    c) a menor quantidade de informação que se registra na memória.

    d) o conjunto de estados que compõem a memória.

2. A memória que se destina aos elementos estatisticamente mais solicitados, agilizando o processamento, chama-se:

a) memória principal.

b) memória auxiliar.

c) memória virtual.

d) cache de memória.

3. O caractere é:

a) um dado, um código ou um símbolo.

b) uma letra, um algarismo ou um símbolo.

c) um dado, um número ou uma letra.

d) uma letra, um código ou um símbolo.

4. O byte é um conjunto de bits:

a) que, pela combinação de seus estados, pode representar qualquer caractere.

b) que, pela soma de seus estados, pode representar qualquer número.

c) que, pela combinação de caracteres, pode representar qualquer dado.

d) que, pela soma de caracteres, pode representar qualquer dado.

5. O byte é normalmente composto por:

a) 2 bits.

b) 4 bits.

c) 8 bits.

d) 16 bits.

6. Na memória principal:

a) o operador coloca todos os dados simultaneamente.

b) armazenam-se programas.

c) é que se fazem os cálculos dos programas.

d) é que se controlam os equipamentos convencionais.

e) todas as respostas são corretas.

7. O endereço é:

a) a localização de uma posição de memória.

b) um dado utilizado pelo computador.

c) um conjunto de oito bits de informação.

d) uma parte especial de uma informação.

e) o conteúdo de uma informação.

8. A memória principal:

a) guarda as instruções e dados a serem processados.

b) busca as instruções, analisa o código de operação e ordena o processamento de dados.

c) processa os dados recebidos.

d) controla somente as entradas e saídas.

e) nenhuma das respostas anteriores.

9. A memória auxiliar de um computador é:

a) um dispositivo volátil que registra dados temporariamente.

b) um dispositivo que registra apenas programas.

c) um meio prático de guardar programas e dados para uso.

d) a responsável pelo controle dos equipamentos de entrada e saída.

e) são corretas as respostas *a* e *d*.

10. A palavra é um conjunto ordenado de:

a) bytes, que serve como unidade básica para a realização de operações no computador.

b) dados, que serve como unidade básica para a realização de operações no computador.

c) caracteres, que serve como unidade básica para a realização de operações no computador.

d) símbolos, que serve como unidade básica para a realização de operações no computador.

A unidade central de processamento

3.1 Execução das instruções

Já vimos que é na Unidade Central de Processamento (UCP) que são executadas as instruções. Vimos também que a UCP tem duas seções:

- Seção de controle;
- Seção aritmética e lógica.

Um programa se caracteriza por uma série de instruções que o computador deve executar. Essas instruções, bem como os dados necessários, são encaminhadas à memória principal.

Para a seção de controle da UCP são trazidas, uma a uma, essas instruções e, então, é feita uma análise em cada uma delas. Após a análise de cada instrução, se for o caso de utilização de dados, estes são buscados também na memória. E a instrução é processada na seção aritmética e lógica. O resultado da instrução, se for um dado, volta à memória ou é encaminhado a um dispositivo de saída (Fig. 3.1).

O Quadro 3.1 dá conta das seções em que são executadas algumas instruções, a título de ilustração.

Na Figura 3.1, pode-se ver que, embora sem causar a admiração – própria aos menos informados – que geralmente causam as unidades de E/S, "engolindo" ou "expelindo" informações velozmente, na UCP é que se exerce o papel importantíssimo de execução de todas as tarefas para as quais o sistema foi projetado: o processamento propriamente dito.

Conceitos básicos

Instrução – **comando que define integralmente uma operação a ser executada.**

Programa – **instruções ordenadas logicamente.**

Rotina ou Módulo – **grupo de instruções que pode ser inserido em diversos programas, projetado para produzir efeito seguidamente buscado em muitas aplicações.**

Note que tudo o que foi mostrado levou em consideração que memória e UCP são "instalações". Elas não executam nada; nelas são executadas as tarefas.

Quadro 3.1 Local de execução de instruções

Instrução	Local de execução
Comece a aceitar entrada a partir do leitor de DVD	Seção de controle
Se X é maior que Y, vá para o passo 46 do programa	Seção aritmética e lógica (instrução lógica)
Multiplique A por B e armazene o resultado em C	Seção aritmética e lógica (instrução aritmética)

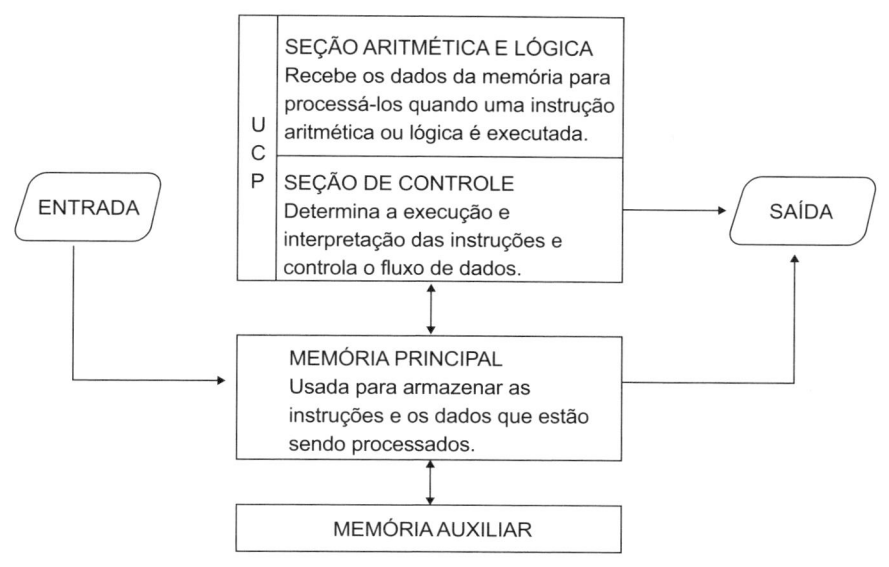

Figura 3.1 Funções da memória principal e da UCP.

Essas "instalações" pertencem ao hardware. Logo, prestam-se como "locais de trabalho". A "vida", o "movimento", a "alma" do computador são por conta do software.

Em que pese essa ressalva, é forçoso reconhecer que, muitas vezes, a literatura trata essas partes físicas como se elas executassem tarefas. Não por erro, mas pela forma tão intrínseca com que se identificam as etapas do processamento com os dispositivos nos quais se passam:

> A Unidade Central é o "centro nervoso" de qualquer computador. Ela controla, dirige e processa todos os dados introduzidos e produz a saída, na forma desejada, com auxílio do programa previamente introduzido, na unidade de saída especificada pelo referido programa (por exemplo), a impressora.
>
> — Bolle, K., em *Cartilha do Computador*

Na verdade, dirigindo tudo o que acontece no computador como elemento fundamental do software, está o sistema operacional. Esse conjunto de programas é a "gerência" que disciplina e controla tudo o que ocorre no computador a qualquer instante.

3.2 Registradores

Registradores são dispositivos que servem como endereços para os operadores presentes em cada operação, além de outros propósitos especiais.

Assim, por exemplo, havendo em determinado instante uma sequência de operações a desencadear, no âmbito da UCP, como a seguinte:

1. Transferir o conteúdo do registrador nº 3 para o registrador nº 2.

2. Adicionar o conteúdo do registrador nº 4 ao conteúdo do registrador nº 1, armazenando o resultado no registrador nº 1.

3. Subtrair o conteúdo do registrador nº 1 do conteúdo do registrador nº 6, armazenando o resultado no registrador nº 6.

E se, no caso, tivéssemos, por exemplo, imediatamente antes do desencadeamento das operações, os conteúdos indicados a seguir nos sete registradores apresentados:

1	4	3	5	2	8	7
R0	R1	R2	R3	R4	R5	R6

Teríamos, em consequência, após:

1	6	5	5	2	8	1
R0	R1	R2	R3	R4	R5	R6

O número de registradores em um computador é função de cada modelo (de alguns poucos a mais de uma centena).

O usual é o programador trabalhar com comandos próprios de determinadas linguagens de programação (ditas linguagens de alto nível) de tal forma que a ele passa "transparente" o que está ocorrendo no interior dos registradores. Há, porém, os casos (não pouco comuns entre pessoal mais experiente) em que os programas são feitos em linguagem Assembly, característica para cada modelo de computador, em que, aí sim, o programador desce para o nível de registradores.

3.3 Microprocessadores

Quando tratamos da evolução do computador, vimos que os sistemas contemporâneos se caracterizam pelo emprego de chips, grupamento de vários componentes (transistores, diodos, capacitores, resistores etc.), em um pedaço minúsculo de silício (Fig. 3.2). Esses circuitos integrados tornam-se capazes de executar funções lógicas, o que caracterizou a tecnologia de firmware.

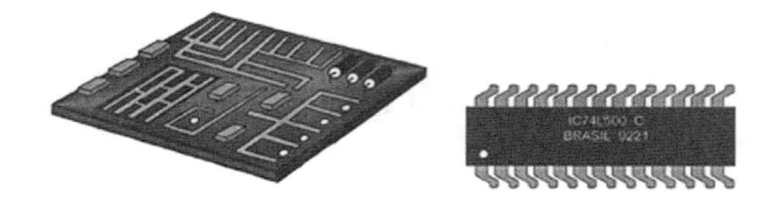

Figura 3.2 Chip: em uma minúscula área, muitos milhares de componentes eletrônicos.

Deu-se o nome de porta lógica a cada uma dessas funções desempenhadas pelos circuitos integrados. Cada combinação de portas lógicas, em determinado modelo de chip, dá ao circuito integrado uma função específica; dessa forma, rapidamente os chips foram se diversificando, surgindo no mercado circuitos integrados com as mais variadas funções. Na década de 1970, eles passaram a ser utilizados em calculadoras.

Em face da tendência a um crescente número de calculadoras, cada qual com sua configuração específica e propósitos particulares, surgiu a ideia do dispositivo lógico programável, isto é, um circuito integrado capaz de executar instruções em função de programas de usuários. A esse dispositivo, lançado em 1971, deu-se o nome de **microprocessador** (Fig. 3.3).

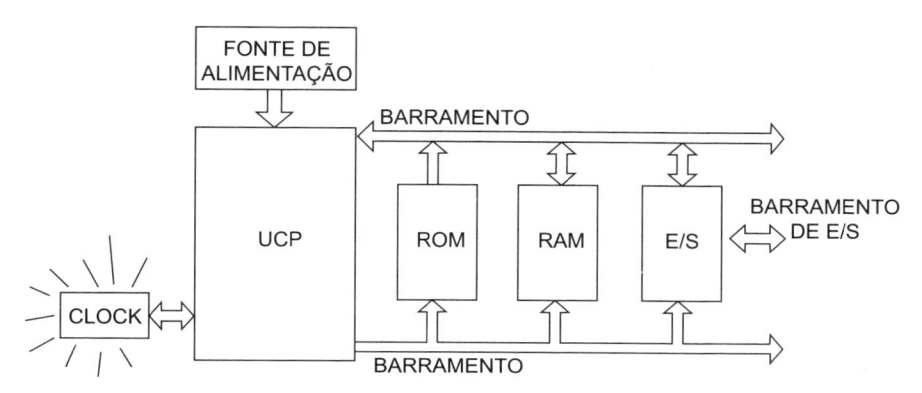

Figura 3.3 Microprocessador: organização básica.

Com base nos microprocessadores, surgiram os computadores miniaturizados, valendo-se das memórias integradas e ao custo do desenvolvimento de chips para interfacear dispositivos de E/S (impressoras, teclados, unidades de disco ótico, terminais de vídeo etc.). Nascia, assim, o **microcomputador**, um computador de baixo custo, pequenas dimensões físicas, construído com base em um microprocessador.

Os microcomputadores existentes no mercado podem ser classificados quanto ao porte, à arquitetura e à capacidade de gerenciamento de tarefas. Em relação a essa última característica, temos os monousuários e os multiusuários.

As principais características de um microcomputador podem ser entendidas com base nos seus principais constituintes: o microprocessador, as memórias internas, o clock e os barramentos.

3.3.1 Microprocessador

O **microprocessador** é a própria razão de ser do microcomputador. A miniaturização da CPU fez surgir aquele tipo de equipamento que revolucionou toda a filosofia dos computadores tanto em nível pessoal como empresarial.

A história dos microcomputadores ganhou dimensão quando, em 13 de agosto de 1981, a IBM anunciou o **Personal Computer** (PC), que utilizava o microprocessador Intel 8088 e tinha uma velocidade espantosa, sustentada por um clock de 4,77 MHz; mas o principal: estávamos no limiar dos micros de 16 bits!

Em diversas partes dos microcomputadores, há microprocessadores, responsáveis por atividades locais, ou seja, funções auxiliares. A administração da máquina como um todo está, porém, entregue àquele principal, que funciona como sua CPU.

A evolução tecnológica envolvida é surpreendentemente grande: de microprocessadores que trabalhavam com clock de dezenas de kHz e que podiam processar alguns milhares de instruções por segundo, atingiram-se clocks na casa dos 4 GHz e poder de processamento de dezenas de bilhões de instruções por segundo. A complexidade também cresceu, de alguns milhares de transistores para centenas de milhões de transistores em uma mesma pastilha.

Existem duas principais arquiteturas de microprocessadores:

- **Arquitetura de Von Neumann**: caracteriza-se por um só barramento externo, compartilhado entre dados e endereços. Embora tenha baixo custo, essa arquitetura apresenta desempenho limitado pelo gargalo do barramento.

- **Arquitetura de Harvard**: existem dois barramentos externos independentes (e normalmente também memórias independentes) para dados e endereços. Isso reduz de forma sensível o gargalo, uma das principais barreiras de desempenho, mas acarreta o encarecimento do sistema como um todo.

Com base nessas tecnologias, foram desenvolvidos dois modelos de arquiteturas:

- CISC (Complex Instruction Set Computing/Computador com Conjunto Complexo de Instruções), usada em processadores Intel e AMD; possui um grande conjunto de instruções (centenas) que são armazenadas em pequena memória não volátil interna ao processador. Cada posição dessa memória contém as microinstruções, ou seja, os passos a serem realizados para a execução de cada instrução. Quanto mais complexa a instrução, mais microinstruções ela possuirá e mais tempo levará para ser executada. O conjunto de todas as microinstruções contidas no processador denomina-se microcódigo. A técnica de computação baseada em microcódigo é chamada de microprogramação.

- RISC (Reduced Instruction Set Computing/Computador com Conjunto Reduzido de Instruções), usada em processadores PowerPC (da Apple, Motorola e IBM) e SPARC (SUN); possui um conjunto pequeno de instruções (dezenas) implementadas diretamente em hardware. Nessa técnica, não é necessário realizar a leitura em uma memória; por isso a execução das instruções é muito rápida (normalmente um ciclo de clock por instrução). Por outro lado, as instruções são muito simples, e para a realização de certas tarefas são necessárias mais instruções do que no modelo CISC.

Seguindo as tecnologias CISC e RISC, encontram-se:

- **Microprocessadores**: utilizados nos computadores pessoais, podem ser programados para executar as mais variadas tarefas.

- **Processadores Digitais de Sinal (Digital Signal Processors/DSP)**: usados para processar sinais de áudio, vídeo etc., quer on-line, quer off-line. Estão presentes, por exemplo, em aparelhos de CD, DVD, Blu-ray e televisores digitais. Em geral, realizam tarefas simples.

- **Microcontroladores**: não totalmente flexíveis, de relativo baixo custo, podem ser utilizados em projetos de pequeno tamanho. Podem trazer facilidades, como conversores A/D embutidos, ou um conjunto de instruções próprias para comunicação digital por algum protocolo específico.

- **Unidades de Processamento Gráfico (GPU)**: microprocessadores especializados em processar gráficos. São utilizadas em placas de vídeo voltadas à computação gráfica.

3.4 Capacidade de processamento e velocidades de processadores

A capacidade de processamento de um microprocessador é medida em MFlops (milhões de instruções de ponto flutuante), que podem ser de precisão simples, dupla ou quádrupla, dependendo do contexto, e em MIPS, milhões de instruções por segundo (nesse caso, operações sobre números inteiros). Isso, exclusivamente, não define o seu desempenho, somente dá uma noção, uma vez que a arquitetura, o barramento com a memória e outros parâmetros também influenciam no desempenho final. Assim, a capacidade de processamento deve ser estabelecida, aferindo-se a velocidade de execução de aplicativos reais, ou seja, testando seu desempenho na execução de tarefas.

O bom desempenho do processador depende de seus componentes, importantes para que as tarefas sejam executadas no menor tempo:

- Unidade de Controle (UC), que faz o gerenciamento do sistema.
- Unidade Lógica e Aritmética (ULA), responsável, como o seu nome indica, pelas operações matemáticas e lógicas (AND, OR, XOR, NOT, comparações etc.) presentes no processamento. Para essas operações, utilizam-se os dados armazenados nos registros ou registradores.
- Registradores, células de memória, em número limitado com capacidade de 8, 16, 32 ou 64 bits cada (conforme se trate de microprocessadores ditos de 8, 16, 32 ou 64 bits), embora um mesmo processador, comumente, possua registros ou registradores com tamanhos inferiores aos seus nominais.
- Sistema de comunicações, responsável pelas comunicações entre os componentes, composto por barramentos (BUS). A largura (em bits) desses barramentos é função da capacidade da UC, dos registradores e da ULA. Apenas é necessário existir um BUS de dados com a capacidade máxima igual à menor capacidade dos componentes que interliga; no entanto, por vezes, o barramento de dados tem maior capacidade que todos os outros componentes.

Esses componentes, constituintes do núcleo do microprocessador (core), somam-se à sua memória interna (cache). É nela que o processador vai buscar os dados, antes de recorrer à memória principal; daí por que ela acaba tendo, também, significativa influência no seu desempenho. Um processador que tem mais de um núcleo é um processador Multicore: dois núcleos, Dualcore. Processadores Quadcore (quatro núcleos) e Sixcore (seis núcleos), como o Core i7-970, lançado em 2010, encontram-se em servidores modernos.

A tendência é que o número de núcleos ultrapasse os que existem atualmente. Um microprocessador Multicore pode ter desempenho superior ao outro de clock maior, mas provido de um só núcleo, embora não se estabeleçam proporcionalidades entre os números aí envolvidos.

À maneira como os componentes do núcleo estão dispostos, como eles se comunicam, como acessam a cache, como as instruções são executadas, dá-se o nome de microarquitetura do processador. Essa característica também influi decisivamente no desempenho.

Seguem-se as características de microprocessadores atuais.

FAMÍLIA DE PROCESSADORES INTEL® CORE™ vPRO™

Os computadores montados com processadores Core™ vPro™ adaptam-se às necessidades do dia a dia com capacidade de gerenciamento de menor custo e desempenho e segurança inteligentes. A família de processadores Intel Core vPro é projetada para minimizar o tempo de indisponibilidade e visitas técnicas à mesa, capacitando monitoração, diagnóstico e reparo de PCs remotos — mesmo que estejam desligados ou que o sistema operacional esteja indisponível. Além de oferecer capacidade de gerenciamento remoto expandida, a família de processadores Intel Core vPro fornece recursos de controle remoto do KVM[2] com maior segurança de dados e ativos. Incluindo filtros programáveis de proteção que inibem a entrada de vírus e ataques maliciosos, a família Intel Core vPro visa resguardar automaticamente os PCs de adulteração ou desativação do software de segurança.

Processador Intel® Core™ i7 Extreme Edition

Com as capacidades da plataforma de alto desempenho das placas-mãe com chipset Intel® X58 Express e com tecnologia multicore mais rápida e inteligente, que aplica dinamicamente o poder de processamento quando ele é mais necessário, os PCs baseados no processador Intel® Core™ i7-980X Extreme Edition proporcionam ótimo desempenho com excelente conjunto de recursos.

Especificações:

Processador Intel® Core™ i7-980X Extreme Edition:

- 3,33 GHz de velocidade por núcleo;
- até 3,6 GHz com a tecnologia Intel® Turbo Boost;
- 6 núcleos e 12 segmentos de processamento com a tecnologia Intel® Hyper-Threading;
- 12 MB de Intel® Smart Cache;
- 3 canais de memória DDR3 de 1066 MHz;
- tecnologia de processo de fabricação de 32 nm.

Processador Intel® Core™ i7-975 Extreme Edition:

- 3,33 GHz de velocidade por núcleo;
- até 3,6 GHz com a tecnologia Intel® Turbo Boost;
- 4 núcleos e 8 segmentos de processamento com a tecnologia Intel® Hyper-Threading;
- 8 MB de Intel® Smart Cache;
- 3 canais de memória DDR3 de 1066 MHz;
- tecnologia de processo de fabricação de 45 nm.

Processadores Intel® Core™ i7

Com a tecnologia multicore mais rápida e inteligente, que aplica poder de processamento onde é mais necessário, os processadores Intel® Core™ i7 oferecem uma inovação revolucionária em desempenho de PC. Eles foram considerados uma das melhores famílias de processadores para desktop em 2010.

Especificações:

- velocidades principais de 3,06 GHz, 2,93 GHz e 2,66 GHz;
- oito threads de processamento com a tecnologia Intel® HT;
- 8 MB de cache inteligente Intel®;
- três canais de memória DDR3 1066 MHz.

Processador Intel® Core™ i5

O processador Intel Core i5 aloca automaticamente maior potência onde ela é mais necessária. Quer esteja criando vídeos em alta definição, compondo música digital, editando fotos, quer jogando os jogos de PC, com o processador Intel Core i5 é possível executar multitarefas com facilidade e ser muito produtivo.

Especificações:

- processador Intel® Core™ séries i5-700 e i5-600 com a tecnologia Intel® Turbo Boost Quatro segmentos de processamento;
- até 8 MB de cache inteligente Intel®;
- Intel® HD Graphics no processador Intel® Core™ série i5-600;
- dois canais de memória DDR3 de 1333 MHz.

Processador Intel® Core™ i3

A família de processadores Intel® Core™ i3 com acelerador de mídia gráfica de alta definição Intel® proporciona uma nova arquitetura revolucionária para a experiência computacional.

Por ser o primeiro nível da nova família de processadores Intel, o processador Intel Core i3 é o ponto de entrada perfeito para uma experiência rápida e ágil com PCs. Esse processador já vem equipado com o acelerador de mídia gráfica de alta definição Intel, um mecanismo de vídeo avançado que proporciona reprodução de vídeo de alta definição, estável e de alta qualidade, além de recursos avançados de 3D, propiciando uma solução gráfica ideal para a computação do dia a dia. Uma opção moderna para a casa e o escritório, o processador Intel Core i3 também apresenta a tecnologia Intel® Hyper-Threading, que habilita cada núcleo do processador a trabalhar com duas tarefas ao mesmo tempo, proporcionando o desempenho de que se necessita para multitarefa inteligente. Não permite que um grande número de aplicativos abertos torne o PC mais lento.

Especificações:

- velocidades de núcleo de 3,06 GHz e 2,93 GHz;
- quatro segmentos de processamento;
- 4 MB de cache inteligente Intel®;
- dois canais de memória DDR3 de 1333 MHz.

Família de Processadores Phenom AMD

Apesar do potencial, o Phenom ficou limitado pela arquitetura de 65 nanômetros, que restringiu a frequência de clock dos processadores. O pico evolutivo acabou sendo o Phenom X4 9950, que operava a 2,6 GHz, mas possuía um TDP de nada menos do que 140 watts na versão original (que a AMD conseguiu reduzir para 125 watts nas subsequentes), o que é basicamente o limite do que se pode refrigerar usando um cooler a ar.

O Phenom II é de 4 a 12 % mais rápido que um Phenom do mesmo clock e é possível conseguir de 3,5 a 3,6 GHz com estabilidade em um Phenom II (aumentando a tensão em 0,1 ou 0,15 V), o que é quase 1 GHz acima do teto do Phenom, que fica entre 2,6 e 2,7 GHz (em ambos os casos com refrigeração a ar).

Como no caso do Phenom original, o Phenom II é um chip muito grande, o que leva a um número significativo de chips com defeitos de fabricação. Para garantir melhor aproveitamento, a AMD segmentou os modelos em quatro séries, com variações na quantidade de cache e de núcleos ativos.

Pela caracterização que acaba de ser feita de elementos da família Core Intel fica evidenciado que o i3 é o mais básico deles, o i5 é o processador intermediário e o i7 é o mais completo da linha. Ou seja, eles são crescentemente mais poderosos com o aumento do número identificador. Após o lançamento das linhas Atom, Celeron, Pentium, Intel Core i3, Intel Core i5, Intel Core i7 e Intel Core i7 Extreme, a evolução chega ao Intel Core i9. Apresentando *performance* bem superior, a série i9 disponibiliza os modelos mais modernos de processador Intel: mais núcleos e threads, velocidades ainda maiores e incremento de memória cache, o que proporciona desempenho bem mais avançado.

O processador Intel Core i9 9900K, lançado em 2018, é um modelo dessa nova geração. Com arquitetura de 14 nm, tem oito núcleos e 16 threads, com frequência base de 3,6 GHz e frequência turbo de 5 GHz.

Dentro dessa linha, a Intel anunciou, no final do mês de março de 2022, o "processador de desktop mais rápido do mundo", segundo alardeado pela empresa: o i9 12900KS, o mais novo integrante da 12ª geração da linha Core. Seu consumo de energia para sustentar a grande potência ao clock de 5,5 GHz é de 150 watts. Trata-se de edição especial do i9-12900K, até então o processador mais potente da linha Core, tendo com ele os mesmos 16 núcleos – oito voltados para a *performance* e oito para a eficiência – e 24 threads. A diferença básica entre os dois está no clock e no consumo de energia.

3.4.1 Tipos de memórias

Memória principal

Também chamada de memória real, é a memória que o processador pode endereçar diretamente. Fornece uma ponte para as memórias secundárias, e sua função principal é conter a informação necessária para o processamento em determinado instante, como a instrução corrente do programa em execução. Aí se inserem as memórias RAM (voláteis), as memórias ROM (não voláteis), os registradores e as memórias cache.

Memória secundária

Memórias que não podem ser endereçadas diretamente: a informação precisa ser carregada em memória principal antes de poder ser tratada pelo processador. Não são estritamente necessárias para a operação do computador. São geralmente não voláteis, permitindo guardar os dados de forma permanente. Nessa categoria incluem-se os discos rígidos, CDs, DVDs e disquetes. Às vezes há diferença entre memória secundária e memória terciária. A memória secundária seria a que não requer operações de montagem (inserção de mídia em um dispositivo de leitura/gravação) para acessar os dados, como em discos rígidos; a memória terciária seria a que depende de operações de montagem, como discos óticos e fitas magnéticas, entre outros.

Memórias dinâmicas e memórias estáticas

As memórias voláteis – aquelas que requerem energia para manter a informação – são fabricadas com base em duas tecnologias: memórias dinâmicas e memórias estáticas.

Existem dois tipos de RAM, com características muito diferentes:

- **DRAM (dynamic RAM, ou RAM dinâmica).** Chip de memória que armazena cargas elétricas em capacitores. Como os capacitores paulatinamente vão perdendo a carga, o conteúdo dos chips DRAM precisa ser continuamente renovado, o que justifica o nome "dinâmico". A essa renovação se dá o nome de *refresh*. O tempo de acesso da CPU a uma DRAM é da ordem de 100 bilionésimos de segundos (nanossegundos). Esse tempo pode parecer incrivelmente pequeno, mas, em certos casos, retarda o funcionamento dos microprocessadores mais modernos. Daí o uso das memórias estáticas para determinados fins. Um circuito de memória DRAM é fisicamente quatro vezes menos complexo (tamanho físico) do que um equivalente em capacidade, de memória SRAM.

- **SRAM (static RAM, ou RAM estática).** Extremamente rápida e de baixo consumo de energia. Uma vez carregada, informações são mantidas com um mínimo de energia de alimentação. Embora volátil como a memória dinâmica, a memória SRAM não exige que a CPU renove o seu conteúdo centenas de vezes por segundo. Só perde o conteúdo se a máquina for desligada. Seu alto preço torna-a inviável economicamente em grandes quantidades. O tempo de acesso a uma memória SRAM é da ordem de 20 nanossegundos (20×10^{-9} segundos). É utilizada principalmente nas chamadas memórias cache e é construída com circuitos do tipo FLIP-FLOP.

Memórias não voláteis

São aquelas que guardam todas as informações, mesmo quando não estão recebendo alimentação. Como exemplos, citam-se as memórias conhecidas por ROM, FeRAM e Flash, bem como os dispositivos de armazenamento em massa, discos rígidos, CDs e disquetes.

As memórias somente para leitura, do tipo ROM (sigla de Read-Only Memory), permitem o acesso aleatório. São conhecidas pelo fato de o usuário não poder alterar seu conteúdo. Para gravar uma memória desse tipo são necessários equipamentos específicos. Entre as memórias do tipo ROM destacam-se:

- **ROM (Read-Only Memory).** Seu conteúdo é gravado durante a fabricação. Uma vez fabricada, não pode ser alterada.

- **PROM (Programmable Read-Only Memory).** Possui circuitos internos que permitem sua gravação nos centros onde será utilizada. Tem custo mais elevado que a ROM. Uma vez gravada não pode ser alterada.

- **EPROM (Erasable Programmable Read-Only Memory).** Oferece a grande vantagem de, além de poder ser programada fora da fábrica em que é produzida, poder ter o conteúdo apagado e regravado utilizando processos especiais. O conteúdo da EPROM é removido pela aplicação de luz ultravioleta por uma janela de vidro existente na sua parte superior, por um tempo da ordem de 10 minutos.

- **EAROM (Electrically Alterable Read-Only Memory).** É similar à EPROM, porém o conteúdo a ser alterado é removido por processos elétricos, mediante aplicação de uma tensão em um de seus pinos.

As memórias tipo Flash e FeRAM são variações do tipo EPROM. Tornaram-se muito populares por sua utilização em dispositivos de armazenamento removíveis, como os chamados pen drives, e pela aplicação em equipamentos de som que reproduzem música no formato MP3 e em cartões de memória das câmeras digitais.

De modo geral, os computadores encontram-se limitados em relação à quantidade de memória que podem abrigar. A esse limite, chamado de capacidade de expansão, corresponde o valor máximo de memória que um sistema específico pode conter. Existem limitações quanto ao hardware e quanto ao software.

No que diz respeito às limitações de hardware, a quantidade de memória é limitada pelo espaço de endereçamento do processador. Um processador que utilize endereços de 32 bits, por exemplo, só poderá endereçar 2^{32} (4 294 967 296) palavras de memória. Esta é a razão pela qual os computadores que utilizam processadores 32 bits ($\times$ 86) são limitados a 4 gigabytes de memória, enquanto os processadores atuais de 64 bits gerenciam até 128 GB de memória RAM e 16 TB de memória virtual. O sistema operacional também deve ser compatível para trabalhar com esses valores. Por outro lado, um determinado software, como o próprio sistema operacional, pode ter sido desenhado para permitir uma quantidade restrita de memória.

Ressalta-se, ainda, que o limite de capacidade de expansão de memórias RAM é, também, ditado pela placa-mãe do computador, que suportará ou não uma eventual expansão desejada (Quadros 3.2 e 3.3).

Quadro 3.2 Memórias internas não voláteis

Memórias	Resumo de características
ROM	Programável durante a fabricação
	Baixo custo para grandes volumes
	Tempo de vida longo
PROM	Programável após a fabricação
	Uma vez programada, não pode ser modificada
EPROM	Ultravioleta
	Custo alto
EAROM	Apagável eletricamente
	Custo alto

Quadro 3.3 Evolução dos chips Intel de 1970 a 2010

Ano	Observações
1970	Lançamento da 1103, a primeira memória RAM dinâmica do mundo
1971	Lançamento da 1703, a primeira memória EPROM do mundo
1971	Lançado o 4004, o primeiro microprocessador do mundo (4 bits)
1972	Lançado o 8008, o primeiro microprocessador de 8 bits
1974	Lançado o 8080, microprocessador de 8 bits
1976	Lançado o 8748/8048, o primeiro microcontrolador de 8 bits do mundo
1978	Lançado o 8086, microprocessador de 16 bits
1979	Lançado o 8088, microprocessador de 8 bits, padrão da indústria
1980	Intel, Xerox e DEC desenvolveram o padrão Ethernet para redes de computadores

(continua)

(continuação)

Ano	Observações
1981	A IBM anuncia seu primeiro PC, baseado no microprocessador 8088
1982	Lançado o 80286, microprocessador de 16 bits de alto desempenho
1984	A IBM anuncia o lançamento do PC-AT, baseado no microprocessador 80286
1985	Lançamento do processador Intel 386
1986	A Compaq anuncia o primeiro PC baseado no microprocessador 80386
1989	Lançado o processador Intel 486 DX
1992	Lançado o Intel 486 DX2 e o processador "overdrive"
1993	Lançado o processador Pentium
1996	Lançamento do processador P6 (Pentium Pro)
1996	Lançamento do processador Pentium-MMX
1997	Lançamento do processador Klamath (Pentium II)
1998	Lançamento do processador Celeron-366
1999	Lançamento do processador Pentium III-500 MHz
2000	Lançamento do processador Pentium III-800 MHz
2004	Lançamento do processador Pentium 4E (Extreme Edition) – 3,4 GHz
2005	Lançamento do processador Pentium D (início da tecnologia de mais de um núcleo)
2006	Lançamento do processador Core Duo (dois núcleos)
2007	Lançamento do processador Core 2 Quad
2008	Lançamento do Core i3 540 e do Core i5 760
2009	Lançamento do Core i5 870S (Quad core) e do Core i7 950
2010	Lançamento do Core i7 970 (Six core) e do Pentium E6800

3.4.2 Clock

Clock é um circuito oscilador que tem a função de sincronizar e ditar a medida de velocidade de transferência de dados entre duas partes essenciais de um processamento. Ao clock está associada, portanto, uma medida de frequência com a qual operações são realizadas (ciclos por segundo).

Há a frequência própria (ou desempenho próprio) de um microprocessador (operações internas a ele) e a frequência (ou desempenho ou clock) do computador a ele associado (basicamente ciclos CPU – memória RAM).

Outras fontes, além do clock do processador, são também importantes para o desempenho (*performance*) de um computador: quantidade e tecnologia de memória RAM, qualidade e tamanho do disco rígido, existência e qualidade de placa de vídeo, existência de cache, qualidade da placa-mãe etc. A verdadeira maneira de testar a *performance* de um computador é por meio da execução de programas específicos para tal.

Como foi dito, o clock é expresso em termos de frequência, isto é, ciclos na unidade de tempo. A unidade básica de frequência é o Hertz, sendo 1 Hz equivalente a um ciclo (pulso) por segundo. Os fabricantes costumam apresentar seus equipamentos, destacando a velocidade do seu **clock**; na verdade, o clock do seu processador (operações internas ao processador).

3.4.3 Barramento

Fisicamente, o barramento é um conjunto de linhas de comunicação pelas quais se estabelecem as interligações entre dispositivos de computação eletrônica.

Desse modo, esses fios estão divididos em três conjuntos:

- via de dados;
- via de endereços; e
- via de controle – por onde trafegam sinais que sincronizam as duas vias anteriores.

O desempenho de um barramento é medido pela sua largura de banda (quantidade de bits que podem ser transmitidos simultaneamente), geralmente potências de 2:

8 bits, 16 bits, 32 bits, 64 bits.

Também pode ser expresso pela velocidade da transmissão que faculta, medida em bps (bits por segundo) e seus múltiplos:

10 bps, 160 Kbps, 100 Mbps, 1 Gbps etc.

Barramento do processador

O barramento do processador é utilizado tanto pelo processador internamente como para envio de sinais para outros componentes da estrutura computacional. Os barramentos de transferência de dados dos processadores têm sido bastante aprimorados, com o objetivo de obter melhor desenvoltura, ou seja, maiores velocidades de processamento. Por meio deles o processador faz a comunicação com o exterior; por eles trafegam os dados lidos da memória, escritos na memória, bem como os enviados para as interfaces e recebidos das interfaces.

Nos equipamentos mais recentes existem barramentos dedicados exclusivamente às memórias cache.

Barramentos de memória

Responsáveis pela conexão da memória principal ao processador, são, necessariamente, de alta velocidade, que varia de equipamento para equipamento: atualmente em torno de 533 a 2000 MHz.

Barramentos de entrada e saída (I/O ou E/S)

Possibilitam a expansão de periféricos e a instalação de novas placas nos computadores, como:

- placas gráficas;
- placas de rede;
- placas de som;
- mouses;
- teclados;
- modems.

São exemplos de barramentos de entrada e saída:

- AGP;
- AMR;
- EISA;
- FireWire;
- IrDA;
- ISA;
- MCA;
- PCI;
- PCI Express;
- Pipeline;
- SCSI;
- VESA Local Bus;
- USB;
- PS/2.

3.5 Instalação de microcomputadores

Seguem-se algumas sugestões a respeito de equipamentos de proteção que devem ser utilizados, visando à segurança dos sistemas.

3.5.1 Nobreak

Bateria ou conjunto de baterias capaz de fornecer energia, no caso de queda na rede elétrica, evitando a interrupção brusca do processamento. Mantém o sistema **no ar** durante alguns minutos, enquanto providências são tomadas, como, por exemplo, o acionamento de um **sistema gerador** alternativo, caso se faça necessário. Também chamado de **UPS – Uninterruptible Power Supply**.

3.5.2 Estabilizador de tensão

Tendo em vista **picos de voltagem** ou **transientes de energia** ocasionados por anomalias nas redes de abastecimento ou, mesmo, no interior das instalações, é prudente proteger os circuitos por estabilizadores de tensão.

3.5.3 Filtro de linha

Quando existem várias máquinas em um mesmo circuito, há a possibilidade de o funcionamento de umas causar perturbação para outras. No caso de computadores, as variações de voltagem aí apresentadas, se forem grandes, podem acarretar problemas e até mesmo ocasionar erros no processamento. Desse modo, é prudente proteger cada equipamento sensível utilizando um filtro de linha, que é um dispositivo voltado para esse fim.

Todas as instalações elétricas de máquinas devem ser providas de um terceiro pino na tomada. Por meio desse pino é fornecida uma ligação por elemento de baixa impedância à terra (ou a um corpo condutor que está em potencial de terra). Com esse dispositivo, isto é, por um eficiente aterramento, previnem-se acidentes com o equipamento, que poderiam ser ocasionados em caso de descargas elétricas. Os centros de computação devem ter seus cabos correndo sob piso elevado, e esse piso deve prover meios de aterramento às máquinas.

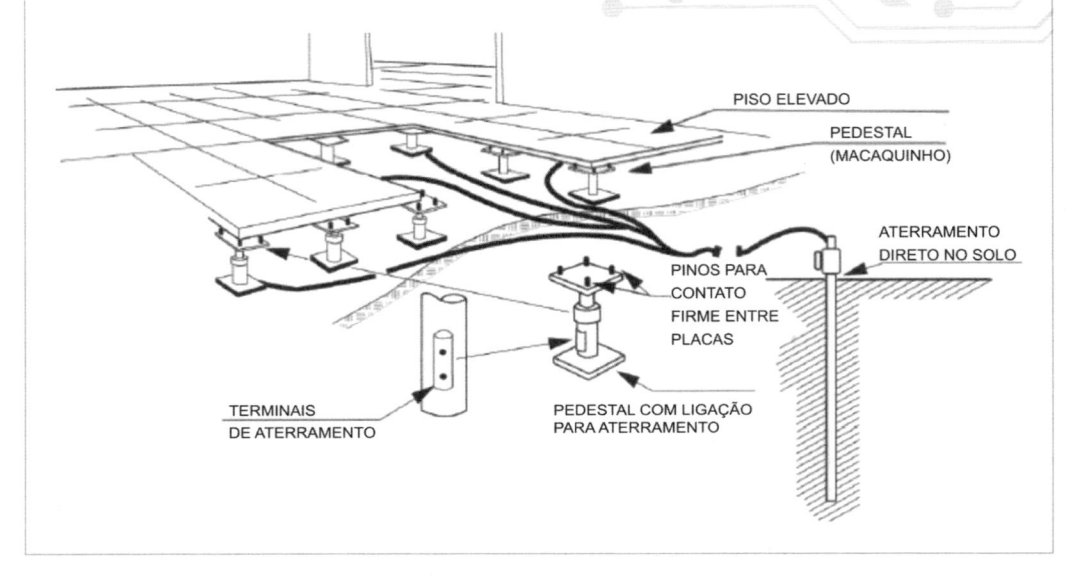

3.6 Sistemas operacionais e dual boot

Dual boot ou multiboot é um sistema que permite a escolha de um entre vários sistemas operacionais instalados em um mesmo microcomputador quando ele é ligado. Nessa definição, considera-se "sistema" um conjunto de elementos que interagem. Desses elementos, é fundamental a existência de um programa gerenciador de boot (boot manager, ou gerenciador de arranque) que permita a escolha do sistema operacional.

Um microcomputador com dois ou mais sistemas operacionais instalados, mas que não tem o gerenciador de boot, terá um sistema operacional "padrão" e poderá usar outro sistema operacional se o processo de boot for feito por meio de mídia removível. Nesse caso, o microcomputador não tem (ou não é) dual boot.

Normalmente, para fazer isso é necessário instalar primeiro o sistema operacional mais antigo. Exemplo: para fazer um dual boot com o Windows 98 e o Windows XP é necessário instalar primeiro o Windows 98 na partição 1 (C:) e depois o Windows XP na partição 2 (D:); porém, isso não é necessariamente uma regra. Feito o procedimento, sempre que se iniciar o computador aparecerá uma lista para escolher em qual sistema se deseja entrar.

Pelo dual boot, é possível instalar mais de um sistema operacional, como, por exemplo, o Windows e o Linux (e outros sistemas operacionais) em um mesmo HD (em partições diferentes, obviamente). Também é possível instalar uma distribuição Linux com vários kernels (com uma opção para cada núcleo no boot manager) ou várias distribuições Linux, cada uma com um ou mais kernels.

Um dos boots managers mais populares é o GNU GRUB, do projeto GNU, bastante usado no Linux e em outros sistemas operacionais. O LILO também é muito utilizado no Linux.

Exercícios

*Marque com um **X** a resposta certa:*

1. A Unidade Central de Processamento é composta pelas seções:

a) de Controle e Lógica.

b) Central e de Controle.

c) de Controle e de Aritmética e Lógica.

d) Central e de Aritmética e Lógica.

2. A Seção Aritmética e Lógica:

a) busca as instruções, analisa o código de operação e ordena o processamento de dados.

b) guarda as instruções e dados a serem processados.

c) processa os dados recebidos.

d) estão corretas as opções *a* e *b*.

e) nenhuma das respostas anteriores.

3. O comando que define uma operação básica a ser realizada e identifica os dados e os dispositivos necessários à sua execução chama-se:

a) dado.

b) informação.

c) instrução.

d) programa.

4. Um conjunto de instruções, ordenadas logicamente, necessárias à realização de um processamento constitui:

a) uma ação.

b) um sistema.

c) uma operação.

d) um programa.

Verifique se as afirmações estão certas ou erradas:

5. Em qualquer computador, destacam-se o hardware do fabricante e o hardware do usuário.

(   ) certo

(   ) errado

6. No software do fabricante destaca-se o sistema operacional, responsável pelo controle da operação do computador e seus periféricos.

(   ) certo

(   ) errado

7. A função da unidade de controle é dirigir e coordenar as atividades das demais unidades do sistema.

(   ) certo

(   ) errado

8. As operações realizadas na unidade de controle são de duas naturezas: controle da entrada de dados e controle da saída de dados.

(   ) certo

(   ) errado

9. Na ULA, executam-se somente operações de adição, subtração, divisão e multiplicação.

(   ) certo

(   ) errado

10. Observando a mecânica de operação do computador, ordene as operações abaixo de 1 a 9 de acordo com o processamento lógico:

a) Os dados são transferidos da memória para a UCP.

b) A impressora imprime o resultado da operação.

c) A UCP atualiza o arquivo em disco, armazenando a informação.

d) A UCP localiza no arquivo o número da conta referida no registro lido.

e) Concluída a operação de impressão, recomeça o programa com a leitura do segundo registro.

f) A UCP envia o resultado da operação para a impressora.

g) A leitora lê um registro de dados.

h) A UCP consulta o programa estabelecido para saber qual a próxima operação a ser realizada.

i) Na UCP efetuam-se os cálculos necessários.

Sistemas operacionais

4.1 Definição

Com intensidade sempre crescente, multiplicam-se, a todo tempo, as oportunidades facultadas ao trato com a informação, derivadas do avanço tecnológico e do consequente lançamento de novos produtos no mercado, no tocante tanto a equipamentos quanto a programas. Dentro desse panorama, particularmente o **software do fabricante** – ferramentas internas inerentes às máquinas – proporciona cada vez mais imediatismo, mais possibilidades, mais comodidades. Uma parcela considerável desse software específico constitui o que se convencionou denominar **software básico** ou **software de base**, conjunto de programas que define o padrão de comportamento da máquina, ou seja, os programas que, comportando o **software de apoio** – montadores, interpretadores, compiladores – e o denominado sistema operacional propiciam o funcionamento do hardware.

Sistema Operacional (*Operating System* – OS) é um programa ou um conjunto de programas que, em geral, após ser inicialmente carregado no computador por um programa de boot, assume a gerência de todos os outros programas submetidos à máquina. O procedimento preliminar, disparado a partir de uma memória não volátil ROM, é denominado *bootstrapping* (processo autossustentável). Após executar testes e iniciar os componentes da máquina (reconhecimento dos dispositivos instalados), o programa BIOS (Basic Input/Output System, ou Sistema Básico de Entrada e Saída) localiza o Sistema Operacional em alguma unidade de armazenamento e, então, lhe entrega o controle da máquina. O procedimento *bootstrapping* descrito é o que, em geral, se verifica nos computadores pessoais, embora em alguns deles o sistema operacional seja executado imediatamente após a máquina ser ligada.

Por vezes, também incorporados ao sistema operacional, encontram-se alguns programas utilitários do sistema, que, disponibilizados pelos fabricantes, facultam procedimentos complementares ao gerenciamento: utilitários de backup, utilitários de backup de banco de dados, utilitários de compactação de arquivos, softwares antivírus, por exemplo.

4.2 Funções do sistema operacional

O sistema operacional reúne programas, normalmente transparentes, que desempenham serviços da mais alta utilidade: **gerência de processos** (definição do programa a receber a atenção do processador); **gerência da memória** (disciplina de acesso dos processos à memória); **gerência de sistemas de arquivos** (padronização no uso das informações); **gerência de entrada e saída (E/S ou I/O) de dados** (controle do compartilhamento seguro dos recursos); **controle da interação** (interface entre o computador e o usuário), propiciando recursos (tempo de CPU, espaço de memória, espaço de armazenamento) e controle tanto dos dispositivos de entrada e saída quanto dos programas dos usuários, tudo com o objetivo de garantir o uso do computador de forma conveniente e eficiente.

Essas múltiplas funções são confiadas a um núcleo do sistema operacional, o seu "kernel", que estabelece a ligação da parte lógica da máquina com o seu hardware, ocasionando, em consequência, que ocorra a gerência do computador em sua plenitude e que os aplicativos passem a ser executados, com a utilização judiciosa dos recursos, inclusive fazendo o melhor uso da memória RAM. Ou seja, o kernel é o organizador de tudo o que acontece na máquina.

O sistema operacional de núcleo **monolítico** ou **monobloco** apresenta uma arquitetura na qual o núcleo (kernel) abriga todos os códigos de suporte necessários. Ele é executado integralmente no denominado espaço de núcleo, em uma memória protegida. Contrariamente a essa modalidade de núcleo monolítico, encontra-se a arquitetura de **micronúcleo** (microkernel), em que as funcionalidades são quase todas executadas fora do kernel, que abriga somente a gerência de processos e comunicação. Nesse segundo caso, funções como gerência de memória e gerência de sistemas de arquivos são executadas no "espaço do usuário" (*user-space*), como serviços; assim, o sistema abriga o mínimo de processos no *kernel space,* e a execução de grande parte do sistema operacional é distribuída entre diversos módulos, o que gera alguns benefícios.

A principal função do **gerenciador de processos** é conduzir a execução dos procedimentos na CPU do computador de modo adequado, levando em consideração a quantidade de processos presentes a cada tempo e a prioridade inerente a cada um deles, definindo-lhes, em consequência, propriedades, incluindo o tempo destinado a cada execução. Por oportuno, lembre-se de que um processo é uma instância de um programa de computador, isto é, vários processos podem estar associados a um mesmo programa. Enquanto um programa de computador é composto por uma coleção de instruções, um processo é a execução real dessas instruções. Ao abrir várias instâncias de um mesmo programa geralmente se tem mais de um processo sendo executado. Por outro lado, o conceito de thread está associado à divisão de um processo em tarefas que podem ser executadas concorrentemente, cuja ocorrência poderá estar sob o suporte do próprio sistema operacional ou ser implementada a partir de uma biblioteca da linguagem em prática.

Os critérios utilizados para a escolha, a cada ocasião, do processo que irá fazer uso do processador são definidos em uma política de escalonamento, a base da operação de gerência de processos em um sistema operacional. Essa política – particular para cada sistema – se encarrega do seguinte:

- manter o processador ocupado ao máximo;
- balancear o uso do processador entre os processos;
- maximizar o throughput (número de processos executados em determinado intervalo de tempo);
- oferecer o melhor tempo de resposta possível.

Nesse procedimento de escalonamento, duas rotinas são fundamentais:

- Rotina scheduler (ou escalonador) – encarregada de implementar a política de escalonamento.
- Rotina dispatcher – encarregada de substituir processos; o tempo gasto nas trocas é a latência do dispatcher.

A política de escalonamento obedece a critérios em função das características do sistema operacional: em sistemas de tempo compartilhado (time-sharing), em que os programas se revezam a partir da divisão do tempo do processador (time-slice), os processos, em princípio, têm igual forma de tratamento; ocorre diferentemente nos sistemas de tempo real (RTOS – Real Time Operating Systems), isto é, naqueles voltados a aplicações em que a execução de tarefas em prazos compatíveis com a ocorrência de eventos é essencial, nos quais o escalonamento prioriza a execução dos processos críticos. A política de escalonamento não tem influência no tempo que cada processo consome durante o estado de processamento – denominado tempo de CPU ou tempo de processamento –, que depende exclusivamente das particularidades do processo.

A priorização concedida a um processo pelo sistema operacional é possível nos casos em que o escalonamento é do tipo preemptivo, uma vez que a atividade em que o sistema operacional interrompe um processo em execução e o troca por outro processo é denominada preempção. O escalonamento não preemptivo remonta ao surgimento da multiprogramação com a predominância dos processamentos batch, nos quais o sistema operacional só processa a próxima tarefa após o término completo da tarefa anterior. Nos casos de multiprogramação em time-sharing, é utilizada uma das modalidades de preempção – escalonamento circular –, em que cada processo permanece em execução até que termine seu processamento, ou voluntariamente passe para o estado de espera, ou sofra uma preempção por tempo ou prioridade.

Em relação ao gerenciamento de processos, um sistema operacional pode ser classificado em monotarefa, multitarefa, multiprogramação e multiprocessamento.

Sistema monotarefa é aquele, bastante limitado, que permite apenas a execução de um processo por vez, como, por exemplo, o MS-DOS, um dos primeiros sistemas operacionais. Enquanto se aguarda por um evento, como a impressão de um relatório, por exemplo, o processamento fica parado.

Multitarefa é o sistema operacional em que vários processos podem estar carregados na memória, um ocupando o processador e outros enfileirados, aguardando o processamento. O compartilhamento de tempo no processador é distribuído de tal forma que gera impressão de simultaneidade de execução.

Na multiprogramação, que é, por excelência, multitarefa, existem vários programas aptos à execução, carregados na memória ao mesmo tempo, e o processador pode ser compartilhado entre eles, aumentando a eficiência da máquina. Quando um programa libera a CPU, seja para realizar alguma operação de entrada e saída, seja por qualquer outro motivo, o sistema operacional se encarrega de escolher um outro programa para executar. A troca é tão rápida que o usuário não percebe que outros programas, além do seu, estão em processamento também. Os benefícios da multiprogramação são vários: aumento da utilização da CPU e da taxa de saída do sistema em consequência de múltiplos jobs serem executados simultaneamente, ocupando fatias de tempo da CPU. Assim se realizam trabalhos na modalidade de tempo compartilhado (time-sharing).

Se o sistema computador possui mais de um processador aos quais sejam distribuídos processos concomitantemente para processamento simultâneo, o sistema operacional é classificado como de multiprocessamento. Em sistemas de multiprocessadores, a ideia de programação paralela é mais perceptível, pois processos são claramente distribuídos aos diferentes processadores.

O gerenciador de memória controla a parte da memória principal que está em uso, faz a disponibilização da parte não ocupada para os processos e gerencia a troca entre a memória principal e a secundária, quando isso se faz necessário, em função do volume dos processos. A gerência da memória desenvolve suas funções por meio de duas tarefas fundamentais:

- **alocação de memória** (estática ou dinâmica) – ocupação de espaços
- **fragmentação** – tratamento de espaços desperdiçados

Para os programas que exigem grande quantidade de memória ou quando é necessário rodar mais de um programa concomitantemente, a utilização de esquemas na alocação é uma alternativa, e o sistema operacional deve providenciar de modo que as partes do programa que estão em uso fiquem na memória principal e as demais partes armazenadas estejam na memória secundária.

A paginação é um esquema do gerenciamento de memória, voltado ao armazenamento e recuperação de dados da memória secundária para uso na memória principal. Nessa modalidade, a memória física é subdividida em partições denominadas frames, correspondentes a páginas de memória virtual, em um processo de paginação, por meio de tabelas que relacionam os endereços lineares das páginas aos endereços físicos das respectivas frames de memória física. A ocupação de memória é feita página a página, utilizando um procedimento que é implementado normalmente por unidades dedicadas de hardware integradas nos processadores.

No procedimento chamado de segmentação, parte da memória ocupada por um processo que está em execução é removida. O sistema operacional mantém uma tabela com os tamanhos e endereços de memória dos vários segmentos do programa para saber as respectivas localizações, sejam eles declarações de variáveis, declarações de sub-rotinas etc. A cada segmento está associado um conjunto de permissões. Caso um procedimento de acesso à memória, em determinado momento, esteja autorizado pelas permissões, tamanho e origem do segmento, o acesso daquele modo pretendido é acatado; caso contrário, ocorre uma "falha de segmentação".

A **gerência de sistemas de arquivos** – a parte mais visível do sistema operacional – é o segmento do sistema operacional que se ocupa com:

- os arquivos e as operações sobre eles;
- a segurança no acesso aos arquivos;
- o compartilhamento dos arquivos.

O sistema operacional enxerga qualquer arquivo como um conjunto de registros definido pelo sistema de arquivos, quer ele contenha multimídia, imagem, áudio, som ou vídeo. Ele armazena esses conjuntos em dispositivos físicos de diferentes naturezas, em operação em que sempre é guardada independência entre os arquivos e o meio de armazenamento, isto é, o sistema operacional deve ser capaz de manipular arquivos independentemente do dispositivo físico onde eles estejam armazenados.

Os arquivos são identificados por nomes. Em todos os sistemas operacionais existem regras específicas para definição desses nomes, dizendo respeito a tamanho do nome, caracteres usados no nome – possivelmente distinguindo uso de caracteres maiúsculos e minúsculos – etc. Alguns sistemas operacionais incluem uma extensão como parte do nome do arquivo, usada para identificar o tipo do seu conteúdo. Todos os sistemas operacionais adotam a vedação ao uso de mesmo nome para mais de um arquivo pertencente a um mesmo diretório.

Uma das principais funções do Sistema Operacional é o **gerenciamento** – implementado mediante uma estrutura de camadas – **dos dispositivos de Entrada e Saída (E/S)**, que objetiva a padronização do acesso e o seu controle. Com esse propósito, o sistema operacional envia sinais, informando as ações buscadas pelos usuários em relação aos dispositivos e se ocupa, também, com as interrupções e os erros gerados, complexas funções por causa da grande variedade e particularidades dos dispositivos periféricos existentes. É corrente a possibilidade de adição de novos dispositivos periféricos ao computador sem a necessidade de novos softwares: a maior parte da gerência de E/S trabalha independentemente dos dispositivos, permitindo flexibilidade nessa comunicação. Uma forma de implementar essa estrutura de gerência é dividir o software em quatro camadas e, a cada camada da estrutura da gerência, atribuir uma função:

- camada superior – contemplando a E/S como enxergada pelo usuário;
- segunda camada – software enxergando E/S de uma só forma, independente do dispositivo;
- terceira camada – servindo como interface padrão para drivers;
- camada inferior – abrigando conjunto de drivers.

Os **programas aplicativos**, voltados para a solução de problemas do usuário, sejam de uso geral (criação/edição de textos, planilhas, gerenciadores de banco de dados) ou de uso específico (folha de pagamento, imposto de renda, contas a pagar, cadastro), fazem solicitações de serviços ao sistema operacional por meio de interfaces de programas de aplicativo. Além disso, os usuários podem interagir diretamente com o sistema operacional, desfrutando dos seus recursos. Atualmente existem dois tipos de interface: a **GUI** (Graphical User Interface), conhecida também por interface gráfica, e a **CUI** (Command-Line Interface), interface de linha de comando.

Na interface do tipo GUI (Graphical User Interface), o usuário tem à disposição um ambiente de trabalho composto por menus, ícones, janelas e gráficos, para representar arquivos, programas, funções e comandos. Interagindo com eles por meio de telas sensíveis ao toque, dispositivos de mouse e de teclas de atalho, ele pode realizar tarefas dos mais variados tipos. Acrescentar facilidades de uso e agilidade é justamente o objetivo da GUI, tendo, em contrapartida, a desvantagem de consumir muito mais memória que as interfaces de linha de comando.

A interface de linha de comando (CUI) funciona basicamente com a digitação de comandos, sendo, nesse aspecto, relativamente pouco interativa. Os comandos digitados são interpretados por interpretadores de comandos, conhecidos também por *shells*, bastante comuns em sistemas unix-likes. Utilizada geralmente por usuários avançados e em atividades específicas, emprega poucos recursos de hardware em comparação à interface gráfica. Nesse tipo de ambiente, o mouse raramente é utilizado, embora seja possível, pelo uso da biblioteca *ncurses* – que provê interface de programação de aplicações – no desenvolvimento de softwares.

4.3 Principais sistemas operacionais

4.3.1 Breve histórico

No início da computação, os primeiros sistemas operacionais eram únicos, pois cada mainframe vendido necessitava de um sistema específico. Esse problema era resultado da arquitetura diferente e da linguagem de máquina utilizada. Podem ser citados, entre os mais conhecidos, o GCOS (General Comprehensive Operating System) da Bull Information Systems, o TPF (Transaction Processing Facility) da IBM e o MCP (Master Control Program) da Burroughs Corporation, empresa posteriormente denominada Unisys. Atualmente os grandes computadores suportam sistemas operacionais baseados na evolução daqueles, como z/OS, z/VM e o z/TPF, além do sistema GNU/Linux.

Um dos primeiros sistemas operacionais de propósito geral foi o CTSS, desenvolvido no Massachusetts Institute of Technology (MIT). Seguiram-se o Multics – cujo objetivo era suportar centenas de usuários, mas que não alcançou sucesso comercial – e o Unics (em 1969), em seguida denominado Unix, originalmente programado na linguagem Assembly e, na sequência, em C, e alguns sistemas variantes.

Na década de 1970, com o aparecimento dos computadores pessoais, houve necessidade de sistemas mais amigáveis. Em 1980, William (Bill) Gates e Paul Allen, fundadores da Microsoft, lançaram o DOS (Disc Operating System, a partir de um sistema prévio, denominado QDOS (Quick and Dirty Operating System), e venderam sua licença à IBM. O DOS vendeu muitas cópias, como padrão para os computadores pessoais lançados pela IBM. Em seguida, em parceria IBM/Microsoft, foi lançado o sistema operacional multitarefa OS/2. Desfeita a parceria, a IBM seguiu, sozinha, no desenvolvimento do OS/2. No início da década de 1990, o estudante Linus Torvalds, a partir do grande sucesso do Unix, lançou o sistema operacional Linux. Modernamente, apresentam relevância os sistemas Microsoft Windows, Mac OS X e Linux, principalmente por seu uso corrente em computadores domésticos.

Avultam também em relevância na atualidade os sistemas operacionais que estão voltados às necessidades de computação móvel e dispositivos centrados em comunicação, como os celulares, os tablets e os MP3 players. Um dispositivo móvel geralmente oferece recursos de computação limitados em comparação aos dos computadores pessoais, e, portanto, seu sistema operacional é reduzido, mais simples, especificamente desenhado, minimizando o uso dos próprios recursos, garantindo os que são adequados a um ou a poucos aplicativos em execução. Eles dedicam atenção especial a procedimentos de manuseio de dados, como, por exemplo, suporte a streaming de mídia. Alguns sistemas operacionais móveis são o Google Android, o Apple IPhone e o Windows Phone.

Enfatizando a relevância dos sistemas operacionais, salienta-se que, na indisponibilidade deles, no caso dos dispositivos móveis – como os smartphones –, os diversos aplicativos precisariam incluir suas próprias IU ("Interfaces do Usuário" ou User Interfaces), bem como os respectivos códigos abrangentes, para lidar com as diversas funcionalidades de baixo nível do computador, o que aumentaria em muito o tamanho dos aplicativos e praticamente inviabilizaria o desenvolvimento de software. Em vez disso, tarefas de natureza comum – como, por exemplo, a exibição de textos – podem ser transferidas para o sistema operacional, que intermedeia os diversos aplicativos e o hardware.

Por outro lado, ressalta-se que, depois de instalado, o sistema operacional depende de uma vasta biblioteca de drivers de dispositivos para adaptar seus serviços a cada hardware específico: o aplicativo pode fazer uma chamada comum para um dispositivo de armazenamento; o sistema operacional recebe a chamada e usa o driver correspondente para traduzi-la em comandos ao hardware subjacente àquela máquina específica.

Com o passar do tempo, sistemas operacionais importantes em suas épocas foram substituídos e descontinuados. É o caso de MS-DOS, OS/2 da IBM, BeOS, NeXTStep, CP/M, Windows 98 e Windows 2000.

4.3.2 Microsoft Windows

Windows é uma família de sistemas operacionais desenvolvidos pela Microsoft. Tornou-se o sistema operacional padrão para computadores domésticos e empresariais, sendo geralmente associado à arquitetura IBM PC compatível. A Microsoft introduziu um ambiente operacional chamado Windows 1985, como um shell para o MS-DOS, motivada pelo crescente interesse em interfaces gráficas de usuário (GUI). A versão Windows 95 foi a grande responsável pelo desenvolvimento da computação pessoal. Passando por atualizações e aperfeiçoamentos sucessivos, sempre crescendo em segurança integrada e em facilidade de navegação, desde aquela primeira versão, Microsoft Windows tornou-se o sistema operacional mais conhecido e utilizado, presente nos sistemas de computação em todo o mundo. O **Windows 11** da Microsoft é a versão mais recente da família de sistemas operacionais do Windows para PCs, tablets e smartphones. Anunciado em junho de 2021 e lançado em outubro daquele ano, é o sucessor do Windows 10, cujo lançamento ocorrera seis anos antes. O Windows 11 está disponível como atualização gratuita do Windows 10 por meio do Windows Update para os dispositivos compatíveis. O **Windows Server 2019** é o mais recente sistema operacional para servidores desenvolvido pela Microsoft como parte da família de sistemas operacionais Windows NT, sucessor do Windows Server 2016. Foi lançado em outubro de 2018, mantendo o objetivo de ser um "sistema operacional pronto para a nuvem". No tocante a computação móvel e a dispositivos centrados em comunicação, o Windows Phone encontra-se em desvantagem, pois a maioria do mercado global pertence ao sistema operacional móvel Google Android desde o grande crescimento nas vendas de smartphones.

4.3.3 Mac OS

Mac OS, que é o sistema operacional proprietário desenvolvido e distribuído pela Apple Inc. (primeira versão para desktop, o Mac OS X 10.0, lançada em março de 2001), destina-se à linha de PCs e estações de trabalho Macintosh da Apple. Até a versão 10.8 (Mountain Lion) chamava-se Mac OS X e, entre essa versão e a versão 10.11 (El Capitan), denominou-se OS X. No mercado de desktops e laptops é o segundo sistema operacional mais usado, depois do Microsoft Windows, sendo a única opção para os usuários da Apple. Tem evoluído, aperfeiçoando seguidamente seus recursos. Nos últimos anos, os sistemas operacionais MAC têm sido gratuitos, bem como as atualizações feitas por seus desenvolvedores. A versão mais recente, o Mac OS Catalina, lançado em outubro de 2019, possui certificação Unix.

4.3.4 Unix, Linux, Ubuntu, Solaris, Debian, Chrome SO e Fedora

O Unix, um sistema operacional programado em 1969, originalmente na linguagem Assembly, foi projetado com vistas à flexibilidade e à adaptabilidade, tendo sido, em seguida, reescrito na linguagem C, no que se constituiu em um dos pioneiros, ao início da década de 1970. Criado por Kenneth Thompson, foi também o primeiro sistema a introduzir conceitos importantes, como suporte a multiusuários e multitarefas. Admite tanto alterações por linhas de comando quanto definições por interface gráfica. Surgido a partir de uma ideia não muito vitoriosa, do grupo AT&T, General Electric e Instituto de Tecnologia de Massachusetts, voltada à criação do sistema operacional Multics, na evolução, o Unix, caracterizado por grande portabilidade, veio a se constituir em base para vários outros consagrados sistemas operacionais, em versões que atendem desde microcomputadores até supercomputadores. Diversas empresas passaram a desenvolver os denominados sistemas operacionais "Unis-like".

O Linux é um sistema operacional de código aberto – isto é, que pode ser modificado e distribuído por qualquer pessoa. Guardando semelhança com o Unix, é considerado de grande eficiência e de desempenho muito rápido, projetado para fornecer aos usuários de PC uma alternativa gratuita. Tem uso doméstico limitado, mas está muito presente nas empresas. Com o advento da Internet das Coisas, o Linux passa a estar presente também em lâmpadas, geladeiras, equipamentos médicos e tantos outros, uma vez que o objeto, por passar a incluir um dispositivo de computação, requer um sistema operacional dedicado, na maioria dos casos alojado em chip incorporado a ele. O Linux integrado é um exemplo de sistema operacional que vem sendo utilizado para esse fim.

O Ubuntu é um sistema operacional de código aberto, baseado no Linux, traduzido em algumas dezenas de idiomas. É também chamado de "Ubuntu Linux"; porém, sua desenvolvedora, a empresa global de software Canonical, usa apenas o nome Ubuntu, que, no conceito sul-africano, tem significado ligado a "humanidade com os outros", e por isso é associado à ideologia de liberdade de software e ao trabalho comunitário de desenvolvimento. Pretende ser um sistema que qualquer pessoa utilize, independentemente de nível de conhecimento, nacionalidade ou eventuais limitações físicas. Por ser de código aberto, é gratuito para baixar, usar e compartilhar em qualquer de suas versões e, portanto, indicado por excelência para escolas e uso doméstico, sendo compatível com todos os laptops, desktops e dispositivos com tela de toque encontrados no mercado. Ademais, por possuir firewall embutido e software de proteção contra vírus, é considerado um sistema operacional bastante seguro.

O Solaris é um sistema operacional ideal para processamento de grande carga de trabalho, por oferecer considerável vantagem de desempenho em serviços baseados na web e banco de dados. Sendo também um sistema operacional baseado em Unix, foi originalmente desenvolvido pela Sun Microsystems na década de 1990, e renomeado como Oracle Solaris, quando a Oracle adquiriu aquela empresa. É reconhecido por sua escalabilidade e pelos recursos de segurança muito avançados que oferece.

O Debian é outro sistema operacional de código aberto, de fácil instalação, com uma interface amigável, livre e com base no Linux. Possui recursos avançados de rede e vem com firewall embutido.

O Chrome SO é sistema operacional da Google, desenvolvido com base no Linux, que funciona como uma versão expandida do navegador Chrome. É grátis, tem no Google Chrome sua interface principal e é considerado muito amigável, com suporte principalmente a aplicativos da web.

O Fedora, também baseado em Linux, é um sistema operacional amigável e de muitos recursos, sendo ideal para usuários casuais, estudantes e amadores.

4.4 Multibooting

Em determinadas situações é interessante e de grande utilidade contar com mais de um sistema operacional funcionando em uma mesma máquina, o que torna possível somar as possibilidades de um deles aos recursos do outro. Em consequência do crescimento do poder de processamento das máquinas e aumento na disponibilidade de suas memórias, tornou-se possível rodar múltiplos sistemas em um mesmo computador. Dessa forma, por exemplo, usuários de um computador PC-IBM equipado com o Microsoft Windows têm a possibilidade de executar também, naquela mesma máquina, programas que são destinados aos computadores Apple sob o sistema Mac OS.

Quando um sistema de computador é provido de mais de um sistema operacional, ele pode ser denominado multibooting ou multiboot e, no caso particular de serem dois os sistemas operacionais instalados, será um computador dual booting. No entanto, para que isso ocorra, deverá estar também instalado no computador um programa denominado boot managers (gerenciador de boot ou gerenciador de arranque) encarregado de administrar a alternância dos sistemas operacionais. Um dos boot managers mais populares na atualidade é o GNU GRUB. No caso de existir um segundo sistema operacional instalado, mas não um gerenciador de boot, um dos sistemas operacionais será o padrão, a alternância com o outro será feita por uma mídia removível, e o computador não será considerado dual boot.

As últimas versões das distribuições mais utilizadas do Linux, como o Ubuntu, oferecem a opção para instalar o sistema operacional dentro do Windows, como se fosse apenas mais um programa. Essa opção também instala a ferramenta GRUB automaticamente e permite que se comece a usar o dual boot assim que a máquina seja reiniciada pela primeira vez. Os dois sistemas operacionais são instalados de forma independente, e não "um dentro do outro" – como acontece na virtualização, o outro modo de se ter duplicidade de sistemas operacionais. No dual boot é possível, inclusive, instalar os sistemas – como, por exemplo, o Windows e o Linux – em um mesmo disco rígido, o que será feito, em princípio, em partições diferentes, para manter distância entre os arquivos de cada um deles, isto é, o disco será particionado de modo que a cada sistema esteja reservado seu espaço; há o caso também em que eles são acomodados em dois discos separados, cada um dedicado a um dos sistemas operacionais instalados. No dual boot não é possível executar programas vinculados ao sistema operacional X enquanto a máquina está utilizando o sistema operacional Y, porque, uma vez inicializado com um sistema operacional, apenas será possível acessar bibliotecas, documentos utilizados no outro sistema, mas, em contrapartida, há a grande vantagem de a máquina não sofrer prejuízo em seu desempenho, por conservar total acesso aos recursos de hardware – processador, placa de vídeo e memória RAM –, sem dividi-los com o outro sistema operacional. Note-se que, no dual boot, sempre que for necessário acessar um arquivo armazenado na partição do outro sistema operacional, será preciso que o usuário reinicie o computador e selecione o outro sistema para fazer o boot.

Exercícios

1. O **Linux**, o **Mac OS** e o **Windows** são sistemas operacionais em que vários processos podem estar carregados na memória, um ocupando o processador e outros enfileirados, aguardando o processamento. O compartilhamento de tempo no processador é distribuído de tal forma que gera impressão de simultaneidade de execução.

   a) Monousuário.

   b) Multitarefa.

   c) Batch.

   d) Monoprogramação.

   e) Multiprocessamento.

   Nas questões 2 a 6, julgue os itens a seguir:

2. A rotina dispatcher é encarregada de implementar a política de escalonamento não de muitos, mas de um específico sistema operacional.

   (   ) certo

   (   ) errado

3. Algumas vezes **programas utilitários do sistema**, disponibilizados pelos fabricantes, também estão incorporados ao sistema operacional.

( ) certo

( ) errado

4. A **GUI** (*Graphical User Interface*), conhecida também por interface gráfica, e a **CUI** (*Command-Line Interface*), interface de linha de comando, são utilizadas por usuários para interagir diretamente com o sistema operacional.

( ) certo

( ) errado

5. No dual booting é possível a execução de programas vinculados a um sistema operacional que está sendo utilizado a partir do boot da máquina, simultaneamente à execução de programas vinculados a um segundo sistema operacional.

( ) certo

( ) errado

6. Um sistema operacional é composto por diversos programas responsáveis por funções distintas e específicas. A parte mais importante do sistema operacional é o kernel, que entra em contato direto com a CPU e demais componentes de hardware.

(Prova: CESPE – CNJ 2013 – Técnico Judiciário – Programação de Sistemas)

( ) certo

( ) errado

7. Assinale a função que não pertence ao elenco de funções de um sistema operacional:

( ) gerência de sistemas de arquivos

( ) gerência de entrada e saída (E/S) de dados

( ) gerência de memória

( ) gerência de aplicativos

( ) gerência de processos

8. Um sistema operacional é formado por um conjunto de programas cuja função é gerenciar os recursos do sistema computacional, fornecendo uma interface entre o computador e o usuário. Quando o computador é ligado, ocorre o carregamento do Sistema Operacional, que está normalmente _____(I) para _____(II).

Complete corretamente as lacunas I e II, respectivamente:

( ) no HD – a memória RAM

( ) na memória cache – a memória RAM

( ) em CD – a memória ROM

( ) em DVD – na memória cache

( ) no disco rígido – a memória cache

(Prova: FCC – SERGAS 2013 – Analista de Marketing)

9. Em relação a sistemas operacionais é correto afirmar:

a) Sistemas operacionais utilizam técnicas de paginação e segmentação para exercer o controle de acesso à memória primária, protegendo as áreas de memória de uma aplicação do acesso por outra aplicação.

b) Throughput, turnover e turnaround são critérios de escalonamento utilizados por sistemas operacionais.

c) Todo o processo de gerenciamento das threads da categoria ULT (User-Level Thread) é realizado pelo sistema operacional.

d) Remover o processo da memória principal e colocá-lo na memória secundária é uma operação típica do escalonador de curto prazo.

e) Na paginação, o espaço de endereço de memória física é dividido em unidades chamadas de páginas.

(Prova: FCC – Tribunal de Justiça de Pernambuco – 2012 – Técnico Judiciário – Área Suporte Técnico)

10. O gerenciamento de memória desenvolve sua função a partir de duas tarefas, denominadas

a) alocação de memória e fragmentação.

b) *performance* e isolamento.

c) gerenciamento estatístico e gerenciamento dinâmico.

d) paginação e fragmentação.

e) gerenciamento dinâmico e fragmentação.

(Prova: FCC – TRT – 14ª Região (RO e AC) – 2011 – Técnico Judiciário – Tecnologia da Informação)

Linguagens de programação

5.1 Apresentação

Linguagem de programação é um instrumento, provido de sintaxe e semântica específicas, utilizado para explicitar, com utilização de um código – compondo um programa de computador –, indicações de procedimento (instruções de processamento), dados que estarão envolvidos – como eles serão obtidos, armazenados ou transmitidos – e outras eventuais ações, em função de algoritmo voltado a resolver determinado problema. Ou, simplificadamente, um conjunto de termos (vocabulário) e de regras (sintaxe) que permite a formulação de instruções a um computador.

As linguagens de programação têm se multiplicado e evoluído muito ao longo do tempo. A evolução da tecnologia e a consequente ebulição permanente do mercado dão lugar ao ininterrupto surgimento de novas propostas. Em razão disso, existem algumas milhares de linguagens de programação, aí incluídos diversos "dialetos", porque, na verdade, muitas dessas linguagens não passam de pequenas variações a partir de uma forma base. As classificadas como de alto nível – formadas por um conjunto de regras sintáticas (forma) e semânticas (significado) muito próximas às da escrita convencional – se aperfeiçoam sempre, no sentido de propiciar, cada vez mais, aumento de produtividade, adequando-se progressivamente aos estágios da tecnologia e facultando, em consequência, a engenheiros de software e a programadores escreverem melhores programas e com maior rapidez. Algumas linguagens são definidas por algum documento de especificação, como, por exemplo, a linguagem C, que é especificada em uma norma de padrão ISO; outras, como a PERL, têm a sua implementação dominante tratada como referência; há outras, ainda, que têm sua versão básica definida por um padrão em documento de especificação e, ademais, uso corrente de extensões retiradas da implementação dominante.

Na época contemporânea, as linguagens de programação estão voltadas a atender novos grandes desafios. Para explorar com eficiência informações a partir de sextilhões de bytes de dados provenientes de múltiplas fontes; para lidar com tecnologias como Internet das Coisas, Aprendizado de Máquina e Inteligência Aumentada; e para apoiar o trabalho em ambientes computacionais de alto desempenho, surgiram as denominadas "linguagens para ciência de dados", que passaram a figurar no alto das relações que divulgam as de maior preferência entre os desenvolvedores de software.

5.2 A evolução dos computadores

Trataremos especialmente da comunicação do homem com o computador eletrônico.

Vamos iniciar, então, empreendendo uma breve viagem pela história das máquinas, desde os primórdios, quando essa comunicação se limitava à manipulação de pedras e manivelas, até a sofisticação atual, em que ela se apoia em produtos de padrão elevadíssimo.

Desprezando os objetos de circunstância e fortuitos que o homem sempre utilizou, podemos considerar o **ábaco** chinês, conhecido também como **soroban**, como o antepassado remoto das máquinas de calcular.

O **ábaco** é instrumento de concepção tão prática que, criado em 2000 a.C., ainda hoje está em atividade em alguns países asiáticos e é utilizado como instrumento de adestramento em determinados centros de ensino de todo o mundo.

No entanto, se a humanidade logo cedo concebeu tão prático auxiliar para seus cálculos, houve, a partir de então, um hiato nessa capacidade de criar instrumentos. A retomada ocorreu no século XVII.

Em 1644, o francês Blaise Pascal inventou a **pascalina**, máquina de somar construída com rodas dentadas, com a qual pretendeu simplificar o ofício de seu pai, profissional de contabilidade.

Seu projeto vitorioso, que conquistou o apoio e o direito de patente, deferidos pelo rei da França, foi, na verdade, um aperfeiçoamento da máquina construída pelo alemão Heinrich Schikart, em 1623.

Outro alemão, Gottfried Wilhelm von Leibniz, um dos criadores do cálculo moderno, aperfeiçoou a máquina baseada em engrenagens, construindo, em 1670, um mecanismo capaz de multiplicar e dividir.

A Revolução Industrial trouxe a fabricação de máquinas de calcular em série. Enquanto se fabricavam máquinas simples, gênios pesquisavam sobre desafios mais sofisticados. Na Inglaterra, Charles Babbage, interessado inicialmente no cálculo automático de tabelas de logaritmos, abandonou em 1834 seu projeto de construção da máquina diferencial e passou à concepção da "máquina analítica".

A máquina analítica de Babbage é a precursora dos modernos computadores, tendo três estágios fundamentais:

- entrada com cartões perfurados;
- processamento utilizando memória (de engrenagens), abrigando o programa em execução;
- saída.

Era a primeira concepção de programa modificável armazenado na máquina, ou seja, a calculadora automática sequencial.

Charles Babbage é considerado o "pai do computador". Sua máquina, no entanto, nunca foi além dos projetos (Fig. 5.1).

Figura 5.1 Máquina analítica de Babbage.

Em 1890, o funcionário encarregado pela apuração do censo norte-americano, Herman Hollerith, criou um sistema de codificação de dados em cartão perfurado, possibilitando sua leitura e totalização.

Essa **tabuladora elétrica**, muito mais veloz do que qualquer das suas contemporâneas, foi a primeira máquina de processamento de dados de aplicação prática, introduzindo efetivamente o computador eletrônico. Ela abreviou de modo fantástico o tempo, em relação aos dias consumidos na contagem do censo anterior.

O inglês Alan Mathison Turing, em 1936, desenvolveu a teoria da **máquina universal**, capaz de resolver problemas diversos, desde que carregada com um programa pertinente.

Seguiu-se o desenvolvimento de **calculadoras automáticas** a relés, destacando-se a máquina do alemão Konrad Zuse (1941).

Em 1944, após John Von Neumann ter formulado nos Estados Unidos a proposição prática para **computadores universais**, que armazenam programas em **memórias**, surgiu a primeira máquina totalmente automática, o Mark I, do norte-americano Koward Ailsen. E, a seguir, em 1946, surgiu o primeiro computador eletrônico, o ENIAC.

O Quadro 5.1 sintetiza a notável escalada até a conquista desse memorável marco!

Quadro 5.1 Evolução até o advento do computador

Eletrônica	Eventos
1946	Presper Eckert e John Mauchly – primeiro computador a válvulas (ENIAC)
1944	Universidade de Harvard – primeiro computador com características modernas (Mark I)
1943	John Von Neumann – programa armazenado em memória
1941	Konrad Zuse – primeiro computador eletrônico programável
Amadurecimento	
1938	Claude Shannon – operações lógicas com circuitos eletrônicos
1936	Alan Turing – fundamentação teórica de um computador
1906	Lee de Forest – válvula
1900	Valdemar Poulsen – registros magnéticos
1890	Herman Hollerith – processamento de dados automatizado
1847	George Boole – lógica matemática
1835	Ada Lovelace – primeiro programa
Primórdios	
1834	Charles Babbage – máquina analítica
1830	Fabricação de máquinas de calcular em série
1805	Joseph Marie Jacquard – tear automático
1728	J. Falcon – cartões perfurados
1670	Gottfried Leibniz – máquina de quatro operações
1642	Blaise Pascal – máquina de somar: primeira calculadora mecânica
1624	Heinrich Schikart – primeira máquina com rodas dentadas
1623	Francis Bacon – aritmética de base 2
1614	John Napier – logaritmos; redução de multiplicação e divisão a adição e subtração
2000 a.C.	Ábaco

5.3 O software

Todos os computadores digitais, desde os primeiros até os mais modernos, são sistemas em tudo semelhantes, no que diz respeito ao princípio de funcionamento.

Em todos, sem exceção, é possível considerar três subsistemas: hardware, software e peopleware.

À parte física do sistema de computador denominamos **hardware**. Aos programas, essenciais para a sua conveniente utilização na solução dos problemas, chamamos de **software**. Ao pessoal, capaz de conduzir hardware e software, denominamos **peopleware** (Fig. 5.2).

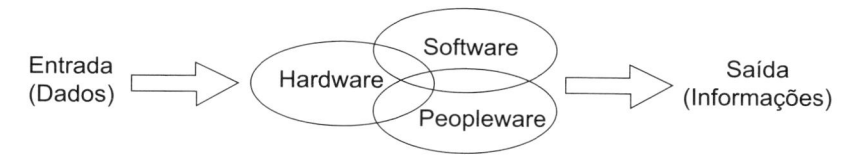

Figura 5.2 Sistema de computador.

Podemos definir **software** como programas preparados pelo fabricante do computador (alguns) e pela equipe que o utiliza diretamente (outros), que permitem a obtenção de resultados buscados.

A máquina precisa de programação provida pelo fabricante para oferecer facilidades (p. ex., permitir que sejam criados arquivos), segurança (p. ex., reconhecer quem está autorizado a usá-la), comunicação com outras máquinas, resolução de conflitos entre usuários concorrentes, tradução de linguagens etc. Para isso existe o software do fabricante.

O usuário ou alguém atendendo às suas necessidades constrói programas para finalidades específicas: controle de pessoal, de material, de finanças etc. Para isso existe o software do usuário.

Conceitos básicos

Software do fabricante – **programas preparados pelo fabricante (hardware ou software) para simplificar a operação do computador.**

Software do usuário – **programas preparados pelo usuário para atingir os objetivos específicos de sua organização.**

No software do fabricante, destaca-se o sistema operacional. O **sistema operacional** provê:

- administração de arquivos;
- controle dos periféricos;
- execução de utilitários.

Em um processo de aquisição de um computador é justo que o interessado deseje saber sobre a possibilidade ou não de determinado equipamento executar certas funções.

A resposta a dúvidas dessa natureza pode ser obtida pelo conhecimento do sistema operacional com que a máquina trabalha. Ressalte-se, nesse ponto, que não basta saber se um computador, em função de seu sistema operacional, executa ou não determinadas ações. É importante, também, que se conheça o nível de facilidade com que os resultados requeridos podem ser obtidos; evidentemente, é desejável pequena complexidade, de preferência, o imediatismo.

5.4 As linguagens de programação

Com a utilização do software, o homem se comunica com o computador.

Eis uma das grandes conquistas do homem: o progresso que vem imprimindo à capacidade de se comunicar com a máquina. Hoje, já atingimos o estágio das linguagens muito evoluídas. Mas, afinal, o que é uma linguagem de programação?

Linguagem de programação é um conjunto de termos (vocabulário) e de regras (sintaxe) que permite a formulação de instruções a um computador.

No início foi extremamente difícil passar um programa a uma máquina, porque não se concebera um meio de controlar uma barreira presente em qualquer computador: sua limitação de só reconhecer "instruções" colocadas em sua memória sob a forma de dígitos binários. Assim, ao programar em linguagem de máquina, no seu nível mais elementar, o programador utilizava somente a linguagem binária, isto é, usava apenas zeros (0) e uns (1) (Fig. 5.3).

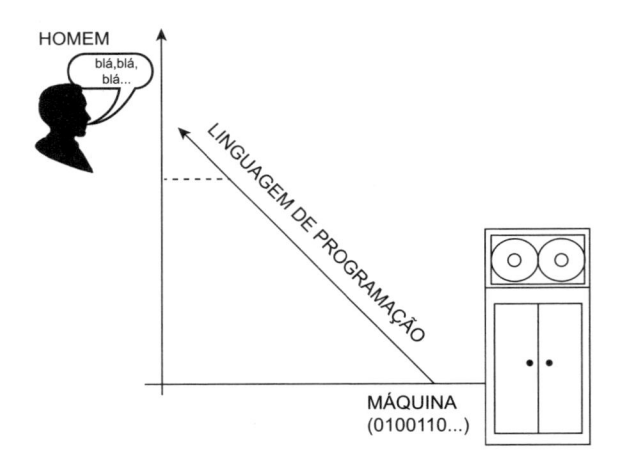

Figura 5.3 Evolução da comunicação com o computador.

É fácil imaginar como era a elaboração de programas utilizando essa linguagem de máquina ou linguagem absoluta. Segue-se, a título de ilustração, um trecho de cinco linhas de um desses programas. Qualquer "programinha" sob essa técnica comporta milhares de linhas como essas:

```
00010011001001010010100100001101
0100010011000101010010010101101001
011100110011100011100011110011100111
1000000111010110011001001
110101011111010101111001110111011
```

Isso, portanto, nunca teve aplicação prática. Já no tempo da comercialização dos primeiros computadores, havia linguagens muito mais racionais.

O primeiro passo da caminhada deu-se com a concepção das linguagens assembly (montadoras), que utilizam códigos mnemônicos e que têm, ainda hoje, aplicação específica, sendo do domínio dos programadores mais experientes.

5.4.1 Assembly

Assembly Language (Linguagem Assembly ou Linguagem Montadora) é uma linguagem orientada para máquina, isto é, uma notação legível por humanos relativa ao código de máquina de uma específica arquitetura de processador. Nos programas escritos em Assembly, as instruções têm geralmente correspondência de 1 para 1 em relação às utilizadas pelo dispositivo computacional. Em linguagem Assembly, o código de máquina – cujos valores normalmente são representados em hexadecimal – é substituído por símbolos ditos mnemônicos; portanto, um programa em Assembly, para ser executado, necessita passar por um programa montador (Assembler Program), que traduz suas instruções para codificações executáveis pela máquina (*opcodes*) e provê, além da geração do código de máquina, a execução das ações complementares envolvidas, como determinação dos endereços de memória. Assim como cada arquitetura de computador tem seu próprio código de máquina, cada montador gera códigos para uma arquitetura específica, isto é, tem sua própria versão de código Assembly; os códigos podem se diferenciar não apenas nas instruções mnemônicas, mas também em outros aspectos, como na representação numérica por exemplo.

Códigos assemblers, em alternativa a linguagens de máquina, foram utilizados na programação dos computadores da primeira geração. Quando as máquinas passaram a ser produzidas em escala comercial, surgiram as primeiras linguagens mais elaboradas, como a speedcore, para o IBM 701, e a flowmatic, para o Univac I. Na sequência, no afã de aproximar a linguagem "inteligível" pelo computador da que é efetivamente utilizada pelo homem, foram criadas as linguagens de programação de alto nível.

5.4.2 Linguagens de programação de alto nível

Linguagem de programação de alto nível é um instrumento de elaboração de programas de computação que faz uso do linguajar corrente das pessoas e cujo emprego na codificação apresenta grande abstração em relação aos detalhes das máquinas, o que torna mais simples e mais compreensível o processo de desenvolvimento dos programas. Quanto maior for o nível de abstração de uma linguagem, mais de "alto nível" ela será considerada.

Entre as primeiras linguagens de alto nível significativamente difundidas destacam-se três: o **Fortran** (Fórmula Translation), desenvolvido pela IBM na década de 1950 para aplicações científicas e de engenharia e especialmente adequado à computação numérica, linguagem de aplicação bem específica, que continua forte, tendo, em abril de 2021, ficado em 20º lugar, segundo o **índice Tiobe** – medida da popularidade de linguagens de programação – que demonstra interessante subida a partir da classificação 34ª em janeiro de 2020; o **Algol** (Algorithmic Language), também uma linguagem de programação voltada para aplicações científicas, cujo desenvolvimento foi iniciado por um grupo de cientistas em 1957 e que foi apresentado, na década de 1960, na versão Algol 60, muito aperfeiçoado em relação à versão de 1958, constituindo-se na primeira linguagem de programação estruturada, a partir da qual diversas linguagens herdaram características, como PL/I, C, Pascal, C++ e Java; a terceira linguagem de alto nível é o **Cobol** (COmmon Business Oriented Language), linguagem orientada para os negócios, criada por um comitê de investigadores de várias instituições civis e governamentais durante o segundo semestre de 1959 e aperfeiçoada continuamente – como em suas especificações COBOL 2002, que incluem suporte à programação orientada a objetos e outras características das linguagens modernas – ainda tem considerável uso corrente.

As linguagens de programação mudam rapidamente. A evolução da tecnologia e a consequente ebulição permanente do mercado dão lugar ao ininterrupto surgimento de novas propostas, chegando-se no momento às linguagens de programação para ciência de dados. Em consequência, considerando as que são raízes, as que surgem a partir delas – incluindo muitos dialetos – e as recém-chegadas, existem várias centenas de linguagens em uso. A cada tempo, organizações especializadas divulgam rankings – resultados de estudos e pesquisas –, informando a respeito das linguagens mais utilizadas, apurados a partir de seus respectivos critérios. Em julho de 2020, a **RedMonk Programming Language Rankings** divulgou ranking das vinte linguagens de programação preferidas; em ordem decrescente, as dez primeiras listadas foram: JavaScript, Python, Java, PHP, C++, C#, Ruby, CSS, TypeScript e C. Em que pese a relevância de levantamentos dessa natureza, salienta-se que eles apresentam diversidade de resultados, em função de muitos fatores, como o momento em que são realizados e os critérios que adotam, entre outros. Evidencia-se esse fato comparando aquele resultado da **RedMonk** com o divulgado, em abril de 2021, pela **Tiobe**, empresa holandesa especializada em avaliação e rastreamento de qualidade de software. Segundo esse ranking, organizado a partir de índice baseado na popularidade das linguagens nos motores de busca (Google, Bing, Yahoo!, Wikipedia, Amazon, YouTube, Baidu etc.), na lista, também apresentando as vinte linguagens mais utilizadas no mundo, aparecem, em ordem decrescente, nas dez primeiras colocações: C, Java, Python, C++, C#, Visual Basic, JavaScript, Assembly language, PHP e SQL (esta, uma linguagem de consulta). No rol do **IEEE Spectrum** figuram, na ordem: Python, C, Java, C++, C#, R, JavaScript, PHP, Go e Swift. Certamente convém conhecer os fundamentos, as particularidades e a aplicabilidade dessas linguagens, presentes no rol das que têm sido mais utilizadas.

5.4.3 Linguagens de programação orientadas a objetos

5.4.3.1 Caracterização do paradigma

A **programação orientada a objetos** (POO) é um moderno paradigma de programação – como o procedural/imperativo, a lógica e o funcional –, consequente à evolução das tecnologias associadas à computação. Surgida em sequência à programação estruturada (Cf. 8.5), que introduziu o conceito dos três tipos básicos de estruturas – sequência, condição/seleção e repetição – hoje em dia a POO domina o mercado de programação, e a maioria das mais recentes linguagens de alto nível é orientada a objeto, todas seguindo os mesmos princípios, apesar de suas especificidades e de apresentarem algumas diferenças nas respectivas implementações, o que ocorre por se tratar de um padrão que tem evoluído muito.

A criação da programação orientada a objetos decorreu do propósito de aproximar o manuseio das estruturas de um programa ao dos "objetos" do mundo real. Em consequência, as duas bases da POO são os conceitos de classe e de objeto, e, para uma linguagem ser considerada como pertencente a esse paradigma, é preciso que quatro características decorrentes desses dois conceitos façam parte de sua aplicação: abstração, encapsulamento, herança e polimorfismo. A seguir são comentadas algumas das principais linguagens de programação orientadas a objetos.

5.4.3.2 C, C++ e C#

C é uma linguagem considerada antiga, desenvolvida entre 1969 e 1973, de grande importância, muito comum na programação de sistemas operacionais – inclusive a reescrita da maioria das partes do núcleo do Unix –, da qual derivaram linguagens de grande uso corrente, sendo C++ uma delas. A linguagem C é muito simples, dotada de funcionalidades não essenciais – como conjunto de funções matemáticas e bibliotecas de rotinas padronizadas – e faculta acesso de baixo nível, por meio de inclusão de código Assembly no meio do programa. As linguagens que, a partir dela, surgiram acrescentaram-lhe vantagens e se mostram poderosas.

C++, conhecida como "cê mais mais", não é meramente uma linguagem de programação orientada a objetos, mas uma linguagem multiparadigma que é considerada de médio nível, pois também combina características de linguagem de alto e de baixo nível. Desenvolvida em 1983 no Bell Laboratories (antigo AT&T, atual Lucent Technologies), foi inicialmente conhecida como C com classes (*C with classes*).

Apesar de ela ser proveniente da linguagem C e de grande parte do código C poder ser compilado em C++, algumas diferenças impedem que um programa C seja executado em compilador C++. Os recursos mais importantes que C++ adiciona ao C são os de classe, herança múltipla, sobrecarga de função, sobrecarga de construtor e tratamento de exceções. Dessa forma, C++ não é meramente um superconjunto de C. Após a padronização ISO realizada em 1998 e revisão feita em 2003, uma nova versão da especificação da linguagem foi lançada em dezembro de 2014, conhecida informalmente como C++17.

Dessa forma, C++, linguagem de uso geral e indicada a problemas complexos, tornou-se, desde os anos 1990, uma das mais populares do mundo principalmente em função de sua portabilidade e bom desempenho. Continua em constante evolução e hoje é utilizada em aplicações voltadas às mais diversas finalidades como, por exemplo, em jogos e em editores de texto e de imagem.

A partir da sintaxe orientada a objetos do C++, foi desenvolvida, pela Microsoft, a linguagem **C#** ou **C Sharp** que, além daquela base de partida, incluiu influências de outras linguagens sob o paradigma POO, como de Object Pascal e de Java. O C++ proporciona ferramenta de software altamente escalável, capaz de ser executada em diversos dispositivos de hardware, seja um computador pessoal ou qualquer equipamento portátil, atendendo ao contemporâneo estágio os dispositivos eletrônicos inteligentes.

5.4.3.3 Java e JavaScript

Java é uma linguagem de programação orientada a objetos desenvolvida na empresa Sun Microsystems, lançada na década de 1990. Caracteriza-se por apresentar excelentes características, como: proporcionar portabilidade, isto é, independência de plataforma (*write once, run anywhere*); possuir extensa biblioteca de rotinas, facilitando cooperação com protocolos TCP/1P, como HTTP e FTP;

apresentar facilidades à criação de programas distribuídos e multitarefa. A sintaxe da linguagem Java é semelhante à de C++, e os programas são formados por coleções de classes armazenadas independentemente e que podem ser carregadas no momento de utilização, procedimento a que se dá o nome de "carga dinâmica de bloco". Apesar de ser uma linguagem relativamente antiga, Java continua sendo uma das mais utilizadas em diversos tipos de programações correntes, inclusive na criação de aplicações para a web. Considerada extremamente versátil, pode ser usada em inúmeros projetos diferentes, inclusive envolvendo alta complexidade, como bancos de dados gigantescos, inteligência artificial e Internet das Coisas, ou, em contrapartida, em softwares despretensiosos, como cálculos para visores de micro-ondas por exemplo.

Na sequência, em 1995, surgiu a **JavaScript** (correntemente abreviada JS), uma linguagem de programação estruturada, de alto nível, multiparadigma (procedural, lógica, funcional e orientada a objeto). JavaScript é uma das três principais tecnologias da WWW – ao lado de HTML5 e de CSS3 – permitindo páginas da web interativas e, portanto, sendo parte essencial dos aplicativos do sistema de documentos em hipermídia na internet. Em consequência, a grande maioria dos sites usa, e nos principais navegadores há um mecanismo JavaScript dedicado para executá-la. Como linguagem multiparadigma, suportando diversificados estilos de programação, apresenta recursos e funções comumente indisponíveis em outras linguagens como Java e C++. Até a década de 1990, os sites eram estáticos e sem a multiplicidade de recursos visuais que vieram em seguida. A linguagem JavaScript proporcionou meios para programar sites com animações e efeitos visuais, o que, associado a suas outras excelentes características, fez dela uma linguagem de programação que se mantém no topo das mais usadas por profissionais de informática.

5.4.4 Linguagens de programação para ciência de dados

5.4.4.1 Introdução

Como já comentado, em função dos notáveis avanços tecnológicos correntes, os profissionais de informática, notadamente os empregados em ambientes computacionais de alto desempenho, passaram a utilizar novas linguagens de programação, que se mostraram capazes de lidar com complexo manancial de dados e com as novas ferramentas empregadas em seu processamento.

Têm surgido também, em consequência, softwares especificamente desenvolvidos para determinados fins, paralelamente ao surgimento dessas denominadas **linguagens de programação para ciência de dados**.

Podem ser citados como exemplos o SciPy, desenvolvido na linguagem Python, que se constitui em biblioteca orientada para matemáticos, cientistas e engenheiros, e o R, uma linguagem livre, orientada a objetos, especificamente destinada à visualização de dados, com foco em análises estatísticas e gráficas.

Entre as linguagens para a ciência de dados disponibilizadas no mercado, cada uma delas oferece vantagens, sob determinados aspectos, quando comparada a outras. As linguagens Java e C, tratadas no item anterior, fazem parte desse elenco, onde se encontram várias outras de grande importância, algumas das quais são comentadas a seguir.

5.4.4.2 Python

Python é uma linguagem multiparadigma (suporta os paradigmas procedural, funcional e orientado a objetos) que vem ganhando grande importância por ser muito versátil e indicada com vantagens para o desenvolvimento de sistemas de programação. Isso muito se deve ao fato de sua sintaxe ser bastante concisa, o que acarreta poucas linhas de codificação em relação a programas com os mesmos objetivos desenvolvidos com outras linguagens de programação. Surgida em 1991 no Centro de Matemática e Computação, em Amsterdã, na Holanda, tem propósito geral, sendo bastante utilizada em processamento de textos, na criação de páginas dinâmicas para a web e em cursos de matemática e estatística. Por sua alta potencialidade, é linguagem utilizada, inclusive, por grandes nomes da indústria como Netflix, Google, Spotify, Facebook, YouTube e outros. Apresenta a possibilidade de acesso a bibliotecas nativas, que proporcionam funcionalidades para o desenvolvimento de projetos e implementação de aplicações completas. Entre seus pacotes exclusivos para Ciência de Dados figuram:

- scikit-learn (Machine Learning);
- pandas (manipulação de dados);
- SciPy (computação científica);
- Matplotlib (apresentação gráfica).

5.4.4.3 PHP

PHP (Personal Home Page) é uma linguagem de programação interpretada, criada em 1995, originalmente voltada à geração de páginas dinâmicas na World Wide Web a partir de bases de dados. Nas aplicações cliente-servidor, o código é interpretado no lado do servidor pelo módulo PHP, que também gera a página web a ser visualizada pelo cliente. Usada no início apenas para o desenvolvimento de aplicações no lado do servidor capazes de gerar conteúdo dinâmico na web, a linguagem evoluiu, passou a oferecer funcionalidades em linha de comando e ganhou maior potencialidade, o que lhe possibilitou usos adicionais, não relacionados a web sites. O PHP figura no topo das listas das linguagens mais utilizadas no momento, apresentadas como resultado de diversas pesquisas, como as da RedMonk, Tiobe e IEEE, sendo utilizado em destacadas aplicações como Wikipedia, Facebook e WordPress.

5.4.4.4 R

R é uma linguagem de programação multiparadigma (suporta os paradigmas procedural e orientado a objetos), voltada à manipulação, análise e visualização de dados, criada por Ross Ihaka e por Robert Gentleman – cujas iniciais possivelmente sejam a justificativa para seu nome –, no Departamento de Estatística da Universidade de Auckland, Nova Zelândia, ao final da década 1990. Muito utilizada no desenvolvimento de software por estatísticos e analistas de dados, por possuir suporte para cálculos e análises complexas, tem sido continuamente potencializada, com fortalecimento de seu código-fonte e incremento de funcionalidades por bibliotecas. É uma derivação da original linguagem S – cuja implementação comercial é o S-PLUS –, desenvolvida no Bell Laboratories, mas, apesar da similaridade com ela, tem implementação diversa. O código-fonte da linguagem R está disponível sob licença, e compila e roda em ampla variedade de plataformas Unix/Linux, Windows e Macintosh. A linguagem R requer um computador com boa memória RAM em máquina de pelo menos 64 bits. R fornece uma ampla variedade de técnicas matemáticas (modelagens, testes estatísticos, análise de série temporal, classificação etc.) e presta-se também, em particular, à elaboração de gráficos de qualidade, incluindo símbolos matemáticos e fórmulas quando necessário. Pesquisas especializadas que apuram as preferências pelos softwares colocam a linguagem de programação R no alto de todas as listas, com grande ascensão nos anos mais recentes. Possui grande quantidade de muito úteis pacotes catalogados – mais de nove mil –, em uma preciosa biblioteca nativa, onde se pode apontar, entre os mais populares:

- stringr (sintaxe consistente para manipulação de textos);
- ggvis e ggplot2 (voltados a representações gráficas sobre dados);
- caret (modelos de classificação e regressão no Machine Learning).

5.4.4.5 Matlab

Matlab (MATrix LABoratory) é uma linguagem de alto desempenho, criada ao final da década de 1970, voltada para o cálculo numérico. Uma linguagem muito poderosa, caracterizada por recursos que integram análise numérica, cálculo com matrizes, processamento de sinais e construção de gráficos em ambiente de fácil interação, possibilitando que o trato com os problemas em relação ao que é observado na programação tradicional – em Fortran, Basic ou C – seja muito simplificado e acarretando, em consequência, que o tempo empregado na programação seja bem menor. Sequências de comandos podem ser guardadas em um arquivo de texto, tipicamente utilizando o MATLAB Editor, como um script, ou encapsulado em uma função, ampliando os comandos disponíveis. Por tudo isso, Matlab, que não está disponível em *open source*, se apresenta como uma das linguagens de programação mais poderosas da atualidade para criação de algoritmos e modelagem estatística, que deve ser aprendida particularmente por aqueles voltados a problemas matemáticos.

5.4.4.6 Julia

Julia é uma linguagem de programação para ciência de dados bem nova, criada em 2012, voltada especificamente para computação científica, processamento distribuído e álgebra linear; portanto, de grande interesse ao Machine Learning. É uma linguagem de código aberto (*open source*), isto é, seu código-fonte pode ser adaptado para diferentes fins. Além dessa grande vantagem, observa-se nela uma combinação de atributos de grande felicidade: o dinamismo de **Ruby** – poderosa linguagem de script orientada a objeto; a velocidade da **Linguagem C**; o potencial de **Matlab** para modelagem estatística e criação de algoritmos; e a simplicidade de sintaxe do **Python**. Por ser uma linguagem jovem ainda, carece de quantidade maior de bibliotecas, o que não é motivo suficiente para que não se imponha como uma das linguagens mais utilizadas, em consequência das inúmeras facilidades que oferece no trato de aplicações diversas e pelo seu desempenho em processamento paralelo ou distribuído.

5.4.4.7 Visual Basic

Visual Basic é uma linguagem de programação orientada a objetos, surgida no início da década 2000, como um aperfeiçoamento da linguagem Basic, para ser usada na programação de aplicações

Windows. É uma linguagem dirigida a eventos (*event driven programming*) – integrante do pacote Microsoft Visual Studio – e, como tal, os controles de fluxo de seus programas são guiados por indicações externas. Seu ambiente de desenvolvimento integrado (IDE – Integrated Development Environment) facilita a utilização das aplicações GUI (Graphical User Interface), a interface gráfica, usada pelos usuários para interagir diretamente com o sistema operacional. Voltada para o desenvolvimento de programas aplicativos, sua versão mais recente faz parte do pacote Visual Studio.NET, mas a versão primitiva, que faz parte do Microsoft Visual Studio 6.0, ainda continua em utilização. Em seus aperfeiçoamentos ao longo do tempo, Visual Basic foi incrementada com tecnologias de acesso a bases de dados, com possibilidade de criação de controles ActiveX e, desde o pacote Visual Studio.NET, foi convertida em linguagem efetivamente orientada a objetos. Sua preferência entre as atuais linguagens de programação é notória, fazendo com que apareça no topo de todas as listas de pesquisas divulgadas pelas empresas especializadas.

5.5 Desenvolvimento de programas

O computador oferece as melhores condições de resolução de problemas complexos. Para resolver os problemas, constroem-se programas, utilizando as linguagens de programação.

É preciso, no entanto, estar alerta para o fato de que a codificação de instruções não é o único, nem pode se afirmar que seja o principal, passo na resolução de problemas. Portanto, para construir programas não é suficiente conhecer linguagens de programação.

O desenvolvimento de um programa comporta cinco etapas.

5.5.1 Definição do problema

O primeiro passo para resolver um problema é compreendê-lo e defini-lo claramente. A definição é uma descrição narrativa completa do problema.

5.5.2 Análise do problema

Antes de codificar as instruções que comporão um programa, com base em determinada linguagem de programação, torna-se necessário descrever a lógica que justifica a sequência dessas instruções.

Esse passo é de máxima importância porque possibilita o entendimento do programa por outros que não o(s) programador(es) e facilita futuras alterações que venham a se fazer necessárias em função de erros detectados ou evolução do problema tratado.

A forma mais recomendada para fazer essa explicitação é a utilização do português estruturado. Consiste na descrição, em português, das instruções, obedecendo a certos princípios.

Com a sofisticação e o aumento de complexidade das aplicações, concluiu-se que a maior contribuição para que os programadores cometessem erros era a falta de padronização e de disciplina no estabelecimento e explicação da lógica da solução. O fluxograma linear, usado durante certo tempo, oferece grande liberdade e propicia que cada programa tenha um cunho muito pessoal, à semelhança de trabalhos artesanais.

Em função da necessidade de corrigir essa distorção, já que os erros se tornavam cada vez mais numerosos e os programas cada vez mais difíceis de serem interpretados, modificados e/ou corrigidos, surgiu a lógica estruturada.

Bohn e Jacopini provaram que apenas três estruturas são suficientes para a solução de qualquer problema: Sequência, Repetição e Seleção. Sobre esse assunto, consulte o Capítulo 8.

5.5.3 Codificação

Após a perfeita explicitação da lógica do programa, vem a ação de codificar, isto é, aplicar vocabulário (repertório de instruções) e sintaxe próprios de alguma linguagem de programação para representar as instruções em condições de codificação pelo computador e consequente execução.

É, evidentemente, a parte essencial do processo, pois aí se está escrevendo o programa.

A linguagem utilizada deverá ser aquela aceita pelo ambiente, em nível de compatibilidade com os equipamentos instalados e com a cultura do pessoal envolvido.

5.5.4 Teste e depuração

Após a codificação, o programa é submetido a testes e se fazem as adequações.

Retiram-se, então, erros ou imperfeições, a que se dá o nome de "debugar". Esse termo originou-se quando, em 1945, em Harvard, o pesquisador Grace Hopper descobriu que era um inseto (*bug*) que estava causando erros em seus trabalhos, alojado no interior do computador MARK II em que ele trabalhava. O pesquisador deve ter dito algo semelhante a "meu programa está bichado".

5.5.5 Documentação

Nessa etapa, todos os documentos são conferidos, acrescentadas outras informações que se fizerem necessárias e guardadas todas essas informações como subsídios futuros. Essa coletânea é extremamente valiosa para quem desejar fazer alterações no programa ou desenvolver problema semelhante no futuro.

5.6 Programas compilados e programas interpretados

Escreve-se, rotineiramente, um programa em linguagem de programação de alto nível. O computador, para executá-lo, armazena-o em sua memória sob a forma de dígitos binários (em linguagem de máquina).

Essa conversão do primeiro estágio (quando o programa é chamado programa-fonte) para o segundo estágio (programa-objeto ou módulo-objeto) é feita por dois programas do sistema operacional denominados, respectivamente, compilador e montador (Fig. 5.4).

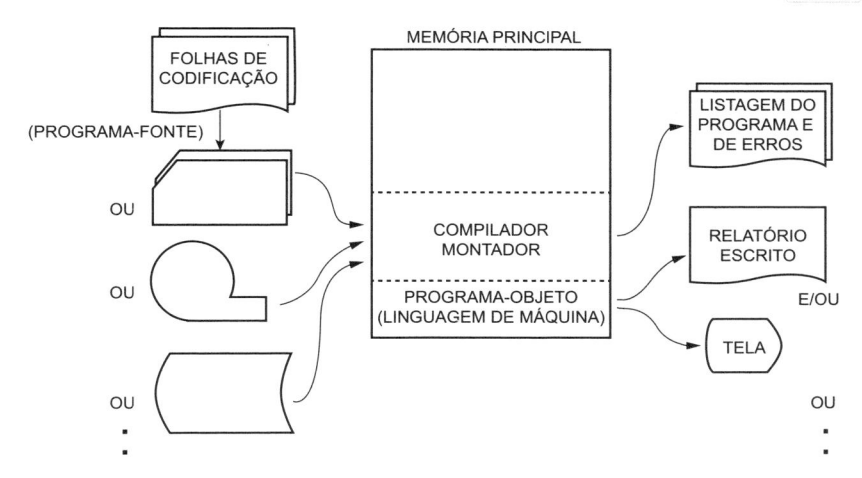

Figura 5.4 Compilação e montagem.

Para executar um programa em linguagem de alto nível existe outro procedimento alternativo: a submissão a um interpretador, que, por trabalhar por etapas, é algo menos eficiente que o compilador. Nesse caso, a "tradução" é feita paulatinamente: traduz-se uma instrução; executa-se essa instrução; traduz-se outra; executa-se outra, e assim por diante.

Se houver alguma instrução errada, ela será detectada no justo momento de sua tradução (isto é, as anteriores a ela serão executadas normalmente). Portanto, em conclusão:

- A área de memória requerida para operar com um programa que está sendo interpretado é menor que a requerida pela compilação.
- O tempo para execução interpretada é maior que o tempo para execução compilada, uma vez que todas as instruções têm de ser interpretadas em todas as oportunidades de execução do programa.

5.7 Inteligência artificial

As grandes potências, particularmente o Japão e os Estados Unidos, vêm investindo, maciçamente, no projeto de computadores em condições de exercer algumas faculdades por enquanto restritas ao cérebro humano: capazes de aceitar comando de leigos e, como cérebros humanos, associar informações gravadas na memória para, em função delas, desenvolver raciocínios lógicos.

Particularmente esses dois países vêm se empenhando com afinco nessas pesquisas e têm empregado, nelas, alguns bilhões de dólares.

Falta ainda, no entanto, a ideia clara de como associar materiais e obter o raciocínio como resultado: levar um computador a "aprender" e, portanto, a se programar sozinho para resolver problemas, desde o desenho de uma peça industrial até a escolha da melhor opção de investimento para uma empresa.

Deseja-se um computador que pense, que não se limite a processar dados, mas que saiba emitir juízos. Esbarra-se no fato de que a inteligência tem, além de poderes de lógica, altamente desenvolvidos, uma aguçada capacidade de utilizar o senso comum e de se comunicar.

Especialistas norte-americanos em computadores e funcionários da indústria europeia, em debate, manifestaram sua convicção de que as máquinas com inteligência artificial estão emergindo do reino da fantasia para o mundo dos negócios.

Um campo em que os progressos têm sido sensíveis é o da automação industrial. Nesse universo encontramos hoje, disponíveis, produtos (hardware/software) dos seguintes segmentos:

- **CAD (Computer Aided Design).** Projetos assistidos por computador.
- **CAD/CAM (Computer Aided Manufacturing).** Produção assistida por computador.
- **CNC (Computer Number Control).** Controles numéricos por computador.

Esses modernos processos, empregados atualmente com elevada frequência e notável sucesso, principalmente nos países de maior desenvolvimento, vieram, assim como os robôs, dar nova dimensão às linhas de projeto, desenvolvimento e produção das grandes indústrias.

5.8 Ferramentas do escritório moderno

As empresas, diante da oportunidade de utilizarem modernos recursos em favor da mais eficiente administração, passaram a considerar a automação de seus escritórios como parte de seus planos diretores.

A automação de escritórios pode ser conceituada como a utilização de princípios de tratamento automático da informação visando a aumentar a eficiência, com consequente crescimento de produtividade.

Entre os recursos mais poderosos colocados atualmente à disposição, destacam-se os programas de apoio voltados a:

- processar textos;
- construir planilhas eletrônicas;
- gerenciar bases de dados;
- fazer editoração eletrônica.

Exercícios

1. Analise as seguintes afirmativas:
   ( ) sobre software, podemos dizer que existem o software básico, o software aplicativo e o software de decisão.
   ( ) software básico, normalmente, envolve os programas destinados a resolver problemas específicos de uma empresa.
   ( ) o sistema operacional enquadra-se na categoria de software básico.
   ( ) os sistemas operacionais normalmente são feitos de forma a rodar indistintamente em qualquer equipamento.
   ( ) o MS-DOS é um sistema operacional criado pela Microsoft.

A sequência correta é:

a) F – V – V – F – F

b) V – V – V – V – V

c) F – F – F – F – F

d) F – F – V – F – V

e) F – F – V – V – V

2. Sobre software, pode-se afirmar:

( ) software básico é o programa escrito para uma aplicação comercial específica.

( ) COBOL, MUMPS e Pascal são linguagens de programação.

( ) programas de ordenação e geradores de relatórios são chamados de utilitários ou programas auxiliares.

( ) sistema operacional é o conjunto de programas que coordenam e gerenciam os recursos do computador.

A sequência correta é:

a) F – V – F – F

b) F – V – V – V

c) V – F – V – V

d) V – V – F – F

3. Assinale a alternativa **correta**:

a) o software que gerencia e coordena os detalhes internos e a utilização do sistema de computador é chamado de gerenciador de banco de dados.

b) a linguagem Assembly quase sempre é voltada para aplicações de uso comercial.

c) a linguagem Pascal pode ser classificada como linguagem de alto nível.

d) um uso muito comum dos interpretadores é a tradução do idioma inglês para outras línguas.

e) utilitários são programas que visam a facilitar a execução de operações numéricas pelo computador.

4. Um interpretador, a partir de um programa-fonte,

a) gera um programa-objeto para posterior execução.

b) efetua a tradução para uma linguagem de mais alto nível.

c) interpreta erros de lógica.

d) executa instrução a instrução, sem gerar um programa-objeto.

e) não detecta erros de sintaxe.

5. Das afirmativas a seguir, todas estão corretas, **exceto**:

a) Wordstar, Word e WordPerfect são processadores de textos de grande aceitação mundial.

b) uma das características do editor de textos é a capacidade de fazer ordenação de registros.

c) um processador de textos moderno permite visualizar o texto na tela da mesma forma como ele sairia na impressora.

d) a separação automática de sílabas é uma característica importante nos processadores de textos.

e) a utilização de fontes de tamanhos diferentes permite-nos dar uma melhor apresentação ao texto nos processadores modernos.

6. O desenvolvimento de um programa comporta cinco fases:

   a) definição do problema, análise lógica, análise física, implantação e documentação.

   b) definição do problema, fluxogramação, codificação, teste e documentação.

   c) definição do problema, análise lógica, projeto, operação e documentação.

   d) definição do problema, análise do problema, codificação, teste/depuração e documentação.

   e) definição do problema, análise do problema, projeto, implantação e operação.

7. CAD, CAD/CAM e CNC pertencem ao domínio do(da):

   a) automação de escritórios.

   b) programação estruturada.

   c) inteligência artificial.

   d) linguagem objeto – orientada.

   e) escritório informatizado.

8. Linguagens associadas à criação na internet:

   a) Basic e Cobol.

   b) Java e Windows NT.

   c) HTML e Basic.

   d) HTML e Windows NT.

   e) HTML e Java.

9. Das listadas a seguir, qual linguagem não pertence à categoria de linguagens de programação para ciência de dados?

   a) Ruby.

   b) Python.

   c) Fortran.

   d) Julia.

   e) R.

10. Linguagem criada em 1991, muito utilizada no Brasil, notadamente em cursos de matemática e estatística; tem como base a orientação a objetos, é de sintaxe simples e possui fácil integração com outras linguagens; scikit-learn é um de seus pacotes voltados à ciência de dados.

   a) Delphi.

   b) Perl.

   c) SAS.

   d) Java.

   e) Python.

Organização da informação

6.1 Arquivos e registros

Em geral, os dados estão organizados em arquivos. Por isso, a esquematização da maioria das soluções de problemas prevê a interação com um ou mais desses arquivos.

Define-se **arquivo** como um conjunto de informações referentes aos elementos de um conjunto, e podem essas informações dizer respeito a programas ou simplesmente a dados.

Por extensão, em processamento de dados, chamam-se também de arquivos determinadas áreas, reservadas em qualquer dispositivo de memória, para inclusão de informações no momento ou no futuro.

Denominam-se arquivos de entrada os que residem em qualquer veículo passível de ser lido pelo computador: fita magnética, disco magnético, CD-ROM, DVD, Blu-Ray, pen drive etc.

Arquivos de saída podem ser impressos se estão sob a forma de **relatórios escritos** ou podem, também, residir em meios diversos, como os magnéticos e os óticos.

Diz-se que **registro** é cada um dos elementos bem definidos do arquivo; por exemplo, em um controle de transações bancárias, cada registro pode ser constituído pelo número da conta, data da transação, valor da transação e saldo.

É interessante salientar que esse registro tem caráter lógico e, por isso, é denominado também **registro lógico**.

Há, em contrapartida, o que em processamento de dados se denomina **registro físico**, que diz respeito à quantidade de informação transmitida à memória ou retirada dela em consequência de uma única instrução.

Um registro lógico pode ser maior ou menor que um registro físico. É mais comum o caso de, em um registro físico, encontrarem-se dois ou mais registros lógicos (lidos e levados à memória como um registro único).

Conceitos básicos

Arquivo – conjunto de informações referentes aos diversos elementos de uma coleção na qual todos são de uma mesma natureza. Diz respeito a programas ou dados. Um arquivo de dados é formado por registros lógicos, cada um deles representando determinado elemento.

Registro lógico – sequência de itens de dados, cada qual também com um registro conhecido como campo; esses itens de dados, que caracterizam cada elemento do arquivo, são tratados como uma unidade de informação.

Registro físico – quantidade de informação transmitida à memória ou retirada dela em consequência de uma instrução. Um registro lógico pode ser maior ou menor que um registro físico. É mais comum o caso de, em um registro físico, encontrarem-se dois ou mais registros lógicos.

Campo – espaços reservados aos diferentes dados que, relacionados, compõem um registro; correspondem a uma característica ou propriedade do objeto representado. Cada campo abriga um dado ou item de dado ou elemento de dado. Cada campo possui um nome, um tipo (numérico, alfabético ou alfanumérico) e um tamanho. O tamanho para todos os registros de um arquivo pode ser constante (fixo) ou variável.

6.1.1 Blocagem

Denomina-se **fator de bloco** ou **blocagem** a relação entre o número de registros lógicos e o número de registros físicos (Fig. 6.1).

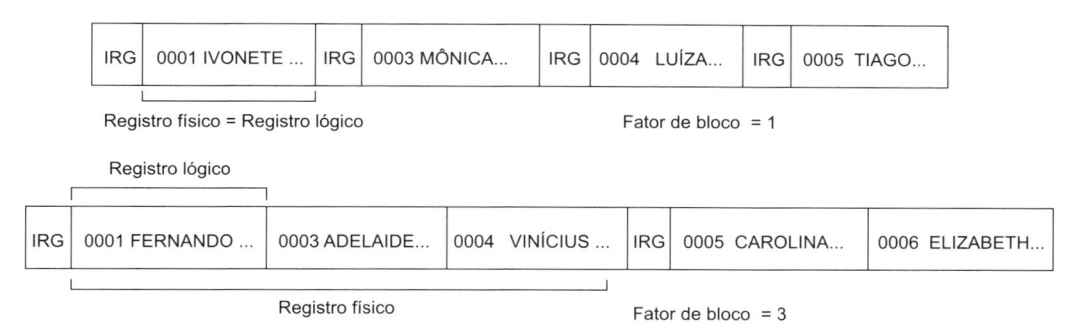

Figura 6.1 Blocagem.

6.2 Chaves, sort, merge e operações

É muito comum cada registro de um arquivo ter um campo que o individualiza.

Denomina-se **chave primária** ou chave de ordenação ou chave de classificação o campo que abriga valores que individualizam cada registro; isto é, cada valor desse item identifica univocamente um registro. Uma chave primária excepcionalmente pode ser formada por um conjunto de campos. A chave primária é correntemente dita de ordenação ou de classificação porque é, com frequência, usada para ordenar (classificar) os registros do arquivo. Porém, outras chaves, que não a primária, podem ser usadas como chaves de ordenação.

Observe que, por exemplo, um cadastro de empregados de uma empresa não deveria ter como atributo individualizador de cada registro o nome dos empregados. Isso porque, havendo possibilidade de homônimos, eles poderiam não estar, todos, individualizados. Um número código, este sim, poderia ser usado com segurança.

Uma **chave** (campo ou sequência de campos) é dita **secundária** quando, para um de seus valores, é possível identificar não apenas um, mas vários registros do arquivo.

É comum haver interesse em listar um cadastro segundo determinada ordem ou classificação. Para isso, é preciso organizar os registros de acordo com a classificação desejada. A técnica utilizada para obter um resultado como esse é denominada **sort**.

Por outro lado, a partir de dois ou mais arquivos que contenham registros de mesmo tipo, estando esses arquivos classificados segundo um mesmo critério (ascendente ou descendente), pela mesma chave, é possível obter um **novo arquivo único**, organizado conforme o mesmo critério dos parciais que a ele deram origem. A técnica utilizada para isso chama-se **merge**.

As operações básicas sobre os registros de um arquivo são:

- inclusão;
- exclusão;
- pesquisa (localização ou acesso) – visando à alteração ou a uma simples consulta.

Outras operações são: atualização do arquivo como um todo (a partir de um movimento); reorganização; listagem total; ordenação (*sort*); e, ainda, a intercalação (*merge*) e a junção (*append*) de dois ou mais arquivos.

Conceitos básicos

Chave primária – é o campo que abriga valores que individualizam cada registro, de tal forma que, dado um valor desse item, é identificável apenas um único registro do arquivo. Normalmente, a chave primária é formada por um único campo, mas pode ser formada por dois ou mais.

Chave secundária – difere da chave primária pela possibilidade de não possuir um valor diferente para cada registro. Assim, uma chave secundária identifica um conjunto de registros.

Chave de acesso – é a chave usada para identificar o(s) registro(s) desejado(s) em uma operação de acesso a um arquivo.

Argumento de pesquisa – é o valor da chave de acesso em uma operação.

Chave de ordenação ou classificação – é a chave usada para estabelecer a sequência na qual devem ser dispostos os registros de um arquivo. Não necessariamente será a chave primária.

6.3 Organização dos arquivos e métodos de acesso

Quando se cria um arquivo, é de máxima importância a análise da filosofia de trabalho que motivou a sua criação, para que se possa determinar o tipo de organização mais adequado. Os três principais métodos de organização de arquivos são:

- sequencial;
- sequencial indexado;
- aleatório.[1]

E os três métodos básicos de acesso a registros de um arquivo são:

- sequencial;
- indexado;
- direto.

6.4 Procedimentos nos diversos arquivos

6.4.1 Arquivo sequencial

Nesse tipo de arquivo, os registros são gravados em ordem sequencial por suas respectivas chaves, havendo, pois, uma perfeita ordenação tanto lógica quanto física.[2] A chave de cada registro é um

---

1   Podem ser considerados, também, os *arquivos seriais* em que os registros se sucedem sem nenhum critério de ordenação que não a ordem de chegada.

2   Quando armazenado em disco, o arquivo poderá ser ordenado, por uma chave, apenas logicamente (ordenação mantida por meio de ponteiros). Nesse caso, o arquivo costuma ser classificado como *arquivo indexado*.

atributo comum a todos eles e, em princípio, capaz de individualizar cada um; o nome, por exemplo, não é uma chave ideal no cadastro de uma empresa, tendo em vista a possibilidade de homônimos; já o número de matrícula apresenta-se como excelente atributo para esse fim.

Se, em um arquivo sequencial, não se elege nenhum atributo para chave, os registros são arquivados simplesmente de acordo com sua ordem de chegada, caracterizando um arquivo serial.

A principal vantagem do arquivo sequencial é o rápido acesso aos registros, quando a maior parte deles tem de ser pesquisada, seja em tarefas de mera consulta, seja em trabalhos de atualização.

O arquivo sequencial poderá estar armazenado em veículos de acesso sequencial (DVD) ou de acesso direto (disco magnético). Nesse último caso, a consulta de um registro é feita por meio do processo denominado **pesquisa binária**: é lido inicialmente o registro desejado; em seguida, lê-se o registro central dessa metade, e assim sucessivamente, até que, diante de um segmento relativamente curto do arquivo, é feita uma busca sequencial.

Quanto à atualização, tendo em vista a necessidade de que seja mantida a ordenação física dos registros, a operação requer que o arquivo seja copiado, a fim de remover espaços resultantes das exclusões e, por outro lado, acomodarem-se, em suas devidas posições, os novos registros incluídos.

Pelo que foi visto, é fácil depreender-se que a organização sequencial é recomendável quando uma grande parte dos registros é processada de cada vez. Vê-se, também, que um alto fator de bloco é desejável em muitos casos dessa organização, visto que compensa trazer para a memória uma boa quantidade de registros lógicos de cada vez, pelo fato de que a grande maioria deles, em verdade, deverá ser processada.

A atualização de um arquivo sequencial é feita pela técnica do **balance-line**, em que um terceiro arquivo (novo arquivo mestre) é gravado a partir da comparação entre os registros da versão disponível do arquivo mestre com os registros do arquivo de movimento. O exemplo que se segue dá a ideia do processo.

Digamos que se queira criar em um DVD a nova versão de um arquivo mestre em que os registros se encontram sequencialmente ordenados por seu número de código. Naturalmente, o arquivo de movimento está ordenado segundo o mesmo critério. Para facilidade, suponha-se o fator de bloco = 1.

São lidos, inicialmente, o primeiro registro do arquivo mestre e o primeiro registro do arquivo de movimento. Suponha-se que a chave do registro lido no arquivo mestre seja 0001 e a chave do registro de movimento seja 0008. Levados à memória principal esses dois registros, é feita a comparação; como o artigo do arquivo mestre é de ordem mais baixa (isto é, 0001 > 0008), o primeiro registro do arquivo mestre é transcrito no novo arquivo.

Esse procedimento vai se repetir até que se leia, no arquivo mestre, um registro de chave igual ou maior que 0008. Suponhamos que se leia o registro de chave 0008; nesse caso, os campos do registro do arquivo mestre são alterados de acordo com a nova versão, ou seja, de acordo com o que foi lido no arquivo de movimento; em seguida, essa nova versão do registro 0008 é gravada no novo arquivo.

No caso de se ler no arquivo mestre um registro de chave superior ao do arquivo de movimento (no caso presente, superior a 0008), o registro movimento (chave = 0008) é gravado em novo arquivo; lê-se, então, novo registro do arquivo de movimento e continua-se procedendo analogamente, até que o último seja gravado no novo arquivo. Esse arquivo conterá, então, a nova versão do arquivo mestre (Quadro 6.1).

Quadro 6.1 Resumo dos procedimentos em arquivos sequenciais

Pesquisa (acesso)	Consultam-se os registros sequencialmente ou (caso o dispositivo seja de acesso direto) pela pesquisa binária.
Inclusão	Copia-se o arquivo até o registro de ordem *n* (enésimo na ordenação); grava-se o registro que se quer incluir naquela posição (isto é, respeitando a sequência); copia-se o restante do arquivo; apaga-se o arquivo anterior; renomeia-se o arquivo novo.
Exclusão	Arquivo em disco: apaga-se o registro; compacta-se o arquivo. Arquivo em DVD: copia-se o arquivo para um novo suporte (DVD ou disco) deixando de gravar o registro que se deseja excluir.
Atualização	Pelo balance-line.

6.4.2 Arquivo sequencial indexado

Nessa modalidade de organização, cada registro é acessado de modo direto; logo, a organização não se presta a veículos de gravação/leitura sequencial.

Quando se cria um arquivo sequencial indexado, ficam reservadas três áreas no veículo de gravação: uma área denominada **principal**, na qual são gravados os registros propriamente di-tos, escalonados pela chave em subáreas; uma área destinada a um **índice**, que indica a subárea de área principal em que determinado grupo de registros se encontra gravado; e a terceira área, denominada área de **overflow**, em que se encontram os registros que não foram alojados na área principal (Fig. 6.2).

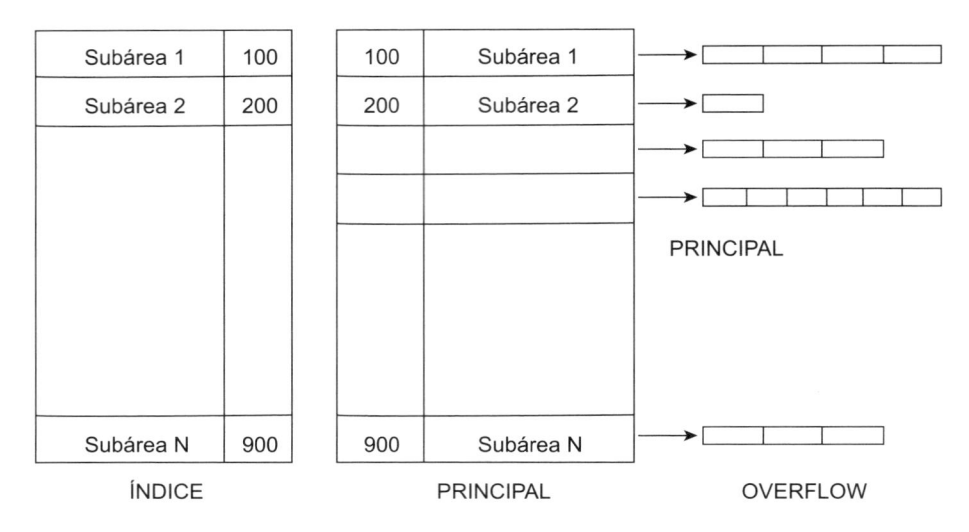

Figura 6.2 Exemplo de disposição do arquivo sequencial indexado.

A área principal é definida quando o arquivo é gerado. Ela é ampliada (caso mais comum) ou reduzida toda vez que o arquivo é reorganizado.

Por ocasião de cada reorganização, que é uma operação periodicamente realizada, os registros são mantidos ordenados sequencialmente segundo a chave de classificação, mas totalmente contidos na área principal, esvaziando-se a área de *overflow*. Por ocasião das inclusões subsequentes, novos registros são gravados na área de *overflow*; esses registros são mantidos em listas subordinadas às diversas subáreas da área principal.

Cada registro é, pois, acessado mediante um diretório **chave-endereço** (índice).

Em cada subárea de área principal os registros estão logicamente ligados em sequência, pelas chaves.

Pelo que foi exposto, depreende-se que movimentos de atualização de um arquivo sequencial indexado não implicam a necessidade de regravar todo o arquivo. Porém, após algumas inclusões torna-se conveniente reorganizar o arquivo a fim de que um crescente aumento da área de *overflow* não venha a torná-lo menos funcional.

A pesquisa a um registro em arquivo sequencial indexado leva o computador a verificar, pela chave, se o registro está na área principal ou na área de *overflow* e, em seguida, em que subárea de uma dessas duas se encontra; localizada a subárea, o registro é buscado sequencialmente (Fig. 6.3).

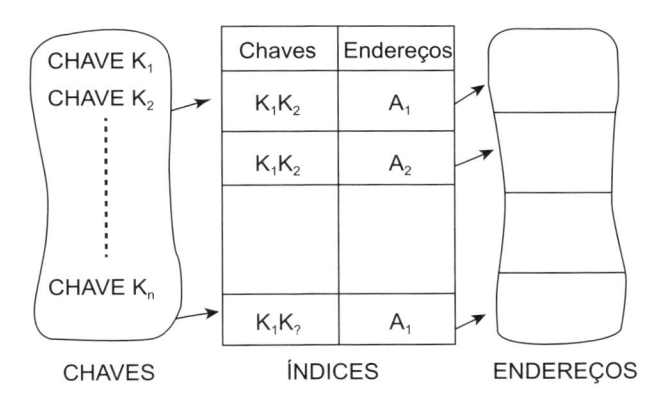

Figura 6.3 Procedimento de pesquisa.

Por último, é conveniente ressaltar que a reorganização de um arquivo sequencial indexado pode ser feita por um programa especificamente criado para tal fim ou mediante a aplicação de um **sort** baseado na chave do arquivo (Quadro 6.2).

Quadro 6.2 Resumo dos procedimentos em arquivos sequenciais indexados

Pesquisa (acesso)	Normalmente é realizada por meio da facilidade do diretório chave-endereço (a partir de uma preliminar consulta à área de índices). Em casos em que seja mais prático, a pesquisa também pode ser feita sequencialmente (ordem contínua das chaves): nesse caso, o sistema acessa diretamente a área de dados (endereços), isto é, sem acessar inicialmente a área de índices (Fig. 6.3).
Inclusão	Grava-se o registro; o sistema atualizará os ponteiros: o registro anterior apontará para o incluído, e anteriormente apontado. Se for o caso, o sistema atualizará a área de índices.

Exclusão	Apaga-se o registro; compacta-se o arquivo. O sistema reorganizará os ponteiros e, se for o caso, a área de índices.
Reorganização	Lê-se todo o arquivo, inclusive a área de overflow; ordena-se e grava-se o arquivo. O sistema reorganizará a área de índices; a área de overflow ficará vazia.

6.4.3 Arquivo aleatório

Esta é também uma organização de acesso direto aos registros. Aqui, o acesso é mais imediato ainda, uma vez que é feito por um relacionamento entre a chave e o endereço do registro.

Dessa forma, os registros são armazenados com base em uma relação de endereços previamente estabelecidos, na qual esses endereços são criados em função de todas as possibilidades de variação da chave. Assim, os registros são armazenados sem preocupação de ordenação.

Quando um registro é gravado, apagado, alterado ou, simplesmente, pesquisado, seu endereço "reservado" é utilizado.

A grande vantagem desse tipo de organização é a rapidez de acesso a determinado registro. Há, porém, a desvantagem da maior ocupação de memória.

Entre as variações desse tipo de organização, destacam-se os arquivos aleatórios de acesso direto e os arquivos aleatórios de acesso calculado.

6.4.3.1 Arquivo aleatório de acesso direto

Reserva-se um endereço (espaço na memória auxiliar) para cada registro. A chave deve ser numérica, pois será usada diretamente para construção desse endereçamento.

A grande vantagem dessa organização é a rapidez no trato de cada registro isolado. Tem, no entanto, a desvantagem de poder apresentar grande quantidade de memória reservada e não utilizada.

6.4.3.2 Arquivo aleatório de acesso calculado ou de endereçamento indireto

Visando a não tornar crítico o problema de não utilização de memória reservada, conforme apresentado no modelo anterior, utiliza-se, com frequência, a organização com acesso calculado. Nesta, o domínio das chaves é comprimido de modo a se apresentar concentrado e, em consequência, estar próximo à necessidade real, em função dos registros realmente presentes no arquivo; por exemplo: a amplitude de uma chave pode ser de 10.000 (variando de 00001 a 10.000); no entanto, pode haver menos de 5.000 registros no arquivo, o que, pelo método de acesso direto, levaria a mais de 5.000 endereços reservados e não utilizados.

Costuma-se, então, aplicar determinada função à chave, usando o resultado como endereço do registro. Um procedimento típico é a adoção da função **módulo N** em que se toma como chave o *resto da divisão da chave por um número N*, sendo *N* preferencialmente um número primo. Do livro de Donaldo de Souza Dias, *Projeto de sistemas de processamento de dados*, retiramos o seguinte exemplo (com comentário sobre o problema dos "sinônimos"):

Exemplo

Suponhamos que uma empresa tem 770 diferentes tipos de produtos em estoque e que o código desses produtos varia de 1000 a 10.000. Se utilizássemos endereçamento direto para esse arquivo de produtos, teríamos um aproveitamento do veículo de armazenamento de apenas 7,7 %. Uma forma de reduzir o espaço utilizado para armazenamento seria calcular o endereço indiretamente pela fórmula:

$$\text{Endereço} = \text{Resto de} \left\lceil \frac{\text{Código}}{769} \right\rceil$$

em que 769 é o número primo mais próximo de 770. Dessa maneira teríamos endereços variando de 000 a 768.

A técnica do endereçamento indireto fatalmente causa sinônimos, isto é, registros com o mesmo endereço. Um processo de cálculo é considerado aceitável se causa menos de 20 % de **colisão** (sinônimos). Se um processo de cálculo causar um número excessivo de sinônimos, devemos tentar novo processo.

Quando há sinônimos, o primeiro registro alocado para determinado endereço é gravado no endereço. Se, para outro registro, for calculado o mesmo endereço, um indicador (*pointer*) é colocado no primeiro registro, mostrando a localização que foi destinada ao segundo registro que gerou o mesmo endereço. Voltando ao exemplo apresentado anteriormente, suponhamos que dois produtos A e B tenham, respectivamente, os códigos 1000 e 1769. Essas duas chaves geram o mesmo endereço, que é 231. Os dois registros poderiam então ser gravados no veículo de acesso direto, como mostra a Figura 6.4.

Endereço	Registro		
	Código	Nome do Produto	"Pointer"
00231	001000	PRODUTO A	00793
00793	001769	PRODUTO B	Endereço novo Sinônimo

Figura 6.4 Técnica do endereçamento indireto.

6.5 Banco de dados

6.5.1 Componentes de um BD

A filosofia moderna de tratamento de informação é a organização em **banco de dados**. Um banco de dados se compõe essencialmente de:

- uma base de dados;
- um sistema gerenciador de BD (SGBD[3]);
- linguagem (ou linguagens) de exploração;
- programas voltados a necessidades objetivas.

O conjunto de programas e as linguagens para exploração do banco de dados permitem, com rapidez, o atendimento a solicitações variadas e objetivas, em função de cada necessidade momentânea, evitando grandes listagens com informações não requeridas e extensos relatórios pouco utilizados. As linguagens podem pertencer ao próprio SGBD (Sistema Gerenciador de Banco de Dados) ou ser próprias do ambiente onde a informação é definida (linguagens *front-end*). Além dos elementos citados, como componentes essenciais do BD, isto é, **software** (SGBD, linguagens e programas) e **dados** (database), há que se considerar um **hardware** capaz de abrigá-lo, isto é, dotado de recursos compatíveis, e o **pessoal** envolvido com ele, isto é, seus usuários.

6.5.2 Modelos de BD

A maneira mais prática de classificar bancos de dados é de acordo com a forma como seus dados são vistos pelo usuário, ou seja, seu modelo de dados. Diversos modelos foram e vêm sendo utilizados, com alternância de vantagens, por determinados períodos.

Atualmente, a classificação mais comum é a seguinte:

- modelos navegacionais;
- modelo hierárquico;
- modelo em redes;
- modelo relacional;
- modelo orientado a objetos;
- modelo semiestruturado.

6.5.3 Modelos navegacionais

Em um modelo navegacional, os dados são organizados em registros – coleções de itens de dados – e podem ser armazenados ou recuperados de um banco de dados de forma conjunta. É possível

---

3   Quando armazenado em disco, o arquivo poderá ser ordenado, por uma chave, apenas logicamente (ordenação mantida por meio de ponteiros). Nesse caso, o arquivo costuma ser classificado como *arquivo indexado*. SGBD é também seguidamente denominado Data Base Management System (DBMS).

que um registro possua uma estrutura interna, e elementos (itens de dados) contínuos podem ser agrupados e também formar outros grupos. Dessa forma, um registro pode ter uma construção hierárquica. Os registros com a mesma estrutura são considerados equivalentes a uma tabela fora da primeira forma normal, ou a um objeto complexo. Os tipos de registros possíveis em um banco de dados são definidos em seu esquema.

A principal característica do modelo em redes é permitir a navegação entre os registros, por meio de **conjuntos de dados**: um registro proprietário e registros membros, implementados por meio de ponteiros. Basicamente, registros equivalem a entidades, e conjuntos de dados equivalem à descrição dos relacionamentos. Como não há limitação na topologia criada pelos registros e conjuntos, o modelo permite a criação de redes, de onde lhe adveio o nome. Um subconjunto particular do modelo de rede, o modelo hierárquico, limita os relacionamentos a uma estrutura de árvore, ao contrário da estrutura aplicada pelo modelo de rede completo.

O modelo em redes foi definido formalmente em 1971, pela Conference on Data Systems Languages (CODASYL), de onde ganhou seu outro nome: modelo CODASYL.

O modelo relacional é uma teoria matemática desenvolvida por Edgar Frank Codd para descrever como as bases de dados devem funcionar. Embora essa teoria seja a base para o software de bases de dados relacionais, poucos sistemas de gestão de bases de dados seguem o modelo de forma estrita e todos têm funcionalidades que violam a teoria, dessa forma variando a complexidade e o poder. A discussão se esses bancos de dados merecem ser chamados de relacionais ficou esgotada com o tempo.

De acordo com a arquitetura ANSI/SPARC, os bancos de dados relacionais consistem em três componentes:

- uma coleção de estruturas de dados, formalmente chamadas de relações, ou informalmente, tabelas, compondo o nível conceitual;
- uma coleção dos operadores, a álgebra e o cálculo relacionais, que constituem a base da linguagem SQL; e
- uma coleção de restrições da integridade, definindo o conjunto consistente de estados de base de dados e de alterações de estados. Um dos pontos fortes do modelo relacional de banco de dados é a possibilidade de definição de um conjunto de restrições de integridade. Estas definem os conjuntos de estados e mudanças de estado consistentes do banco de dados, determinando os valores que podem e os que não podem ser armazenados.

Na década de 1990, o modelo baseado na orientação a objeto foi aplicado também aos bancos de dados, criando um novo modelo de programação conhecido como bancos de dados orientados a objeto. Os objetos são valores definidos segundo classes, ou tipos de dados complexos, com seus próprios operadores (métodos).

Com o passar do tempo, os sistemas gestores de bancos de dados orientados a objeto e os bancos de dados relacionais baseados na linguagem SQL se aproximaram. Muitos sistemas orientados a objeto são implementados sobre bancos de dados relacionais baseados em linguagem SQL.

O resultado comercial, porém, foi pequeno. Atualmente, vários princípios de orientação a objeto foram adotados pelos bancos de dados relacionais, gerando o que pode ser chamado de banco de dados relacional estendido.

6.5.3.1 Bancos de dados semiestruturados

Mais recentemente apareceram os bancos de dados semiestruturados, nos quais os dados são guardados e manipulados na forma de XML (ao contrário da forma de tabelas). Novamente, os produtores de bancos de dados relacionais responderam, estendendo suas capacidades para tratar dados semiestruturados.

6.5.3.2 Data warehouse

Um data warehouse (ou armazém de dados, ou depósito de dados) é um sistema de computação utilizado para armazenar informações relativas às atividades de uma organização em bancos de dados, de forma consolidada. O desenho da base de dados favorece os relatórios, a análise de grandes volumes de dados e a obtenção de informações estratégicas que podem facilitar a tomada de decisão.

O data warehouse possibilita a análise de grandes volumes de dados, coletados dos sistemas transacionais (OLTP). São as chamadas séries históricas, que possibilitam uma melhor análise de eventos passados, oferecendo suporte às tomadas de decisões presentes e à previsão de eventos futuros. Por definição, os dados em um data warehouse não são voláteis, ou seja, eles não mudam, salvo quando é necessário fazer correções de dados previamente carregados. Os dados estão disponíveis somente para leitura e não podem ser alterados.

A ferramenta mais popular para exploração de um data warehouse é a *Online Analytical Processing* (OLAP), ou Processo Analítico em Tempo Real, mas muitas outras podem ser usadas.

O data warehouse surgiu como conceito acadêmico na década de 1980. Com o amadurecimento dos sistemas de informação empresariais, as necessidades de análise dos dados cresceram paralelamente. Os sistemas OLTP não conseguiam cumprir a tarefa de análise com a simples geração de relatórios. Nesse contexto, a implementação do data warehouse passou a se tornar realidade nas grandes corporações. O mercado de ferramentas de data warehouse, que faz parte do mercado de Business Intelligence, cresceu, e ferramentas melhores e mais sofisticadas foram desenvolvidas para apoiar a estrutura do data warehouse e sua utilização.

Atualmente, por sua capacidade de resumir e analisar grandes volumes de dados, o data warehouse é o núcleo dos sistemas de informações gerenciais e o apoio à decisão das principais soluções de Business Intelligence (BI) do mercado.

Exercícios

*Marque com um **X** a resposta certa.*

1. Na organização sequencial de arquivos, os registros são lidos:

   a) de acordo com o número de campos de dados.

   b) na ordem em que foram logicamente gravados.

   c) independentemente de ordem.

   d) na ordem em que cada programa determinar.

2. O campo de dados comum aos vários registros em que se baseia a ordenação de um arquivo é denominado:

a) chave de dados.

b) campo sequencial.

c) chave de arquivo.

d) campo de arquivo.

3. A organização sequencial indexada é uma organização sequencial:

a) acrescida de uma estrutura de localização mais rápida do registro.

b) acrescida de uma chave.

c) com campos definidos.

d) com registros endereçáveis.

4. Em razão da necessidade de acesso rápido a registros pertencentes a grandes arquivos ou a arquivos de muita consulta, foram criados:

a) os métodos de organização de registros.

b) os métodos de organização de arquivos.

c) os registros de tamanho fixo.

d) os registros de tamanho variável.

5. O método de organização de arquivos em que registros estão ordenados em uma sequência baseada em um campo de dados comum é denominado:

a) fixo.

b) sequencial.

c) indexado.

d) padronizado.

6. Na organização sequencial de arquivos, os registros são gravados, em princípio,

a) um após o outro no veículo de armazenamento, sem nenhum intervalo.

b) na ordem sequencial de chegada, isto é, primeiro o que chegou primeiro.

c) de acordo com o número de campos de dados.

d) na sequência baseada em um campo de dados comum.

7. Na organização sequencial indexada os registros são gravados:

a) um após outro, ordenados pela chave.

b) em uma tabela de índices.

c) duplamente: na tabela de índices e nos endereços.

d) um após outro, sem sequência por chave, apenas respeitando a ordem de chegada no tempo e uma ordenação pelo índice.

8. Na organização sequencial indexada os registros são lidos:

a) de forma direta, seguindo a ordem de gravação.

b) após uma pesquisa na chave do arquivo.

c) a partir de uma pesquisa no índice.

d) a partir do endereço, constante no próprio registro.

9. O método de organização de arquivos nos quais os registros são armazenados sem ordenação é denominado:

a) sequencial.

b) sequencial aleatório.

c) aleatório.

d) sequencial indexado.

10. O recurso mais utilizado para gravação e localização de registros em arquivos aleatórios é:

a) um endereço direto.

b) uma chave de arquivo.

c) uma fórmula de conversão chave/endereço.

d) um campo de dados.

Funcionamento do computador

7.1 O suporte do processamento

Como foi dito, o software do fabricante é o conjunto de programas utilizados para gerir o funcionamento do computador, bem como para aumentar a potencialidade de seu emprego. Nesse software, destaca-se o sistema operacional, gerente do sistema, e que, portanto, dita-lhe as características e possibilidades.

Os mais primitivos computadores funcionavam de maneira muito simplista: um a um, os programas eram carregados e processados. Terminado um programa, carregava-se um novo. E, assim, continuamente!

Em 1956, objetivando aumentar a capacidade de processamento, introduziu-se o primeiro tipo de sistema operacional. Com ele, já se podia entrar com diversas tarefas ao mesmo tempo, e essas tarefas, assim agrupadas e enfileiradas, eram executadas sucessivamente; esse é o sistema em **lote** ou **batch**.

Em 1957, a fim de diminuir o enorme tempo de leitura e impressão, surgiu o sistema operacional, ainda em lote, mas então sob técnica mais aprimorada: passou-se à utilização de um computador auxiliar para converter os dados dos cartões para fita magnética, e esta (muito mais rapidamente) pode ser lida pelo computador. Por outro lado, o computador principal também pode soltar os relatórios em fita magnética, que o computador auxiliar posteriormente passa ao papel; a essa técnica chama-se **spooling** (rolamento).

Em 1960, surgiram os canais autônomos de entrada e saída e uma técnica denominada interrupção, que permitiram fazer E/S em paralelo com o processamento propriamente dito. Aí, usando a técnica do **buffering** (armazenamento), foi possível chegar à multiprogramação.

O programa, ao necessitar de uma informação de entrada ou precisar fornecer uma saída, já não fica à espera do término da operação de E/S para só então continuar o processamento. Ao contrário, o sistema operacional emite uma instrução de ler ou gravar e, imediatamente, continua a processar (ocorrendo o processamento paralelamente). Ao terminar de ler ou escrever, o sistema "dá um aviso" ao processador, que fará provocar a execução (muito momentaneamente) de mandar ler ou gravar algo mais, de acordo com o enfileiramento formado (essa é a técnica da interrupção). Assim, o computador pode estar atendendo a mais de um programa ao mesmo tempo.

Em 1962, surgiu o sistema de **tempo repartido** (*time-sharing*). Por esse processo, diversos usuários, trabalhando em diferentes terminais em um mesmo tempo global, interagem com o sistema.

Seguiram-se os sistemas operacionais capazes de administrar operações on-line, sistemas de bancos de dados e redes de teleprocessamento.

Os computadores modernos apresentam sistemas operacionais com características múltiplas, desde o atendimento a operações em lote até a demandas em tempo real, gerindo redes de comunicação de dados e sistemas de bancos de dados de toda ordem.

Conceitos básicos

Processamento em lote – sinônimo de processamento em batch: operações e dados respectivamente reunidos e armazenados em grupos para, em momento oportuno, serem submetidos ao computador, sem ação direta do usuário interessado, mas sim sob o controle de um operador.

Processamento on-line – processamento em que as operações se acham sob o controle direto da UCP, havendo comunicação imediata do usuário com o sistema de computação.

Processamento em tempo real ("real time") – processamento on-line de resposta suficientemente rápida para que os resultados sejam produzidos a tempo de influenciar o processo que está sendo dirigido ou controlado.

Exemplos de Aplicações

Lote – Atualização de um estoque ao fim do dia.

On-line – Saldo bancário em terminal de saldo.

Tempo real – Reserva de passagens.

7.2 A carga do sistema

À operação que tem por objetivo colocar o computador em condições de funcionamento denomina-se carga do sistema. Consiste, fundamentalmente, em carregá-lo com rotinas essenciais ao atendimento dos diversos programas de aplicação que lhe serão posteriormente submetidos. É comum chamar essa operação de **bootstrap** e usa-se abreviadamente a expressão **dar o boot** na máquina (inicializar, dar a partida).

Estando um computador completamente "vazio", a operação envolverá a colocação das primeiras instruções na memória. Isso é conseguido por meio de um programa disparador (**programa gatilho**), cujo início de execução é automático, ao pressionar um botão de **carregamento inicial**. O programa gatilho dispara a leitura do montador (**assembler da máquina**) que é, então, posicionado na memória; posicionado o assembler, todos os demais procedimentos tornam-se sucessivamente possíveis. Essa carga completa é denominada **boot inicial** (carga inicial). Os computadores não têm a capacidade de reter a informação quando cortada a alimentação elétrica, por isso são obrigados a realizar esse procedimento todas as vezes que são ligados.

Partidas denominadas **a frio** são as que se realizam nas oportunidades em que, por algum motivo, todo o sistema operacional está desalojado da memória principal (parada de toda a UCP; exemplo no caso de manutenção com a máquina parada).

No momento de uma partida fria, se todas as memórias auxiliares de acesso direto estão também descarregadas, caracteriza-se o carregamento inicial.

Caracteriza-se a denominada **partida a quente** quando, por algum motivo, é necessário o recarregamento do sistema operacional, já estando, porém, o assembler na memória principal, caso que ocorre em diversas situações (reorganização do sistema, redefinição etc.).

Normalmente, passam-se meses sem necessidade de dar boots na máquina. O computador permanece ligado continuamente (*power on*) e sua situação de *on* ou *off* é obtida por simples comandos.

7.3 Os programas

O software do fabricante tem identificação com o equipamento a que se destina. Com o apoio desses programas, vão ser cumpridas as instruções inseridas nos programas elaborados pelos programadores, que buscam soluções para seus problemas específicos.

Já está bem claro que programa é um conjunto de instruções necessárias à execução do problema pelo computador. O tamanho dos programas é muito variável; um programa pode ter desde pouquíssimas até milhares de instruções.

Já instrução é um conjunto de caracteres referentes a uma função que o computador possa executar. É uma ordem, em forma de código, que o computador entende.

O computador executa o programa do usuário por meio do cumprimento das instruções armazenadas em sua memória. E mais, essas instruções deverão estar todas sob a forma de sequências de bits (0 e 1), únicas formas capazes de serem interpretadas.

Quando o programa está sob essa forma – e, portanto, pronto para ser executado –, diz-se que está em **linguagem de máquina**.

É claro que seria demasiado trabalhoso se o programador tivesse de programar nessa modalidade, de extrema complexidade e detalhamento. Assim, os programas são escritos em **linguagens simbólicas**, com uma sintaxe muito próxima à da escrita convencional. Cada comando de um programa sob essa modalidade de linguagem (simbólica) equivalerá a um desdobramento em diversas instruções, quando convertido à linguagem de máquina; há, portanto, um alto nível de conversões e, por isso, diz-se que o programa está escrito em **linguagem de alto nível** (ou evoluída). Quanto mais próxima da linguagem do homem, mais alto o nível de transformações necessárias ao "entendimento" pela máquina.

Sem descer ao nível da linguagem de máquina, mas lançando mão do detalhamento que permite a maior exploração da sua potencialidade, utiliza-se a **linguagem assembly**.

Assim, o programa poderá estar escrito em linguagem de alto nível ou linguagem de baixo nível (assembly). O programa objeto estará sempre em linguagem de máquina, também conhecida como linguagem absoluta.

O **assembly**, tanto quanto a linguagem de máquina, é característico para cada equipamento, podendo, no entanto, ser manipulado com certa facilidade pelos programadores, por dispor de códigos mnemônicos.

A conversão do **programa fonte**, elaborado em linguagem simbólica, em **programa objeto** equivalente, é realizada por processadores do sistema: o compilador e o montador.

O montador (**assembler**) é um programa que transforma qualquer entrada em instruções escritas em linguagem de máquina. Para isso executa funções, tais como: tradução do programa em instruções "entendíveis" pela máquina; designação de posições na memória; cálculo dos endereços.

Qualquer linguagem simbólica, antes de ser submetida ao montador, submete-se ao compilador.

O compilador é um programa mais poderoso do que o montador. O computador tem tantos compiladores quantas forem as linguagens simbólicas com que possa operar: um específico para cada linguagem.[1] Além da função de tradução, o compilador substitui determinados itens por série de instruções (sub-rotinas); assim, enquanto o montador produz, na saída, o mesmo número de instruções de entrada, o compilador apresenta uma tradução com ampliação, em relação ao programa original.

Portanto, recapitulando, dizemos que um programa pode existir em três níveis:

- escrito em linguagem simbólica (**programa fonte**);
- saída (ampliado) do compilador (denominado **programa relocável**);
- saída do montador; em linguagem de máquina: programa executável (programa objeto).

Normalmente, durante a fase da compilação são detectados erros no programa que são, a critério do programador, listados junto com uma cópia do original do programa fonte.

A Figura 7.1 ilustra como se dá o "mecanismo" básico de execução de um programa: há, necessariamente, na memória principal, uma área de entrada (na qual se sucedem, um a um, conteúdos dos registros lidos), uma área em que ficam as instruções e uma área de saída (para onde são transferidos os dados antes de serem impressos ou gravados).

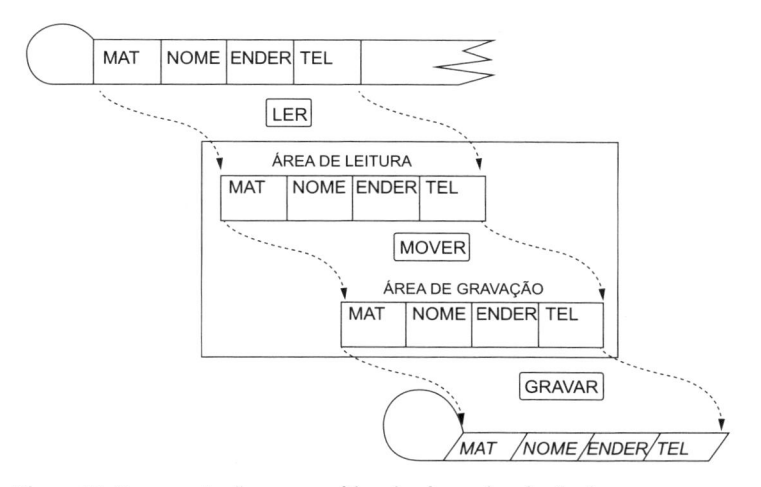

Figura 7.1 Representação esquemática das fases de criação de um programa.

No exemplo da Figura 7.1, o registro é lido pela **Área de Leitura**, transferido para a **Área de Gravação** e, então, gravado.

---

1   Às vezes, para uma mesma linguagem pode haver mais de um compilador, deixando-se a critério do usuário a escolha de qual usar.

7.4 Programas compilados e programas interpretados

Para executar um programa escrito em linguagem de alto nível existem dois processos:

- submissão a um compilador;
- procedimento interativo, utilizando um interpretador.

Neste último caso, a "tradução" é feita paulatinamente: traduz-se uma instrução; executa-se essa instrução; traduz-se outra instrução; executa-se essa outra instrução. Se houver alguma instrução errada, ela será detectada justo no momento de sua tradução (isto é, as anteriores a ela serão executadas normalmente).

Podem-se destacar duas distinções básicas entre os processos:

1. A área de memória requerida para operar com o programa que está sendo interpretado é menor que a requerida pela compilação.
2. O tempo para execução interpretada é maior que o tempo para execução compilada, uma vez que todas as instruções têm de ser interpretadas em todas as oportunidades de execução do programa.

7.5 Instruções

Como já comentado, o programa do usuário, objeto central do processamento de dados, constitui-se em uma sequência de instruções, capazes de levar à solução de determinado problema.

O computador analisa e executa, uma a uma, cada instrução. A execução ocorre na seção aritmética e lógica, sob coordenação e levada a efeito na seção de controle: ambas seções da unidade central de processamento (UCP).

Quando da execução de um programa, as suas instruções e os dados estão armazenados na memória e de lá são trazidos, para execução, à custa de possuírem um endereço bem definido. Vejamos isso um pouco mais detalhadamente (acompanhe pela Fig. 7.2).

No registrador de seleção (da memória), registra-se o endereço a ser executado, transferido de um registrador localizado na seção de controle, denominado contador ordinal. Esse contador faz parte de uma palavra que define, a cada instante, o estado do programa (PSW – *Program Status Word*). A instrução, então, é enviada a um registrador de instrução (na seção de controle), onde é analisada; nesse passo, é verificado o tipo de operação e se dá o encaminhamento à seção aritmética e lógica, se for o caso.

Quando a instrução baixa à seção de controle, ela é analisada. E de que se constitui, em essência? Uma instrução é constituída, basicamente, de:

- código de operação;
- endereço dos operandos;
- modificadores.

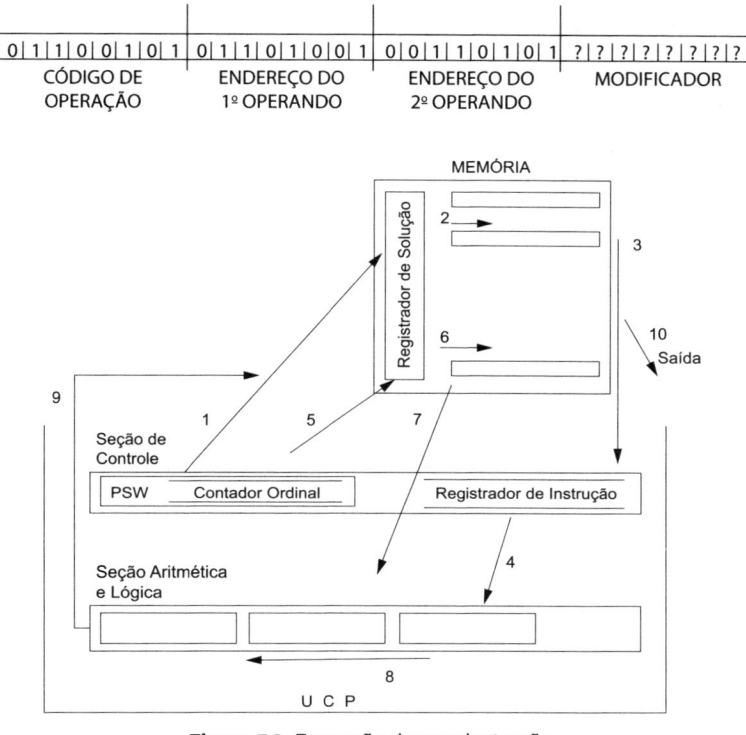

Figura 7.2 Execução de uma instrução.

Da seção de controle seguem, então, para o registrador de seleção da memória, os endereços de cada um dos operandos, que, uma vez localizados, são também transferidos para a seção aritmética e lógica, onde se efetiva o cumprimento da instrução. A última etapa da execução da instrução consiste em transferir o conteúdo do registrador, que abriga o seu resultado para a memória, a um endereço previamente selecionado.

7.5.1 Repertório de instruções

O repertório de instruções varia para cada modelo de computador. No entanto, elas podem, de modo genérico, ser enquadradas nas seguintes categorias:

- Instruções de entrada/saída
  - leitura de cartões, de fita magnética, de disco magnético etc.;
  - gravação de fita magnética, impressão etc.;
  - avanço de formulário na impressora, reenrolamento de fita etc.
- Instruções de transferência
  - da memória para a UCP;
  - de um registrador para outro.

- Instruções aritméticas
  - adição;
  - subtração;
  - multiplicação;
  - divisão.
- Instruções lógicas. As três operações básicas são:
  - E (AND);
  - OU (OR);
  - NÃO (NOT).

Admite-se que A **E** B é verdade se e somente se A é verdade e B é verdade. Assim, a tabela dessa operação lógica pode ser escrita da seguinte forma:

1 **E** 1 = 1
1 **E** 0 = 0
0 **E** 1 = 0
0 **E** 0 = 0

Admite-se que A **OU** B é falso se e somente se A e B são falsos. Assim, a tabela dessa operação lógica pode ser escrita como a seguir:

1 **OU** 1 = 1
1 **OU** 0 = 1
0 **OU** 1 = 1
0 **OU** 0 = 0

A tabela da operação **NÃO** é:

NÃO 0 = 1
NÃO 1 = 0

Muitas vezes, dispõe-se também da operação OU EXCLUSIVO (**EOU**), na qual o resultado só é verdade se um dos dois operandos for verdadeiro (e não se os dois o forem). Assim, sua tabela pode ser escrita como a seguir:

0 **EOU** 1 = 1
1 **EOU** 0 = 1
0 **EOU** 0 = 0
1 **EOU** 1 = 0

As instruções lógicas são utilizadas para testes. Suponha, por exemplo, que se deseja identificar se o terceiro bit de um byte é 1 ou 0. Fazendo entre esse byte e a configuração 00100000 uma operação **E**, se o resultado for nulo o terceiro bit do byte (o bit testado) é 0; caso contrário, o bit é 1.

Usa-se a operação **E** (multiplicação lógica) para forçar bits 0; a operação **OU** (adição lógica) para forçar bits 1. Para inverter a configuração dos bits, usa-se a operação **NÃO**.

7.5.2 Instruções de um, dois e três endereços

Quase todos os computadores executam mais de um tipo de instrução, no que diz respeito aos endereços envolvidos. Porém, em função da predominância de um dos tipos, a máquina é dita de um, dois ou três endereços.

Uma instrução é chamada de instrução de três endereços se envolve três endereços de memória. Exemplo:

MPY A, B, C

que significa: "multiplique o conteúdo do endereço A pelo conteúdo do endereço B e armazene o resultado no endereço C". A estrutura de três endereços não é usada em muitas máquinas por questões de economia. Uma instrução de dois endereços é da forma:

ADD A, B SUB A, B MPY A, B DIV A, B

O resultado de qualquer dessas operações aritméticas é armazenado no endereço de um dos operandos (primeiro ou segundo) conforme o modelo do computador (Fig. 7.3).

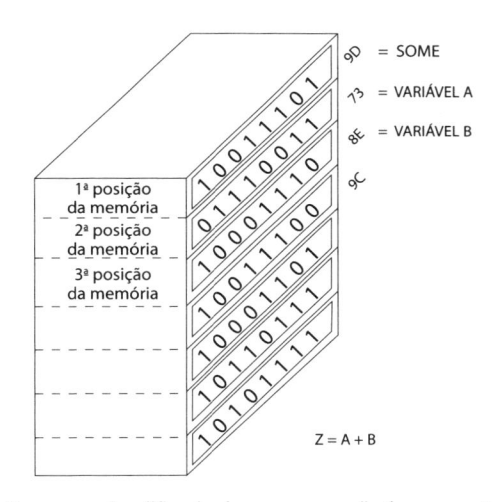

Figura 7.3 Esquema simplificado de uma operação (meramente ilustrativo).

Assim, o equivalente a MPY A, B, C (três endereços) em uma máquina de dois endereços será:

MPY   A, B
TR   B, C (transferir o conteúdo de B para o endereço C)

Quando o computador usa a lógica de um endereço, isto é, executa operações de um endereço, na verdade utiliza, além do endereço citado na instrução, um registrador em que se encontra previamente um dos dois valores envolvidos.

Exemplo de operação de multiplicação em máquina de um endereço:

CR   A   (carregar o registrador A)
MPY   B   (multiplicar o conteúdo de A pelo conteúdo de B, armazenando em B)
STO   C   (armazenar em C, transferindo de B)

7.6 Multiprogramação

A multiprogramação é um modo de funcionamento que permite melhor ocupação da unidade central. Elimina o tempo morto em que a UCP espera a liberação de um equipamento periférico de entrada/saída para poder fornecer-lhe ou receber dados e continuar seu trabalho.

Essencialmente, as máquinas capazes de operar em multiprogramação possuem as seguintes características:

- **Um conjunto de canais.** Canal é um dispositivo que se encarrega da transferência de dados entre os equipamentos periféricos e a memória, sem que a UCP, responsável pelos cálculos, funções lógicas etc., seja envolvida nesse processo. Na realidade, o canal é um dispositivo cuja função é unicamente transmitir dados, mas que tem acesso à memória central ao mesmo tempo que a UCP realiza o seu trabalho.

- **Um programa supervisor.** Fica na memória com os programas dos usuários e assume o controle da máquina para certo número de funções, como, por exemplo, o início e o fim de um serviço, o início e o fim de operações de entrada/saída de dados, os procedimentos em caso de erro de programa de usuário etc.

- **Um sistema de interrupções**. Faz com que o controle da máquina que, em dado instante, estava com determinado programa passe, com a ocorrência de determinadas situações, automaticamente para o controle do supervisor, o qual receberá também, nesse momento, uma série de indicações sobre a origem e a causa da interrupção.

Suponhamos, por exemplo, que um programa P1 solicite dados para o seu trabalho. O pedido de dados provoca uma interrupção e é o **supervisor** que vai acionar o canal ao qual a **leitora** está ligada para que ele proceda a transferência solicitada; enquanto isso, o programa P1 não pode trabalhar, pois depende desses dados. O supervisor passa então o controle para o programa P2, que ocupa outra porção da memória, e assim por diante, até que ocorra uma nova interrupção indicadora do fim da leitura do cartão pedido pelo programa P1. O controle é então devolvido pelo supervisor ao programa P1, no ponto em que ele parou, até que ele se veja novamente impossibilitado de continuar.

Os diversos programas que ocupam a memória são acionados segundo níveis de prioridade atribuídos previamente pelo operador. Com isso, o supervisor saberá a que programa ceder o controle toda vez que houver mais de um em condições de trabalho.

7.7 Multiprogramação e multiprocessamento

Por meio da **multiprogramação,** dois ou mais programas são carregados na memória e o computador os executa simultaneamente (**execução paralela**); veja bem: simultaneidade em relação aos programas! Havendo uma só UCP (caso mais comum), o sistema só pode processar, em um instante, tarefa relativa a um usuário. Mas como o sistema operacional atende a todos com uma rotatividade muito intensa (intervalos de milissegundos), tem-se a impressão de que ele está processando várias tarefas ao mesmo tempo.

Se o sistema for dotado de mais de uma UCP, ele pode, em um mesmo instante, executar mais de uma instrução. Com duas UCPs, passa-se a ter praticamente dois computadores. Aí, tem-se o **multiprocessamento** (Fig. 7.4).

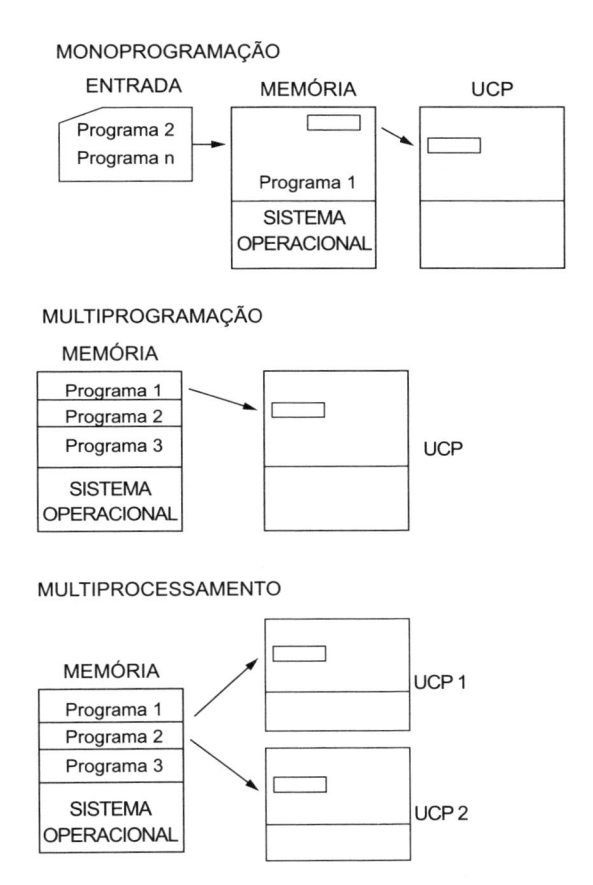

Figura 7.4 Modos de operação.

2. Toda atividade na qual as operações de processamento se acham sob controle da UCP, e na qual as informações são introduzidas no sistema à proporção que ocorrem, é dita atividade:

    a) em tempo real.

    b) on-line.

    c) de multiprogramação.

    d) dedicada.

3. Tempo real é toda aplicação que gera resposta ou ação sobre o que se controla, em:

    a) milissegundos.

    b) microssegundos.

    c) nanossegundos.

    d) tempo suficientemente rápido.

4. Um computador, utilizando duas UCPs, executa, no mesmo instante, duas operações. Isso caracteriza:

    a) time-sharing.

    b) tempo real.

    c) multiprocessamento.

    d) multiprogramação.

5. Tarefas executadas sucessivamente, de acordo com um enfileiramento, caracterizam o processamento:

    a) spool.

    b) time-sharing.

    c) buffering.

    d) batch.

6. Uma aplicação caracterizada por:

    • Acesso remoto.

    • Arquivos de acesso direto.

    • Terminais voltados a pessoas.

Trata-se de aplicação:

    a) on-line.

    b) off-line.

    c) time-sharing.

    d) tempo real.

7. Diversos usuários compartilham os recursos de um computador, que os atende alternando-se ao longo do tempo. Está caracterizado:

    a) o tempo real.

    b) o multiprocessamento.

    c) o processamento off-line.

    d) o time-sharing.

8. É correto dizer que:

   a) todos os computadores funcionam internamente em linguagem de máquina.

   b) todos os computadores funcionam internamente em linguagem C++.

   c) um interpretador é um programa que traduz as instruções em linguagem de alto nível para instruções em linguagem de máquina de uma só vez.

   d) compilador e interpretador são designações para a mesma linguagem de programação.

9. Em um ambiente de processamento em lote é **correto** afirmar que:

   a) o tempo de resposta é curto.

   b) as tarefas dos usuários são agrupadas fisicamente para posterior processamento.

   c) a velocidade de processamento é lenta, comparada à dos dispositivos de entrada/saída.

   d) esses sistemas surgiram com os computadores de quarta geração.

   e) quando o sistema é ligado, um programa é acionado para executar um conjunto de comandos definidos pelo operador.

10. Um programa está sendo executado em um computador endereçado a byte, segundo os seguintes passos:

   1. Lê um registro lógico e armazena os dados a partir do endereço 001.

   2. Verifica se é o último da massa. (Obs.: o último tem $$$ nas três primeiras colunas.) Se é o último, encerra o processamento. Caso contrário, vai ao Passo 3.

   3. A matrícula do funcionário (da coluna 1 à coluna 8) é transferida para a área de impressão. (Obs.: início dessa área no endereço 225.)

   4. Transfere espaços em branco para 3 bytes da área de impressão.

   5. Transfere o nome do empregado (colunas 9/32), em duas instruções, para a área de impressão.

   6 Transfere espaços em branco para 6 bytes da área de impressão.

   7. Transfere o salário bruto (colunas 33/40) para a área de impressão.

   8. Calcula o salário líquido: SL = SB − D + A.

   9. Transfere espaços em branco para 3 bytes da área de impressão.

   10. Transfere o salário líquido para a área de impressão.

   11. Imprime uma linha.

   12. Volta ao Passo 1.

Dessa forma, o fluxograma do processamento é o que se apresenta a seguir:

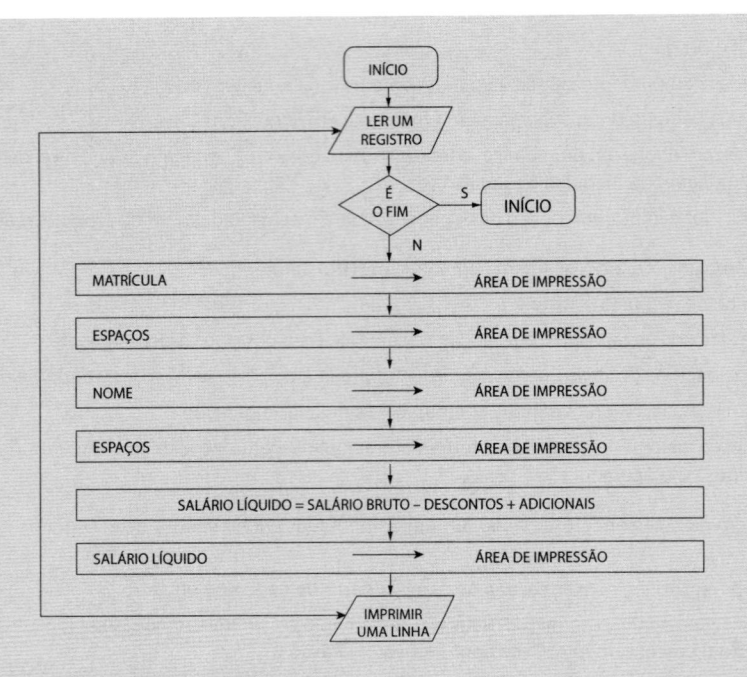

Conhecem-se as seguintes instruções:

a. Adição: 010 XXX YYY K Adiciona o conteúdo de XXX ao conteúdo de YYY (Resultado em XXX).

   Observações:

   a.1. Os endereços que aparecem na instrução são referentes às posições de mais alta ordem dos operandos.

   a.2. Cada operando ocupa K posições, e K pode ser 1, 2, 3..., 9, A, B, C, D, E, F (hexadecimal).

   a.3. Dessa forma, o maior operando possível é de 15 posições (F, em hexadecimal).

b. Subtração: 020 XXX YYY K Subtrai do conteúdo de XXX o de YYY (resultado em XXX). Valem as observações para o caso da adição.

c. Transferência: 030 XXX YYY K Transfere o conteúdo de XXX para YYY. Valem as observações feitas para a adição.

d. Comparação: 040 XXX YYY K Compara o conteúdo de XXX com o de YYY. Se os conteúdos forem iguais, será ligado o indicador de igualdade; caso contrário, será desligado. Valem as observações feitas para a adição.

e. Teste de Indicador de Igualdade: 050 XXX YYY K Se o indicador estiver ligado, a próxima instrução será a do endereço XXX. Se estiver desligado, será a do endereço YYY.

f. Transferência de brancos: 060 XXX YYY K Transfere brancos para K endereços, a partir do endereço XXX.

g. Parada: 070 Interrompe o processamento.

h. Leitura: 080 Um registro é lido e as informações são colocadas na memória nas posições 001 a 080.

i. Impressão: 090 XXX YYY K Imprime uma linha com o conteúdo das posições de XXX a YYY e sobe o formulário de impressão para posicioná-lo na linha seguinte.

Pede-se:

Completar o mapa de memória apresentado a seguir:

600	601	602	603	604	605	606	607	608	609	610	611	612	613	614	615	616	617	618	619

620	621	622	623	624	625	626	627	628	629	630	631	632	633	634	635	636	637	638	639
																3	3		

640	641	642	643	644	645	646	647	648	649	650	651	652	653	654	655	656	657	658	659
3			0	9		3	6			3									

660	661	662	663	664	665	666	667	668	669	670	671	672	673	674	675	676	677	678	679

680	681	682	683	684	685	686	687	688	689	690	691	692	693	694	695	696	697	698	699

700	701	702	703	704	705	706	707	708	709	710	711	712	713	714	715	716	717	718	719

720	721	722	723	724	725	726	727	728	729	730	731	732	733	734	735	736	737	738	739	800	801	802
											0	7	0							$	$	$

Introdução à lógica de programação

8.1 Algoritmos

Muitas vezes somos levados a decorar particularidades referentes a determinados assuntos, e não a entendê-las; por exemplo, na infância aprendemos a contar até dez sem atinar sobre o porquê dessa contagem nem com que tipo de fenômeno ela possa estar relacionada.

O objetivo deste capítulo é aprimorar os seus conhecimentos, visando a capacitá-lo a entender a lógica e a exteriorizar os passos na solução de determinados problemas.

Primeiramente, vamos conceituar lógica.

Para nós, a **lógica** deve ser vista como um conjunto de princípios e de métodos que embasam raciocínios coerentes, induzindo a soluções eficazes para problemas de processamento de dados.

É claro que a lógica, no seu sentido mais amplo, está presente em todos os passos da nossa vida. Examinemos o seguinte problema:

Exemplo

José Halo Prado acorda atrasado; ao sair apressado com o seu carrinho 0 km provoca um acidente, chocando-se com um ônibus da Viação Tristeza do Agreste. Há um problema importante para ser tratado em sua seção, naquela manhã.

Possível solução:

Avisar ao seu chefe o desagradável acontecimento o quanto antes, justificando, assim, sua provável falta.

Admitindo-se que o fato tenha ocorrido à época (não remota!) em que eram utilizados, para comunicações mais imediatas, os telefones públicos tipo "orelhão", essa solução poderia ser detalhada nos passos de que se compunha:

01 Encontrar um orelhão

02 Retirar o fone do gancho

03 Está quebrado?
    SIM → voltar ao passo 01
    NÃO → continuar (próximo passo)

04 Pegar uma ficha telefônica

05 Colocar a ficha no orifício indicado

06 Esqueceu o número do telefone?
    SIM → consultar a agenda
    NÃO → continuar (próximo passo)

07 Discar os números

08 Aguardar a chamada

09 A linha está ocupada?
    SIM → colocar o fone no gancho, retirar a ficha e voltar ao passo 02
    NÃO → continuar (próximo passo)

10 A ligação foi atendida?
    SIM → continuar (próximo passo)
    NÃO → colocar o fone no gancho, retirar a ficha e voltar ao passo 02

11 Justificar ao chefe o motivo de sua falta hoje

12 Tratar de algum outro assunto de emergência

13 Tem mais algum assunto para conversar?
   SIM → voltar ao passo 12
   NÃO → continuar (próximo passo)

14 Desligar o telefone

15 Fim

A essa sequência de passos denominamos *algoritmo*.

Portanto, **algoritmo** é uma descrição das etapas de resolução de um problema ou a indicação ordenada de uma sequência de ações bem definidas.

O algoritmo é, em sua forma mais simplificada, a maneira mais elementar de descrever uma lógica.

8.2 Tipos de lógica

Existem vários tipos de lógica. As usadas em processamento automático de dados são:

- lógica linear;
- lógica modular;
- lógica estruturada.

A um profissional de processamento de dados qualificado cabe decidir que tipo de lógica deverá ser utilizado para a solução de determinado problema.

8.2.1 Lógica linear

Visa à solução dos problemas como foram propostos, sem dividi-los em segmentos. Tenta-se resolver os problemas linearmente, tratando de cada ação na ordem em que sua necessidade for aparecendo (Fig. 8.1).

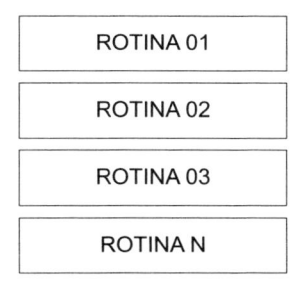

Figura 8.1 Diagrama de blocos da lógica linear.

8.2.2 Lógica modular

Caracteriza-se pela subdivisão do problema proposto em diversos módulos (subproblemas), para poder analisar melhor cada rotina (separadamente) visando, assim, à solução geral da questão proposta (Fig. 8.2).

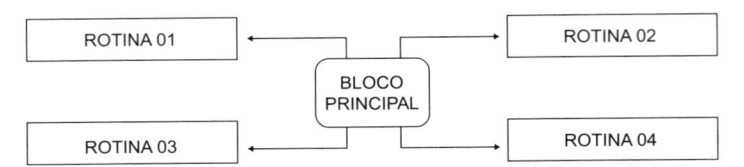

Figura 8.2 Diagrama de blocos da lógica modular.

8.2.3 Lógica estruturada

Caracteriza-se por resoluções em laços, de dentro para fora. Dentro de uma rotina existem outras rotinas, em uma espécie de aninhamento.

É muito usada em ambientes que utilizam linguagens que pouco fazem uso de comandos de desvio (Fig. 8.3).

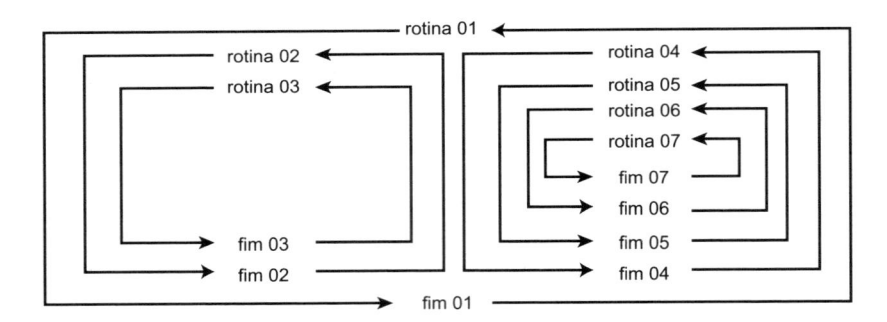

Figura 8.3 Representação gráfica da lógica estruturada.

O Quadro 8.1 exemplifica um mesmo algoritmo construído sob enfoque linear e enfoque estruturado.

Quadro 8.1 Enfoque linear e enfoque estruturado

Linear	Estruturado
01 Definir X = 0;	Definir X igual a 1;
02 Mostrar o valor de X;	Faça enquanto X for menor que 10;
03 X é igual a 10? Mostrar o valor de X; Sim	Finalize, Adicione 1 à variável X; Não Continue.
04 Adicione 1 à variável X;	
05 Volte para o item 02.	

Conceitos básicos

Programa – conjunto de informações constantes de um algoritmo, escritas em código compreensível pelo computador.

Codificação – processo de converter a informação em símbolos; exige a preparação prévia de uma tabela de correspondência entre o símbolo utilizado e a sua significação (p. ex., dicionário).

Programação estruturada – metodologia de projeto de programas visando a facilitar a escrita, facilitar a leitura, permitir a verificação *a priori* do programa e facilitar a manutenção (modificação) do programa.

Dado – uma informação armazenada.

Estrutura – conjunto de elementos de dados ou de outras estruturas de dados ou de uma mistura de ambos (p. ex., data).

8.3 Instrumentos da lógica de programação

Para resolver um problema em computador é necessário escrever um programa em uma linguagem de programação, com comandos ou instruções organizados de acordo com um raciocínio adequado a essa resolução.

A organização do raciocínio de resolução de um problema, ou seja, o algoritmo, pode ser feita, com vantagem, utilizando instrumentos adequados.

Existem diversos instrumentos nesse sentido. Destacam-se:

- Pictóricos ou gráficos:
  - fluxogramas;
  - diagramas hierárquicos de fluxo ou diagramas hierárquicos estruturados;
  - gráficos de estrutura (*structural chart*).
- Narrativos:
  - português estruturado;
  - portugol (pseudocódigo).
- De detalhes:
  - árvore de decisão;
  - tabela de decisão.

8.4 Fluxogramas

Como embasamento a nosso primeiro contato com o computador, quando abordaremos programas simples e menos voltados à administração, apresentaremos as características dos fluxogramas.

Trata-se de uma técnica que foi muito usada até há pouco tempo, mas que vai sendo paulatinamente substituída por outras mais apropriadas. Entretanto, ainda há programadores que a utilizam.

Permite expressar qualquer lógica, por mais complicada que seja, e também pode ser útil a pessoas que a conheçam bem para resolver pequenos problemas.

É claro que, embora hoje não seja o mais apropriado, o fluxograma também se presta para representar a lógica pertinente a problemas administrativos.

Os principais símbolos utilizados em um fluxograma estão apresentados no Quadro 8.2.

Quadro 8.2 Principais símbolos utilizados em um fluxograma

Início	Indica o ponto onde começa o programa. Não é codificado em forma de comando.
Ler X, ... Y	Indica operação de leitura ou entrada dos dados que estão perfurados em um cartão para os locais chamados X,...,Y na memória. Corresponde ao comando de leitura.
Z = expressão aritmética	Indica a operação aritmética ou cálculo de uma fórmula. Corresponde ao comando de operação aritmética.
< Comparar Z com W > =	Indica comparação de um valor com outro. Dependendo do resultado da comparação, existem três desvios ou caminhos diferentes que o programa deve escolher. Corresponde ao comando de comparação.
Z :: W? SIM NÃO =	Indica verificação ou comparação em forma de pergunta, podendo ocorrer uma das respostas SIM ou NÃO. Corresponde ao comando de comparação. (O sinal :: pode ser =, ≠, <, > etc.)
Escrever Z, ..., W	Indica operação de saída ou de impressão dos valores Z,...,W em uma linha da impressora. Corresponde ao comando de saída ou escrever.
Pare ou Fim	Indica o ponto onde o programa suspende a execução ou termina o programa. Corresponde ao comando de parada ou fim.

Não existem regras rígidas para o uso dos símbolos em um fluxograma. Pode-se usar símbolos ou regras ligeiramente diferentes dos citados. Entretanto, o fluxograma deve indicar com clareza e precisão o raciocínio e as operações envolvidas, de modo que possa ser imediatamente transcrito em forma de programa e que sirva como meio eficiente de sua documentação.

Exemplo

Pretende-se que seja lido todo um conjunto de pedidos (para fornecimento de artigos) e que para cada pedido, no caso de haver existência em armazém (admitamos que o computador tenha em memória as quantidades existentes de cada artigo), seja retirada a quantidade pedida, calculada a importância a faturar e impressa a respectiva fatura.

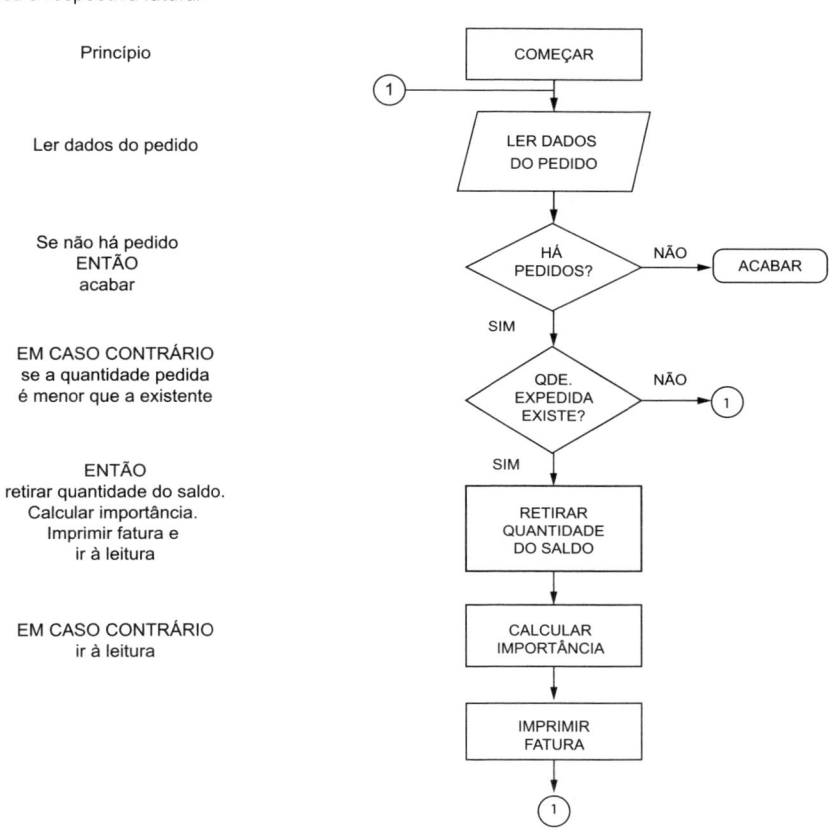

Os dois fluxogramas a seguir são exemplos de uso desse tipo de instrumento em problemas científicos, campo em que, na verdade, reside hoje sua maior aplicação.

Exemplo

Achar o valor da expressão $D = B^2 - 4AC$

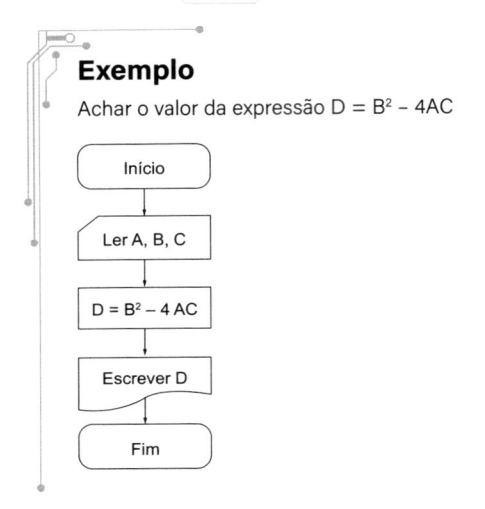

Exemplo

Achar o maior de dois números A e B

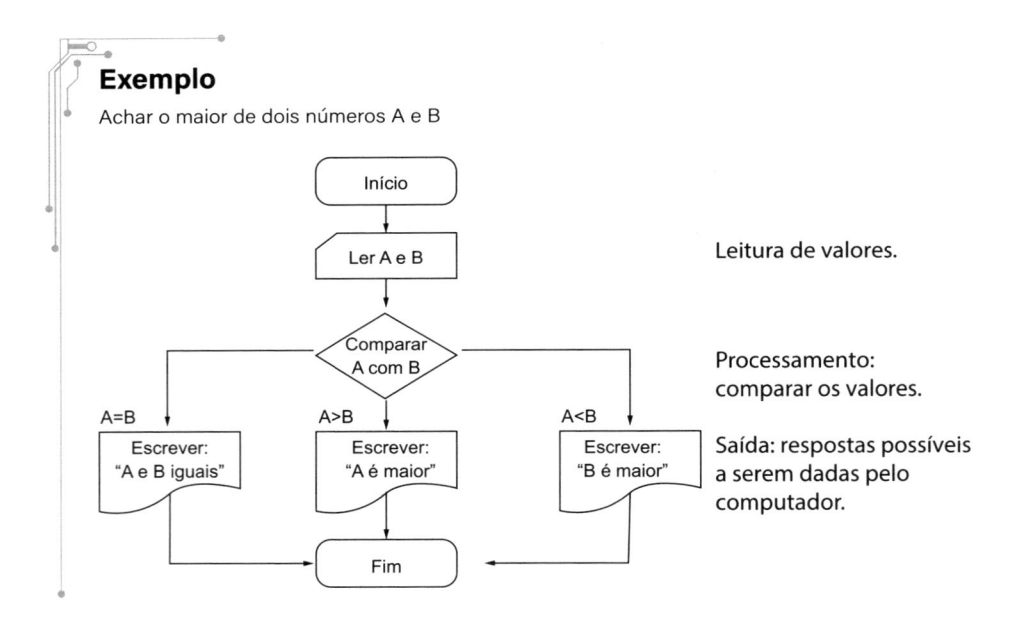

Leitura de valores.

Processamento: comparar os valores.

Saída: respostas possíveis a serem dadas pelo computador.

A Figura 8.4 retrata a lógica de execução de um programa que lê um arquivo de dados, executa um cálculo simples e, em seguida, imprime um resultado.

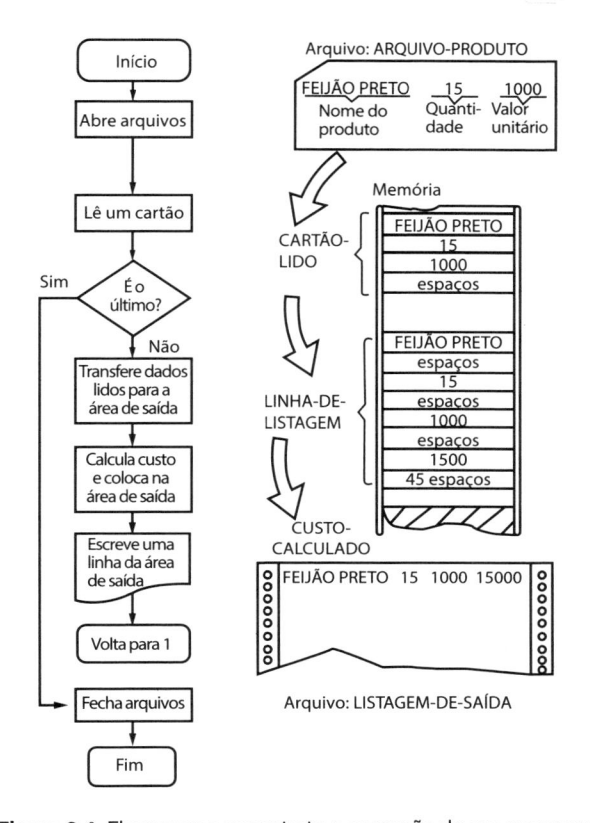

Figura 8.4 Fluxograma que retrata a execução de um programa.

8.5 Lógica estruturada

Com a sofisticação e o aumento de complexidade das aplicações, concluiu-se que a maior contribuição para que os programadores cometessem erros era a falta de padronização e de disciplina no estabelecimento e explicitação da lógica da solução. Os fluxogramas lineares oferecem liberdade muito grande e propiciam que cada programa tenha cunho pessoal, à semelhança de trabalhos artesanais.

Em função da necessidade de corrigir essa distorção, já que os erros se tornavam cada vez mais numerosos e os programas cada vez mais difíceis, surgiu a **lógica estruturada**.

Böhm e Jacopini provaram que apenas três estruturas são suficientes para explicitar a solução de qualquer problema.

- Estrutura SEQUENCIAL

- Estrutura REPETIÇÃO

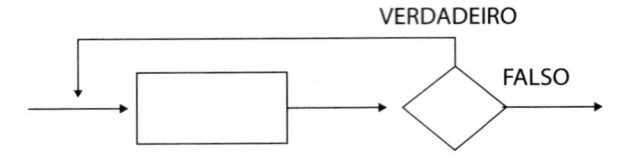

- Estrutura SELEÇÃO

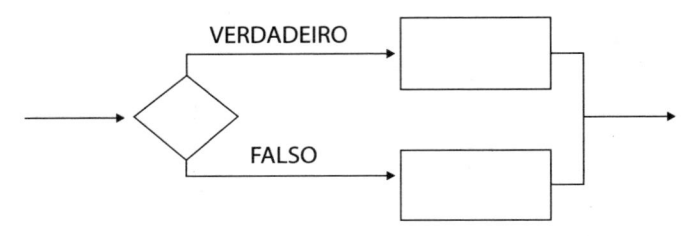

em que:

[ ] = PROCESSAMENTO   ◇ = DECISÃO

A partir dessa concepção (1966), passou-se à construção dos algoritmos estruturados: fluxogramas estruturados e, em seguida, novas concepções. O judicioso uso de sequências, de iterações (ou repetições) e de seleções (ou alternativas ou desvios) eliminou a inconveniente utilização de indiscriminados **GOTOs**, que complicavam os algoritmos e, consequentemente, os programas de até então.

Compare os seguintes programas e verifique o quanto se ganha quando a solução se apresenta estruturada.

- Programa com GOTOs (não estruturado).

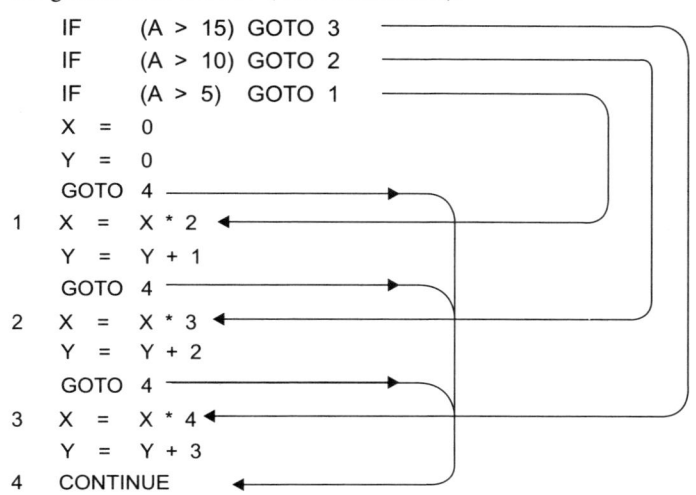

```
IF      (A > 15) GOTO 3
IF      (A > 10) GOTO 2
IF      (A > 5)  GOTO 1
X   =   0
Y   =   0
GOTO 4
1   X   =   X * 2
    Y   =   Y + 1
    GOTO 4
2   X   =   X * 3
    Y   =   Y + 2
    GOTO 4
3   X   =   X * 4
    Y   =   Y + 3
4   CONTINUE
```

- Programa estruturado:
  - usa somente estruturas básicas;
  - é recuado;
  - é bem documentado;
  - é fácil de ler.

```
SE A >15 ENTÃO                              {A > 15}
        X: = X * 4;
        Y: = Y + 3
SE NÃO  SE A >10 ENTÃO                      {10 < A ≤ 15}
        X: = X * 3;
        Y: = Y + 2
        SE NÃO  SE A > 5 ENTÃO              {5 < A ≤ 10}
                X: = X * 2;
                Y: = Y + 1
                SE NÃO                      {A ≤ 5}
                        X: = 0;
                        Y: = 0
                FIM SE
        FIM SE
FIM SE
```

- Outra variante estruturada

ESCOLHA A

CASO A > 15:	{A > 15}
X: = X* 4;	
Y: = Y + 3	
CASO A > 10:	{10 < A ≤ 15}
X: = X* 3;	
Y: Y + 2	
CASO A > 5:	{5 < A ≤ 10}
X: = X* 2;	
Y: = Y + 1	
Em outro caso:	{A ≤ 5}
X: = 0;	
Y: = 0	

FIM ESCOLHA A

Programa com Goto e programa estruturado

- **Goto**
  - Para acompanhar a execução do programa deve-se "pular" constantemente para a frente e para trás.
  - Os comandos de decisão estão fisicamente separados dos comandos dependentes dessas decisões.
  - Programas frequentemente monolíticos: não podem ser decompostos.
  - Modificações podem ter efeitos imprevistos.
- **Estruturado**
  - Pode-se acompanhar a execução do programa lendo o texto de cima para baixo.
  - Os comandos a serem executados sob uma condição seguem textualmente o comando de decisão (princípio de localidade).
  - Modular: pode ser decomposto (mentalmente ou fisicamente) em módulos.
  - Efeitos mais previsíveis (e mais locais) de modificações.

8.5.1 Instrumentos da lógica estruturada

8.5.1.1 Algoritmos gráficos

- **Diagrama Hierárquico de Fluxo (DHF).** O DHF é um método de projetar programas que tem como ponto de partida uma especificação do problema em termos de entrada, processamento e saída (Fig. 8.5).

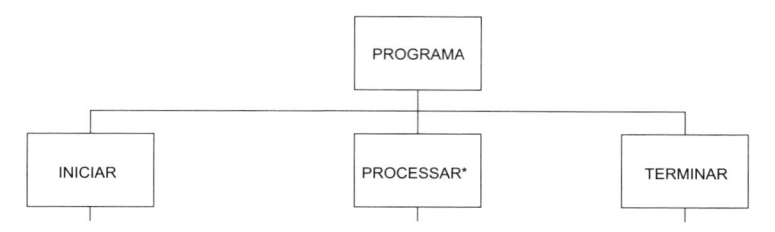

Figura 8.5 Diagrama hierárquico de fluxo (DHF).

A partir delas, desdobra-se a solução em caixas que serão seguidas de cima para baixo, da esquerda para a direita. Veja o exemplo na página 136.

- **Gráfico de Estruturas (*structural chart*).** A principal ferramenta utilizada em projetos estruturados para desenvolver a estrutura de um sistema é o **gráfico de estruturas (*structural chart*)**, fundamentado na modularidade e utilizando a simbologia apresentada na Figura 8.6. Veja o exemplo na página 136.

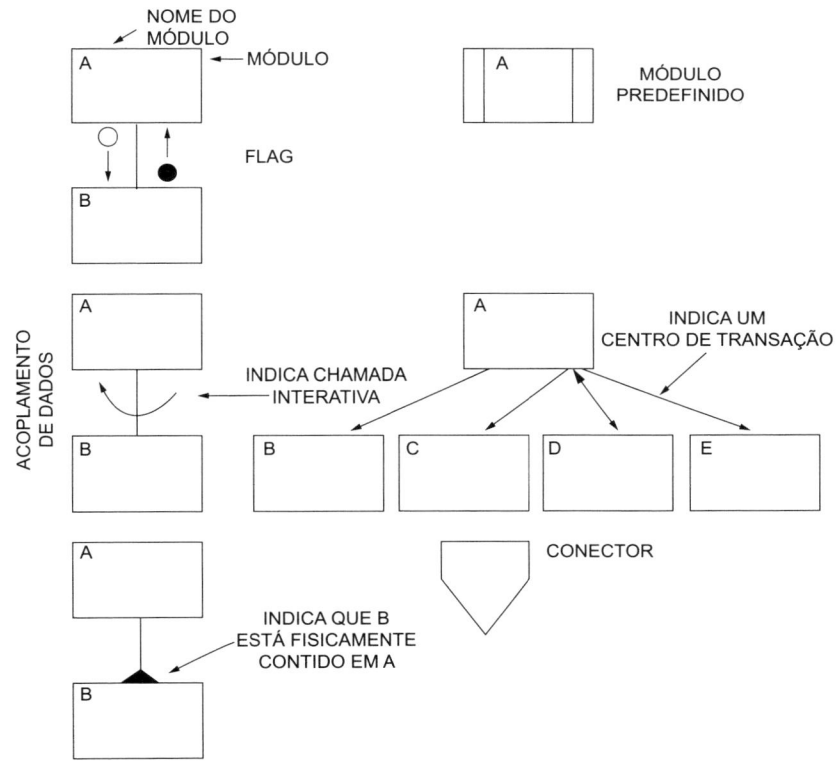

Figura 8.6 Gráfico de estruturas.

Exemplo

Diagrama hierárquico de fluxo

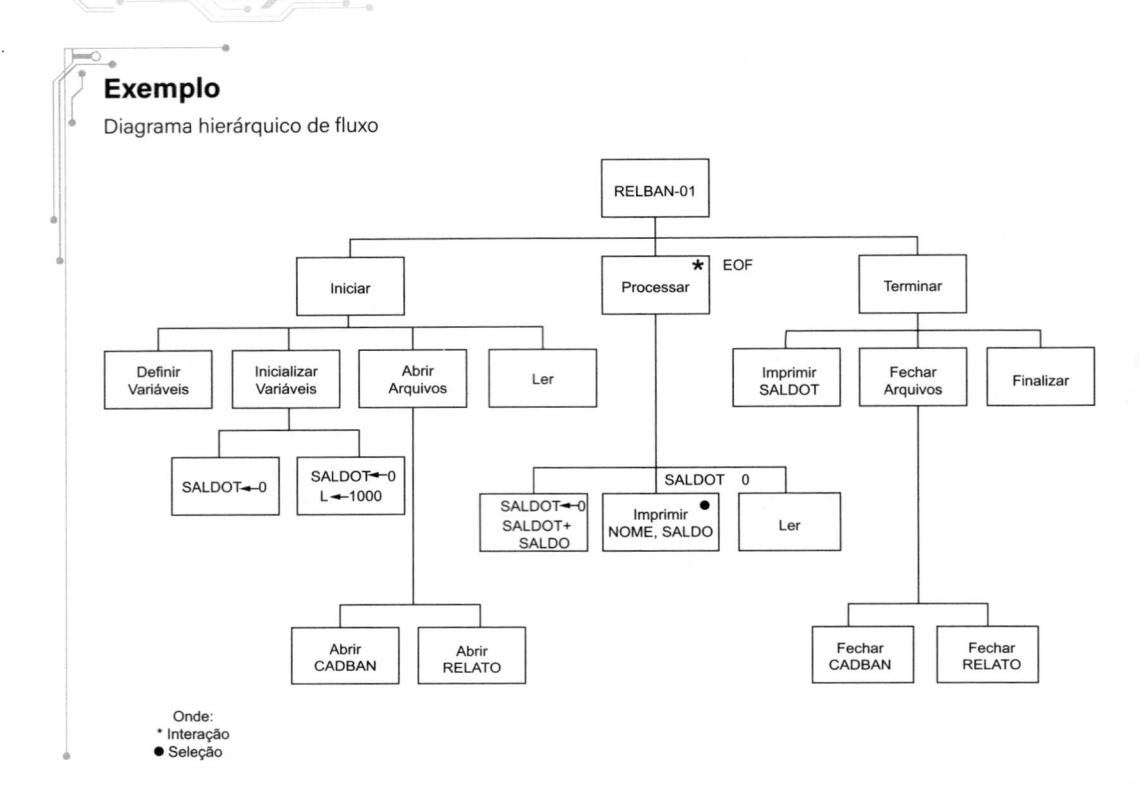

Onde:
* Interação
● Seleção

Exemplo

Gráfico de estruturas

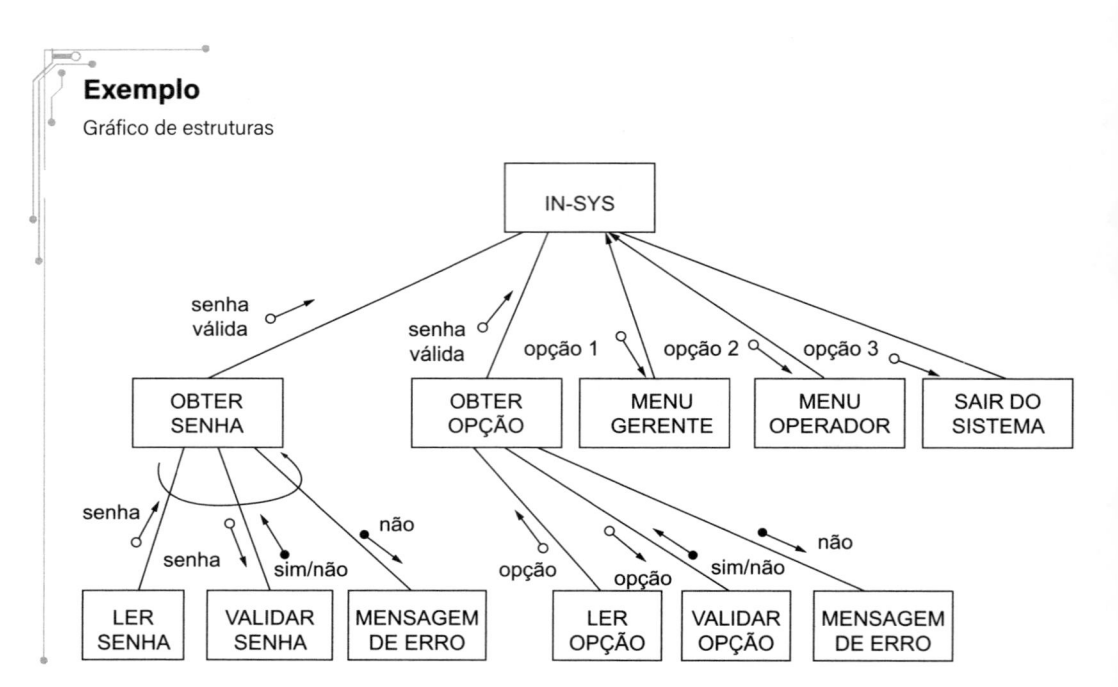

8.5.1.2 Algoritmos narrativos

- **Português estruturado**. Apresenta a sequência visando à elaboração de um programa de computador, sem, no entanto, ser um suporte imediato à codificação.

  Não há rigorosa especificação de leitura e gravação de arquivos, nem de contadores, chaves ou qualquer outro aspecto físico. É detalhado em maior ou menor escala, segundo as conveniências.

Exemplos

Formatar a tela

Inicializar variáveis

Fazer-enquanto (condição de fim):
    Limpar a tela
    Exibir opções
    Ler opção
    Fazer-caso:

Excluir

Incluir

Alterar

Imprimir relatório semanal

Imprimir relatório mensal

Finalizar
    Fim fazer-caso Fim fazer-enquanto
    Formatar a tela
    Mover "brancos" para opção
    Mover "s" para entrada
    Fazer-enquanto entrada – "S"

Limpar a tela

Mostrar as seguintes opções na tela
    (1) Excluir
    (2) Incluir
    (3) Alterar
    (4) Relatório semanal
    (5) Relatório mensal
    (6) Saída do menu

Perguntar qual a opção desejada (de 1 a 6)

Mover opção desejada para opção

Ler opção

Fazer-caso
    Caso opção = "1"

Fazer o Excluir
    Caso opção = "2"

Fazer o Incluir
   Caso opção = "3"

Fazer o Alterar
   Caso opção = "4"

Fazer o RELASEM (Relatório semestral)
   Caso opção = "5"

Fazer o RELAMEN (Relatório mensal)
   Caso opção = "6"

Mover "N" para entrada
   Qualquer outro caso

Emitir Mensagem (Opção Inválida)
   Fim fazer-caso

Fim fazer-enquanto

Fim

- **Portugol**. É um pseudocódigo (simbiose de português com algol) que permite ao projetista apresentar a solução lógica (voltada ao problema, não a qualquer linguagem ou a qualquer máquina) que, porém, adicionalmente, oferece toda a facilidade para conversão a qualquer código de programação.

    A legibilidade de um algoritmo em Portugol depende muito de sua forma, incluindo aspectos de sua disposição em parágrafos, a que se denominou recuo. Portanto, devem-se observar com rigor formas padronizadas para as diversas estruturas básicas.

    Seguem os modelos das Figuras 8.7 a 8.12. Compare a notação em Portugol, relativamente à representação gráfica em fluxograma estruturado.

$$x: = y + x;$$

$$n: = n + 1;$$

Figura 8.7 Sequência simples.

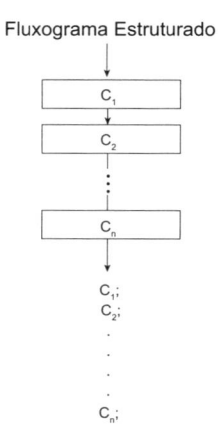

A execução em sequência de dois ou mais comandos é indicada pelo uso do símbolo ";". Exemplo:

$$x := y + x;$$

$$n := n + 1;$$

Observação

Como o teste é realizado *a posteriori*, a lista de comandos é, garantidamente, executada pelo menos uma vez.

É equivalente a:

> enquanto *não* <condição> *faça*
> <lista de comandos>
> *fim enquanto*

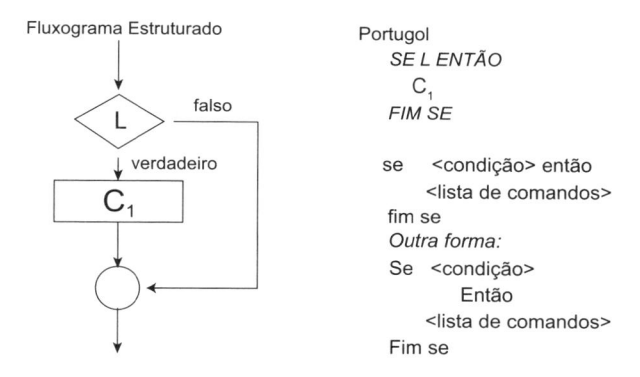

Figura 8.8 Alternativa simples.

O comando **escolha** é uma generalização a um número arbitrário de alternativas do comando condicional que permite somente duas. É em termos de um ninho de comandos condicionais que podemos definir o comando escolha:

se < *expr* >=< *C11* > *ou* < *expr* > = < *C12* > ... *ou* < *expr* > = < *C1h* > *então*
          < *lista de comandos1* >
senão se < *expr* > = *C21 ou* < *expr* > = < *C22* > ... *ou* < *expr* > = < *C2k* > *então*
          < *lista de comandos2* >
     senão se...
     ....
                    senão
                    < *lista de comandos n* >
                    fim se

     ......
     fim se
fim se

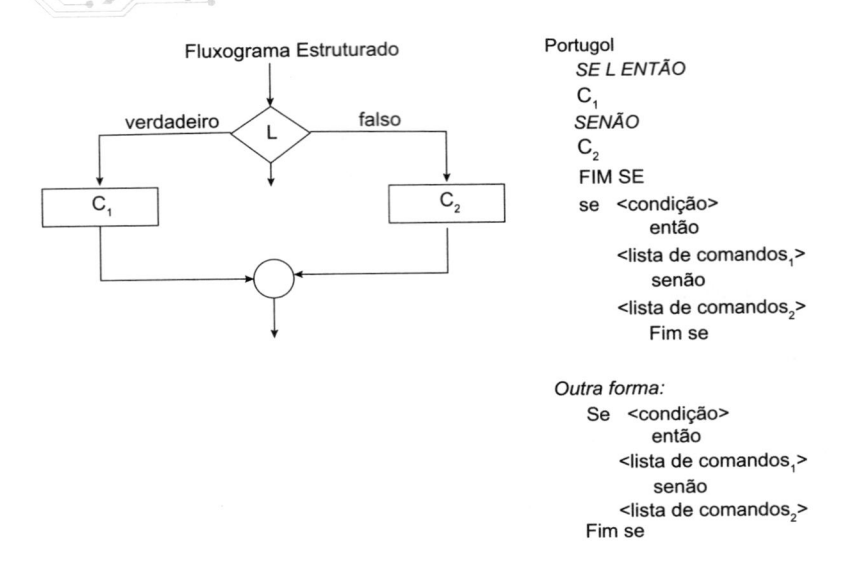

Figura 8.9 Alternativa dupla.

No Portugol, tal qual no fluxograma, usam-se os delimitadores *início* e *fim* quando se quer caracterizar que determinada sequência de comandos constitui um programa ou uma rotina.

Além do mais, usam-se, também, declarações para caracterizar bem as variáveis e as constantes presentes no algoritmo. O fluxograma estruturado e o algoritmo em Portugol das Figuras 8.13 e 8.14, equivalentes um ao outro, demonstram bem as convenções que foram sugeridas.

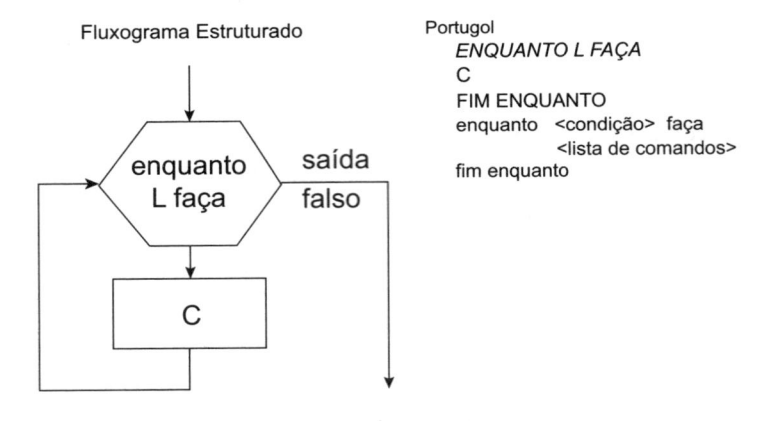

Figura 8.10 Repetição enquanto-faça (controle *a priori*).

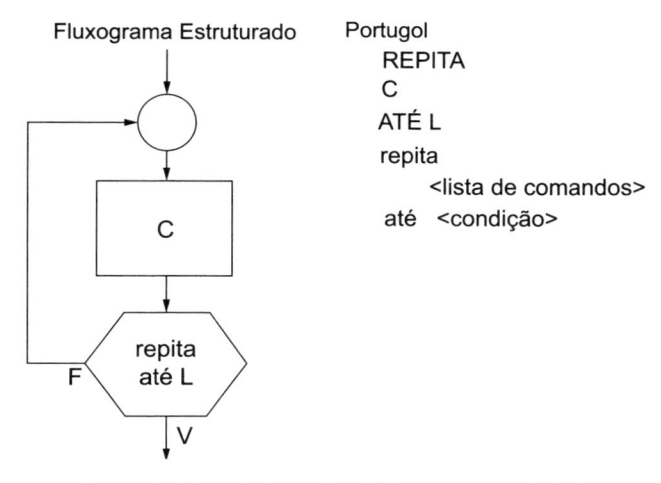

Figura 8.11 Repetição repita-até (controle *a posteriori*).

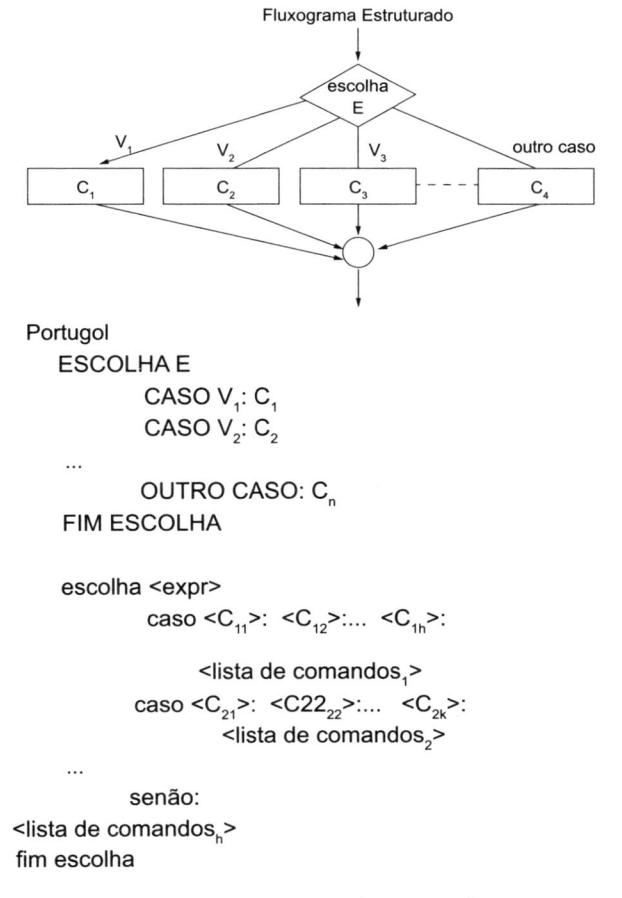

Figura 8.12 Alternativa múltipla: escolha.

$$C_4$$

fim enquanto

senão

enquanto L_3 *faça*

$$C_5$$

se L_4 *então*

se L_5 *então*

repita

$$C_6;$$

$$C_7$$

até L_6

fim se {L_5}

senão

$$C_8;$$

$$C_9$$

fim se {L_4}

$$C_{10}$$

fim enquanto; {L_3}

$$C_{11}$$

fim se

$$C_{12}$$

fim

Figura 8.13 Algoritmo em Portugol.

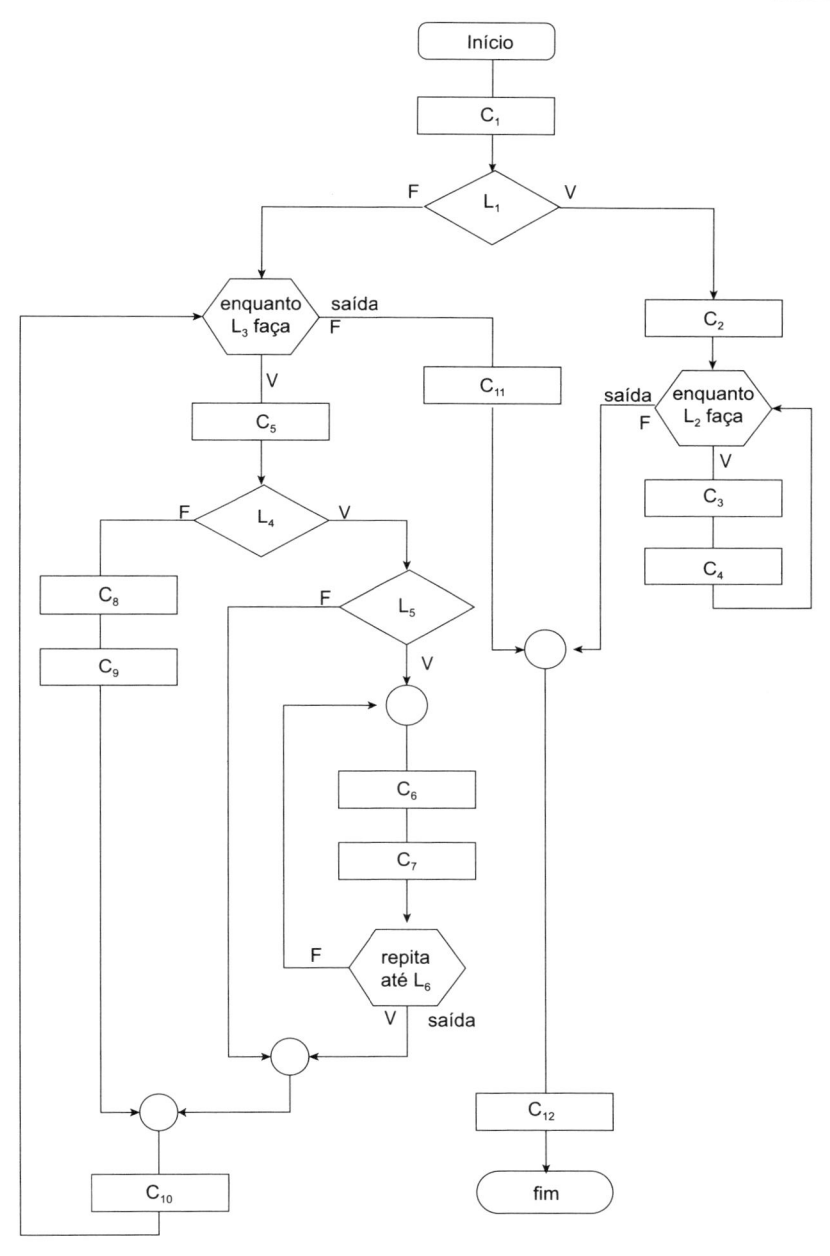

Figura 8.14 Fluxograma estruturado.

8.6 Árvores e tabelas de decisão

Em casos complexos, árvores de decisão e tabelas de decisão são instrumentos da lógica que permitem apresentar de forma simplificada e completa as condições presentes em um problema (geralmente em um trecho de um problema) e a ação a adotar em cada um dos diferentes casos.

8.6.1 Árvore de decisão

A esquematização das condições e ações em um dispositivo tipo árvore amplia o poder de análise e facilita o questionamento completo do caso em estudo.

Além disso, a **árvore de decisão** favorece uma visão global e bem explícita do que há a considerar no processo decisório.

Outra vantagem desse dispositivo de explicitação da lógica é a de se apresentar como um documento ideal para discussão do problema junto ao usuário.

Exemplo

Examinemos, com auxílio de uma árvore de decisão, as alternativas que se apresentam a seguir. Há quatro níveis salariais: A, B, C e D. Os candidatos podem ser alfabetizados ou não e com experiência ou sem experiência. Os que possuem instrução secundária e têm experiência recebem nível D. Os alfabetizados com experiência e sem instrução secundária, ou sem experiência e com instrução secundária, nível C. Os alfabetizados sem experiência e sem instrução secundária, bem como os não alfabetizados com experiência, ficarão no nível B. Os demais terão nível A.

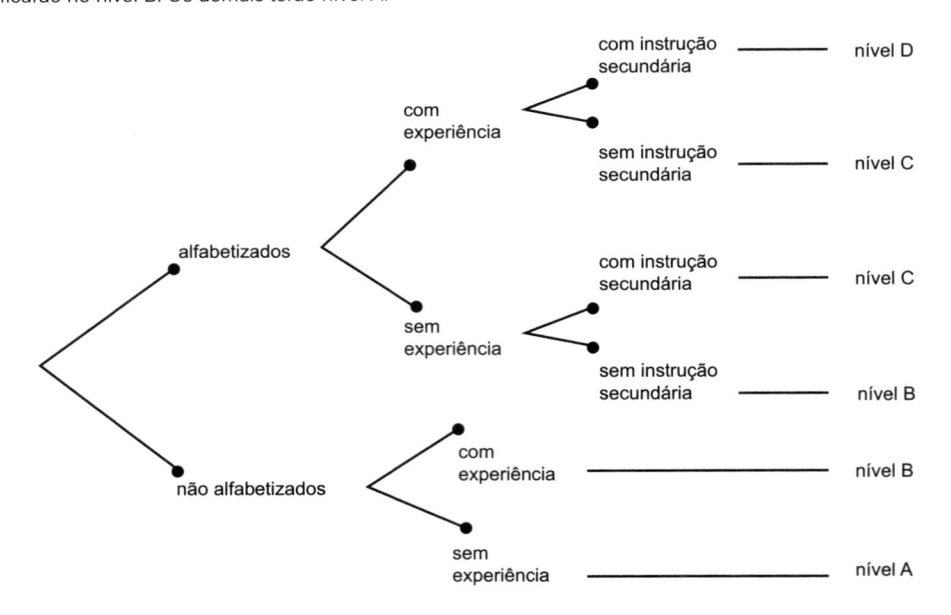

8.6.2 Tabela de decisão

É conveniente que se evolua da árvore para uma tabela de decisão, na qual se resumam as condições e as ações.

Se a árvore é um instrumento ideal para exibir a estrutura lógica e submetê-la à apreciação do usuário, a **tabela de decisão** apresenta as seguintes vantagens:

- permite fácil verificação das alternativas;
- facilita a especificação dos programas.

Como construir uma tabela de decisão:

1. Calcular o número de regras (colunas) multiplicando o número de possibilidades de cada condição.
2. Lançar as condições e, em seguida, as ações, à esquerda das colunas das regras.
3. Preencher a partir da linha referente à última condição listada. Desta, para cima, até a primeira condição. O preenchimento da última condição (e primeira a ser preenchida) é feito pela alternativa de suas possibilidades, repetitivamente, ao longo de toda a linha. Identificar o grupo padrão. Nas linhas sucessivas, cobrir cada grupo padrão anterior com um valor diferente da nova condição, formando o novo grupo padrão.
4. Analisar as regras (colunas) e preencher com X as respectivas ações.

Construída a tabela, deve-se simplificá-la, reduzindo suas colunas. Para tanto:

1. Verificar regras para as quais:
   - a ação seja a mesma;
   - as condições coincidam, à exceção das que se refiram a uma e somente uma condição.
2. Substituir o par de colunas assim identificado por uma só coluna, na qual a condição que está diferente será, agora, assinalada por (–), ou seja, indiferença.
3. Repetir esses procedimentos enquanto for possível.

Exemplo

Queremos exprimir o que se faz no serviço de expedição de bilhetes de uma companhia aérea,[1] a seguir. Como seria uma tabela de decisão pertinente?

Averiguar de que classe é solicitado o bilhete (primeira ou turística); ver se há lugares disponíveis nessa classe; em caso afirmativo, expedir o bilhete e atualizar o número de lugares disponíveis na dita classe. Se não houver lugares livres, averiguar se é aplicável a classe alternativa; em caso afirmativo, ver se há lugares disponíveis nessa outra classe, emitindo o bilhete e atualizando o número de lugares livres (em caso afirmativo); se não houver lugares livres, pôr o passageiro na lista de espera de ambas as classes. Se não é aceita a classe alternativa, pô-lo apenas na lista de espera da classe solicitada.

---

1   Ver International Business Machines Corporation, *Fundamentos de Sistemas de Computador* (Unidade I), IBM, 1979.

Têm-se as seguintes condições e respectivas alternativas:

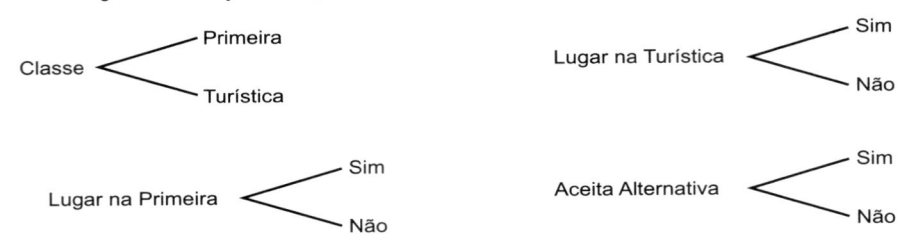

Portanto, o número de regras será: $2 \times 2 \times 2 \times 2 = 16$.

E a tabela terá o seguinte aspecto:

	1	2	3	4	5	6	7	8	9	10	11	12	13	14	15	16
Classe (P/T)	P	T	P	T	P	T	P	T	P	T	P	T	P	T	P	T
Lugar na 1ª (S/N)	S	S	N	N	S	S	N	N	S	S	N	N	S	S	N	N
Lugar na Turística (S/N)	S	S	S	S	N	N	N	N	S	S	S	S	N	N	N	N
Aceita Alternativa (S/N)	S	S	S	S	S	S	S	S	N	N	N	N	N	N	N	N
Emitir 1ª	X						X									
Tirar uma da 1ª	X						X									
Emitir Turísticas		X	X													
Tirar uma da Turística		X	X													
Lista de 1ª							X	X			X				X	
Lista de Turística							X	X						X		X

(Colunas 4, 5 / 9, 10 / 12, 13 / 14, 15: "Caso da regra 2: existe a classe (T) desejada", "Caso da regra 1: existe a classe (P) desejada", "Caso da regra 1: existe a classe (P) desejada", "Caso da regra 2: existe a classe (T) desejada", "Caso da regra 2: existe a classe (T) desejada", "Caso da regra 1: existe a classe (P) desejada")

Para produzir a tabela simplificada, observe os pares de regras 7 e 8; 11 e 15; 14 e 16.

Resulta, então:

Classe (P/T)	P	T	P	T	-	P	T
Lugar na 1ª (S/N)	S	S	N	S	N	N	-
Lugar na Turística (S/N)	S	S	S	N	N	-	N
Aceita Alternativa (S/N)	S	S	S	S	S	N	N
Emitir 1ª	X			X			
Tirar uma da 1ª	X			X			
Emitir Turísticas		X	X				
Tirar uma da Turística		X	X				
Lista de 1ª					X	X	
Lista de Turística					X		X

Exercícios

Nas questões 1 a 8, julgue os itens.

1. Lógica de programação é o segmento da ciência da computação que trata da explicitação de sequências de ações que devem ser seguidas na elaboração de programas voltados à consecução de objetivos.

( ) certo

( ) errado

2. Estruturas condicionais (if/else) e de repetição (go to) são dois dos dispositivos lógicos cuja utilização está rotineiramente envolvida nos procedimentos de lógica de programação.

( ) certo

( ) errado

3. Estrutura sequencial, estrutura de repetição e estrutura de alternância são as três estruturas empregadas para explicitar a lógica de qualquer problema.

( ) certo

( ) errado

4. No âmbito da ciência da computação, o fluxograma apresenta-se como um instrumento pioneiro na representação da lógica de programação que, apesar de paulatinamente preterido, ainda é valorizado por prestar-se a representar qualquer lógica, por mais complicada que seja.

( ) certo

( ) errado

5. A estrutura **for/while**, típica de repetição, é uma das que está presente em instrumentos pictóricos e narrativos utilizados na elaboração de sequências de ações pela lógica de programação.

( ) certo

( ) errado

6. Portugol é um pseudocódigo que permite apresentar a solução lógica para um problema, mas que tem a desvantagem de não oferecer facilidade para conversão à maioria dos códigos de programação.

( ) certo

( ) errado

7. Tanto a árvore de decisão quanto a tabela de decisão são instrumentos da lógica de programação que, por vezes, são utilizados para apresentar condições presentes em trechos particulares de problemas e ações a adotar nas suas alternativas.

( ) certo

( ) errado

8. Português estruturado é um algoritmo narrativo e, como tal, apresenta a sequência de ações visando à elaboração de um programa, mas não se trata de suporte imediato à codificação.

( ) certo

( ) errado

9. Construa uma **Árvore de Decisão** a partir da seguinte diretriz: "O salário dos analistas deverá ser estabelecido em função da experiência. Os que tenham cinco anos ou mais e possuam curso de mestrado em informática serão remunerados pela tabela especial de vencimento. Também farão jus à remuneração desse nível os que, com o mínimo de cinco anos, possuam trabalhos publicados na área. Os que tenham menos de cinco anos de experiência, mas que trabalhem há mais de três anos com análise estruturada, também serão pagos pela tabela especial. Nos demais casos, aplica-se a tabela normal."

10. Construa uma Árvore de Decisão e uma Tabela de Decisão para explicitar a lógica do seguinte processo, constante de um folheto explicativo fornecido por uma empresa de transporte de encomendas. "As despesas de remessa, quer por via aérea, quer por via terrestre, são determinadas em função do peso do pacote. A tarifa básica aérea é de três unidades por quilo, reduzindo-se para duas unidades por quilo para excesso acima de 20 kg, com tarifa mínima fixada em seis unidades. O frete via terrestre, incluindo manuseio, é de duas unidades por quilo para entrega rápida; entretanto, essa tarifa só se aplica na área de entrega local. Se o endereço para entrega se encontrar fora da área local e o pacote pesar até 20 kg ou a entrega rápida não for necessária, a tarifa de via terrestre será a mesma que a da entrega local rápida. Para entregas rápidas fora da área local, haverá uma sobretaxa de uma unidade por quilo para excesso acima de 20 kg. A entrega normal local é de uma unidade por quilo. Apesar das disposições anteriores, cobra-se o dobro das tarifas de frete aéreo para aqueles destinos situados ao norte do Rio de Janeiro."

Codificação

9.1 Conceituação

Vimos que na memória principal são armazenados instruções e dados referentes ao programa que o computador está executando.[1] Naturalmente, esses elementos são constituídos por conjuntos de caracteres (letras, símbolos e algarismos).

Vimos, também, que o equipamento só pode "identificar" a informação mediante sua elementar e restrita (mas fundamental) capacidade de distinguir entre dois estados; por exemplo: algo está imantado em um sentido ou está imantado no sentido oposto. A uma dessas opções o computador associa o valor **1**, e a outra, o valor **0**.

Pela combinação de bits, por meio de um código evidentemente, pode-se chegar a representações variadas. Por exemplo, tomando como fundamento que todos os elementos seriam formados por 8 bits, poderíamos construir um código em que o número 1 seria representado por 00000001; o número 2 por 00000010; o número 3 por 00000011; e assim sucessivamente. Em um código desses (criado por nós mesmos, desde que com base em um critério), as letras e símbolos especiais poderão ter, também, suas representações características e individuais.

9.2 Como o computador reconhece a informação

Um conjunto de bits – sempre do mesmo tamanho – precisa ser tomado em cada circuito no computador; esse "pedaço" de tamanho fixo leva uma informação a ser interpretada.

Digamos, por exemplo, que um computador "pegasse" um grupo de 6 bits de cada vez. Esta seria a unidade de processamento desse equipamento (esse conjunto de 6 bits). Esse tipo de procedimento tornaria possível ao computador "reconhecer":

10 algarismos (de 0 a 9)	10
26 letras (incluindo K, W e Y)	26
28 símbolos especiais (*, $ / etc.)	28
	64

Isso porque poderíamos ter 2^6, ou seja, 64 configurações diferentes.[2] Com quatro grupos sucessivos de 6 bits, tomados como um conjunto, o número 1946 estaria representado da seguinte forma:

| 0 0 0 0 0 1 | 0 0 1 0 0 1 | 0 0 0 1 0 0 | 0 0 0 1 1 0 |

E o número 9999?

---

1 Instruções e dados de mais de um programa atendidos ao mesmo tempo. Trata-se de MULTIPROGRA-MAÇÃO. Além disso, na memória reside permanentemente o sistema operacional ou boa parte dele.

2 Arranjo com repetição de dois elementos tomados 6 a 6.

Logicamente, segundo o mesmo critério:

Supondo que cada "casa" da memória de um computador tivesse capacidade para 24 bits (como no esquema anterior) e fosse utilizado um código exatamente como o que foi comentado, qual o maior número que poderia ser abrigado em cada "casa" dessa memória? Você nota facilmente que o maior número é exatamente o que apresentamos no segundo exemplo, ou seja, 9999.

E se, por outro lado, cada posição de memória tivesse os mesmos 24 bits e se admitisse o código binário simples, que número seria o maior a admitir representação?

Seria, logicamente:

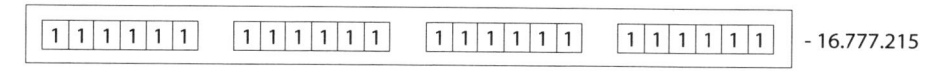

Vê-se que há uma "perda" muito grande quando se adota aquele "nosso código", em vez do **binário puro**.

Há, por uma série de razões (lembre-se de que devemos representar muita coisa além de simples números!), necessidade de o computador utilizar um código.

9.3 Principais códigos

Vamos supor um computador com memória de 16 bits, organizados em grupos de 4.

Vê-se que há 16 caracteres possíveis de serem representados; logo, 10 caracteres numéricos (0 a 9) e apenas 6 letras. Insuficiência total! E as demais letras? E os caracteres especiais?

Isso obrigou que a unidade para armazenamento e processamento fosse elevada para 6 bits. A esse conjunto de bits "tomados" a cada vez pelo computador deu-se o nome de byte. Associou-se a cada uma das 64 configurações possíveis um caráter (número, letra ou símbolo), e o código assim criado denominou-se **Código BCD** (Binary-Coded Decimal).

Como, caso o objetivo fosse só representar números, seriam suficientes 4 bits, denominou-se aos 4 bits, mais à direita, **parte numérica**, e aos 2 mais à esquerda, **zona**. Claro que essa parte de **zona**, para todos os números, é 00:

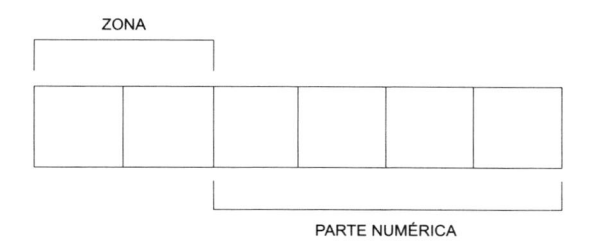

No Quadro 9.1, mostramos a representação das letras e algarismos decimais em representação do código BCD.

Quadro 9.1 Representação do código BCD

Caráter	Configuração em BCD	Caráter	Configuração em BCD
0	000000	I	111001
1	000001	J	100001
2	000010	K	100010
3	000011	L	100011
4	000100	M	100100
5	000101	N	100101
6	000110	O	100110
7	000111	P	100111
8	001000	Q	101000
9	001001	R	101001
A	110001	S	010010
B	110010	T	010011
C	110011	U	010100
D	110100	V	010101
E	110101	W	010110
F	110110	X	010111
G	110111	Y	011000
H	111000	Z	011001

Como medida de melhor aproveitamento da memória, os computadores, a partir da 3ª geração, passaram a utilizar bytes de 8 bits, permitindo que sob notação compactada cada algarismo ocupe apenas meio byte, isto é, em um só byte dois algarismos.[3] Isso é muito significativo, principalmente em aplicações científicas, nas quais se obtém sensível aproveitamento de espaço, bem como na organização que o computador dá internamente à informação.

O esquema básico de um código de 8 bits é:

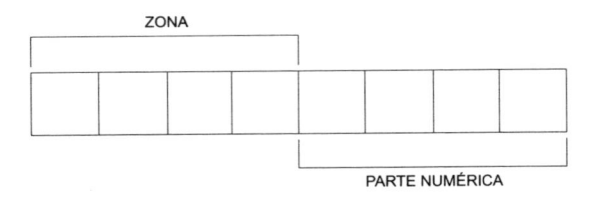

ZONA

PARTE NUMÉRICA

---

3   Diz-se notação zonada quando em um byte acomoda-se um só algarismo; notação compactada quando a zona é desprezada e acomodam-se dois algarismos em cada byte.

O advento desse byte de 8 bits trouxe, portanto, a criação de novos códigos para melhor aproveitar as configurações possíveis, agora em um total de 28, ou seja, 256 configurações. Surgiram o **EBCDIC** (*Extended Binary-Coded Decimal Interchange Code*) e o **ASCII** (*American Standard Code for Information Interchange*).[4]

Apresentamos no Quadro 9.2 a representação das letras maiúsculas e dos algarismos decimais nesses dois códigos.

Quadro 9.2 Representação em EBCDIC e ASCII

Caráter	Configuração em EBCDIC	Configuração em ASCII
0	1111 0000	0101 0000
1	1111 0001	0101 0001
2	1111 0010	0101 0010
3	1111 0011	0101 0011
4	1111 0100	0101 0100
5	1111 0101	0101 0101
6	1111 0110	0101 0110
7	1111 0111	0101 0111
8	1111 1000	0101 1000
9	1111 1001	0101 1001
A	1100 0001	1010 0001
B	1100 0010	1010 0010
C	1100 0011	1010 0011
D	1100 0100	1010 0100
E	1100 0101	1010 0101
F	1100 0110	1010 0110
G	1100 0111	1010 0111
H	1100 1000	1010 1000
I	1100 1001	1010 1001
J	1101 0001	1010 1010
K	1101 0010	1010 1011
L	1101 0011	1010 1100
M	1101 0100	1010 1101
N	1101 0101	1010 1110
O	1101 0110	1010 1111
P	1101 0111	1011 0000
Q	1101 1000	1011 0001

(continua)

---

4   A versão mais utilizada hoje do ASCII é a de 7 bits. Ver Apêndice 1.

(continuação)

Caráter	Configuração em EBCDIC	Configuração em ASCII
R	1101 1001	1011 0010
S	1110 0010	1011 0011
T	1110 0011	1011 0100
U	1110 0100	1011 0101
V	1110 0101	1011 0110
W	1110 0110	1011 0111
X	1110 0111	1011 1000
Y	1110 1000	1011 1001
Z	1110 1001	1011 1010

Enquanto os grandes computadores ("mainframes") da IBM adotam a codificação EBCDIC, os microcomputadores usam a codificação ASCII, em sua versão de 7 bits. Esse fato faz, inclusive, com que, nas redes de comunicação que interligam equipamentos de diversos portes, haja dispositivos de tradução que sirvam de intermediários entre diferentes codificações.

9.4 Codificação estendida

O conjunto ASCII de 7 posições abriga representação para 96 caracteres voltados à leitura/impressão e mais 32 caracteres de controle sem representação gráfica (Apêndice 1). Examinando o ASCII, percebe-se que ele é inadequado para determinados idiomas e aplicações técnicas, sendo, além disso, carente de caracteres voltados a aplicações gráficas. Por isso, visando ao emprego em idiomas cujos caracteres são diferentes dos do idioma inglês e em trabalhos gráficos e técnicos (f, a, b...), a maioria dos modernos computadores utiliza um conjunto de caracteres estendidos. No entanto, esses conjuntos são patenteados e parcialmente incompatíveis uns com os outros (p. ex., o conjunto de caracteres estendidos dos computadores IBM PC difere do desenvolvido para o Macintosh). Nos ambientes IBM PC e compatíveis, o conjunto estendido (*extended character set*), residente em ROM, é composto por 126 representações, além das do ASCII.

9.5 Sistema hexadecimal

Pode-se aumentar a gama de números a representar em posições de tamanho fixo quando se usa um sistema de base superior a 10. Pois é justamente isso o que fazem os modernos computadores; eles trabalham com o sistema de base 16 (hexadecimal).

O sistema de numeração mais disseminado é o decimal ou sistema de base 10. Cada posição em um número vale 10 vezes o que vale a posição imediatamente à direita. Por exemplo: no número 496, o algarismo 6 vale 6×1; o algarismo 9 vale 9×10; o algarismo 4 vale $4 \times 10 \times 10$.

No sistema binário ou sistema de base 2, cada posição vale duas vezes o que vale a posição imediatamente à direita.

Em um sistema de base qualquer – b –, o valor do número $a_0\,a_1\,...\,a_n$ é:

$$a_0\,a_1...a_n = a_n b^0 + a^{n-1}\,b^1 + ...a_1\,b^{n-1} + a_0\,b^n$$

Uma característica de qualquer sistema de numeração é o número de algarismos diferentes que ele utiliza. O sistema decimal, por ser de base 10, tem dez algarismos diferentes: 0 – 1 – 2 – 3 – 4 – 5 – 6 – 7– 8 e 9. O sistema binário tem dois algarismos diferentes: 0 e 1.

Necessitamos de tantos símbolos diferentes quantos forem os algarismos de base do sistema. No sistema hexadecimal (16 símbolos), por conveniência, usamos os mesmos dez símbolos utilizados pelo sistema decimal (0 a 9) e as letras de A até F. Assim, os "algarismos" do sistema hexadecimal são: 0 – 1 – 2 – 3 – 4 – 5 – 6 – 7 – 8 – 9 – A – B – C – D – E – F.

Observação

O computador vale-se do sistema hexadecimal para armazenar informações, mas efetua os cálculos no sistema binário.

A correspondência entre os primeiros números nos sistemas decimal e hexadecimal é mostrada no Quadro 9.3.

Quadro 9.3 Correspondência entre os primeiros números nos sistemas decimal e hexadecimal

Decimal	Hexadecimal	Decimal	Hexadecimal
0	0	17	11
1	1	18	12
2	2	19	13
3	3	20	14
4	4	21	15
5	5	22	16
6	6	23	17
7	7	24	18
8	8	25	19
9	9	26	1A
10	A	27	1B
11	B	28	1C
12	C	29	1D
13	D	30	1E
14	E	31	1F
15	F	32	20
16	10	33	21

No sistema hexadecimal, a primeira posição (à direita) de um número indica o número de uns (ou 160). A posição seguinte indica o número de 16. A terceira posição indica o número de $16 \times 16 = 256$. Assim, por exemplo, o equivalente no sistema decimal ao número hexadecimal 235 é:

$$5 \times 160 = 5$$
$$3 \times 16 = 48$$
$$2 \times 256 = 512/565$$

O equivalente a A5 é $(5 \times 1 + 10 \times 16) = 165$.

O equivalente a BA é $(10 \times 1 + 11 \times 16) = 186$.

Em hexadecimal, se utilizarmos a notação compactada, pode-se representar o número $(FF)16 = (255)10$ em um byte, em contrapartida ao número que poderia ser representado se o sistema fosse decimal (99). Daí a razão de determinados computadores utilizarem o sistema hexadecimal.

Examinemos, por outro lado, como a informação é acondicionada pelo computador.

De acordo com o código utilizado, o computador trabalha com determinada tabela de correspondência, ligando os diversos caracteres a números hexadecimais.

Suponha-se um computador com tabela de conversão da qual se extraíram as seguintes representações:

$0 \to 30$	$A \to 41$	$M \to 4D$
$1 \to 31$	$B \to 42$	$N \to 4E$
$2 \to 32$	$C \to 43$	$O \to 4F$
$3 \to 33$	$D \to 44$	$P \to 50$
$5 \to 35$	$E \to 45$	$Q \to 51$

Veja na Figura 9.1 a correspondência entre uma informação levada à memória e o modo como ela é gravada, em tal caso. Observe que cada caractere ocupa um byte e o processo facilita a análise do conteúdo da memória (obtido por uma operação denominada dump).

END	CONTEÚDO	
01C0	30 30 32 37 35 47 52 41 4D 50 45 41 44 4F 52 20	00275GRAMPEADOR
01D0	20 20 20 20 20 30 30 30 31 30 30 30 20 20 0D 0A	0001000
01E0	30 30 31 35 35 45 4E 56 45 4C 4F 50 45 20 20 20	00155ENVELOPE
01F0	20 20 20 20 20 30 30 38 30 30 30 30 20 20 0D 0A	0080000
0200	30 30 30 39 35 46 49 54 41 20 44 55 52 45 58 20	00095FITA DUREX
0210	20 20 20 20 20 30 30 30 36 30 30 30 20 20 0D 0A	0006000
0220	30 30 31 30 35 50 4F 52 54 41 20 4C 41 50 49 53	00105PORTA-LÁPIS
0230	20 20 20 20 20 30 30 30 39 30 30 30 20 20 0D 0A	0009000
0240	30 30 32 38 35 54 45 53 4F 55 52 41 20 28 50 45	00285TESOURA (PE)
0250	51 2E 29 20 20 30 30 30 36 30 30 30 20 20 0D 0A	0006000
0260	30 30 30 36 35 47 52 41 46 49 54 45 20 30 37 20	00065GRAFITE 07
0270	28 43 58 29 20 30 32 30 30 30 30 30 20 20 0D DA	(CX) 0200000

Figura 9.1 Informação acondicionada em uma memória de computador segundo uma tabela de conversão especificada.

9.6 Sistema octal

A representação dos números em decimal codificado em binário exige que cada representação tenha, no mínimo, 4 bits, para tornar possível a codificação do 8 e do 9. Isso acarreta configurações não aproveitadas.

Aproveitamento total é obtido quando se usa o sistema hexadecimal codificado em binário. Esse fato, fácil de ser percebido à luz do que foi anteriormente comentado, evidencia-se no Quadro 9.4, no qual são dados alguns exemplos.

Quadro 9.4 Representação dos números conforme o sistema empregado

Representação na máquina	Hexadecimal codificado em binário	Decimal codificado em binário
1001	9	9
1101	Hexadecimal D Decimal 13	nenhum
0001 1110	Hexadecimal 1E Decimal 30	nenhum

Aproveitamento ótimo é obtido, também, quando se adota o sistema octal, com subdivisão do string de 3 em 3 bits (Quadro 9.5). Daí a razão do emprego corrente desse sistema nos computadores.

Quadro 9.5 Aproveitamento ótimo com o sistema octal

Sistema octal	Codificação em binários
0	000
1	001
2	010
3	011
4	100
5	101
6	110
7	111

9.7 Tratamento de numerais

Quando o computador trata com constantes ou variáveis numéricas, reserva para elas posições de memória adequadas ao respectivo acondicionamento, de modo que cada qual venha a ocupar o necessário e suficiente espaço, todas prontas para serem recuperadas e empregadas nas diversas operações. Assim, conforme o equipamento e o software, para cada variável ou constante – de acordo com a tipificação ou formatação – será reservada determinada quantidade de bytes. Tome-se como referência a linguagem de programação C. Temos os seguintes tipos básicos de dados.

Por exemplo, suponha o armazenamento da **variável numérica** inteira 1946.

Esse número (não alfanumérico!) não estará armazenado como a seguir, em hipótese alguma:

1	9	4	6
011 0001	011 1001	011 0100	011 0110

Em princípio, sendo definido como inteiro não longo, estará acomodado da seguinte forma: 0000 0101 1101 1000, isto é, transformado de decimal para binário, ocupando apenas 2 bytes. Assim, além de ocupar espaço bem menor, o número estará pronto para ser elemento presente nas operações que certamente serão reservadas a ele.

9.7.1 Números naturais

Repare que, se uma linguagem faz com que o computador reserve para cada inteiro a acomodação de 2 bytes, supondo que só fosse representar os números naturais, poderia fazê-lo do 0 (zero) ao 65535.

00000000 00000000   11111111 11111111
representação do zero   representação do 65535

$1+2+4+8+16+32+64+128+256+512+1024+2048+4096+8192+16384+32786$ ou

$2^n - 1 = 2^{16}-1$ (soma dos termos de uma PG de $q = 2$, $a_1 = 1$ e $n = 16$).

Para exercitar, imagine ainda que só se representam os números naturais, mas agora em apenas um byte. Poderiam ser representados desde (00000000) = zero até (11111111) = 255.

Confira

O microcomputador INTEL 8088 possuía endereçamento de 20 bits; logo, era capaz de endereçar memórias até 1 megabyte. Já o AT-286 possuía endereçamento de 24 bits; logo, era capaz de endereçar 16 Mb. As máquinas, de 32 bits, endereçam memórias de alguns gigabytes.

9.7.2 Complemento a dois

No entanto, a verdade é que é preciso também representar os números negativos!

Para isso, há a solução de simplesmente acrescentar uma casa (bit) à esquerda dos bytes reservados à acomodação do número. Um bit 0 indicaria número positivo; um bit 1, número negativo. Esse esquema, que já foi usado em algumas arquiteturas de computador, denomina-se representação de magnitude/sinal ou sinal/magnitude.

Hoje os computadores operam com um esquema que se mostrou muito mais eficaz: é o chamado **complemento a 2**, que não requer a inclusão de novo bit e pelo qual se representam (em vez de 2n números naturais) n números negativos, o zero (0) e n-1 números positivos.

Para mostrar o esquema de complemento a 2, vamos apresentar números representados com tamanho de 4 bits. Repare, primeiro, que, se fôssemos representar os números naturais, poderíamos ter 16 valores:

    0 0 0 0 = 0
    0 0 0 1 = 1
    0 0 1 0 = 2
    0 0 1 1 = 3
    0 1 0 0 = 4
    0 1 0 1 = 5
    0 1 1 0 = 6
    0 1 1 1 = 7
    1 0 0 0 = 8
    1 0 0 1 = 9
    1 0 1 0 = 10
    1 0 1 1 = 11
    1 1 0 0 = 12
    1 1 0 1 = 13
    1 1 1 0 = 14
    1 1 1 1 = 15

Utilizando o complemento a 2, podemos representar:

    +7, +6, +5, +4, +3, +2, +1
                                    0
    −8, −7, −6, −5, −4, −3, −2, −1

Como proceder para fazê-lo?

Considerar que todas as configurações iniciadas por 0 são positivas (à exceção, é claro, do zero = 0000 0000).

Para chegar à representação dos negativos, fazer o seguinte com cada um dos positivos:

- trocar todos os zeros por uns e todos os uns por zeros (complemento a um);
- adicionar um ao resultado (complemento a dois).

Demonstrando:

    1 → 0001; complemento a 1 → 1110 → complemento a 2 → 1111 = −1
    2 → 0010; complemento a 1 → 1101 → complemento a 2 → 1110 = −2
    3 → 0011; complemento a 1 → 1100 → complemento a 2 → 1101 = −3
    4 → 0100; complemento a 1 → 1011 → complemento a 2 → 1100 = −4
    5 → 0101; complemento a 1 → 1010 → complemento a 2 → 1011 = −5
    6 → 0110; complemento a 1 → 1001 → complemento a 2 → 1010 = −6
    7 → 0111; complemento a 1 → 1000 → complemento a 2 → 1001 = −7
    8 → ....; → 1000 = −8

Repare que, na representação dos negativos, à exceção do 1 inicial (indicativo de número negativo), os outros três bits correspondem ao número complementar em relação a 23. Logo, o oito negativo (–8) será 1000 e seu correspondente (simétrico), por não existir o (+8), é o zero. Entendido?

Confira

A que número corresponde 1011?

1º. Trata-se de número negativo

2º. Calculando o complemento a 2: 0100 + 1 = 0101 → 5

3º. Logo é –5

9.8 Transbordamento e erro de overflow

a) 3 + 4 = 7
```
0011
0100
0111
```

b) 6 – 4 = 2
   6 + (– 4) = 2
```
0110
1100
0010
```

c) – 6 + 2 = – 4
```
1010
0010
1100
```

d) 5 + 4 = 9
```
0101  (+) (+) (+)
0100        overflow (erro!!!)
1001
   ↖_____ negativo
```

e) – 7 – 3 = – 10
   (– 7) + (– 3)
```
1001  (–) (–) (–)
1101        overflow (erro!!!)
0110
   ↖_____ positivo
```

f) 4 – 4 = 0
   4 + (– 4) = 0
```
0100
1100        transbordamento
0000
```

Como é fácil perceber, é possível um estouro de capacidade sempre que o resultado de uma adição ou subtração for grande demais para ser mantido no número de bits disponível para recebê-lo. Esse estouro de capacidade (erro de overflow) ocorre somente em adição de dois números positivos, adição de dois números negativos ou subtração entre um número positivo e um negativo. Tal fato provoca uma reação do microprocessador como a ativação de um **bit sinalizador** e um **salto condicional** para a situação de erro.

9.9 Mudanças de base

9.9.1 Números inteiros

9.9.1.1 Da base 2 para a base 10

Multiplicam-se os algarismos, da direita para a esquerda, pelas sucessivas potências de 2, e somando essas parcelas.

Exemplo

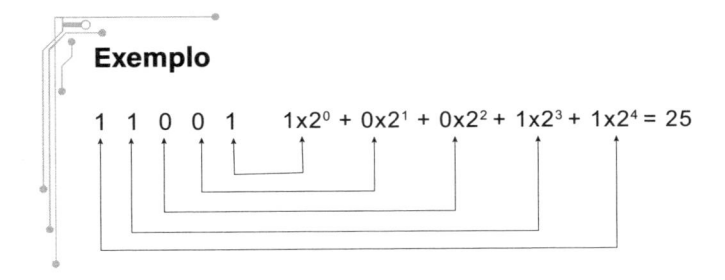

$$1 \quad 1 \quad 0 \quad 0 \quad 1 \qquad 1 \times 2^0 + 0 \times 2^1 + 0 \times 2^2 + 1 \times 2^3 + 1 \times 2^4 = 25$$

9.9.1.2 Da base 10 para a base 2

Mediante divisões sucessivas por 2, até obter quociente 0, tomam-se os restos na ordem inversa à que tiverem sido obtidos.

Exemplo

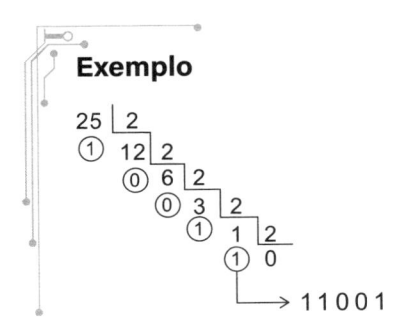

$$\to 1 1 0 0 1$$

9.9.1.3 Da base 16 para a base 10

Multiplicam-se os algarismos, da direita para a esquerda, pelas sucessivas potências de 16, e somando essas parcelas.

Exemplo

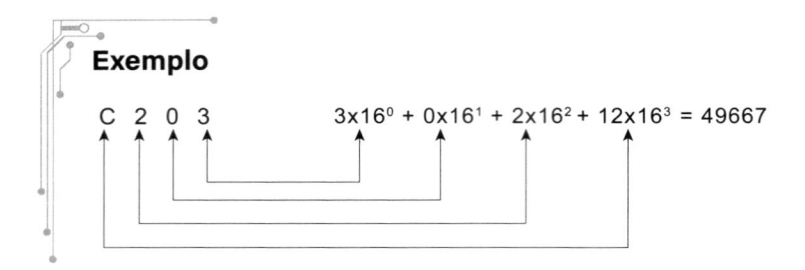

$$3 \times 16^0 + 0 \times 16^1 + 2 \times 16^2 + 12 \times 16^3 = 49667$$

9.9.1.4 Da base 10 para a base 16

Mediante divisões sucessivas por 16, até obter quociente 0, tomam-se os restos na ordem inversa à que tiverem sido obtidos.

Exemplo

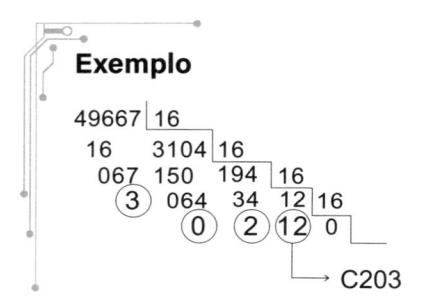

9.9.1.5 Da base 16 para a base 2

Forma-se uma cadeia de símbolos binários, dando valor binário a cada símbolo hexadecimal.

Exemplo

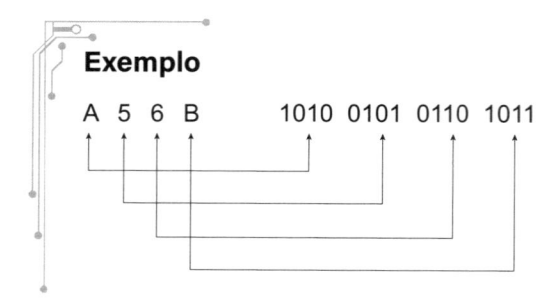

9.9.1.6 Da base 2 para a base 16

Divide-se o número, da direita para a esquerda, em grupos de 4 bits. Substitui-se cada grupo por símbolos hexadecimais correspondentes.

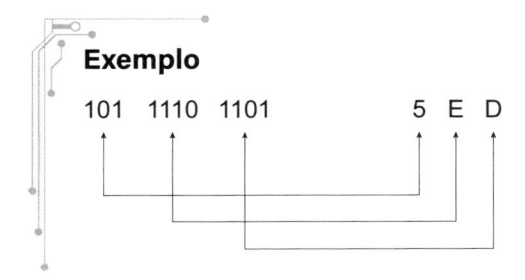

Exemplo

101 1110 1101   5 E D

9.9.2 Números fracionários

9.9.2.1 De uma base qualquer para a base 10

1. A parte inteira é convertida, como foi visto, pela soma de produtos por potências da base.
2. A parte fracionária é convertida de forma análoga à parte inteira, com os expoentes crescendo negativamente:

Ex. 1: Base 2: 111,11

Na base 10 ficará: $4 + 2 + 1 + 0,5(1/2) + 0,25(1/4) = 7,75$.

Ex. 2: Base 8: 137,24

Na base 10 ficará: $4 + 24 + 56 + 0,25(2/8) + 0,0625(4/64) = 144,3125$.

9.9.2.2 Da base 10 para uma outra base

1. A parte inteira é convertida, como foi visto, por divisões sucessivas.
2. A parte fracionária é multiplicada pela base de destino tantas vezes quantas casas decimais se desejar; a cada multiplicação, pega-se o dígito que passa para a esquerda da vírgula, volta-se a pegar apenas as casas decimais restantes e prossegue-se até zerar o resultado ou até atingir a aproximação desejada.

Seguem-se exemplos com a base 2.

Ex. 1: 5,25 para a base 2

Parte inteira na base 2 = 101.

Parte fracionária:

$0,25 \times 2 = 0,50$ Toma-se o 0

Prossegue-se: $0,50 \times 2 = 1,00$

Encerrada a transformação, pois após eliminar-se o "1", a parte fracionária fica = 0,00. O número ficou preciso: 101, 01 na base 2.

Ex. 2: 15,33 para a base 2

Parte inteira na base 2 = 1111.

Parte fracionária:

$0,33 \times 2 = 0,66$	0	$0,66 \times 2 = 1,32$	1	$0,32 \times 2 = 0,64$	0	$0,64 \times 2 = 1,28$	1
$0,28 \times 2 = 0,56$	0	$0,56 \times 2 = 1,12$	1	$0,12 \times 2 = 0,24$	0	$0,24 \times 2 = 0,48$	0
$0,48 \times 2 = 0,96$	0	$0,96 \times 2 = 1,92$	1	$0,92 \times 2 = 1,84$	1	$0,84 \times 2 = 1,68$	1
$0,68 \times 2 = 1,36$	1	$0,36 \times 2 = 0,72$	0	$0,72 \times 2 = 1,44$	1	$0,44 \times 2 = 0,88$	0
$0,88 \times 2 = 1,76$	1	$0,76 \times 2 = 1,52$	1	$0,52 \times 2 = 1,04$	1	$0,04 \times 2 = 0,08$	0
$0,08 \times 2 = 0,16$	0	$0,16 \times 2 = 0,32$	0	volta à 3ª multiplicação		**Logo, é uma dízima.**	

Ou seja, para o decimal 15,33, tem-se, na base 2, a dízima periódica composta 1111,**01 (0101000111101011100)**.

Exercícios

1. Transforme de binários para decimais:

   $(110)_2 = $ _____

   $(1101)_2 = $ _____

   $(11001)_2 = $ _____

2. Transforme de decimais para binários:

   $(1129)_{10} = $ _____

   $(935)_{10} = $ _____

3. Transforme da base 16 para o sistema decimal:

   $(CAFE)_{16} = $ _____

   $(BIA)_{16} = $ _____

   $(11C4)_{16} = $ _____

4. Transforme da base 10 para a base 16:

   $(42)_{10} = $ _____

   $(195)_{10} = $ _____

5. Transforme de binários para hexadecimais:

   $(11001)_2 = $ _____

   $(110)_2 = $ _____

   $(11110101)_2 = $ _____

6. Transforme de hexadecimais para binários:

   $(E9)_{16} = $ _____

   $(CBA)_{16} = $ _____

   $(28)_{16} = $ _____

7. Numere a segunda coluna de acordo com a primeira, identificando a correspondência entre valores nas bases 10 e 16:

1. A   (   ) 0
2. B   (   ) 15
3. C   (   ) 11
4. D   (   ) 10
5. E   (   ) 16
6. F   (   ) 14

Marque com um X a resposta correta:

8. A função do código EBCDIC é representar caracteres utilizando:

a) uma posição do byte.

b) duas posições do byte.

c) seis posições do byte.

d) oito posições do byte.

9. O número máximo de caracteres que é possível representar com o código EBCDIC é:

a) 254

b) 255

c) 256

d) 128

10. O código ASCII de sete posições permite representar até:

a) 256 caracteres.

b) 255 caracteres.

c) 128 caracteres.

d) sete posições do byte.

Sistemas

10.1 Introdução

A vida, do ponto de vista meramente funcional, constitui, para qualquer ser, uma continuada busca de conquistas, de vitórias, de melhores índices.

Viver é estar sempre se defrontando com obstáculos e buscando superá-los do modo mais conveniente. Ou seja, a vida é, em essência, uma continuada solução de problemas.

Esse tipo de observação pode ser igualmente aplicado às organizações, às empresas. À medida que a ciência evoluiu, os parâmetros presentes nos problemas tornaram-se exponencialmente mais numerosos e mais complexos. O conhecimento da humanidade alargou-se em proporção tamanha que não há ciência que possa, hoje, ser inteiramente dominada por uma única pessoa. Não há como alguém conhecer inteiramente uma ciência, qualquer que seja ela.

Diante desse quadro, a sociedade industrializada conheceu o conceito da especialização. Há, no entanto, necessidade de um consciente policiamento, no sentido de que sejam evitados os excessos. Quanto mais especializado alguém se torna, mais ocorre o perigo da perda da visão geral.

A solução de qualquer problema não pode ser estabelecida em função de conhecimentos no âmbito de um domínio limitado e restrito. Cada vez mais, torna-se importante para o homem conhecer a gama de elementos (fatos, fatores, disciplinas, características, materiais, pessoas, procedimentos, condicionantes etc.) que interagem em determinado contexto, motivo de sua atenção, preocupação e/ou interesse.

10.2 Conceito de sistema

O biólogo alemão Ludwig Von Bertalanffy começou a elaborar os primeiros traços de uma teoria, chamada mais tarde de Teoria Geral de Sistemas, no ano de 1924. Supõe-se que ela tenha sido totalmente concebida em 1937, só vindo a público, porém, como uma teoria geral em 1945, com sua publicação no livro *General System Theory*.

A motivação de Bertalanffy nasceu da análise do estágio em que se encontrava a ciência naquela época, fragmentada em múltiplos compartimentos e especializações cada vez mais numerosas, em virtude do próprio desenvolvimento científico, bem como da sua crescente complexidade.

A **TGS** foi concebida como uma teoria interdisciplinar capaz de transcender aos problemas tecnológicos de cada uma delas e dispor de princípios gerais, bem como de modelos, também gerais, de tal forma que todas as ciências pudessem interligar as descobertas de todas de forma ampla e total.

Bertalanffy, na definição de sistema, ressalta dois conceitos sistêmicos muito importantes: o do **propósito** (objetivo) e o do **globalismo** (totalidade).

> Um sistema é um conjunto estruturado ou ordenado de partes ou elementos que se mantêm em interação, isto é, em ação recíproca, na busca da consecução de um ou de vários objetivos. Assim, um sistema se caracteriza, sobretudo, pela influência que cada componente exerce sobre os demais e pela união de todos (globalismo ou totalidade), no sentido de gerar resultados que levam ao(s) objetivo(s) buscado(s).

Exemplos

- O conjunto de órgãos que permitem ao homem respirar, digerir, perceber o mundo etc. compõe o sistema corpo humano.
- Dispositivos legais, órgãos, pessoas, máquinas e operações presentes na atividade de geração de produtos, a partir de elementos básicos ou primários, constituem o sistema de produção de um país.

Ao estudarmos as características dos sistemas, defrontamo-nos com dois fenômenos importantes: a entropia e a homeostasia. **Entropia** é a tendência que os sistemas têm para o desgaste, para o afrouxamento das relações ou para o comportamento aleatório de suas partes. Em contrapartida, pode-se criar uma negentropia, utilizando-se de meios de estímulo à ordenação.

A **homeostasia** é o equilíbrio dinâmico entre as partes de um sistema. Representa a procura constante de um estado de equilíbrio nas relações entre as unidades componentes do sistema, referenciado a um nível predeterminado. É encarada como um fenômeno global, que visa a compensar os efeitos desagregadores da atuação da entropia, agravados pelas pressões ambientais.

A característica entrópica e as pressões ambientais muitas vezes geram a necessidade de profundas modificações na estrutura sistêmica, tornando impossível a volta ao antigo nível de equilíbrio interno, obrigando o sistema a procurar um novo nível de equilíbrio. A esse fenômeno dá-se o nome de **homeorese**.

10.3 Hierarquia de sistemas

Não é difícil perceber que qualquer sistema genérico pode ser considerado como constituído de vários outros sistemas menores. Também, inversamente, qualquer sistema pode ser tomado como parte, juntamente com outros, de um sistema maior. Surge a ideia de subsistema, presente quando um sistema é visto como parte de um "sistema maior".

> **Subsistema** – É a parte de um sistema que, tomada isoladamente, conserva característica de sistema.

Assim, por exemplo, o **sistema econômico de uma nação** compreende subsistemas, entre os quais o financeiro, o industrial, o de transportes etc. Se for considerado isoladamente, por exemplo, o de transporte, verifica-se que é, também, sistema comportando subsistemas menores: o terrestre, o marítimo, o aéreo. Se for tomado isoladamente o sistema de transporte terrestre, acharemos aí o sistema rodoviário e o ferroviário. E, assim, sucessivamente.

Por outro lado, em termos universais, constata-se que aquele sistema econômico, tomado como partida, integra um sistema econômico mundial, que, por sua vez, insere-se no contexto de sistema maior, e também para um mais amplo, e assim sucessivamente.

10.4 Sistema total

O advento de engrenagens cada vez mais complexas trouxe a necessidade de **raciocínio total antes do fato**. Isso porque o produto final de cada segmento do trabalho humano passou a ser cada vez mais complexo, e a sua formulação ou geração passou a envolver cada vez um número maior de participantes. Esse fato determinou o surgimento do que se denominou **administração de sistemas**: um quadro de referência abrangendo em sentido amplo o tratamento dos problemas; em cada caso, a solução é específica, mas o quadro considerado é largo: a visão não pode ser limitada. Não se pode mais pretender soluções isoladas, porque vários sistemas criados sem a visão de conjunto não se combinarão no futuro e muito trabalho será perdido.

Assim, assume imensa importância o conceito de **sistema total**. É necessário, no estudo de qualquer sistema, responder às seguintes perguntas:

- O sistema em estudo pertence a qual sistema mais amplo?
- Em que ele contribui para as características do sistema mais amplo?
- Quais os outros sistemas que constituem juntamente com ele o sistema mais amplo?
- Quais os sistemas que, por sua vez, constituem o sistema em estudo?

10.5 Tipos de sistemas

O modelo de qualquer sistema é:

Havendo, como há, outros modos de agrupar os sistemas, uma classificação importante é a que leva em conta o grau de intensidade e a frequência de trocas com o exterior: embora todo sistema em operação, se não estiver em decadência, tenha de interagir com o ambiente, a frequência dessa interação é uma variável que desempenha papel de grande importância em sua conotação.

Os **sistemas fechados**, segundo a Teoria Geral de Sistemas, são aqueles que não apresentam intercâmbio com o meio ambiente que os circunda. Isso, em outras palavras, quer dizer que eles nada recebem, tampouco, nada fornecem ao seu meio ambiente.

Em verdade, o sistema fechado, na acepção exata da palavra, não existe. O que se convencionou aceitar como tal são os que têm comportamento totalmente determinístico e programado, operando com uma pequeníssima relação de troca de matéria, energia e informação com o meio ambiente, ou ainda aqueles que são totalmente estruturados, com seus elementos e relações combinando-se de maneira particular e rígida, produzindo dessa forma uma saída invariável.

Sistemas abertos são aqueles que apresentam uma relação de trocas com o meio ambiente bastante diversificada e intensa, por meio de entradas e saídas, adaptando-se, continuamente, às condições desse meio ambiente. Essa adaptabilidade é um processo contínuo de aprendizagem e auto-organização.

10.6 Elementos dos sistemas

O modelo genérico, apresentado anteriormente, demonstra que todo sistema tem três componentes básicos:

- entrada ou insumo;
- processo, processador ou sistema propriamente dito;
- saída, resultado ou produto.

Há, porém, a se considerar, além deles, o **ambiente** – de onde, além das entradas e saídas, provêm inúmeras influências da mais alta importância – e a retroalimentação.

Retroalimentação ou **feedback** é o processo pelo qual são adicionadas modificações ao modelo em curso de um sistema, com propósitos de manutenção, a fim de adaptá-lo a novas condições (ver Fig. 10.1).

> **Um sistema sem feedback deixa agir livremente a entropia e sofre, em consequência, acelerada decadência.**

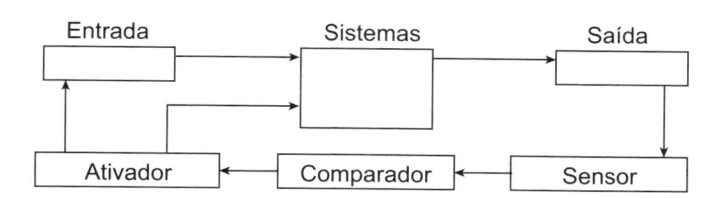

Figura 10.1 Sistema: representação esquemática.

A fim de prover essa realimentação, todo sistema deve possuir mecanismos:

- sensores;
- comparadores;
- ativadores (ou modificadores).

10.7 Interfaces

A interação entre subsistemas consiste na troca de entradas e saídas de material, de energia e/ou de informações. Com o conhecimento de quais sejam as entradas e quais sejam as saídas de um sistema (S1) pode(m)-se estabelecer interface(s) em relação a outro(s) sistema(s) (Sn). Essas interfaces são a definição dos modos de conectá-los: S1 gerando entradas necessárias a outro(s) ou consumindo de outro(s) saídas geradas.

Um problema comum no estabelecimento de interfaces é a inabilidade de harmonizar o casamento consistentemente ou a uma taxa de troca que otimize a ligação. Por exemplo, em sistemas de processamento de dados ainda há grande dificuldade quando se trata de interligar equipamentos.

A interface entre dois sistemas pode ser um outro sistema. Nesse último caso, diz-se um sistema de interfaceamento.

10.8 Enfoque sistêmico na administração

A estruturação sistêmica de uma organização, em consonância com o que preconizam os preceitos mais modernos da Teoria Geral da Administração, ressalta a importância de dois elementos, apontando-os como fundamentais à tomada de decisão:

- canais de informação;
- redes de comunicação.

É fácil deduzir daí a importância da informática dentro de contextos dessa natureza.

Um ponto que aqui deve ser recordado prende-se a que a estrutura organizacional é o resultado de ações deliberadamente implementadas, visando ao estabelecimento de relações entre os componentes de uma organização. Em que pese estruturação organizacional e departamentalização não serem sinônimos, é evidente que sensíveis alterações na estrutura de uma organização só serão implementáveis após convenientes adequações em sua departamentalização.

Uma empresa organizada sob o enfoque sistêmico se caracteriza por:

- definição clara de objetivos;
- identificação do trabalho a realizar;
- estabelecimento da sequência lógica das atividades;
- definição das posições de cada parte;
- definição de autoridade e responsabilidade;
- delegação de competência;
- estabelecimento das ligações e comunicações entre as partes;
- definição do centro de decisões e suas relações com as partes.

Suas atividades serão desenvolvidas sob a preocupação constante do cultivo e conservação de:

- simplicidade;
- progressividade;
- alternância;
- modularidade;
- universalidade;
- integração;
- adaptabilidade;
- economicidade.

No centro da administração sob o enfoque sistêmico, invariavelmente deverá ser implantado um judicioso sistema de informações: o Sistema de Informações Gerenciais da organização (SIG). Esse grande sistema se ramifica – lógica e fisicamente – por toda a empresa, constitui-se no arcabouço, no esqueleto de toda a estrutura, provê a articulação dos diversos sistemas componentes, garante a unidade do sistema total e assegura a informação conveniente à tomada de decisão.

Na década de 1950, surgiu a expressão **abordagem sistêmica** para caracterizar uma orientação para **gerência e solução de problemas**.

Na sociedade industrializada, as organizações agigantaram-se em tamanho e complexidade. O sucesso das organizações sempre esteve apoiado na disponibilidade de **informação apropriada para a tomada de decisão**. É necessária, portanto, no contexto atual, a existência de modos de estruturar convenientemente os dados conhecidos, de modo a garantir a recuperação de informação conveniente no momento apropriado. Esse é o escopo do que passou a ser conhecido como análise de sistemas.

10.9 Abordagem sistêmica

Um processo de desenvolvimento de software é um conjunto de atividades, parcialmente ordenadas, com a finalidade de obter um produto de software. É estudado dentro da área de Engenharia de Software, e considerado um dos principais mecanismos para obter software de qualidade e cumprir corretamente os contratos de desenvolvimento, sendo uma das respostas técnicas adequadas para resolver problemas no desenvolvimento.

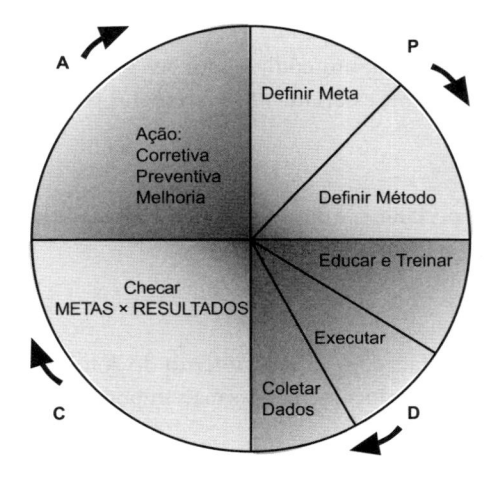

Ciclo PDCA – Plan – Do – Check – Act (Planejar – Executar/Fazer – Verificar – Agir) Passos/ Atividades Processo

Análise econômica

Visa estabelecer se o projeto de software gerará lucro e se a receita gerada será suficiente para cobrir os custos. Esse processo acompanha todas as demais etapas de desenvolvimento do software.

Análise de requisitos de software

A extração dos requisitos de um desejado produto de software é a primeira tarefa na sua criação. Embora o cliente, provavelmente, acredite saber o que o software deva fazer, essa tarefa requer habilidade e experiência em engenharia de software para reconhecer a falta de visão total, as ambiguidades ou as contradições nos requisitos.

Especificação

A especificação é a tarefa de descrever de maneira precisa o software que será escrito, preferencialmente de uma forma matematicamente rigorosa. Na prática, somente especificações mais bem-sucedidas foram escritas para aplicações bem compreendidas e afinadas que já estavam bem desenvolvidas, embora sistemas de software de missão crítica sejam frequentemente bem especificados antes do desenvolvimento da aplicação. Especificações são mais importantes para interfaces externas que devem permanecer estáveis.

Arquitetura de software

A arquitetura de um sistema de software remete a uma representação abstrata daquele sistema. A arquitetura é concernente à garantia de que o sistema de software irá ao encontro de requisitos do produto, assim como também assegurar que futuros requisitos possam ser atendidos. A etapa da arquitetura ainda direciona as interfaces entre os sistemas de software e outros produtos de software, como também com o hardware básico ou com o sistema operacional.

Implementação (ou codificação)

A transformação de um projeto para um código deve ser a parte mais evidente do trabalho da engenharia de software, mas não necessariamente a sua maior porção.

Teste

Teste de partes do software, especialmente onde tenha sido codificado por dois ou mais profissionais, é um papel da engenharia de software.

Documentação

Importante tarefa é a documentação do projeto interno do software para propósitos de futuras manutenções e aprimoramentos. As documentações mais importantes são as das interfaces externas.

Suporte e treinamento de software

Uma grande porcentagem dos projetos de software falha, pelo fato de o desenvolvedor não perceber que não importa quanto tempo a equipe de planejamento e desenvolvimento irá gastar na criação do software se ninguém da organização usá-lo. As pessoas ocasionalmente resistem à mudança e evitam aventurar-se em áreas pouco familiares. Então, como parte da fase de desenvolvimento, é muito importante o treinamento para os usuários de software mais entusiasmados, alternando o treinamento entre usuários neutros e usuários favoráveis ao software. Os usuários vão ter muitas questões e problemas de software que os conduzirão para a próxima fase.

Manutenção

A manutenção e a melhoria de software lidam com a descoberta de novos problemas e requisitos. Elas podem tomar mais tempo que o gasto no desenvolvimento inicial. Não somente pode ser necessário adicionar códigos que combinem com o projeto original, mas também determinar como o software trabalhará em algum ponto depois de completa a manutenção; pode requerer um significativo esforço por parte de um engenheiro de software. A maioria das manutenções é para ampliar os sistemas para novas funcionalidades, as quais, de diversas formas, podem ser consideradas um novo trabalho. Analogamente, cerca de dois terços de todos os engenheiros civis, arquitetos e construtores trabalham com manutenção de forma similar.

Padrões

O processo de desenvolvimento de software tem sido o objetivo de vários padrões, que visam à certificação de empresas como possuidoras de um processo de desenvolvimento, o que garantiria certo grau de confiança aos seus contratantes.

Alguns padrões existentes atualmente:

CMMI (anteriormente CMM) SPICE

ISO 12207

MPS/Br

Modelos de processo

Há uma década, vem se tentando encontrar um processo ou metodologia previsível e repetível que melhore a produtividade e a qualidade. Alguns tentaram sintetizar e formalizar a tarefa aparentemente incontrolável de escrever um software. Outros aplicaram técnicas de gerenciamento de projeto na escrita de software. Sem o gerenciamento de projeto, projetos de software podem facilmente sofrer atraso ou estourar o orçamento. Como um grande número de projetos de software não atende às suas expectativas em termos de funcionalidades, custo, ou cronograma de entrega, ainda não existe um modelo de processo perfeito para todas as aplicações.

Processo em cascata

O mais antigo e bem conhecido processo é o modelo em cascata, em que os desenvolvedores seguem esses passos em ordem. Eles estabelecem os requisitos, os analisam, projetam uma abordagem para solução, arquitetam um esboço do software, implementam o código, testam (inicialmente os testes unitários e depois os testes de sistema), implantam e mantêm. Depois que cada passo é finalizado, o processo segue para o próximo passo. Se as iterações não são incluídas no planejamento, o processo não tem meios para corrigir os erros nas etapas iniciais (p. ex., nos requisitos); então, todo o processo da engenharia de software deve ser executado até o fim, resultando em funcionalidades de software desnecessárias ou sem uso. Para isso é necessário fazer o implemento dos requisitos anteriormente analisados pelo programador.

Processos iterativos

O desenvolvimento iterativo e incremental prescreve a construção de uma porção pequena, mas abrangente, do projeto de software para ajudar a todos os envolvidos a descobrir desde o início os problemas ou suposições, falhas que possam levar a eventual desastre. O processo iterativo é preferido por desenvolvedores porque lhes fornece um potencial para atingir os objetivos de projeto de um cliente que não sabe exatamente o que quer, ou quando não se conhece bem todos os aspectos da solução.

Processos de desenvolvimento ágil de software são construídos com os fundamentos do desenvolvimento iterativo. Os processos ágeis usam o feedback, mais que o planejamento, como seus mecanismos de controle primário. O feedback é produzido por testes regulares das versões do software desenvolvido.

Processos ágeis

Os processos em desenvolvimento ágil de software parecem ser mais eficientes do que as metodologias antigas. Utilizam menos tempo do programador no desenvolvimento de softwares funcionais de alta qualidade, mas têm a desvantagem de possuir uma perspectiva de negócio que não provê uma capacidade de planejamento em longo prazo. Em essência, eles provêm mais funcionalidades por custo/benefício, mas não dizem exatamente o que a funcionalidade irá fazer.

Existem várias metodologias que podem ser consideradas como abordagens ágeis, entre elas: Scrum, programação extrema, FDD, Crystal Clear, DSDM.

10.10 Medidas de segurança

No trato com os sistemas, em uma empresa, deve-se dar particular atenção ao problema que envolve os aspectos de segurança.

Aqui deixaremos de abordar a segurança no que diz respeito aos aspectos físicos (instalações, fogo, eletricidade, inundações etc.), para considerar apenas a segurança dos dados.

Para evitar problemas dessa natureza, devem ser implementadas medidas de controle dos pontos de vista organizacionais e operacionais (ou de processamento).

O principal objetivo dos controles organizacionais é limitar a concentração de funções. Nas instalações maiores, consegue-se isso por meio de segregação das funções de:

- análise;
- programação;
- operação;
- controle de dados.

Isso é possível graças ao grande número de pessoas empregadas no setor.

Em instalações de computadores de menor porte, muitas vezes a análise de sistemas, a programação, a manutenção e, ainda, a operação, tudo se concentra nas mãos de uma ou duas pessoas.

Aí, então, mais do que nunca, ressalta-se a necessidade dos controles operacionais. Os objetivos principais dos controles operacionais são os seguintes:

- assegurar que só sejam processados dados completos, precisos e devidamente autorizados;
- evitar erros acidentais ou manipulação fraudulenta de dados; detectá-los, se vierem a ocorrer;
- proporcionar segurança contra destruição acidental dos registros e assegurar a continuidade das operações.

Em relação às operações on-line, deve-se observar o seguinte:

- **Restrição à utilização dos dispositivos de entrada de dados.** Isso se pode conseguir bloqueando o uso dos terminais mediante o controle de chaves, ou, mais comumente, programando o computador de modo que ele exija o fornecimento de uma senha (*password* – código que identifica a pessoa autorizada a usá-lo). Se forem feitas várias tentativas para usar o terminal com a senha incorreta, a tentativa de violação das medidas de segurança deve ser registrada pelo sistema operacional do computador, e o terminal ficará automaticamente desconectado do sistema. Contudo, é preciso não se deixar dominar por um senso de falsa segurança apenas porque se usam senhas. Um programador competente consegue acesso às senhas mantidas na memória do computador, com mais ou menos facilidade, dependendo do sistema. Da mesma forma que em todas as técnicas discutidas, as senhas devem ser apenas parte do sistema geral de controle. Podem ser estabelecidos vários níveis de senha, cada qual permitindo maior ou menor grau de interferência dos portadores com determinado(s) sistema(s). Por exemplo, a senha distribuída a um elemento pode lhe dar acesso à consulta aos dados da folha de pagamento ou apenas de parte deles, sem, em qualquer das hipóteses, permitir-lhe introduzir alguma alteração. Devem ser mantidas rigorosas medidas de segurança em relação às senhas; elas precisam ser modificadas, periodicamente, por seus detentores. É fato comum a medida acauteladora de suprimir a impressão ou exibição da senha, quando ela é informada pelo usuário, por meio do terminal.
- **Telas programadas.** O computador pode ser programado de modo que, quando se der entrada a um tipo particular de dado, apareça na tela um leiaute padrão, com espaço para conter a informação necessária. Se o operador não fizer entrar essa informação, será emitida uma mensagem solicitando o dado de entrada adicional. Com esse controle, o computador exige que entrem transações complexas.
- **Críticas on-line**. O computador pode ser programado para editar e validar os dados, por ocasião da entrada destes (p. ex., serão rejeitados os dados com códigos sem validade, com letras onde devem constar números ou com valores fora de determinados limites).
- **Verificação visual.** O operador deve verificar os dados visualmente, antes de eles serem processados. Os dados entram e aparecem na tela do terminal, mas não são processados, enquanto o operador do terminal não informar ao computador que os dados foram verificados visualmente.
- **Controles programados.** Deve haver preocupação com a inclusão de contadores que exerçam controle sobre os diversos itens, em diferentes etapas do processamento. É fundamental a colocação desses controles nos diversos programas do sistema, de modo que todas as

transações sejam *criticadas*, à medida que o processamento se desenvolve. Cada sistema tem suas características peculiares. Ao automatizar procedimentos, é necessário identificar os pontos de vulnerabilidade e, em consequência, implementar os controles requeridos ou cabíveis. De modo geral, deve haver a preocupação com o registro das transações por tipo, isto é, controle sobre o número de alterações, inclusões e exclusões; estatísticas sobre atividades por terminal e por conta; fechamentos cruzados entre débitos e créditos; resumos periódicos sobre as diversas contas ou títulos. Casos fora da razoabilidade serão apreciados por alguém credenciado. Esses casos dizem respeito, com alguma frequência, a valores e quantidades excêntricas, frutos de falhas na programação. A imprensa tem se ocupado algumas vezes do assunto, até pelo caráter curioso de que os fatos se revestem. Eis algumas situações que foram notícias em jornais:

- Julho de 2007: um cidadão recebeu uma conta de telefone em que constava uma ligação de 14 horas de duração.

- Agosto de 2009: um cidadão recebeu a mesma guia do imposto predial, em sua residência, 120 vezes!

Segurança em transações web. Acessar uma conta de banco, efetuar uma compra, trocar mensagens pela internet são muito mais seguros do que pensamos, mas a segurança também depende de bons hábitos.

Algumas recomendações:

- Manter senhas em sigilo absoluto.

- Memorizar senha sem anotá-la. Se desconfiar de que alguém teve conhecimento dela, substitua-a imediatamente.

- Trocar a senha caso ela possa ser descoberta facilmente. Evite números sequenciais ou repetitivos, datas de nascimento, número do telefone, da carteira de identidade ou de CPF.

- Evitar que outras pessoas vejam você digitar a sua senha. Proteja o teclado com o corpo e com as mãos.

- Nunca aceitar celular de desconhecidos para se comunicar com o seu banco. O aparelho pode estar preparado para gravar o número de sua conta e da sua senha.

- No telefone, digitar sua senha apenas quando a ligação for iniciada por você. Os funcionários dos bancos jamais solicitam a digitação da senha por telefone.

- Pela internet, procurar acessar o site dos bancos sempre no início da conexão ao provedor. Evitar navegar em outras páginas ou acessar seu e-mail antes de utilizar o serviço bancário on-line.

- Nunca digitar senhas bancárias da internet para realizar compras em sites que oferecem facilidades de débito em conta.

- Evitar realizar operações em equipamentos de uso público; eles podem estar com programas antivírus desatualizados, ou estar preparados para capturar os seus dados.

- Evitar executar programas ou abrir arquivos de origem desconhecida, especialmente e-mail com arquivos anexados.

- Usar somente provedores com boa reputação no mercado e browsers e antivírus mais atualizados.

- Evitar utilizar atalhos para acessar o site de seu banco, especialmente os obtidos em sites de busca.

- Quando for efetuar pagamentos ou realizar outras operações financeiras, você pode certificar-se de que está no site desejado, seja do banco ou outro qualquer, "clicando" sobre o cadeado e/ou a chave de segurança que aparece quando se entra na área de segurança do site.

- Acompanhar os lançamentos em sua conta-corrente. Caso constate qualquer crédito ou débito irregular, entre imediatamente em contato com o banco.

Se estiver em dúvida sobre a segurança de algum procedimento que executou, entre em contato com o banco. Prevenção é a melhor forma de segurança.

Documentação. A documentação é importante em toda instalação de computador. Deve-se considerar a conveniência de incumbir um alto funcionário, de fora do setor de computação, de assegurar a existência de documentação adequada. A estrutura da documentação de sistemas varia muito de organização para organização. De modo geral, porém, ela basicamente compreende:

- **Manual do usuário**: com informações sobre o preenchimento de documentos e interpretação de resultados.

- **Manual do sistema**: com informações sobre o sistema, incluindo o histórico, os responsáveis, a filosofia, as interfaces etc.

- **Manual de operação**: descreve instruções de operação necessárias à execução dos programas.

Exercícios

Marque com um **X** *a resposta certa:*

1. Qual das seguintes proposições é o mais importante requisito para o projeto de um bem-sucedido sistema aplicativo (MIS)?

   a) um bom equipamento.

   b) eficiente pessoal de operação de processamento automático de dados.

   c) um preciso e pontual relatório dos documentos fonte.

   d) um preciso e completo conjunto de documentos de saída.

   e) uma correta definição do problema: completa, precisa, detalhada e documentada.

2. No trato com um Sistema de Informações Gerenciais (Sistema Aplicativo), quais os incidentes que devem merecer atenção do gerente responsável?

   a) aqueles que envolvem maiores custos.

   b) aqueles que envolvem situações fora da área.

   c) somente aqueles que requerem ações corretivas.

   d) somente os problemas julgados significantes pelo gerente.

   e) todos os que chegarem ao seu conhecimento, no nível de detalhe adequado.

3. O fato de ter de representar conceitos em lógica binária requer importante consideração do analista. Para isso, ele deve adotar, sempre que possível, uma filosofia de:

a) perguntas descritivas.

b) raciocínio e busca da solução de forma binária, isto é, "SIM" ou "NÃO".

c) técnica científica de abordagem de problemas, sempre de forma parcial.

d) técnicas de programação computacional, de organização e métodos e de estudos estatísticos.

e) técnica de dígito verificador e em batch (lote).

4. A fim de assegurar a objetividade necessária na condução do projeto de um sistema, o analista encarregado desse estudo deve:

a) efetuar entrevistas periódicas nas áreas envolvidas.

b) visitar as áreas envolvidas no estudo, após a determinação dos objetivos do sistema, alterando os objetivos definidos anteriormente.

c) tomar conhecimento diariamente de todas as atividades dos gerentes envolvidos, mesmo daqueles que não estão envolvidos no sistema considerado.

d) desenvolver um esquema detalhado de ações a realizar no projeto do sistema.

e) utilizar um gráfico PERT para controlar todas as atividades do sistema atual.

5. Uma equipe típica constituída para definir o problema objeto de um sistema aplicativo deve conter:

1 Gerente da área interessada.

2 Chefes de seções da área estudada.

3 Operadores de equipamento de processamento de dados.

4 Analistas.

5 Representantes de empresas de processamento automático de dados.

6 Programadores.

7 Técnicos da área estudada.

a) 1, 6, 7, 3, 5

b) 6, 5, 4, 3, 7

c) 1, 4, 5, 6

d) 4, 6, 7

e) 1, 2, 4, 7

6. Qual é precisamente a pergunta que define o primeiro passo no estudo de um sistema?

a) Como estudá-lo?

b) Qual o objetivo do problema?

c) Qual o problema?

d) Qual a necessidade de saída?

e) Outra pergunta não formulada.

7. A criação de um novo sistema (Sistema de Processamento Automático de Dados) pode ser motivada tecnicamente por:

1 aumento das atividades burocráticas e de controle.

2 necessidade de melhor utilização dos empregados.

3 imperativos econômicos relativos a custo/benefício.

4 aparecimento de novas atividades.

a) são corretas 1, 2 e 4.

b) são corretas 1, 3 e 4.

c) são corretas 3 e 4.

d) são corretas 1, 2 e 3.

e) todas são corretas.

8. Podemos considerar como indicativos de deficiências organizacionais e estruturais:

1 duplicação de relatórios.

2 informações gerenciais sintetizadas.

3 atrasos na documentação.

4 códigos numéricos de funcionários baseados em funções, seções e departamentos.

5 inexistência de dados estatísticos.

Estão corretas as afirmações:

a) 1, 2, 5

b) 3, 4, 5

c) 1, 2, 4

d) 1, 4, 5

e) 1, 3, 5

9. Com quem o analista desenvolverá detalhes do esquema de procedimentos a ser adotado, durante a fase de projeto de um novo sistema?

a) gerentes da seção envolvida.

b) engenheiros de sistemas.

c) pessoal executante.

d) órgão de assessoria da gerência.

e) normalmente, com a sua equipe somente.

10. As três questões gerais que o analista deve considerar, para realmente avaliar o custo de operação do sistema atual, são:

1º Quanto ele custa em numerário?

2º Quais os fatores externos, ainda não estudados, que contribuem para seu custo ou complexidade?

3º A terceira questão é:

a) quanto custa o equipamento?

b) quanto custará o equipamento para um novo sistema?

c) qual a eficiência do sistema?

d) qual o custo do pessoal envolvido?

e) qual o custo do estudo de viabilidade econômica do sistema a ser projetado?

Teleprocessamento e redes

11.1 Conceituação

Até o início da década de 1960, os computadores eletrônicos eram utilizados apenas de forma isolada, isto é, sem oferecer oportunidade de exploração a qualquer usuário remotamente situado.

O constante e ultrarrápido aperfeiçoamento dos recursos científicos e tecnológicos gerou, já na primeira metade daquele decênio, a possibilidade desse acesso remoto. Pouco mais de dez anos após o advento da industrialização do computador, portanto, tornou-se possível uma das mais poderosas formas de seu emprego: o teleprocessamento, base da comunicação de dados, verdadeira associação entre técnicas de processamento de dados e de telecomunicações.

O teleprocessamento e, consequentemente, a comunicação de dados envolvem os meios e os equipamentos especializados para transporte de qualquer informação que, originada em um local, deva ser processada ou utilizada em outro local.

Hoje os recursos do teleprocessamento (TP), além de amplamente diversificados, oferecem crescentes índices de qualidade e, portanto, confiabilidade.

Conceitos básicos

Telecomunicação – é um processo de comunicação que utiliza como veículo de transmissão linhas telegráficas, telefônicas, micro-ondas ou satélites.

Teleprocessamento – processamento de dados a distância, utilizando-se de recursos de telecomunicações.

11.2 Elementos básicos em uma comunicação de dados

São quatro os elementos fundamentais de qualquer processo de comunicação:

1. a fonte da informação;
2. a informação;
3. o veículo pelo qual a informação é transmitida;
4. o receptor da informação.

Algumas vezes, dependendo do meio de comunicação ou do próprio receptor ou transmissor, são necessárias interfaces para facilitar a comunicação.

A Figura 11.1 apresenta a esquematização de um circuito de comunicação de dados, em que terminais remotos estão ligados a um computador central (host).

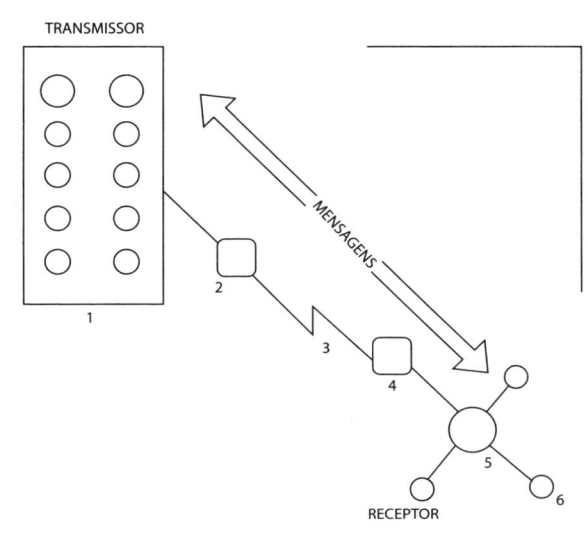

1. Sistema de computador dispondo de:
   - Software para comunicação de dados
   - Dispositivo de hardware, denominado controlador de comunicações
2. Equipamento modem, transformando os sinais
3. Canal ou linha de comunicação
4. Equipamento modem, transformando os sinais
5. Equipamento controlador de periféricos
6. Terminais

Figura 11.1 Circuito de comunicação de dados.

Essa esquematização tem por objetivo ressaltar os elementos basicamente presentes nas aplicações correntes de teleprocessamento.

Nas duas extremidades do circuito estão o transmissor e o receptor, materializados por equipamentos que se podem alterar nessa função; entre eles, um codificador, um meio e um decodificador.

Como objeto da comunicação, as mensagens.

Dessa forma, é lícito afirmar que os elementos básicos da comunicação de dados são:

- transmissor;
- codificador;
- meio;
- decodificador;
- receptor;
- mensagem.

Em teleprocessamento, chama-se link o conjunto de meio e equipamentos utilizados na transmissão.

11.3 Diferentes aplicações em comunicação de dados

As principais aplicações em comunicação de dados são:

- Distribuição de dados (*Data Distribution*).
- Coleta de dados (*Data Collection*).
- Entrada de dados (*Data Entry*).
- Operação conversacional ou em demanda.
- Operação em pergunta-resposta.
- Comutação de mensagens (*Message Switching*).
- Processamento com entrada remota (*Remote Job Entry* – RJE).

11.3.1 Distribuição de dados

Um computador está trabalhando em **distribuição de dados** quando envia, a pontos remotos, resultados de processamento ou qualquer outro tipo de informação que seja do interesse das pessoas situadas nos diversos pontos de destino.

Na distribuição de dados o sistema envia, para cada destino, apenas as informações que são de respectivo interesse. Para recebê-las, basta que nesses pontos haja um terminal (não necessariamente inteligente, destinado apenas à saída) (ver Fig. 11.2).

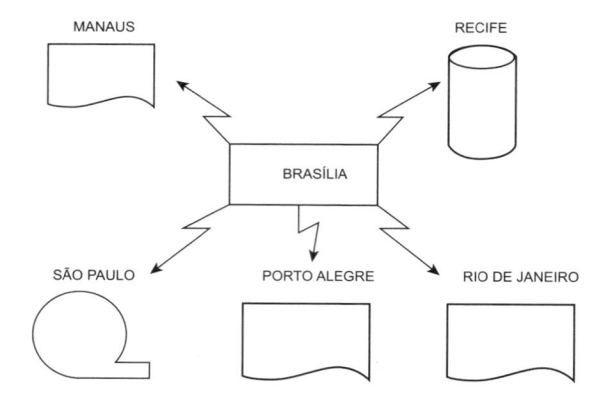

Figura 11.2 Distribuição de dados.

Aproveita-se o ensejo para definir **terminal inteligente** como aquele que, dispondo de processador e memória, permite uma série de operações independentes; um micro ou um minicomputador podem funcionar como terminais inteligentes.

11.3.2 Coleta de dados

A **coleta de dados** requer, em cada estação remota, um terminal inteligente. Nessa estação, durante um período, são executadas operações off-line. Ao fim do período, cada terminal envia seu relatório de movimento ao computador central. Tal qual na atividade anteriormente descrita, há apenas circulação de dados.

11.3.3 Entrada de dados

A **entrada de dados** é uma operação em que se gravam remotamente as informações que serão processadas mais tarde. O termo remotamente, no caso, pode relacionar-se com a distância ou com o tempo. O que fica bem caracterizado é que são empregados dois sistemas, um para a entrada de dados e outro para o processamento. A natureza da operação faz com que o terminal envolvido nessa atividade deva ser obrigatoriamente inteligente.

De certa forma, poder-se-ia afirmar que toda coleta de dados é precedida por uma entrada de dados, mas, na verdade, essa última denominação tem sido reservada às atividades de processamentos que visam à gravação de arquivos de dados (e não a processamento de outras naturezas, presentes frequentemente nas aplicações correntes de coleta de dados).

Por outro lado, uma aplicação de entrada de dados não necessariamente pressupõe teleprocessamento, embora em muitos casos esse fato ocorra (quando se faz entrada de dados diretamente de um terminal ao sistema no qual o programa que utilizará os dados em questão será processado).

11.3.4 Operação conversacional ou em demanda

Diz-se que a atividade de teleprocessamento é efetuada em **demanda** (ou aplicação conversacional) quando o usuário que dela se ocupa interage diretamente com o computador, valendo-se de um terminal de vídeo e teclado. Essa aplicação facilita a criação, a compilação e a execução de programas on-line, levando os usuários distantes a concorrerem, em igualdade de condições, com os demais, aos recursos oferecidos pela máquina.

11.3.5 Operação em pergunta-resposta

A atividade **pergunta-resposta** caracteriza-se por linhas dedicadas, ligando terminais remotos a um computador central que mantém uma aplicação permanentemente carregada na memória, pronta para atender às solicitações daqueles terminais (ver Fig. 11.3). Cada solicitação é chamada de **transação** e comporta, em princípio:

- uma pergunta (ou mera informação);
- uma atualização de arquivo;
- uma resposta (ou confirmação).

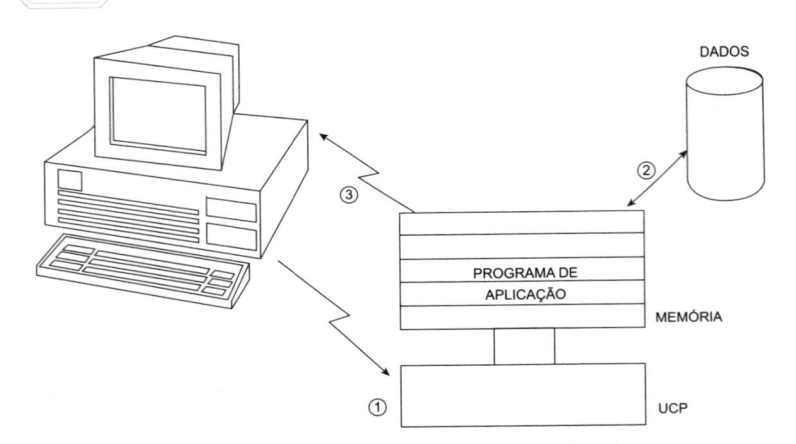

Figura 11.3 Uma aplicação tipicamente desenvolvida em tempo real.

Transações de usuários com arquivos de dados remotos

Interrogação de arquivos (Inquire) – **consulta feita pelo terminal aos dados do sistema, sem capacidade de alterá-los. A UCP remota seleciona e apresenta o que é solicitado. Exemplo: consulta de saldo ou de extrato bancário.**

Atualização de arquivos (Update) – **o usuário, pelo terminal, seleciona, altera, inclui e exclui dados do sistema. Exemplo: reserva de passagens aéreas. O update, quando restrito a determinada aplicação, constitui-se no que se apresentou como atividade "pergunta-resposta".**

11.3.6 Comutação de mensagens

Na aplicação denominada **comutação de mensagens**, utiliza-se a técnica de armazenar dados em uma estação intermediária, de onde, transformadas certas características de transmissão, aqueles dados são remetidos a alta velocidade a seu destino. Esse sistema é também conhecido como *store-and-forward* (armazenar e enviar). Mais recentemente, tem sido aplicado um princípio de "empacotar" a mensagem, formando pacotes uniformes de pequeno tamanho, o que minimiza o custo das transmissões. Essa técnica denomina-se comutação de pacotes.

11.3.7 Processamento com entrada remota (*Remote Job Entry* – RJE)

É a aplicação de teleprocessamento em que a função precípua associada ao usuário remoto é submeter processamento (programas e respectivos dados de entrada) ao computador e receber os resultados em dispositivo de saída previamente selecionado.

Para iniciar uma aplicação em RJE, é necessário ativar pacotes de RJE próprios do sistema, tanto na estação central como na estação remota. A ligação, então, é feita pacote a pacote, dentro de um protocolo apropriado. Por **protocolo** entende-se série de sinais ou mensagens de controle trocados entre transmissor e receptor, que asseguram às duas máquinas a certeza de correta interpretação das informações que trocam.

11.4 RJE e terminal remoto

O controlador de comunicação de dados (hardware) e o software presentes em uma aplicação em RJE não necessitam constituir um sistema inteligente. Eles apenas formam um sistema capaz de ler e escrever caracteres, respeitando o protocolo definido.

Submetido um trabalho em RJE a um computador, seu processamento não será necessariamente imediato. O sistema operacional tomará conhecimento daquela solicitação e, na primeira oportunidade, providenciará seu atendimento, em função das prioridades presentes. Assim, em matéria de tempo de resposta, o RJE é desvantajoso em relação ao trabalho em *time-sharing* por um terminal remoto; quanto à potencialidade de exploração, isto é, ao que essas duas aplicações (RJE e demanda ou conversacional) podem oferecer, há praticamente equivalência.

Para iniciar um trabalho de RJE, o terminal remoto deverá avisar à agência de destino, a fim de que seja ativada a linha que transportará as mensagens, bem como o *handler* correspondente.

Entende-se por **handler** o elemento de software que, com base no protocolo estabelecido para determinada comunicação, decodifica as mensagens, retirando do que foi transmitido os elementos não pertencentes à informação propriamente dita (elementos de controle, característicos do protocolo).

11.5 Meios de transmissão

11.5.1 Linhas físicas

- **Par de fios:** dois condutores de cobre trançados revestidos de material isolante.
- **Cabo de pares:** conjunto de pares de fios reunidos, isolados com papel ou polietileno (cabo múltiplo).
- **Linhas abertas:** linhas aéreas onde se utilizam condutores sem isolamento.
- **Linhas de alta-tensão:** utilizadas para telecomunicações (sinais de telefonia, telegrafia, sinal de dados etc.) pelas empresas geradoras.
- **Fibras óticas:** condutor especial de altíssima capacidade de transmissão, podendo transportar até um bilhão de canais telefônicos ou cerca de 100.000 canais de TV.
- **Cabo coaxial:** cabo constituído por um condutor interno cilíndrico, no qual é injetado o sinal, envolvido por outro condutor, o externo. O condutor interno é separado do externo por um elemento isolante. Envolvendo o conjunto há uma capa externa (blindagem) que evita a irradiação e a captação de sinais. Um mesmo cabo pode abrigar vários condutores.
- **Guias de ondas:** condutores ocos de seção reta, circular ou retangular, rígidos ou flexíveis, que guiam as ondas de rádio de frequências muito altas.
- **Enlace rádio:** os sinais modulados são transmitidos pela antena de um equipamento de rádio na direção da antena do equipamento receptor. Esta capta o sinal e o conduz ao seu equipamento receptor, completando a ligação rádio.

11.6 Tipos de sinais

11.6.1 Analógico

O sinal analógico caracteriza-se por variar entre valores limites, de forma contínua (ver Fig. 11.4).

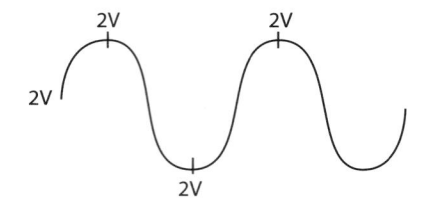

Figura 11.4 Sinal analógico.

11.6.2 Digital

O sinal digital tem valores discretos (ver Fig. 11.5).

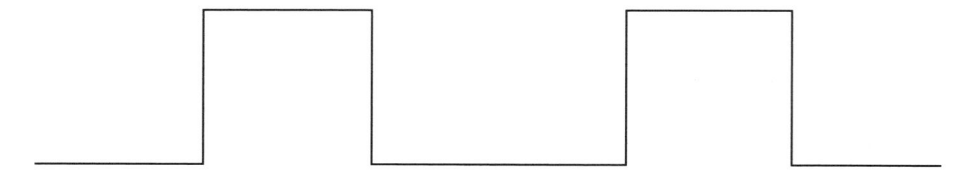

Figura 11.5 Sinal digital.

Essa geração de valores discretos pode ser produzida pela emissão de um sinal a partir de uma referência nula, ou por interrupção de um sinal, a partir de um estado de referência ativo (ver Figs. 11.6 e 11.7).

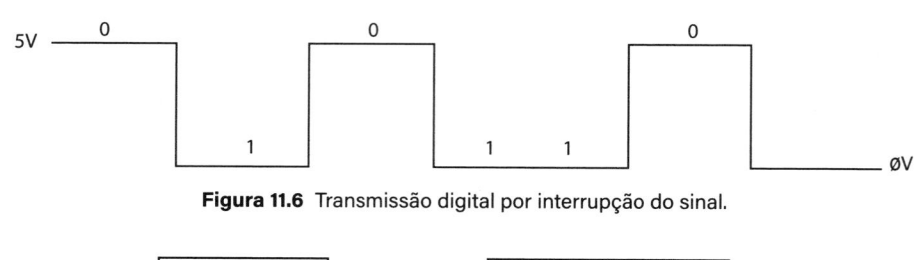

Figura 11.6 Transmissão digital por interrupção do sinal.

Figura 11.7 Transmissão digital por emissão do sinal.

Há, também, casos em que se utiliza a geração bipolar: inverte-se o sentido da corrente para passar da condição 0 à condição 1 ou vice-versa, de modo que se tem um esquema como o da Figura 11.8.

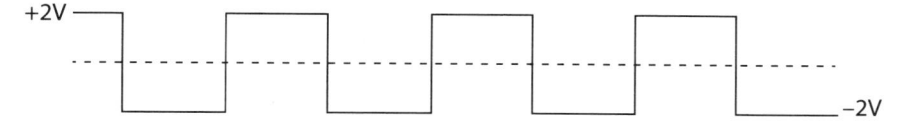

Figura 11.8 Transmissão digital por geração bipolar.

Como as transmissões de dados utilizam redes de comunicação voltadas à transmissão de sinais analógicos, é necessário adequar o sinal digital referente à codificação binária empregada pelos computadores. A essa operação denomina-se modulação.

11.7 Transmissão digital e transmissão analógica

A **transmissão digital** emprega linhas diretas (*direct connect*), normalmente a pequenas distâncias.

É um método econômico para transmissão de dados, pois não requer equipamentos para conversão dos sinais oriundos dos dispositivos de processamento de dados.

No entanto, como a distorção do sinal torna-se sensível com o aumento da distância, recomenda-se que se tome como limite o afastamento de 300 metros entre emissor e receptor, limite que poderá ser estendido, caso se usem cabos e meios de conexão especiais.

A Figura 11.9 mostra a transmissão digital do conjunto de caracteres ABA, codificados em EBCDIC (geração bipolar).

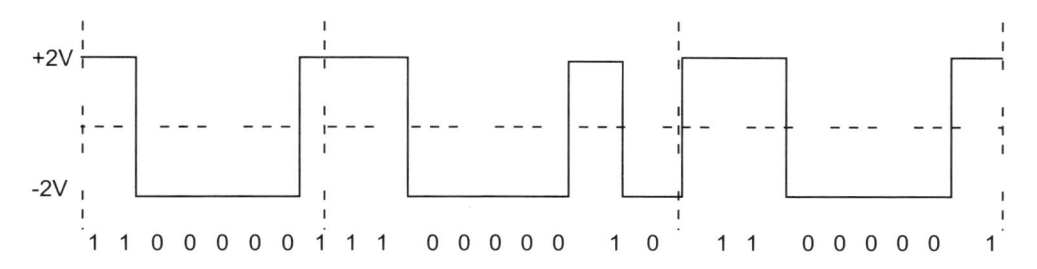

Figura 11.9 Exemplo de transmissão digital.

Na transmissão **analógica**, as informações são enviadas sob a forma de quantidades continuamente variadas. Em consequência, em transmissão de dados, esse processo exige a presença de um modulador e de um demodulador. E o sinal é adaptado a uma onda portadora (ver Fig. 11.10).

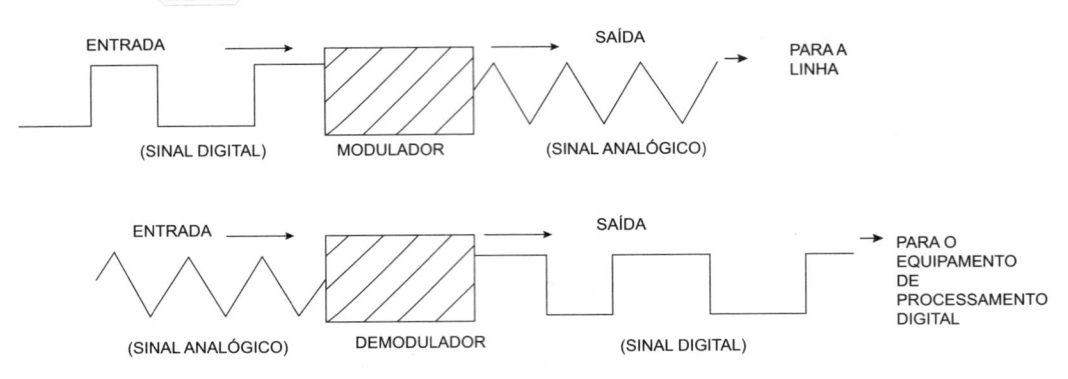

Figura 11.10 Transmissão analógica.

11.8 Faixas de frequências

Um canal de comunicação é um meio físico pelo qual os sinais trafegam, da origem ao destino; exemplos: fios telefônicos, cabos coaxiais, cabos submarinos.

Por determinado canal de comunicação não podem trafegar quaisquer sinais: só os que possuem frequências entre determinados valores limites (superior e inferior).

Banda é uma faixa do espectro de frequências em que ocorre a transmissão.

Uma banda, por exemplo, pode estar definida entre 16 e 20 kHz.

Banda passante, largura de faixa ou largura de banda é a diferença entre a frequência mais alta e a mais baixa em uma banda de transmissão.

Se um canal tem uma banda que permite passagem de frequências entre 300 e 3.400 Hz, ele é dito um canal de voz.

Exemplos de larguras de bandas de frequências:

Essas três linhas podem estar contidas em um só canal, subdividido desse modo, para efeito de racionalização dos trabalhos.

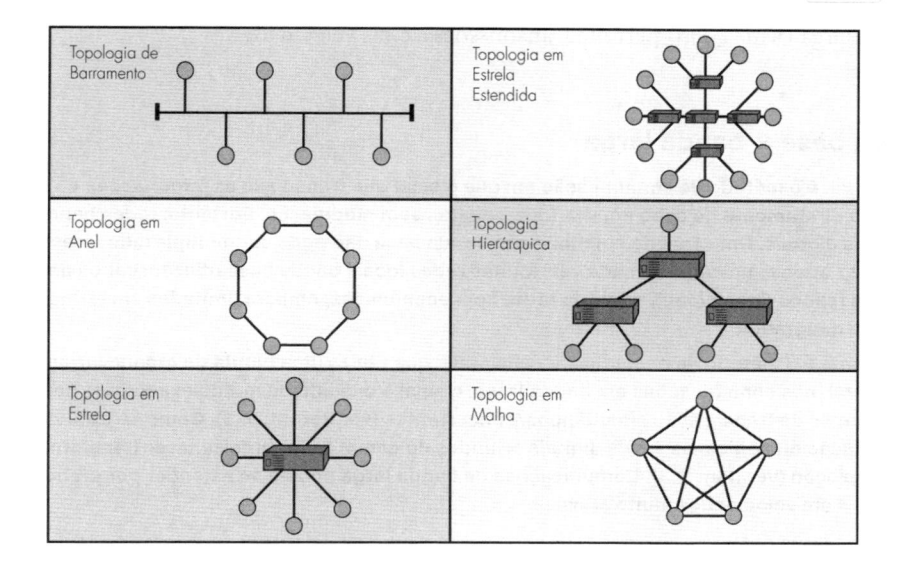

A faixa de frequência estreita (*narrow band*) contém as linhas projetadas para transmissões a baixas velocidades. Tem a vantagem de baixo custo.

A faixa média ou faixa de voz (*voice band*) contém as linhas de rede telefônica. Linhas telefônicas podem ser discadas (*switcheds*) ou privadas (também chamadas de alugadas – *leaseds*). Essas linhas privadas podem ou não requerer discagem (permanentes ou semipermanentes).

A linha privada protege o usuário de uma incidência maior de ruídos e interferências, fatores de aumento de erros.

A popularidade da rede telefônica nas comunicações de dados reside no fato de ela se encontrar disseminada pelo mundo, isto é, já estão disponíveis as ligações requeridas.

Nelas encontramos originalmente a circulação da voz humana, que, variando de 100 a 10.000 Hz, é transmitida em faixa de 300 a 3.400 Hz.[1]

---

1   A rede telefônica comporta a organização de diversos tipos de centrais: Central Local – para onde convergem as linhas dos assinantes; Central Tandem – que interliga centrais locais; Central Interurbana – interliga circuitos interurbanos por meio de Central Interurbana de Trânsito.

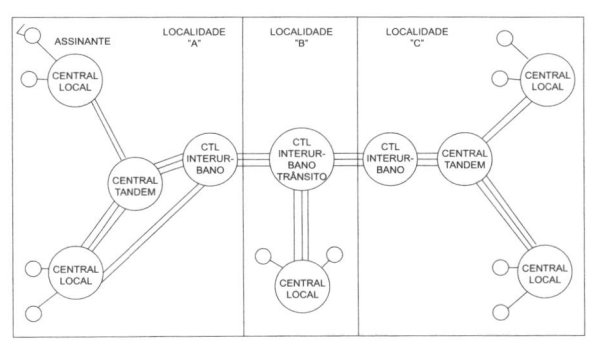

A faixa larga (*wide band*) permite transmissões a altas velocidades.

Banda base × banda larga

Banda base é o método de comunicação em que o sinal que transporta as informações é colocado diretamente no cabo em sua forma digital, sem modulação. Portanto, redes banda base são redes digitais. Um canal de comunicação banda base não pode ser multiplexado: presta-se a conduzir apenas um sinal de cada vez. Muitas redes locais banda base utilizam cabos de par trançado (cabos de telefone), o que as torna bem econômicas, embora limitadas em termos de extensão geográfica.

Banda larga é o método de comunicação analógica que utiliza uma banda de grande largura. De modo geral, nas comunicações em banda larga, o sinal é dividido ou multiplexado para permitir vários canais de transmissão simultâneos/concorrentes (ver item 11.24.3). Como se trata de comunicação analógica, os sinais digitais oriundos do computador precisam ser transformados por modulação (ver item 11.3). Comunicações de banda larga podem se estender por grandes distâncias em velocidades muito altas.

11.9 Modos de transmissão

Existem três modalidades de transmissão por meio das linhas, de acordo com o(s) sentido(s) em que a comunicação é estabelecida:

1. **Simplex.** Quando a linha permite a transmissão em um único sentido. Exemplo: transmissão de um radar a um computador.

2. **Half-duplex ou semiduplex.** Quando a linha permite a transmissão nos dois sentidos, mas somente alternativamente. Nesse tipo de transmissão, toda vez que se inverte o sentido da comunicação, existe um tempo de comutação da linha (*turn around*), que, quando automático, é da ordem de 100 a 400 milissegundos. Normalmente empregam-se canais a dois fios nas ligações half-duplex.

3. **Full-duplex ou duplex.** Esse tipo de ligação permite a transmissão nos dois sentidos simultaneamente. Em geral, empregam-se quatro fios, mas é possível realizá-la com dois fios, por meio de subdivisão de frequências.

11.10 Conexões interurbanas e internacionais

Pontos distantes em uma mesma cidade são interligados, usando os meios das instalações telefônicas, pelas LPCD (linhas privadas para comunicação de dados).

Para transmissão a distâncias maiores utiliza-se o sistema rádio, ou seja, transmite-se em uma faixa de frequência na qual as ondas eletromagnéticas são muito curtas (micro-ondas) e se deslocam a altíssimas velocidades.

Existem dois tipos de transmissão em micro-ondas:

1. **Micro-ondas em visibilidade.** O sinal emitido por uma antena parabólica, de alcance restrito a 50 km, chega a seu destino por meio de sucessivas repetições por antenas colocadas no trajeto a cada 50 km.

2. **Micro-ondas em tropodifusão.** Para regiões onde não é possível instalar antenas que se intercomunicam, o sinal a transmitir é lançado à troposfera, onde é refletido em direção ao destino.

Para esses locais de difícil acesso e, também, para comunicações internacionais, utilizam-se, modernamente, os satélites de comunicação (ver Fig. 11.11).

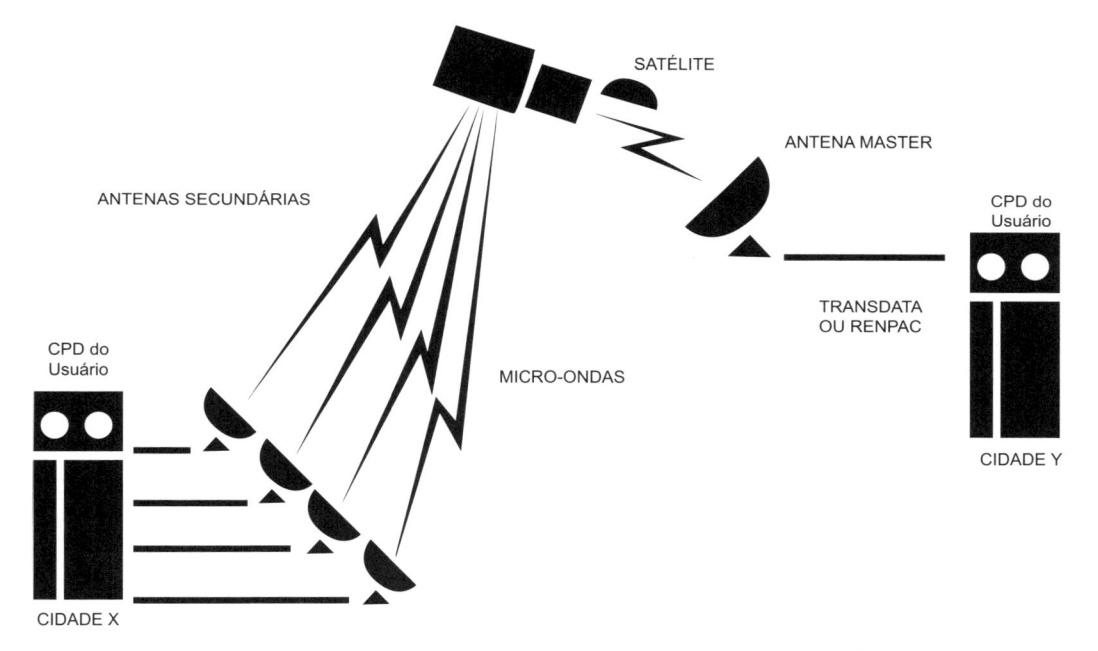

Figura 11.11 Esquema de funcionamento dos serviços interativo e de difusão para comunicação de dados via satélite.

Nas comunicações entre pontos separados por massas d'água, utilizam-se, ainda, cabos submarinos que, repousando no fundo de rios, mares e oceanos, constituem-se em preciosos meios na condução de canais de TV, telex, teletipo e comunicações em geral.

No Brasil, a Empresa Brasileira de Telecomunicações (Embratel – Empresa do Sistema Telebras do Ministério das Comunicações) oferece um serviço de comutação de pacotes para operação em âmbito nacional, denominado Renpac (Rede Nacional de Comutação de Pacotes) e um serviço de comunicação de dados ponto a ponto, pela rede Transdata.

11.11 Transmissão assíncrona e transmissão síncrona

Relativamente à maneira como os caracteres são transmitidos, uma transmissão pode ser:

1. **Assíncrona**: é a transmissão feita caractere a caractere. Cada caractere é antecedido por um sinal de *start* e sucedido por um *stop*.[2] É utilizado em comunicações, a baixas velocidades (ver Fig. 11.12).

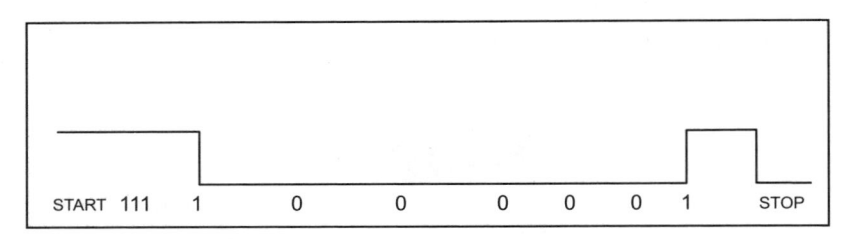

Figura 11.12 Transmissão assíncrona do caractere A codificado em EBCDIC (1100000).

2. **Síncrona**: é a transmissão feita por blocos de caracteres. São inseridos apenas caracteres de sincronismo para cada bloco. Permite maiores velocidades, sendo, portanto, voltada ao trato de informações mais volumosas. A transmissão é feita em um ritmo constante e controlada por relógio, em nível de bit, permitindo ao receptor sincronizar os dados recebidos bit a bit. Exige, portanto, maior complexidade de circuitos. Utiliza, frequentemente, a modulação em multinível (ver Fig. 11.13).

001101001	001101001	001101001	001101001
SINC	SINC	SINC	A

Figura 11.13 Transmissão síncrona do caractere A codificado em ASCII.

Por outro lado, as transmissões de um terminal a uma máquina podem ser paralelas ou seriais.

No caso de **transmissão paralela**, usam-se **n** linhas para conduzir cada caractere de uma mensagem, sendo **n** o número de bits característico do código binário utilizado. Assim, se um terminal transmite dados codificados em EBCDIC (caracteres de 8 bits), fará a transmissão por meio de oito linhas.

Como o custo dessas linhas é elevado, esse tipo de transmissão só pode ser empregado para curtas distâncias. Em compensação, os terminais são mais baratos por não exigir circuitos que

---

2 Este é cerca de 40 a 50 % mais longo, normalmente.

individualizem os diversos caracteres. Há uma variação dessa modalidade que substitui as linhas por apenas uma, exigindo, no entanto, a multiplexação do canal, transformação em vários canais, cada qual operando em uma frequência específica.

Na **transmissão serial**, os caracteres têm seus bits enfileirados e remetidos um a um. Nesse caso, a transmissão pode ser síncrona ou assíncrona.

Se é **transmissão serial síncrona**, as máquinas (transmissora e receptora) são sincronizadas por osciladores antes do início de transmissão de cada bloco, e a velocidade de transmissão é bem superior. Se o bloco é muito longo, algumas máquinas costumam ressincronizar os osciladores, enviando, no interior do bloco, caracteres de sincronização. A desvantagem desse método, além do seu custo mais elevado, deve-se ao fato de que, se houver uma dessincronização no meio do bloco, todo o bloco ficará perdido.

A **transmissão serial assíncrona** é mais barata, porém menos eficiente. Antes e após cada bit, há um sinal de *start* e um de *stop*. Tem a desvantagem, portanto, de grande parte da transmissão não conter informação. Além disso é mais vulnerável às distorções. No entanto, tem a vantagem de reconhecer caractere a caractere e presta-se a serviços em que são enviadas mensagens em intervalos de tempos aleatórios, como no teletipo.

11.12 Velocidades de transmissão

Admitamos um equipamento gerando dados codificados em binário. Os pulsos se sucedem em configurações de zeros (0) e uns (1).

Naturalmente, deverá ser providenciada uma adequação desses sinais a uma onda que lhe sirva como portadora, caso se deseje transmiti-los a distância.

O atrelamento e a adequação desses sinais acarretam modificações na onda portadora, de modo que, assim "marcada", ela pode desempenhar sua missão de "levar" a informação.

Quando, em uma transmissão, a onda só pode estar "marcada" por um de dois estágios, isto é, se existem apenas dois estágios possíveis em cada segmento, então apenas um bit identifica seu estado a qualquer momento: o 0 ou o 1.

No entanto, é possível estabelecer quatro níveis (possibilidades de valores diferentes) para um sinal qualquer (ver Fig. 11.14).

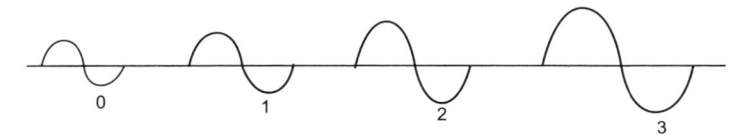

Figura 11.14 Quatro níveis de um sinal.

Esses estágios, naturalmente, são expressos, em código binário, por 00 – 01 – 10 – 11. Tornam-se necessários, então, 2 bits para cada unidade de mensagem.

Diz-se, então, que se faz uma transmissão em *dibit*.

Com um pouco mais de sofisticação, é possível estabelecer oito níveis diferentes para um sinal. Esses estágios, naturalmente, são expressos em código binário por 000 – 001 – 010 – 011 – 100 – 101 – 110 – 111.

Quando isso ocorre, diz-se que se faz uma transmissão em *tribit*.[3] Enfim, é possível estabelecer *n* níveis; e a transmissão, em qualquer desses casos (*n* 2), é dita transmissão em multinível. A velocidade de transmissão pode ser expressa em *bps* ou em *bauds*.

- **Bps.** O número de bits transmitido a cada segundo. Usualmente empregado para exprimir a taxa de transmissão da informação.

- **Baud.** Mede o número de vezes, por segundo, que a condição da linha se altera (taxa de modulação). Usualmente empregado para exprimir a taxa de transmissão do sinal.

A partir do gráfico apresentado na Figura 11.15, relativo à transmissão por determinado equipamento, é possível verificar que a velocidade de transmissão é de 6 bauds ou 12 bps.

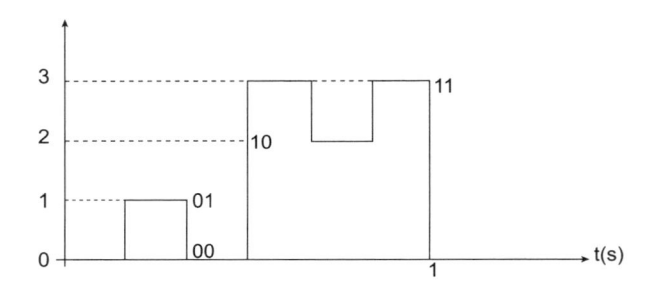

Figura 11.15 Representação gráfica da velocidade de transmissão de 6 bauds ou 12 bps de um equipamento.

Pode-se confeccionar o gráfico referente a outro equipamento que transmite à mesma velocidade de sinalização, porém com apenas duas opções de estados possíveis, como mostra a Figura 11.16.

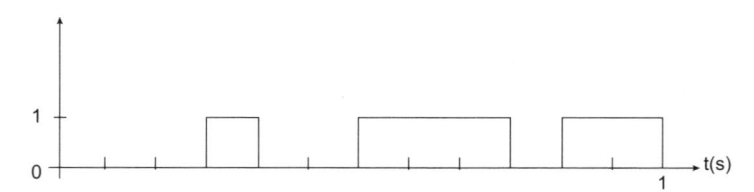

Figura 11.16 Representação gráfica da velocidade de transmissão de 6 bauds ou 12 bps em apenas dois estados.

3   Diz-se que a valência de um sinal dibit é 2; de um sinal tribit é 3 etc. Consulte o Glossário.

11.13 Modulação

Ao processo de adaptar-se um sinal a uma onda portadora, modificando um dos seus parâmetros, de modo a fazê-la transportar uma informação, denomina-se modulação.

Desse modo, temos:

- modulação em frequência;
- modulação em amplitude;
- modulação em fase.

Para proceder à modulação, utilizam-se equipamentos denominados modems (moduladores/demoduladores), que serão vistos, com detalhes, adiante.

Veja na Figura 11.17 os parâmetros da onda que são levados em conta nos processos de modulação.

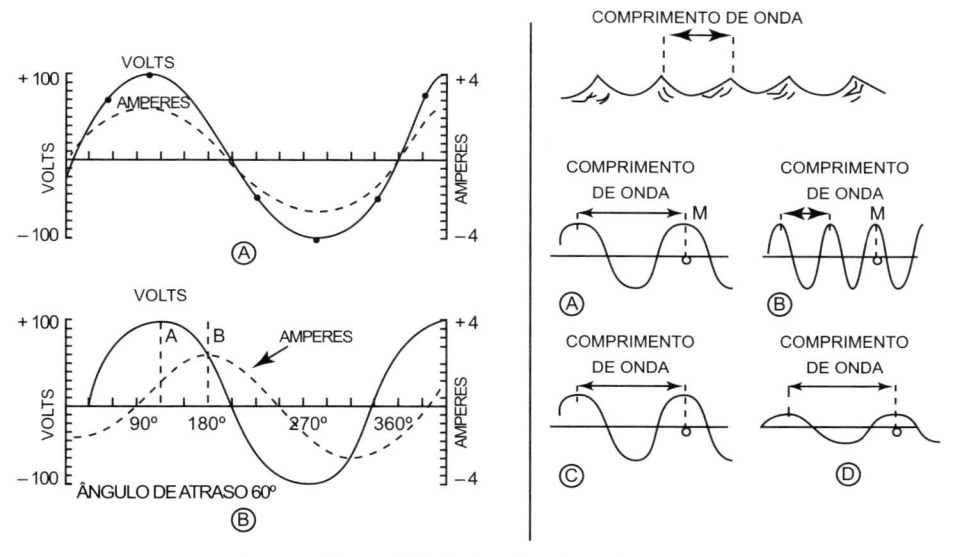

Figura 11.17 Parâmetros da onda.

11.14 Modalidades de modulação

11.14.1 Modulação em amplitude

A cada estado expresso por um bit (ou conjunto de bits) corresponde uma amplitude diferente da outra. Poderá ser feita em 2, 4, 8, 16... estados, de acordo com o número de bits interpretados de cada vez (ver Fig. 11.18).

O sinal assim modulado torna-se mais sensível a sinais espúrios e interferências. Para evitar prejuízos à clareza da transmissão, são necessários transmissores de alta potência, o que encarece demasiadamente o processo.

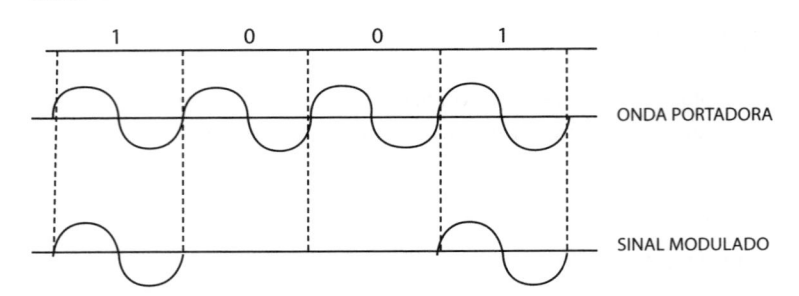

Figura 11.18 Modulação em amplitude.

11.14.2 Modulação em frequência

A cada estado expresso por um bit (ou conjunto de bits) corresponde uma frequência diferente (ver Fig. 11.19).

Essa modalidade apresenta as seguintes vantagens:

- boa imunidade a resíduos e interferências;
- pouca sofisticação de equipamentos.

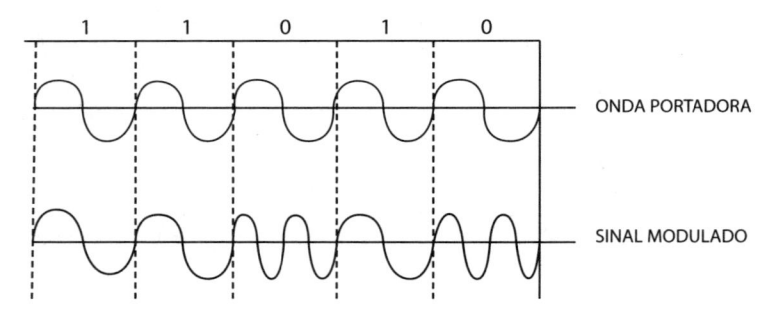

Figura 11.19 Modulação em frequência.

11.14.3 Modulação em fase

Nesse tipo de modulação, alteração de fase do sinal indica mudança de valor de bit (ver Fig. 11.20).

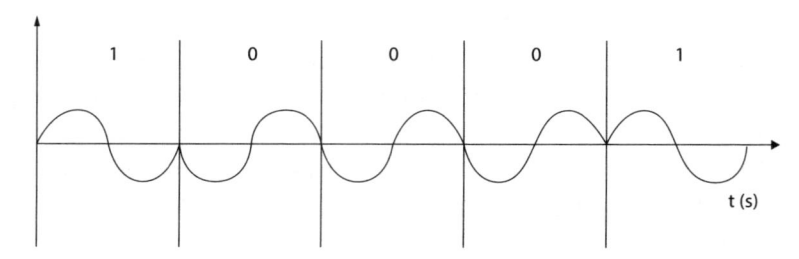

Figura 11.20 Modulação em fase.

Pode-se ter uma dada condição de fase valendo 1 e a outra valendo 0; ou trocas de fase indicando troca de bits. O primeiro método é denominado **detecção com referência fixa**; o segundo, **detecção diferencial**.

Esse tipo de modulação oferece ótima tolerância de ruídos (ver Quadro 11.1).

Quadro 11.1 Modulação e tolerância

		Tolerância a		
Tipo de modulação	Ruído	Distorção por amplitude	Distorção por retardo	Distorção por frequência
Amplitude	ruim	ruim	média	boa
Fase	boa	média	ruim	média
Frequência	média	boa	boa	ruim

11.14.4 Técnica multinível

O canal telefônico, utilizado para transmissão de dados a longas distâncias, não apresenta somente a desvantagem de ser um canal analógico. Ele tem também o inconveniente de uma largura de banda muito limitada, situada em torno de 3.000 Hz. Com essa banda de passagem não é possível uma alta taxa de transmissão quando se codifica bit a bit. A solução para aumentar a velocidade é utilizar uma codificação que manipule grupos de bits. Esse processo recebe o nome de técnica de modulação multinível.

Considere, por exemplo, a convenção de modulação a seguir.

Codificação	Amplitude	Frequência
00	A	f
01	A	2f
10	A/2	f
11	A/2	2f

Segundo essa convenção, a forma da portadora modulada para o trem de bits 1111010100100101 será (ver Fig. 11.21):

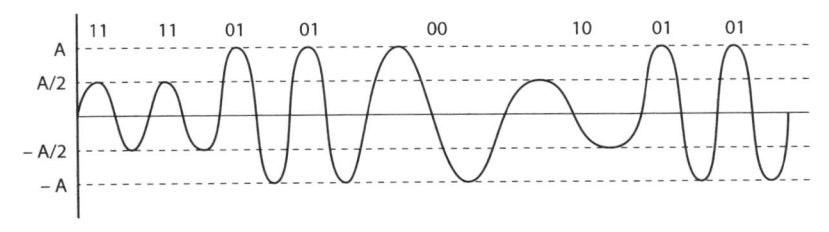

Figura 11.21 Modulação dibit.

Pode-se observar que, a cada mudança de estado da linha, codificam-se dois bits e não mais apenas um bit. O resultado disto é que efetivamente dobra-se a taxa de transmissão. Esta, portanto, é uma técnica **dibit**.

Nada impede que se crie uma técnica de modulação tribit. Por exemplo, seja a convenção:

Codificação	Amplitude	Frequência
000	A	0°
001	A	90° ($\pi/2$)
010	A	180° (π)
100	A	270° ($3\pi/2$)
011	A/2	0°
101	A/2	90° ($\pi/2$)
110	A/2	180° (π)
111	A/2	270° ($3\pi/2$)

A forma da portadora modulada para o trem de bits 010101001011001 será (ver Fig. 11.22):

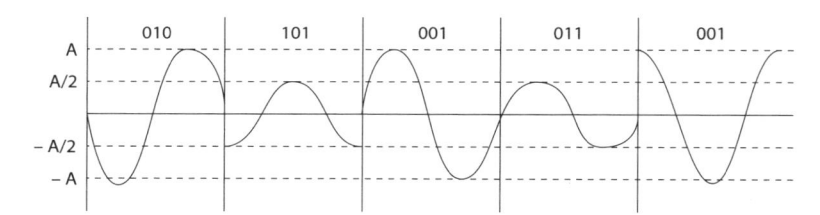

Figura 11.22 Modulação tribit.

Essa técnica, segundo a qual se modificam, simultaneamente, a amplitude e a fase, é denominada **QAM** – *Quadrature Amplitude Modulation* (Modulação de Amplitude em Quadratura).

Nada impede que se estabeleça uma técnica de modulação de nível **n**, com n > 3. Os determinantes da possibilidade de utilizar uma técnica com **n** muito grande serão a questão econômica e as limitações técnicas.

11.15 Modems

Modems são equipamentos utilizados na conversão dos dados digitais em sinais modulados e na operação inversa (moduladores/demoduladores).

Eles se fazem necessários sempre que a distância entre o transmissor e o receptor é maior que 300 metros.

Para ligações locais (urbanas) em que se dispõe de pares de fios ou cabos coaxiais de largura de banda alta, pode-se utilizar a transmissão digital por meio de modems digitais ou modems banda base. Esses modems apenas adaptam os níveis dos sinais vindos do equipamento computador ou

terminal ao par de fios ou ao cabo coaxial; são, portanto, simples em sua construção e, consequentemente, de baixo custo. Em muitos casos em que se utiliza esse tipo de transmissão, o próprio
equipamento incorpora modem dessa natureza (Fig. 11.23).

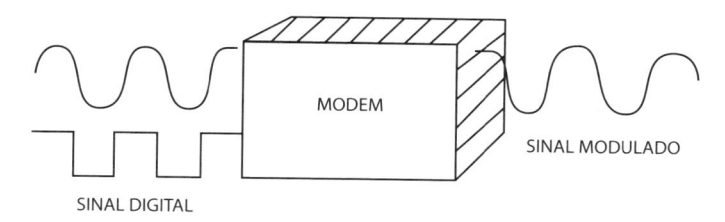

SINAL DIGITAL

MODEM

SINAL MODULADO

Figura 11.23 Modem – dispositivo que permite a conexão de computadores
em longas distâncias com o uso da linha telefônica.

Entretanto, se o canal de comunicação apresenta limitações na largura de banda, é preciso
utilizar modulação em portadora senoidal por meio de modems analógicos. É o caso de ligação a
grandes distâncias, principalmente interurbanas e internacionais (Fig. 11.24).

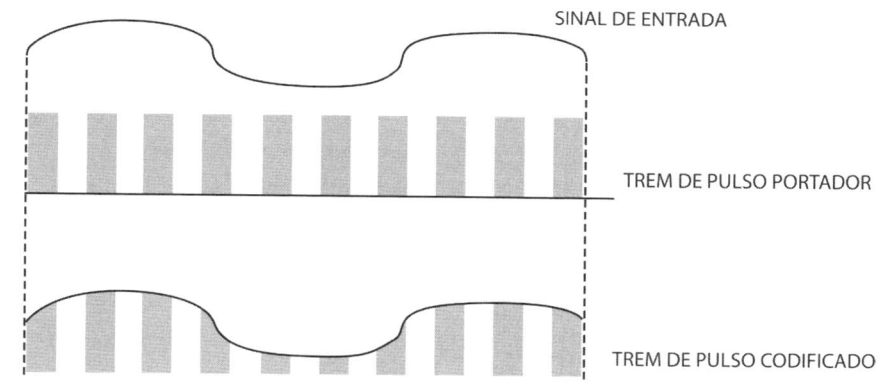

SINAL DE ENTRADA

TREM DE PULSO PORTADOR

TREM DE PULSO CODIFICADO

Figura 11.24 Modulação pelo código do pulso (PCM).

11.16 Técnica de pulsos

Existe, também, a tecnologia digital, segundo a qual o sinal oriundo dos computadores não mais
necessita ser modulado pelos processos vistos anteriormente.

Tanto estes como até sinais analógicos originalmente são convertidos em pulsos; e a transmissão se resume na emissão e recepção desses pulsos. A conversão da mensagem para essa forma de
transmissão (sequência de pulsos) é denominada **codificação**; ao processo de comunicação dá-se
o nome de Modulação por Código de Pulsos (Pulse Code Modulation – PCM) (ver Fig. 11.24).

A desvantagem está por conta de esse processo exigir maiores larguras de banda. A grande
vantagem está no fato de poder regenerar os pulsos, ao longo da linha, sem ampliação consequente
do ruído.

A PCM pode ser implementada em um dos seguintes tipos:

- PAM – modulação por amplitude;
- PDM – modulação por duração;
- PPM – modulação por posição.

Em qualquer dos casos, um trem de pulsos é usado para levar a informação.

O trem de pulsos é enviado por repetidoras e é insensível à maioria dos ruídos comuns em telecomunicações.

11.17 Ruídos

Em toda comunicação de dados, os sinais transmitidos sofrem deterioração, fruto de ruídos e distorção.

O ruído está diretamente ligado às propriedades cinéticas da matéria e, portanto, sempre aparecerá, ainda que seja forçada sua atenuação. Não há comunicação elétrica sem elétrons; não há movimento de elétrons sem ruído. O aumento de energia cinética em presença de elevação de temperatura é fator para a vibração das partículas da matéria e, portanto, de aumento da taxa de ruído. No entanto, mesmo que se consigam condições ideais de temperatura, o ruído estará presente.

Nos casos em que se trata de comunicações de longo alcance, ou quando o emissor é de pouca potência, o ruído adquire importância preponderante. É importante notar que a amplificação nem sempre resolve, porque ela aumenta tanto a potência do sinal como a do ruído.

Além do chiado que se encontra como fundo à sinalização, denominado ruído branco, outros ruídos, denominados impulsivos, não prognosticáveis, também afetam o sinal.

São fontes desses ruídos impulsivos:

- variações abruptas de voltagem em equipamentos ou fios vizinhos;
- condições atmosféricas (raios, tempestades);
- contatos com árvore;
- linhas de potência próximas;
- problemas no próprio equipamento utilizado na comunicação (soldas, ajustes, contatos etc.);
- expedientes de controles e medições efetuados pelas concessionárias (emissão de sinais em frequências próprias da comunicação de dados).

Outras presenças desagradáveis nos canais de comunicações são o eco (volta de parte do sinal ao emissor) e a diafonia (linha cruzada) decorrente de interferências entre ondas que se deslocam em canais próximos, ocasionando frequências indesejáveis. Nas transmissões de conversações, usam-se equipamentos supressores de eco. Esses equipamentos, no entanto, são desnecessários em transmissão de dados e não devem estar presentes em circuitos voltados eminentemente para essa finalidade.

11.18 Distorção

A onda portadora sofre, também, distorção ao longo da trajetória, o que provoca mudança indesejada na sua forma. Essa distorção é função de duas causas básicas:

- atenuação;
- retardo.

A **distorção por atenuação** deve-se à perda de potência do sinal emitido, diminuindo, em consequência, a relação sinal-ruído. Ela é diferente para cada frequência (maior frequência – maior atenuação), fato que origina o uso de equalizadores, equipamentos que forçam a atenuação uniforme.[4]

Fato análogo se dá em relação à velocidade de propagação: frequências mais baixas sofrem menos retardo do que as mais altas. Isto é, um sinal de frequência mais alta, pelo fato de sofrer grande retardo (medido em milissegundos), pode chegar ao destino após um outro (de frequência mais baixa), cuja emissão foi posterior a ele.

O efeito dessa distorção, denominada **distorção por fase**, é nivelado por baixo, por meio, também, de equalizadores (no caso, equalizadores de fase).

11.19 Medida de contaminação

A influência prejudicial de outros sinais, constantes ou esporádicos, que se apresentam no canal, bem como as limitações e injunções próprias das características físicas e elétricas presentes, são medidas em decibéis, pela expressão:

$$N = 10 \log \frac{P_e}{P_r}$$

em que P_e e P_r medem a potência do sinal na emissão e no recebimento, respectivamente.

Exemplo

Calcular a intensidade de contaminação (ruído e distorção) sofrida por uma portadora, sabendo que a relação entre a potência do sinal emitido e a do sinal recebido é de:

1. 1,18
2. 1,42
3. 2,00
4. 5,00

---

4   A atenuação sofrida pelo sinal é medida em Bel (homenagem a Graham Bell), mas, na prática, usa-se o decibel (dB = 0,1 Bel), correspondente à menor vibração sonora percebida pelo ouvido humano. A fala normal se situa na faixa de 35 a 75 dB. A atenuação do sinal é determinada pela seguinte expressão: $A(dB) = 10 \log P_s/P_r$. P_s = potência do sinal emitido; P_r = potência do sinal recebido.

Tem-se:

1. N1 = 10 log 1,18 = 0,72 dB
2. N2 = 10 log 1,42 = 1,52 dB
3. N3 = 10 log 2,00 = 3,01 dB
4. N4 = 10 log 5,00 = 6,99 dB

11.20 Limitação nas taxas de transmissão

Um canal de comunicações, em função de sua largura de banda, tem determinada capacidade para o tráfego de sinais.

Em 1928, Nyquist[5] concluiu que em um canal livre de ruídos poderia fluir transmissão à velocidade de 2 W estados (valores de tensão) distintos por segundo, desde que esse canal ocupasse banda passante de frequência igual a W.

A partir daí, chega-se às seguintes conclusões:

1. Se a informação de dados é codificada em dois níveis, a capacidade do canal será:

   V = 2 W bauds (transmissão do sinal)

   C = 2 W bps (transmissão da informação)

2. Se a informação é transmitida em multinível, codificada em K níveis, a capacidade do canal será:

   V = 2 W bauds (transmissão do sinal)

   C = 2 WN bps (transmissão da informação) sendo

   $N = \log_2 K$

Imaginemos, por exemplo, um canal de voz (300 a 3.400 Hz) totalmente isento de ruído. Temos, teoricamente, as capacidades de transmissão apresentadas no Quadro 11.2.

Quadro 11.2 Capacidade de transmissão de um canal de voz

Níveis (K)	$N = \log_2 K$	V (bauds) (Transmissão do Sinal)	C (bps) (Transmissão da Informação)
2	1	6.200	6.200
4	2	6.200	12.400
8	3	6.200	18.600
16	4	6.200	24.800

A utilização isolada dessa expressão pode levar à ideia errônea da possibilidade de aumentar ilimitadamente a capacidade de um canal, a partir do aumento do número de níveis de codificação.

---

5   Nyquist, Harry – engenheiro norte-americano nascido na Suécia em 1899.

Shannon[6] provou, em 1948, que em um canal de comunicação de banda passante W, no qual está presente ruído branco de potência N, a capacidade de transmissão é finita e limitada; para um sinal de dados de potência S, ela é determinada pela expressão:

$$C = W\log_2\left(1 + \frac{S}{N}\right)$$

11.21 Detecção de erros

As várias formas de deterioração do sinal acabam por provocar alguns erros na detecção da informação enviada.

A taxa média de erros em canais de baixa e média velocidades situa-se em torno de 1 bit errado para cada 100.000 transmitidos. Para algumas aplicações, isso pode ser tolerável, mas, em outras, exige-se uma precisão maior. A atualização de arquivos em uma aplicação de entrada de dados, por exemplo, torna necessário maior rigor por motivos obviamente percebidos.

Montam-se, então, esquemas para prevenir esses erros. Quanto mais eficiente o esquema, mais cara é a sua implementação e menor será a eficiência da transmissão, uma vez que qualquer esquema pressupõe redundância de informação.

Traduz-se a eficiência (E) em uma transmissão, pela relação:

$$E = \frac{Bits\ de\ informação}{Bits\ totais\ transmitidos}$$

Para detectar erros, usa-se com frequência o teste de paridade que consiste em verificar, em algum subconjunto da informação, o número n de bits 1 que estão presentes; então, acrescenta-se a esse subconjunto um bit 1 se n é ímpar e um bit 0 se n é par.[7] O Quadro 11.3 apresenta um exemplo de paridade aplicado em nível de caractere de 7 bits.

Quadro 11.3 Teste de paridade

Elemento codificado	n (bits = 1)	Elemento codificado acrescido do bit de paridade
0100101	3	01001011
1011001	4	10110010
1000100	2	10001000
0011111	5	00111111

Em cada recepção, é recalculado o bit de paridade e comparado com o recebido.

---

6   Shannon, Claude Elwood – engenheiro norte-americano nascido em 1916.

7   Essa paridade é dita paridade par. A paridade ímpar consiste em acrescentar bit 1 se n é par e bit 0 se n é ímpar.

A incorreção de 2 bits em um mesmo caractere leva à falha dessa vigilância. Em consequência, surgem os métodos mais sofisticados, baseados no mesmo princípio.

Exemplo

De um grupo de sete bits, apenas quatro dirão respeito à informação propriamente dita:

B0	B1	B2	B3	B4	B5	B6

B4 – B5 – B6 são bits de paridade, tendo-se

B4 = B0 + B1 + B2

B5 = B1 + B2 + B3

B6 = B0 + B1 + B3

A paridade de caractere mostrada há pouco é denominada VRC (Vertical Redundancy Check). Como foi visto, um número par de erros, em um mesmo caractere, não pode ser detectado por ela.

Há, para aumentar a segurança, a possibilidade de, em um grupo de caracteres (bloco), ser feito, também, um controle de paridade longitudinal, denominado LRC (Longitudinal Redundancy Check), também conhecido como HRC (Horizontal Redundancy Check) ou paridade de bloco.

11.22 Controle da transmissão

Em princípio, detectado um erro, a informação será retransmitida. Portanto, a fonte que emite uma informação deve conservá-la em um **buffer** até que receba uma das duas mensagens seguintes (ou equivalentes, de acordo com o protocolo adotado):

- ACK = recepção correta;
- NAK = recepção incorreta; retransmita.

Há, também, casos em que a emissão da informação é redundante, tornando possível ao receptor não apenas a detecção, mas, também, a regeneração da informação. É claro que essa técnica, denominada **Forward Error Correction**, acarreta grande perda da eficiência na transmissão e, por isso, só é utilizada em circuitos simples e quando não é prática a retransmissão.

11.23 Redes de comunicação de dados

Uma **rede de comunicação de dados** é um conjunto de equipamentos de processamento de dados situados em centros distantes uns dos outros, interconectados por telecomunicação e compartilhando seus recursos.

Uma organização dessa natureza, em seu estágio mais adiantado, objetiva permitir que tarefas executadas em cada centro tenham acesso a dados e utilizem programas alocados nos outros centros da rede.

O tipo mais simples de rede é o que apresenta conexão **ponto a ponto**, na qual o computador é conectado a cada equipamento remoto de E/S por uma única linha. Assim, sempre que houver algo a transmitir, a linha estará disponível, seja na modalidade discada (comutada) ou permanentemente conectada (linha privada). Nessa modalidade de ligação, o hardware conectado ao computador é o mais simples possível e o software também não requer maior sofisticação (ver Fig. 11.25). Se em uma mesma linha estão conectados vários terminais, tem-se a constituição de uma rede **multiponto** ou *multidrop*.

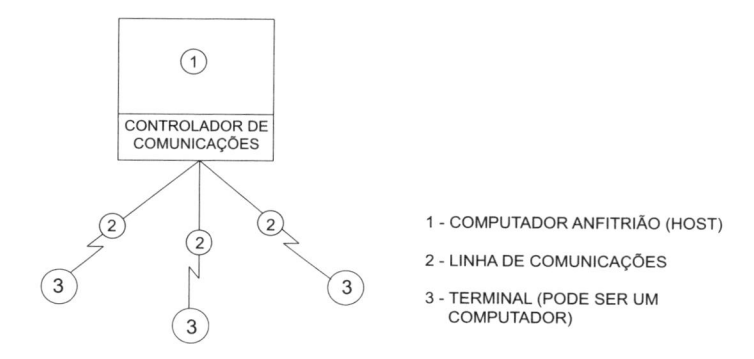

Figura 11.25 Ligação ponto a ponto.

Nesse tipo de rede existe uma estação que efetua o controle, coordenando o tráfego dos dados por meio de uma rotina de atendimento denominada **poll-select**. Há redes multiponto em que pode haver possibilidade de duas estações subordinadas se comunicarem, o que aumenta o grau de complexidade de controle em relação àquelas em que só é possível a comunicação entre cada subordinada e a controladora (ver Fig. 11.26).

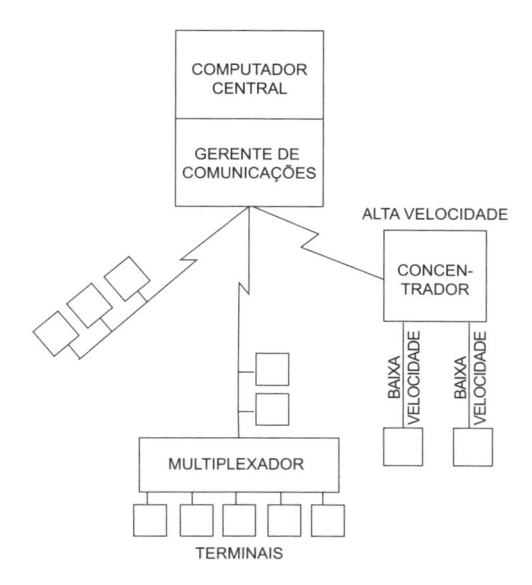

Figura 11.26 Ligação multiponto.

11.23.1 Tipo de ligação multiponto

- **Multiponto com multiplex**: um canal de alta velocidade da UCP é partilhado por vários terminais de baixa velocidade, por meio de um equipamento multiplexador.

- **Multiponto com concentrador**: um dispositivo dotado de buffer (pequeno computador) e utilizado para partilhar uma porta de saída para vários terminais de destino.

- **Multiponto com modem-sharing**: partilhamento do acesso a um modem por diversos terminais, em função do interfaceamento de um dispositivo denominado modem-sharing (ver Fig. 11.27).

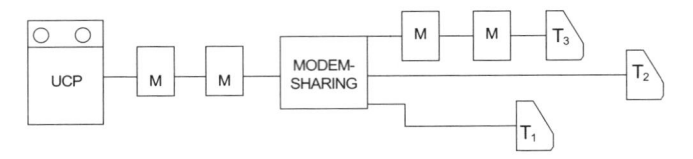

Figura 11.27 Ligação multiponto com modem-sharing.

- **Multiponto com port-sharing**: partilhamento de uma porta de saída por vários modems, ligando-se à porta de saída do computador um dispositivo do tipo port-sharing (ver Fig. 11.28).

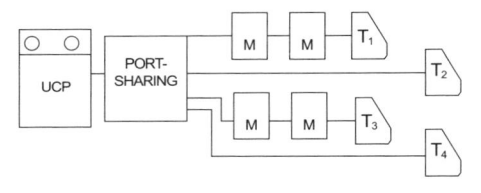

Figura 11.28 Ligação multiponto com port-sharing.

11.24 Elementos básicos de uma rede

A Figura 11.29 apresenta um esquema de rede de comunicações de dados, visando a mostrar o posicionamento dos dispositivos básicos envolvidos.

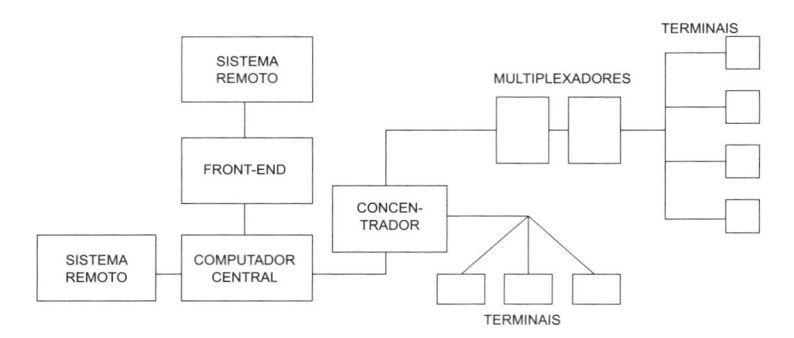

Figura 11.29 Dispositivos básicos de uma rede de comunicação de dados.

11.24.1 Computador central

Em uma rede, o processador dito **central** ou anfitrião (*host*) é o que possui a maior memória interna e está conectado a uma série de equipamentos de variada complexidade. Possui um sofisticado sistema operacional e um software de gerência ou controle de comunicações especialmente voltado para as aplicações de rede.

11.24.2 Processador front-end

Em determinadas configurações de rede, pode aparecer um processador que estabeleça ligação entre um sistema remoto e o computador anfitrião. Trata-se de um processador que absorve boa parte da gerência da comunicação por possuir competente software, que dá a ele condições de desempenhar esse papel de interface entre o terminal e o computador central, e alivia este de boa parcela de sobrecarga. Suas principais funções são:

- **Serialização.** O front-end recebe caracteres paralelamente e os transmite bit a bit na linha de comunicação.
- **Verificação de erros.** Utilização de esquemas como VRC, LRC etc.
- **Sincronização.** Inserção de pulsos de start e stop na emissão, e retirada na recepção,[8] bem como estabelecimento das condições de sincronismo nas transmissões síncronas.
- **Conversão de código.** Adequação dos códigos emitidos pelos terminais à codificação aceita pelo processador central.
- **Capacidade de interrupção.** Interrupção da comunicação para alertar sobre situações especiais (detecção de condição de erro, fim de mensagem, fim de bloco etc.).
- **Manutenção da transmissão.** Em caso de falha no processador central, conduzindo as requisições para outro processador capaz de atendê-las ou, simplesmente, armazenando-as.
- **Armazenamento de sobrecarga.** Nos casos de pico, utilizando seus próprios periféricos.

11.24.3 Multiplexador

Se cada terminal for ligado a um computador central por uma linha independente, sua taxa de utilização tende a ser baixa e, consequentemente, é alto o custo da ligação. O **multiplexador** é um equipamento utilizado para dividir a banda de frequência do canal, alocando cada sub-banda a um terminal – multiplexação por divisão de frequência (Frequency Division Multiplex – FDM) – ou, para prover essa multisservidão, colocando a linha disponível a cada terminal sucessivamente, por um breve intervalo de tempo – multiplexação por divisão do tempo (Time Division Multiplex – TDM).

Os multiplexadores são empregados aos pares (um na origem e outro no destino: desmultiplexando).

---

8   Transmissões assíncronas.

11.24.4 Roteador

Do inglês *router*, ou seja, encaminhador, é um equipamento usado para fazer a comutação de protocolos, a comunicação entre diferentes redes, provendo a comunicação entre computadores distantes entre si.

Esses dispositivos operam na camada 3 do modelo OSI de referência, e sua principal função é selecionar a rota mais apropriada para encaminhar os pacotes recebidos, ou seja, escolher o melhor caminho disponível na rede para determinado destino.

11.24.5 Sistema remoto

Trata-se de um sistema de computação de recursos secundários em relação ao sistema host, mas programável e capaz de processar uma série de aplicações.

Desse modo, não apenas alivia o processamento a ser feito no computador central, como também libera a carga nas linhas de comunicação.

Mantém um banco de dados local e, do mesmo modo que recorre ao computador central quando seu potencial está limitado, pode receber parte da carga daquele processador em alguns momentos de pico maior na rede, auxiliando-o em suas tarefas.

11.24.6 Terminal

Basicamente, um **terminal** é qualquer equipamento de uma estação remota de uma rede, com a função precípua de fonte ou destino de informações (dados).

Há, portanto, uma grande diversidade do que pode ser considerado terminal em relação a uma rede de comunicação de dados: um terminal pode ser um simples teclado, com aptidão apenas para atividades de coleta de dados, até uma configuração de sistema capaz de exercer praticamente todas as funções com autonomia (ver Fig. 11.30).

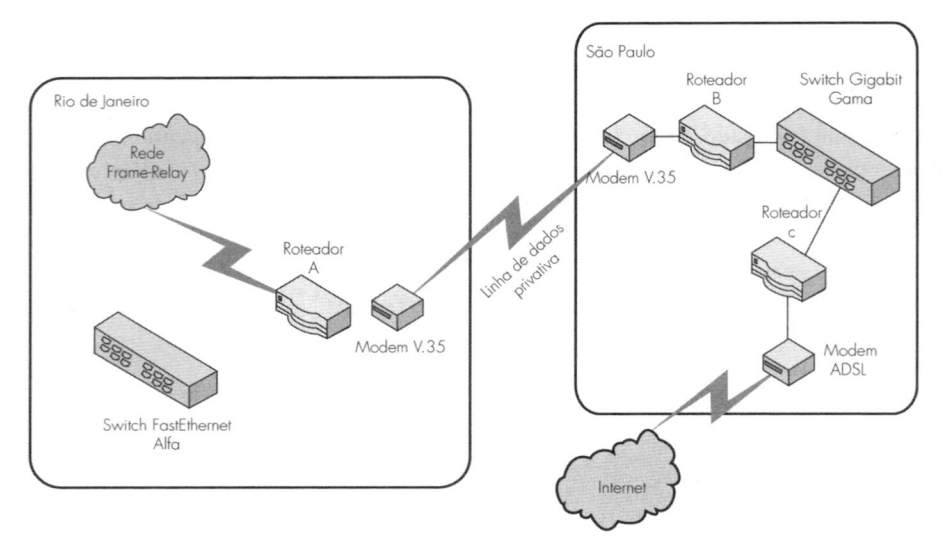

Figura 11.30 Interconexão de redes.

Veem-se *switches*, que são dispositivos comutadores utilizados para segmentar as comunicações em diferentes grupos, garantindo a distribuição da banda entre os diversos domínios de competência.

11.25 Estruturas de redes: topologias

Chama-se topologia de uma rede a distribuição geográfica de seus nodos (equipamentos) e elos (canais de comunicação). Desse modo, a topologia de uma rede define sua estrutura. Além dessa topologia física (máquinas, cabos, roteadores, switches, clientes), deve-se considerar a topologia lógica, que define como os meios físicos são acessados pelos hosts para o envio dos dados.

As topologias físicas mais comumente usadas são:

- Topologia em barramento (bus) – usa um único cabo backbone que é terminado em ambas as extremidades. Todos os hosts são diretamente conectados a esse barramento.

- Topologia em anel (ring) – conecta um host ao próximo e o último host ao primeiro. Isto cria um anel físico utilizando o cabo.

- Topologia em estrela (star) – conecta todos os cabos a um ponto central de concentração.

- Topologia em estrela estendida (extended star) – une estrelas individuais, conectando os hubs ou switches.

- Topologia hierárquica – semelhante a uma estrela estendida, porém, em vez de unir os hubs ou switches, o sistema é vinculado a um computador que controla o tráfego.

- Topologia em malha (mesh) e/ou malha completa (full-mesh) – implementada para prover a maior proteção possível contra interrupções de serviço. Nessa topologia, cada host tem suas próprias conexões com todos os outros hosts. Apesar de a internet ter vários caminhos para qualquer local, ela não adota a topologia em malha completa.

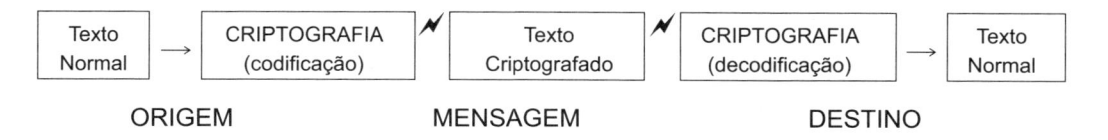

Por outro lado, os dois tipos mais comuns de topologias lógicas são broadcast (difusão) e passagem de token.

- Topologia broadcast – cada host envia seus dados a todos os outros hosts conectados ao meio físico da rede. Não existe uma ordem que deve ser seguida pelas estações para usar a rede. A ordem é: primeiro a chegar, primeiro a usar.

- Topologia lógica – utiliza a passagem de token, isto é, controla o acesso à rede passando um token eletrônico sequencialmente para cada host. Quando um host recebe o token, significa que esse host pode enviar dados na rede. Se o host não tiver dados a serem enviados, ele passa o token para o próximo host e o processo será repetido.

11.26 Redes locais

Em contrapartida à figura de rede remota, que exige o emprego de modems, existe o que se denomina rede local ou **LAN** (Local Area Network).

A rede local é um conjunto de microcomputadores e periféricos (impressoras, plotters, winchesters etc.) interligados em espaço restrito, a ponto de dispensar o uso de modems.

O **downsizing**, fenômeno de substituição dos grandes computadores por workstations materializadas por microcomputadores nos diversos órgãos da empresa, proporcionou o crescente uso das redes locais.

Uma rede local complexa pode ser formada pela interconexão de diversas redes menores, com o que se alargam os horizontes das LANs. Essas ligações vêm se disseminando, em função do benefício que representa a possibilidade de compartilhar arquivos e programas por diversos ambientes, mantendo cada usuário com autonomia de UCP e memória, vantagens em relação ao compartilhamento multiusuário de máquinas de médio e grande portes.

11.27 Arquiteturas

11.27.1 Padrões de intercomunicação

Arquitetura de uma rede é o conjunto de elementos em que ela se sustenta, tanto no que diz respeito a hardware quanto a software. Essa arquitetura é que permite à rede o estabelecimento de comunicação com outra rede ou equipamento.

Portanto, a arquitetura de uma rede tem a ver com elementos físicos e lógicos. A conjugação de hardware e software é que dita o padrão de comunicação de uma rede, devendo a troca de dados ser a mais ampla possível e inteiramente "transparente" para o usuário.

Os modelos de arquitetura mais difundidos são:

- **OSI (Open System Interconnection)**: modelo de intercomunicação entre redes que versa sobre padrões de compatibilidade em sete níveis ou camadas. Cada nível ou camada é o resultado da divisão do problema geral de comunicação em subproblemas específicos. Temos, assim, as camadas: **física**, de **enlace de dados**, de **rede**, de **transporte**, de **sessão**, de **apresentação** e de **aplicação**. As camadas congregam padrões e técnicas pertinentes à solução das questões das respectivas alçadas (ver Fig. 11.31).

- **SNA (Systems Network Architecture)**: modelo anterior ao OSI, originário da IBM, para estabelecer comunicação entre seus diferentes modelos de computadores. A operação da rede é vista não sob sete, mas sob cinco camadas ou níveis: **enlace de dados**, **caminho**, **transmissão**, **fluxo de dados**, **gerenciamento das funções**. Convém destacar que a Microsoft, em seu pacote Back Office, inclui um servidor SNA que possibilita ao Windows NT conectar-se a mainframes de médio e grande portes da IBM. Esse mesmo pacote contém o IIS (Internet Information Server), que transforma o Windows NT em um servidor para a www, FTP, Golpher e outros serviços da rede mundial.

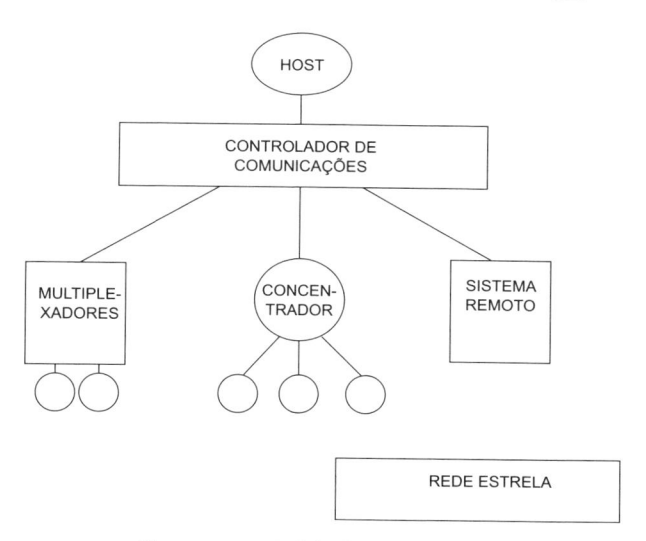

Figura 11.31 Modelo de referência OSI.

- **TCP/IP**: abreviatura de Transmission Control Protocol/Internet Protocol. Modelo voltado a compatibilizar a conexão de computadores por meio da rede mundial. Como a arquitetura de uma rede diz respeito a padrões observados no hardware, no software e no cabeamento, ao conceito de arquitetura estão intimamente ligados os de protocolos de redes. Verifique o item 11.32.

11.27.2 Hierarquia entre estações

- **Arquitetura par a par (peer to peer ou não hierárquica)**: todas as estações são contempladas com o mesmo sistema operacional de redes (SOR servidor + SOR cliente) e todas têm idênticos "poderes". A natureza dos serviços, a cada momento, é que determina quais máquinas são clientes; uma mesma máquina poderá estar sendo cliente e servidor, em relação a dois serviços diferentes, simultaneamente.

- **Arquitetura cliente-servidor**: uma máquina, ou mais de uma, faz(em) papel de servidor. Conhecida como **rede hierárquica**.

- **Arquitetura internet**: esse modelo é o mais recente; é a arquitetura da web. Um servidor central provê "páginas" de informações com as quais os usuários podem interagir. Cada estação usa essas páginas para iniciar o processamento dentro de suas próprias sessões na máquina local ou no servidor. Quando um computador, seja vinculado a pessoa física ou jurídica, se liga à internet, passa a ser componente de tal arquitetura. Quando uma corporação, em sua rede local, utiliza a filosofia e os métodos de trabalho da internet, está implantando uma intranet.

11.28 Wireless ou rede sem fio

Uma rede sem fio ou wireless é uma rede de computadores sem uso de cabos – sejam eles telefônicos, coaxiais ou ópticos – interligando equipamentos que usam radiofrequência (ondas de rádio) ou comunicação em infravermelho.

Vantagens

- **Flexibilidade**: dentro da área de cobertura, uma determinada estação pode se comunicar sem nenhuma restrição.
- **Facilidade**: a instalação pode ser rápida, evitando a passagem de cabos através de paredes.
- **Interoperabilidade**: embora seja mais cara do que uma rede cabeada, existe ganho na melhor utilização dos recursos de TI; **diversas topologias** de rede podem ser conjugadas em redes sem fio.

Desvantagens

- **Qualidade de serviço**: a qualidade do serviço provido ainda é, em alguns locais, menor que a das redes cabeadas.
- **Custo**: o preço dos equipamentos de redes sem fio ainda requer um investimento inicial mais alto do que os equivalentes em redes cabeadas.
- **Segurança**: intrinsecamente, os canais sem fio são mais suscetíveis a interceptores não desejados, e alguns equipamentos elétricos ou eletrônicos são capazes de interferir na transmissão de dados.
- **Baixa transferência de dados**: embora a taxa de transmissão das redes sem fio esteja crescendo rapidamente, ainda apresenta relativa perda de pacotes se comparada às redes cabeadas (ver Fig. 11.32).

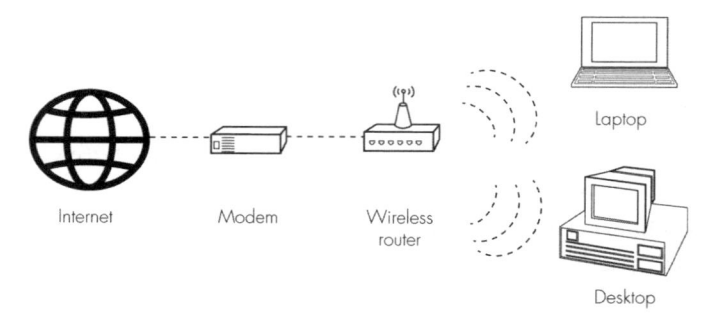

Figura 11.32 Um roteador sem fio pode permitir que vários dispositivos se conectem à internet.

É comum pessoas se referirem a Wi-Fi como rede 802.11. Essa designação foi criada pelo IEEE – Institute of Electrical and Electronic Engineers (Instituto de Engenheiros Eletricistas e Eletrônicos), que estabelece padrões para protocolos eletrônicos e usa um sistema de numeração para identificá-los. Existem diferentes padrões de 802.11: 802.11a, 802.11b, ...802.11g,...., 802.11n, cada qual com suas particularidades.

Ponto de Acesso ou Access Point (AP) é um dispositivo em uma rede sem fio que realiza a interconexão entre todos os dispositivos móveis. Em geral se conecta a uma rede cabeada servindo de ponto de acesso para outra rede, como, por exemplo, a internet.

Pontos de acesso Wi-Fi estão se tornando muito populares. Vários estabelecimentos comerciais oferecem acesso à internet por meio de um ponto de acesso, como serviço ou cortesia aos clientes, tornando-se hotspots (ponto de acesso rápido). É muito prático, pois a implantação de uma rede sem fio interligada por um ponto de acesso economiza o trabalho de instalação de infraestrutura cabeada.

Observe:

- Estação WLAN (Wireless local, área network ou rede local sem fio) – os diversos clientes da rede.

- Sistema de distribuição – corresponde ao backbone da WLAN, realizando a comunicação entre os APs (*access points*).

- Conjunto estendido de serviços – conjunto de células BSS (**Basic Service Sets ou Configurações Básicas de Serviços)** cujos APs estão conectados a uma mesma rede convencional. Nessas condições, uma estação cliente pode se movimentar de uma célula BSS para outra, permanecendo conectada à rede. Esse processo é denominado **roaming** (itinerância).

11.28.1 Tipos de segurança para rede Wireless

Existem alguns tipos de opções de segurança para Wi-Fi:

- Wired Equivalent padrão WEP 128, estabelecido pelo grupo de trabalho IEEE 802.11, especificando geração de chaves de criptografia. A fonte de informação usa essas chaves para evitar que espiões obtenham acesso aos dados.

- Service Set Identifier (SSID) um identificador associado com um ponto de acesso ou com um grupo de pontos de acesso, funcionando como uma senha que examina o acesso à rede.

- Access Control List (ACL): cada dispositivo wireless tem um identificador único chamado de endereço Media Access Control (MAC). A lista de MAC pode ser mantida em um ponto de acesso ou a um servidor de todos os pontos de acesso. Apenas os dispositivos têm acesso à rede que o endereço MAC especifica.

As implementações anteriores não são totalmente imunes ao ataque. Mesmo quando se ativa o WEP, persistem os problemas.

Para implementar um tipo de ativo de segurança, é preciso implementar o padrão de segurança IEEE 802.1x. Esse programa abrange duas áreas de restrição de acesso à rede, por meio de autenticação mútua e integração de dados por meio de chave WEP dinâmica. A autenticação mútua entre a estação do cliente e os pontos de acesso ajuda a garantir que os clientes estão se comunicando com as redes de conhecidos e a rotação de chave dinâmica reduz a exposição a ataques.

Em virtude das deficiências do WEP, algumas alternativas ao padrão WEP emergiram. A maioria dos fabricantes Wi-Fi concordou em utilizar uma norma temporária para reforçar a segurança chamada de Wi-Fi Protected Access (WPA). No WPA, a chave de criptografia é mudada após cada frame, usando *Temporary Key Integrity Protocol* (TKIP). O TKIP substitui, com vantagem, o WEP. E embora o WEP seja opcional no padrão Wi-Fi, o TKIP é necessário em WPA. O algoritmo de criptografia TKIP é mais forte do que o usado no WEP, mas funciona utilizando os mesmos mecanismos de cálculo.

11.29 VPN – Virtual Private Network

Virtual Private Network ou Rede Particular Virtual é uma rede de comunicações privada normalmente utilizada por uma empresa, ou um conjunto de empresas, construída em cima de uma rede pública de comunicações (como, por exemplo, a internet). O tráfego de dados, via de regra, é conduzido pela rede pública, utilizando protocolos padrão, portanto, não necessariamente seguros.

VPNs seguras usam protocolos de criptografia por tunelamento, que fornecem a confidencialidade, a autenticação e a integridade necessárias para garantir a privacidade requerida nas comunicações. Quando adequadamente implementados, esses protocolos podem assegurar comunicações invioláveis, mesmo por meio de redes inseguras. Basicamente, quando uma rede quer enviar dados para outra pela VPN, um protocolo, por exemplo o IPSec, faz o encapsulamento do quadro normal com o cabeçalho IP da rede local e adiciona o cabeçalho IP da internet atribuída ao roteador: um cabeçalho AH, que é o cabeçalho de autenticação, e um cabeçalho ESP, que é o cabeçalho que prové integridade, autenticidade e criptografia à área de dados do pacote. Quando esses dados encapsulados chegam à outra extremidade, é feito o desencapsulamento do IPSec, e os dados são encaminhados ao referido destino da rede local.

Deve-se notar que a escolha, a implementação e o uso desses protocolos não são algo trivial, e várias soluções de VPN inseguras são distribuídas no mercado. Advertem-se os usuários para que investiguem com cuidado os produtos que fornecem VPNs. Por si só, o rótulo VPN é apenas uma ferramenta de marketing.

Hoje diversas empresas interligam suas bases operacionais por meio de um VPN na internet. Um sistema de comunicação por VPN tem custos de implementação e de manutenção insignificantes, se comparados aos antigos sistemas de comunicação física, como o frame-relay, por exemplo – que tem alto custo e segurança duvidosa. Por esse motivo, muitos sistemas de comunicação estão sendo substituídos por VPN, que, além do baixo custo, oferece alta confiabilidade, integridade e disponibilidade dos dados trafegados. Sistemas de comunicação por VPN estão sendo amplamente utilizados em diferentes setores, até mesmo governamentais, no mundo inteiro. As polícias federais, por exemplo, em muitos países, já substituíram seus sistemas de comunicação de dados por VPNs. Esse fato exemplifica como o sistema é viável, oferecendo segurança e confiabilidade (ver Fig. 11.33).

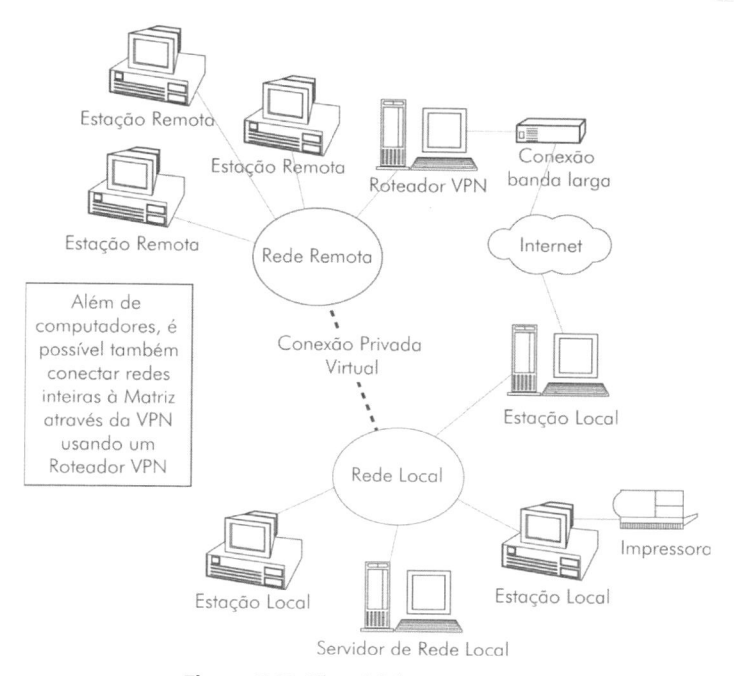

Figura 11.33 Virtual Private Network.

A integração de redes na VPN acontece na camada 3 (camada de redes, IP), permitindo acesso a compartilhamentos do Windows, FTP, HTTP (web), SMTP, POP-3, Telnet, SSH, Terminal Service, Citrix Metaframe, VNC ou qualquer outro tipo de aplicação que funcione sobre TCP/IP.

Funcionalidade	Tipo 1	Tipo 2	Tipo 3
Interliga computadores individuais à central	5	5	5
Interliga redes à central		5	5
Acesso por meio de login e senha	5	5	5
Acesso por meio de certificado digital		5	5
Permite filtrar o acesso entre os pontos interligados			5
Cadastro de usuários em banco de dados relacional			5

Requisitos	Tipo 1	Tipo 2	Tipo 3
Servidor dedicado	5	5	5
IP dedicado para o servidor	5	5	5

11.30 Padrões de cabeamento

Nos anos 1990 era comum encontrarmos redes de computadores usando cabo coaxial de 50 Ohms. Isso se dava pelo fato de ser mais fácil, pois o cabo coaxial é parecido com o cabo de antena de televisão e pode ser instalado em qualquer local, sem problemas com interferências. Dado o avanço das redes de computadores – o aumento de sua taxa de transmissão –, o cabo coaxial começou a ser substituído pelo cabo de par trançado. As principais vantagens são: maior taxa de transferência de dados, baixo custo do cabo e baixo custo de manutenção de rede.

As taxas usadas nas redes com o cabo de par trançado são:

- 10 Mbps (Ethernet);
- 100 Mbps (Fast Ethernet); ou
- 1.000 Mbps (Gigabit Ethernet).

Os cabos de par trançado são os mais comuns em equipamentos para internet banda larga, como ADSL, para ligar a placa de rede nos Hubs, Switch ou Roteador. Esses equipamentos geralmente são instalados em redes domésticas, por meio do cabo UTP Categoria 5.

Existem três tipos de cabos de par trançado:

- **Unshielded Twisted Pair – UTP ou Par Trançado sem Blindagem**: é o mais usado atualmente tanto em redes domésticas quanto em grandes redes industriais, em razão do fácil manuseio e instalação, permitindo taxas de transmissão de até 100 Mbps com a utilização do cabo CAT 5e; é o mais barato para distâncias de até 100 metros; para distâncias maiores, empregam-se cabos de fibra óptica. Sua estrutura é de quatro pares de fios entrelaçados e revestidos por uma capa de PVC. Pela falta de blindagem, esse tipo de cabo não é recomendado para ser instalado próximo a equipamentos que possam gerar campos magnéticos (fios de rede elétrica, motores, inversores de frequência), e também não podem ficar em ambientes com umidade.

- **Shield Twisted Pair – STP ou Par Trançado Blindado (cabo com blindagem)**: é semelhante ao UTP. A diferença é que possui uma blindagem feita com a malha metálica. É recomendado para ambientes com interferência eletromagnética acentuada. Por causa de sua blindagem, possui um custo mais elevado. Caso o ambiente possua umidade, grande interferência ele-tromagnética, distâncias acima de 100 metros, ou se for exposto diretamente ao sol, ainda é aconselhável o uso de cabos de fibra óptica.

- **Screened Twisted Pair – ScTP – também referenciado como FTP (Foil Twisted Pair)**: os cabos são cobertos pelo mesmo composto do UTP categoria 5; para esse tipo de cabo, no entanto, uma película de metal é enrolada sobre cada par trançado, melhorando a resposta ao EMI, embora exija mais cuidados quanto ao aterramento, para garantir eficácia perante as interferências.

Categorias

Os cabos UTP foram padronizados pelas normas da EIA/TIA-568-B e são divididos em nove categorias, levando em conta o nível de segurança e a bitola do fio, em que os números maiores indicam fios com diâmetros menores. Segue-se resumo simplificado dos cabos UTP.

Categoria do cabo 1 (CAT1): consiste em um cabo blindado com dois pares trançados, compostos por fios 26 AWG. Utilizado por equipamentos de telecomunicação e rádio. Foi usado nas primeiras redes Token-ring, mas não é aconselhável para uma rede de par trançado. (CAT1 não é mais recomendado pela TIA/EIA.)

Categoria do cabo 2 (CAT2): é formado por pares de fios blindados (para voz) e pares de fios não blindados (para dados). Também foi projetado para antigas redes token-ring e ARCnet, chegando à velocidade de 4 Mbps. (CAT2 não é mais recomendado pela TIA/EIA.)

Categoria do cabo 3 (CAT3): é um cabo não blindado (UTP) usado para dados de até 10 Mbits, com a capacidade de banda de até 16 MHz. Foi muito usado nas redes Ethernet, criadas nos anos 1990 (10 BASET). Ainda pode ser utilizado para VOIP, rede de telefonia e redes de comunicação a 10 BASET e 100 BASET4. (CAT3 é recomendado pela norma EIA/TIA-568-B.)

Categoria do cabo 4 (CAT4): é um cabo de par trançado não blindado (UTP) que pode ser utilizado para transmitir dados a uma frequência de até 20 MHz e dados a 20 Mbps. Foi usado em redes que podem atuar com taxa de transmissão de até 20 Mbps como Token-ring, 10 BASET e 100 BASET4. Não é mais utilizado, pois foi substituído pelos cabos CAT5 e CAT5e. (CAT4 não é mais recomendado pela TIA/EIA.)

Categoria do cabo 5 (CAT5): usado em redes fast Ethernet em frequências de até 100 MHz com taxa de 100 Mbps. (CAT5 não é mais recomendado pela TIA/EIA.)

Categoria do cabo 5e (CAT5e): é uma melhoria da categoria 5. Pode ser usado para frequências até 125 MHz em redes 1000 BASE-T gigabit Ethernet. Foi criado com a nova revisão da norma EIA/TIA-568-B. (CAT5e é recomendado pela norma EIA/TIA-568-B.)

Categoria do cabo 6 (CAT6): definido pela norma ANSI EIA/TIA-568-B-2.1, possui bitola 24 AWG e banda passante de até 250 MHz e pode ser usado em redes gigabit Ethernet à velocidade de 1.000 Mbps. (CAT6 é recomendado pela norma EIA/TIA-568-B.)

Categoria: CAT6a: é uma melhoria dos cabos CAT6. O **a** de CAT6a significa *augmented* (ampliado). Os cabos dessa categoria suportam até 500 MHz e podem ter até 55 metros no caso de a rede ser de 10.000 Mbps; caso contrário, podem ter até 100 metros. Para que os cabos CAT6a sofram menos interferências, os pares de fios são separados uns dos outros, o que aumenta o seu tamanho e os torna menos flexíveis. Essa categoria de cabos tem os seus conectores específicos que ajudam a evitar interferências.

Categoria 7 (CAT7): foi criado para permitir a criação de rede 10 gigabit Ethernet de 100 metros, usando fio de cobre (apesar de atualmente esse tipo de rede estar sendo usado pela rede CAT6).

11.31 Sistemas operacionais de redes

Existem quatro tipos básicos de sistemas operacionais.

- **Sistema operacional de tempo real** (RTOS – Real-time operating system) – é utilizado para controlar máquinas, instrumentos científicos e sistemas industriais. A função do RTOS é gerenciar os recursos do computador para que uma operação específica seja sempre executada durante um mesmo período de tempo.

- **Monousuário**, **Monotarefa** – foi criado para que um único usuário possa fazer uma tarefa por vez. O Palm OS dos computadores Palm é exemplo de sistema operacional monousuário e monotarefa.

- **Monousuário**, **Multitarefa** – é o sistema operacional mais utilizado em computadores de mesa e laptops. As plataformas Microsoft Windows, Linux e MacOS são exemplos de sistemas operacionais que permitem que um único usuário utilize diversos programas ao mesmo tempo. Por exemplo, é perfeitamente possível para um usuário de Windows escrever uma nota em um processador de texto ao mesmo tempo em que faz download de um arquivo da internet e manda imprimir um arquivo.

- **Multiusuário** – sistema operacional multiusuário permite que diversos usuários utilizem simultaneamente os recursos do computador. O sistema operacional deve se certificar de que as solicitações de vários usuários estejam balanceadas. Cada um dos programas utilizados deve dispor de recursos suficientes e separados, de forma que o problema de um usuário não afete toda a comunidade de usuários. Unix, VMS e sistemas operacionais mainframe, como o MVS, são exemplos de sistemas operacionais multiusuário.

11.32 Protocolos de rede

Um protocolo em comunicação de dados é um conjunto de regras ou normas que estabelece como iniciar, desenvolver e encerrar uma conexão entre computadores: quando e de que modo enviar; de que modo receber; que linguagens, que códigos, que velocidades usar; como controlar; como resguardar.

11.32.1 TCP/IP

O TCP/IP (Transmission Control Protocol/Internet Protocol) tem sido o protocolo (ou melhor, o conjunto de protocolos) preferido para as redes por ser o que de mais versátil existe quando se trata de comunicação de redes entre si.

Trata-se de especificação aberta ao alcance de qualquer pessoa ou organização, com implementações para – literalmente – todas as plataformas computacionais, de microcomputadores a máquinas de grande porte, inclusive as de arquitetura RISC.

Além disso, tem desempenho adequado tanto em ambiente local quanto remoto.

O TCP/IP, às vezes, é denominado Conjunto DoD por ter sido desenvolvido pelo Departamento de Defesa dos Estados Unidos, entre o fim da década de 1970 e o início da década de 1980.

Entre os principais protocolos desse conjunto destacam-se:

- ARP – Address Resolution Protocol
- BOOTP – Bootstrap Protocol
- DAYTIME – Daytime Protocol

- EGP – Exterior Gateway Protocol
- FINGER – Finger Protocol
- FTP – File Transfer Protocol
- HELLO – Hello Routing Protocol
- ICMP – Internet Control Message Protocol
- IP – Internet Protocol
- IP – SLIP – Serial Line IP
- IP – CSLIP – Compressed Serial Line IP
- IP – X25 – Internet Protocol on X25 Nets
- NNTP – Network News Transfer Protocol
- NTP – Network Time Protocol
- POP2 – Post Office Protocol, version 2
- POP3 – Post Office Protocol, version 3
- PPP – Point-to-Point Protocol
- RARP – Reverse Address Resolution Protocol
- RIP – Routing Information Protocol
- SMI – Structure of Management Information
- SMTP – Simple Mail Transfer Protocol
- SNMP – Simple Network Management Protocol
- SUN-NFS – Network File System Protocol
- SUN-RPC – Remote Procedure Protocol
- SUPDUP – SUPDUP Protocol
- TCP – Transmission Control Protocol
- TELNET – Terminal Emulation Protocol
- TFTP – Trivial File Transfer Protocol
- TIME – Time Server Protocol
- UDP – User Datagram Protocol

O TCP/IP caracteriza-se por ser:

- aberto;
- público;
- independente de sistema operacional;
- independente de *hardware* de um fabricante específico;
- independente da rede física utilizada.

Em função da gama de protocolos que abriga e das características ressaltadas, o TCP/IP permite a conexão entre redes de qualquer alcance: locais, metropolitanas, remotas, utilizando satélites ou links de qualquer outra natureza.

A interligação de duas redes exige que uma máquina esteja conectada a ambas para estabelecer a passagem. Se as duas redes têm a mesma tecnologia (protocolo), um roteador – que atua na camada 3 do modelo OSI – será uma máquina capaz de promover a interligação. Se os protocolos são diferentes (TCP/IP e IPX/SPX, p. ex.), esse equipamento de ligação deverá ser um gateway, que atua na camada 7 do modelo OSI. Como a esmagadora maioria das redes possui o protocolo TCP/IP, correntemente a conexão entre redes é provida por roteadores.

11.32.2 Modelo de referência OSI

OSI é a abreviatura de Open Systems Interconective, uma arquitetura de protocolos em camadas que padroniza os níveis de serviço e tipos de interação entre os equipamentos que se comunicam.

O Modelo de Referência para Interconexão de Sistemas Abertos (RM-OSI) foi referendado como padrão internacional em 1983 pela CCITT, hoje ITU (International Telecommunication Union).

O OSI e os diversos padrões a ele relacionados foram desenvolvidos por grupos de trabalho do SC6 (Telecommunications and Information Exchange Between Systems) e do SC21 (Information Retrieval Transfer and Management for OSI), ambos pertencentes ao TC97 (Information Processing Systems) da ISO (International Organization for Standardization).

O objetivo principal do OSI é fornecer uma base comum que permita o desenvolvimento coordenado de padrões para interconexão dos sistemas. Por esse modo, as comunicações são separadas em sete camadas (ou níveis), cada uma delas apoiada nas anteriores. A primeira, mais inferior, trata apenas dos **links de hardware**; a segunda, da **codificação e endereçamento**; a terceira, do

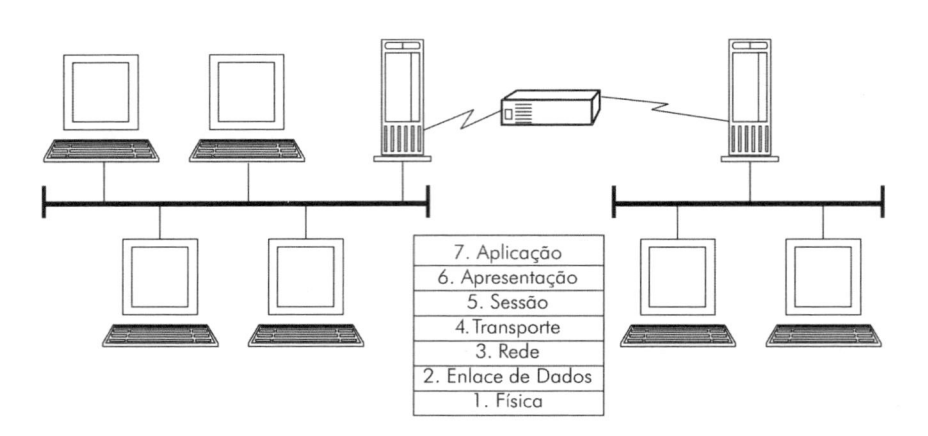

| 7. Aplicação |
| 6. Apresentação |
| 5. Sessão |
| 4. Transporte |
| 3. Rede |
| 2. Enlace de Dados |
| 1. Física |

7. Rodar Programas
6. Conversão de Formatos
5. Início, Controle, Fechamento de Sessões
4. Fim a Fim (sair/chegar)
3. Comunicação e Comutação Enlaçe Físico sem Erro
2. Acesso aos Meios
1. Fluxo de Bits não estruturado

Figura 11.34 Modelo de referência OSI.

tratamento e transferência de mensagens; a quarta, da qualidade do serviço de transferência; a quinta, do estabelecimento, manutenção e fiscalização de comunicações; a sexta, da formatação e apresentação de textos, da conversão; e a sétima, da interação de software em nível de programas aplicativos.

O esquema da Figura 11.34 ajuda na compreensão.

Camadas do modelo OSI

O modelo de referência OSI é uma importante contribuição ao projeto de redes locais, pois estabelece a independência entre diversas camadas, inclusive hardware e software. O hardware (como o cabeamento, p. ex.) está contido na camada física no 1 ou camada base. Como as camadas são independentes umas das outras, teoricamente é possível trocar os cabos (de par trançado para cabos coaxiais, p. ex.) sem ter de modificar as outras camadas. Evidentemente nem todas as redes locais alcançam esse nível de independência.

Segundo o mesmo raciocínio, um sistema operacional qualquer, seja o Netware da Novell, por exemplo, seja o Windows NT, da Microsoft, pode ser executado em uma FDDI de fibra ótica, como em uma Ethernet de par trançado.

11.32.3 Relacionamento do TCP/IP com o OSI

A arquitetura que abriga o TCP/IP tem quatro camadas e sua correlação com o modelo OSI da ISO é a seguinte:

- (*) O protocolo TCP realiza o transporte das mensagens;
- (**) O protocolo IP realiza o roteamento das mensagens;
- Arquitetura OSI (Padrão "de jure");
- Arquitetura internet TCP/IP (Padrão "de facto").

Trata-se do conjunto de protocolos básicos associados ao sistema operacional da Novell.

O protocolo IPX (Internetwork Packet Exchange) é o usado pela Novell para o roteamento das mensagens, e o protocolo SPX (Sequenced Packet Protocol) é o responsável pelo transporte, equivalente à camada 4 do RM-OSI.

11.32.4 NetBEUI

A IBM, em 1984, introduziu uma interface de programação denominada NetBIOS (Network Basic Input/Output System), própria para programação de aplicações distribuídas.

Atualmente, a Microsoft inclui essa interface em seu sistema operacional de rede, implementado por um emulador com funções de protocolo de comunicação denominado NetBEUI (NetBIOS Extended User Interface).

O NetBEUI é, portanto, um protocolo para redes locais e homogêneas Microsoft.

11.32.5 X.25

Criado pela CCITT (atual ITU), o X.25 é um grupo de protocolos que determina os procedimentos para comunicação em uma rede de comutação de pacotes. É aderente às três camadas inferiores do modelo OSI (físico, link de dados e rede), suportando, de modo transparente, protocolos de níveis superiores de outras arquiteturas, como, por exemplo, TCP/IP e SNA. Desse modo, redes WANs podem se beneficiar das facilidades próprias de tais protocolos: Telnet, SNMP, FTP, SMTP, entre outras, mediante baixo custo de implementação.

O protocolo X.25 está presente em redes públicas e privadas. O formato dos pacotes, os controles de erro e outros recursos são equivalentes a partes do protocolo HDLC (High-level Data Link Control) definidas pela ISO. O esquema de endereçamento é regido por uma norma conhecida como X.121, consistindo cada endereço físico em um número de 14 dígitos, em organização semelhante à que rege a telefonia internacional.

A Figura 11.35 mostra que, em uma comunicação X.25, os DTEs (Data Terminal Equipments) conectam-se (em comunicação síncrona full-duplex) por meio de DCEs (Data Communications Equipments) da rede, de modo que a interface X.25 é tratada sempre entre um DTE e um desses DCEs.

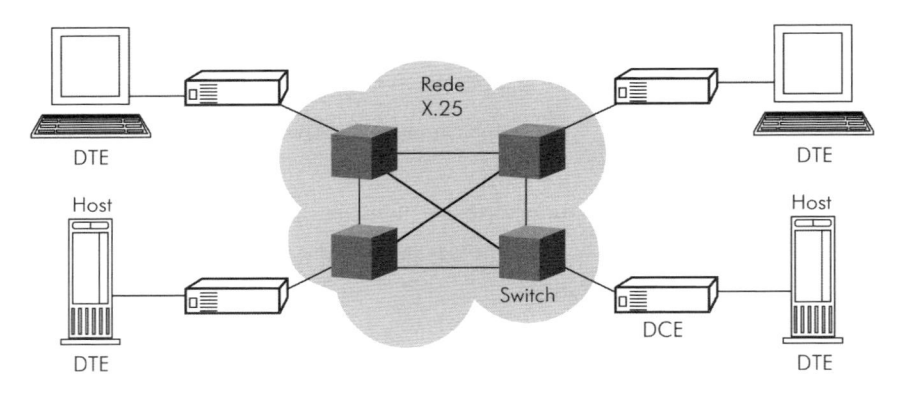

Figura 11.35 DTEs e DCEs em rede X.25.

O X.25 foi projetado em uma época em que os canais de comunicação eram de baixa qualidade. Por essa razão, é dotado de sofisticados recursos de detecção e de recuperação de erros que, se lhe garantem segurança, comprometem sua eficácia e o tornam, de certa forma, incompatível com os canais modernos, de qualidade superior.

11.32.6 Frame-Relay

O protocolo Frame-Relay é uma evolução tecnológica do X.25. Caracteriza, igualmente, uma rede remota de comutação de pacotes, porém capaz de suportar transmissões de grandes volumes de dados, em velocidade bem superior, na casa dos megabits por segundo. Além disso, o Frame-Relay tem a vantagem de suportar aplicações diversificadas, como internet e videoconferências. Seu protocolo de enlace de dados é o DL-Core.

Hoje existem muitas empresas atuando como provedoras de serviços Frame-Relay, por via terrestre e por satélites.

11.32.7 PPP

Acrônimo de Point-to-Point Protocol, trata-se de um padrão voltado à conexão direta de computadores à internet, por meio de linhas telefônicas discadas.

O PPP oferece recursos mais avançados em relação ao antigo protocolo SLIP (Serial Line Internet Protocol), de mesmo propósito.

11.32.8 Redes com mais de um protocolo

Existe a hipótese de uma rede ser dotada de dois ou mais protocolos: NetBEUI e TCP/IP, por exemplo. Sob o argumento de que o primeiro, embora não roteável (ou seja, não estar apto a conversar com máquinas de outros protocolos), é mais ágil para as aplicações de comunicação intrarrede, poder-se-ia ter TCP-IP, por exemplo, apenas nos servidores comprometidos com as ligações externas e NetBEUI nas estações clientes, que não se comunicam diretamente com o exterior. Inclusive esta é uma das formas – entre outras – recomendadas como opção para implementar sistemas de segurança denominados *firewall* (ver Figs. 11.36 e 11.37).

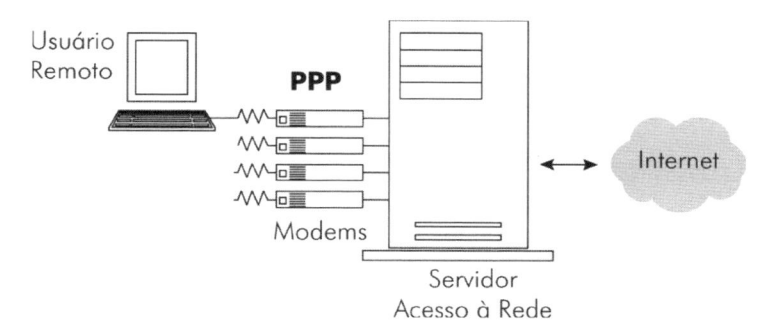

Figura 11.36 Protocolo Point-to-Point (PPP).

Na verdade, em princípio, a prática tem demonstrado que é mais conveniente, muitas vezes, o uso apenas do TCP/IP (que é capaz de resolver os problemas de comunicação, qualquer que seja o número de nós da rede), dando-se à segurança outra forma de tratamento. É oportuno salientar que, mesmo para redes sem compromisso com redes externas, o NetBEUI se mostra eficaz até cerca de 200 estações; após isso, sua *performance* cai sensivelmente, sendo preferível, em tais casos, contar realmente com o TCP/IP.

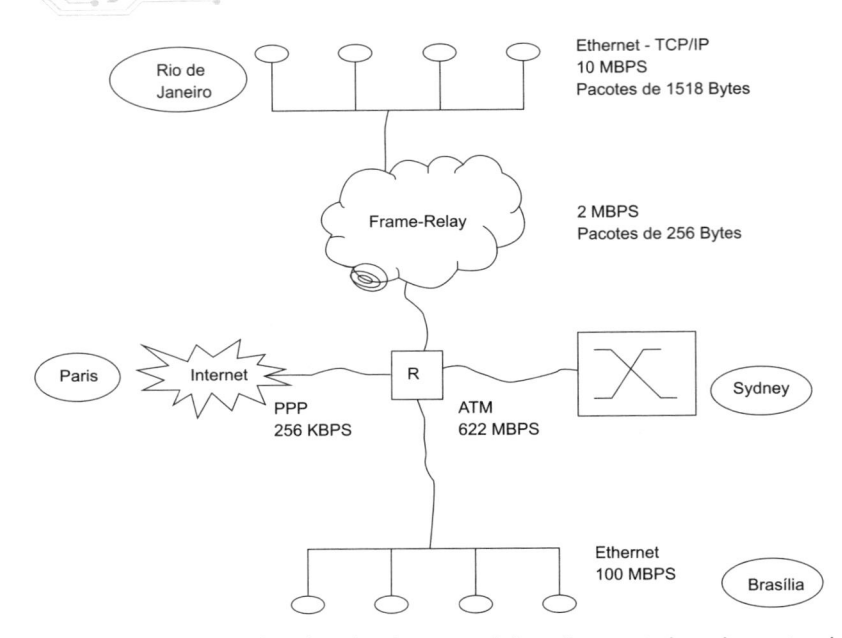

Figura 11.37 Roteador intercomunicando redes de características diversas, todas sob o protocolo TCP/IP.

11.33 Segurança nas redes

11.33.1 Sistema corta-fogo e segurança lógica

A segurança é o que, em última instância, viabilizará o ambiente de comunicação da empresa. De nada adianta uma rede tecnicamente correta se os usuários não confiam nela.

Pode-se prover conexão remota da rede de uma empresa às redes públicas RNP e Renpac (nacionais), internet e interdata (internacionais), a redes metropolitanas e a diversas redes de outras organizações. No entanto, há que se protegê-la convenientemente. A rede não pode ser vulnerável nem se constituir em um elemento que exponha a empresa a qualquer vulnerabilidade.

Uma das maneiras de resguardá-la é dotá-la de um sistema **corta-fogo (firewall)**, de modo a selecionar suas comunicações de entrada e de saída.

Firewall é um procedimento de segurança que consiste em emprego de dispositivo(s) de computação que faz(em) filtragem entre redes.

A finalidade de um firewall – também chamado de barreira de proteção – é, portanto, impedir que pessoas mal-intencionadas tenham acesso à rede da organização (denominada rede interna, uma vez que os equipamentos do firewall compõem uma espécie de rede periférica).

Todo firewall é montado a partir de um roteador a que se confere alguma capacidade de selecionar acessos, refutando aqueles que são considerados indesejados. Esse roteador passa a ser, então, um **roteador** seletivo.

Podem-se utilizar "firewall", "sistema firewall", "corta-fogo" e "sistema corta-fogo" como expressões sinônimas.

Um elemento que se encontra com frequência em um sistema corta-fogo é o denominado **proxy**. Trata-se de um software que impede que os usuários conheçam detalhes do endereçamento dos recursos da rede acessada: ele interpreta uma solicitação e, caso possa ser atendida, a remete para um servidor interno cujo endereço é desconhecido para o remetente. Pode-se ter uma máquina na rede periférica tão somente com a função de proxy; nesse caso, por extensão, a máquina é também denominada proxy (**processador ou computador ou servidor proxy**).

Como normalmente a máquina proxy é um roteador, ela é, por si só, um firewall. Porém, o corta-fogo principal de um sistema de defesa, independentemente desse proxy da rede periférica, há de ser um roteador mais vigilante e mais severo, colocado à entrada da rede principal, denominado **roteador** interno (ver Figs. 11.38 e 11.39).

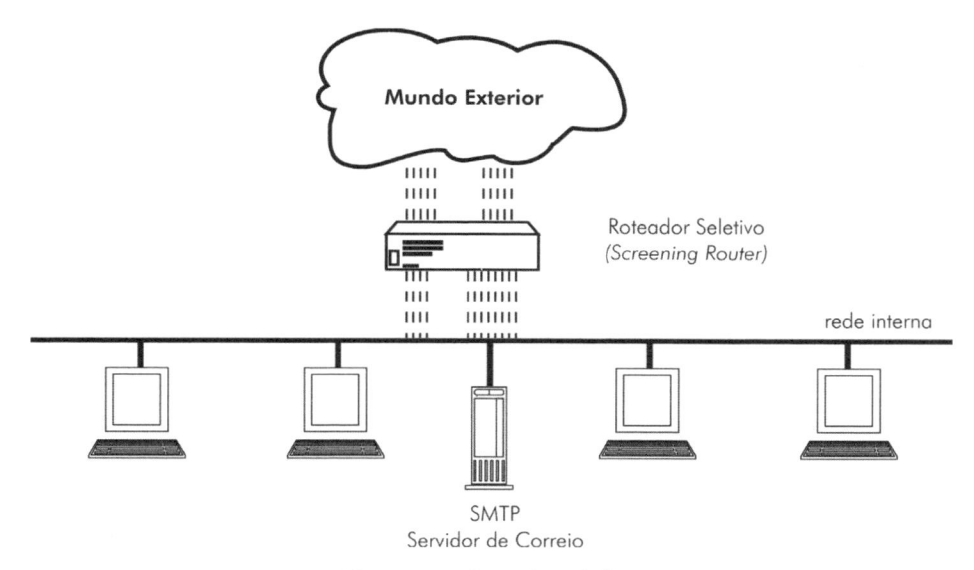

Figura 11.38 Roteador seletivo.

A rede perimetral da organização é conhecida, também, como **zona desmilitarizada**. É uma área em que propositalmente pode-se ficar mais exposto a ataques.

Um site institucional com as devidas permissões de acesso pode perfeitamente ser colocado nessa região; ataques a arquivos do site, assim expostos, em princípio, não trarão danos de maiores proporções à organização.

Uma mesma máquina pode, no âmbito da rede periférica, desempenhar várias funções, a exemplo do que ocorre no âmbito da rede interna. No entanto, é de todo conveniente que cada computador tenha sua função específica.

Computadores com configurações voltadas especificamente para as funções de roteadores seletivos são fabricados por diversos fornecedores em diferentes escalas de complexidade e, em consequência, com preços bastante variados.

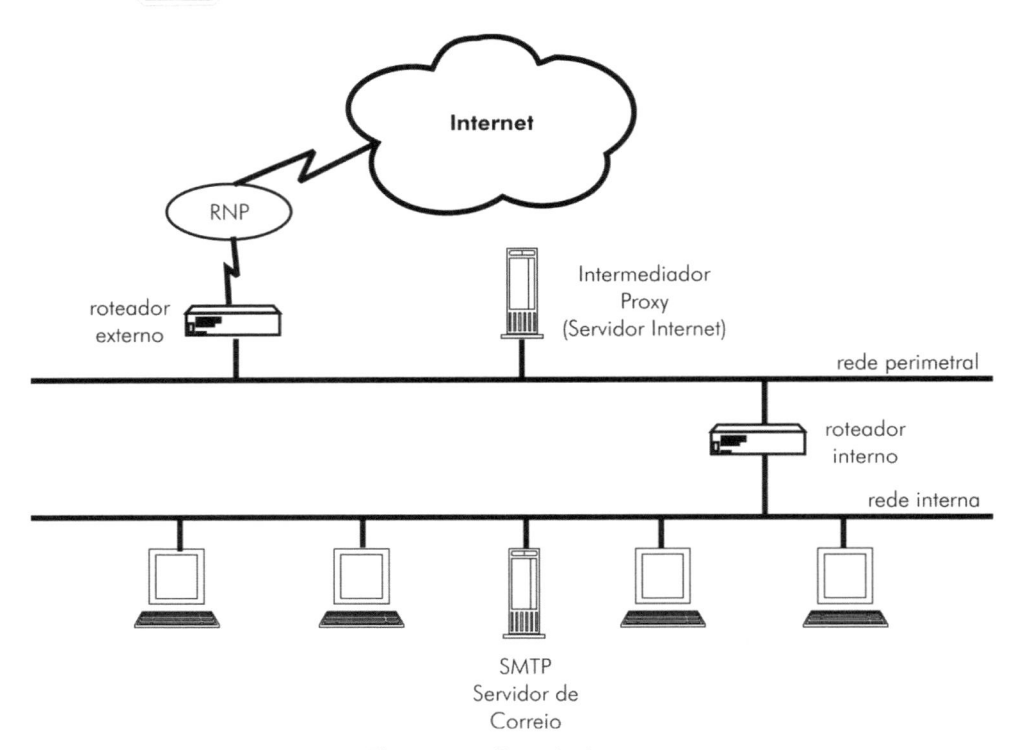

Figura 11.39 Roteador interno.

Um exemplo de filtro seria permitir somente tráfego de correio eletrônico (SMTP), bloqueando qualquer outra comunicação.

Existem várias arquiteturas possíveis para um sistema corta-fogo. A Figura 11.40 ilustra a mais usual (talvez a mais útil) delas.

Cabe lembrar que a Figura 11.39 mostra a rede interna e a perimetral com topologia em barramento por uma questão de clareza. Na realidade, utilizar-se-á uma topologia em estrela (Fig. 11.40). Nela devem ser destacados:

- **Rede perimetral** → Rede delimitadora que tem como objetivo principal segregar o ambiente interno (seguro) do ambiente externo (inseguro).

- **Roteador externo** → Conecta a rede perimetral ao mundo exterior. Deve ter alguma capacidade de filtragem. Normalmente, não é tão crucial quanto o roteador interno.

- **Roteador interno** → Conecta a rede perimetral à rede interna. É o roteador seletivo. Deve ter uma ótima capacidade de recursos de segurança.

- **Proxi** → Máquina específica para abrigar os programas dos serviços de filtragem e intermediação. É, também, o servidor de internet.

A segurança recomenda que seja expressamente proibido qualquer acesso, de entrada ou de saída, permanente ou temporário, via telefônica comutada. Em outras palavras, os modems devem ser proibidos em máquinas de usuário final.

REDE PERIMETRAL

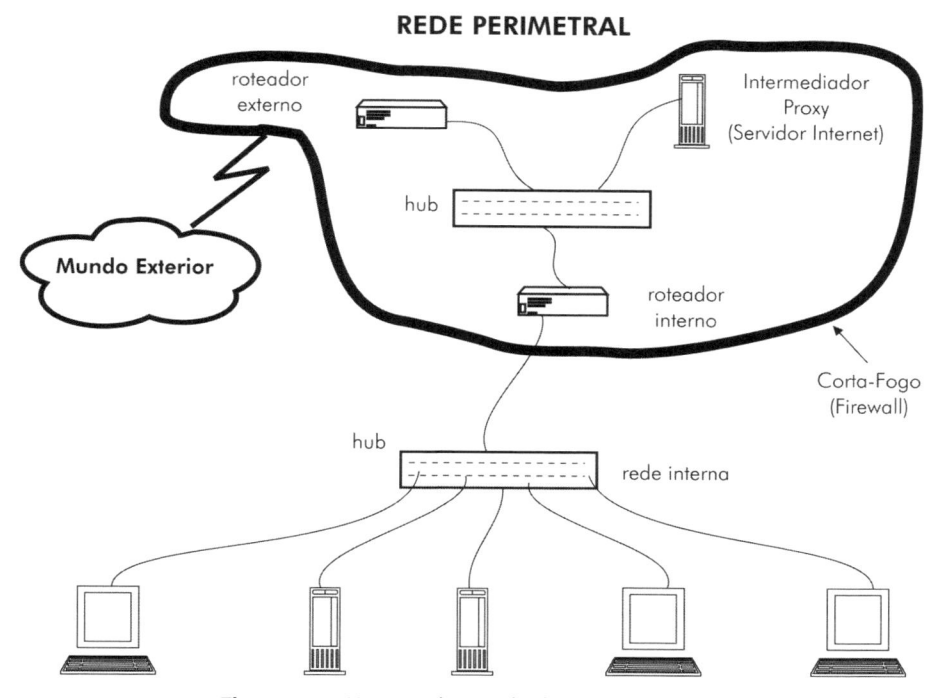

Figura 11.40 Uma arquitetura de sistema corta-fogo.

Por outro lado, deve ser exigida autenticação de qualquer usuário, seja por um mecanismo de senha única, seja por listas descartáveis.

Recomenda-se, ainda, quando for julgado necessário, o uso da criptografia nas comunicações.

A técnica de **criptografia** consiste na utilização de métodos de modificação de textos, visando a não transmiti-los em sua forma clara e, assim, protegê-los preventivamente em relação à eventual interceptação.

O código empregado em cada caso, obtido, via de regra, pela aplicação de complexas funções e sucessivas transposições sobre blocos de bits do texto original (***texto normal***), é denominado **chave de criptografia**.

Um método de criptografia que utiliza uma mesma chave na origem e no destino (para codificar e decodificar) é denominado método **simétrico** ou **baseado em chave secreta**; nesse caso, transmissor e receptor têm de conhecer a chave específica daquele par; isto, evidentemente, gera problemas sérios para o gerenciamento de chaves, encarregado de gerar, transmitir e armazenar chaves para cada par de interlocutores: *observe que o número de chaves necessárias é igual ao quadrado do número de usuários do sistema.*

Para contornar essa dificuldade surgiram os métodos de criptografia **assimétricos** ou **baseados em chave pública**: todos os usuários tornam públicas suas chaves de codificação e mantêm privadas suas chaves de decodificação; o usuário A, ao enviar uma mensagem ao usuário B, utiliza a chave pública de B, e a mensagem só poderá ser decodificada por B mediante sua chave privada.

As chaves públicas são depositadas em um arquivo público pelos seus respectivos proprietários. Para afiançar que cada usuário é, de fato, quem diz ser, emitir certificados digitais e fazer a gestão das chaves de determinado universo estabelece uma infraestrutura de administração do sistema. O governo brasileiro, desde 28 de junho de 2001, criou a ICP-Brasil (Infraestrutura de Chave Pública do Brasil), possibilitando novos tipos de serviços públicos na internet. O SERPRO é a Autoridade Certificadora da ICP-Brasil.

Em um mecanismo de **assinatura digital**, o signatário codifica a unidade de dados por completo ou parte dela, usando sua chave primária. Para verificação da autenticidade, o interessado utilizará a chave pública do signatário.

11.33.2 Segurança física

Quanto à segurança física, devem ser lembrados os seguintes preceitos:

- os servidores devem possuir redundância completa (**espelhamento**);
- os concentradores principais devem possuir barramento de retaguarda (**back-plane**) sem componentes ativos; no mínimo, dupla redundância de fontes de alimentação; dupla redundância de gerência; capacidade de troca "a quente" (**hot-swap**);
- todo enlace de fibra ótica deve ser duplicado;
- o acesso às áreas de painéis de manobra deve ser restrito, bem como o acesso aos concentradores principais, secundários e servidores;
- deve haver sistema de alimentação elétrica sem interrupção (**no-break**) para os servidores e equipamentos ativos;
- deve haver duas salas-cofre (uma na empresa e outra fora) para guardar cópias de segurança.

Exercícios

*Assinale com um **X** a única alternativa que completa corretamente o sentido da afirmação inicial.*

1. Tipo de transmissão em que a sincronização é feita caractere a caractere:
   a) serial.
   b) síncrona.
   c) síncrona por elemento.
   d) assíncrona.

2. Tipo de transmissão em que a sincronização entre o receptor e o transmissor é conseguida mediante o envio de uma configuração de bits de sincronização, no início do bloco:
   a) polarizada.
   b) de blocos.
   c) síncrona.
   d) paralela.

3. Componente de uma rede de teleprocessamento que, convertendo os sinais analógicos em digitais e vice-versa, tem a função de compatibilizar o sinal para uso da Rede Pública de Telefonia:

a) UCT.

b) UCC.

c) HUB.

d) MODEM.

e) ROTEADOR.

4. Conjunto de regras que disciplina a troca ordenada e automática de informações entre terminais, assegurando estabilidade e funcionalidade nas comunicações entre eles:

a) sincronismo.

b) controlador de terminais.

c) protocolo.

d) TCP/IP.

e) datagrama.

5. Tipo de canal de comunicação em que a informação é conduzida em ambas as direções (origem-destino e vice-versa), porém não simultaneamente:

a) semiduplex.

b) full-duplex.

c) simplex.

d) complex.

6. Degradação do desempenho de um canal de comunicação que aparece sob a forma de um chiado incoerente, ao fundo da sinalização eletrônica. Não pode ser removido, depende da temperatura e delimita o desempenho máximo teórico do canal:

a) distorção por retardo.

b) ruído impulsivo (ou transiente).

c) distorção por atenuação.

d) ruído branco.

7. Mudança indesejada na forma da onda modulada com um sinal de dados em função da perda de energia do sinal é consequente diminuição da relação sinal-ruído:

a) distorção por atenuação (ou amplitude).

b) deslocamento de frequência.

c) ruído branco.

d) distorção por retardo (delay).

8. Mudança indesejada na forma da onda modulada com sinal de dados por conta do fato de que a onda tem algumas frequências mais retardadas do que outras:

a) ruído impulsivo (ou transiente).

b) distorção por retardo (delay).

c) distorção por atenuação.

d) ruído branco.

9. Degradação do desempenho de um canal de comunicação motivada por um elemento não prognosticável (normalmente um "pico" de energia de amplitude, frequência e periodicidade de ocorrência variáveis):

a) ruído transiente (ou impulsivo).

b) deslocamento de frequência.

c) ruído branco.

d) distorção por atenuação (ou de amplitude).

10. Mudança indesejada na forma de onda modulada com um sinal de dados motivada pela alteração, em todas as frequências, geralmente em torno de 1 Hz, em função da diferença na portadora gerada na modulação e na demodulação:

a) distorção por retardo (ou de fase ou delay).

b) ruído branco.

c) distorção por atenuação.

d) deslocamento de frequência.

Tecnologia da informação

12.1 Introdução

Uma informação é um arranjo de dados (nomes, palavras, números, sons, imagens) capazes de **dar forma** ou sentido a algo do interesse de alguém.

> **Dados + Contexto → Informação**

Em qualquer organização, as informações são essenciais ao processo de tomada de decisão e, portanto, sua matéria-prima – conjunto de dados – tem de ser absolutamente oportuna e confiável. O momento atual é definido como a **era da informação**, em consequência do significativo desenvolvimento da tecnologia computacional. Cunhou-se, então, a denominação **Tecnologia da Informação (TI)** para caracterizar tudo o que está associado a soluções sistematizadas, baseadas em recursos metodológicos, tecnologias de informática, de comunicação e de multimídia, incluindo a forma de processos envolvidos com a geração, o armazenamento, a veiculação, o processamento e a reprodução de dados e informações.

> **Tecnologia da Informação – conjunto de recursos tecnológicos e computacionais, desde os voltados à elementar geração de dados até os pertinentes a sofisticadas redes de comunicação, presentes nos processos de utilização da informação.**

Alguns aspectos da Tecnologia da Informação apresentam-se como relevantes para os gestores e, particularmente, para os profissionais e usuários de informática:

- a complexa malha de comunicação mundial;
- a padronização de processos;
- as políticas de governos eletrônicos;
- a inteligência dos negócios (*business intelligence*);
- o gerenciamento eletrônico de documentos.

12.2 A complexa malha de comunicação mundial

No contexto da TI, um segmento merece consideração especial: o que diz respeito à utilização das redes de comunicação digitais como suporte a atividades de toda ordem no dia a dia das organizações.

O desenvolvimento e a gestão dos negócios apoiam-se, invariavelmente, em conexões estabelecidas em três níveis: internet, intranets e extranets.

A internet dá suporte às atividades de **e-business** e **e-commerce**, integrando as organizações no mercado global. Não necessariamente o conceito de **e-business** – ligação eletrônica entre organização e elementos de seu relacionamento – está restrito a atividades econômicas; muito pelo contrário, ele deve estar presente, em escala crescente, na prestação de serviços, por exemplo, pelos órgãos públicos aos cidadãos em geral caracterizando, então, o denominado governo eletrônico ou **e-government** ou, simplesmente, e-gov.

e-business **é o processo em que se estabelece ligação eletrônica entre uma organização, seus clientes, seus fornecedores e demais elementos de seu relacionamento, com o objetivo de obter maiores ganhos nos negócios.**

---

e-commerce **é o processo de compra e venda de bens e serviços pela internet. Pode ser:**

B2B – estabelecido entre empresas

B2C – estabelecido entre empresa e cidadão

B2G – estabelecido entre empresa e governo

G2G – estabelecido entre governos

Por outro lado, a intranet é um sistema interno de comunicação, de forma e modo de operação análogos aos da rede mundial, que se constitui em elemento de grande importância às atividades de operação e gerência das organizações.

Compondo a teia de comunicação digital global, as extranets ligam as organizações a entidades externas mais imediatas, normalmente garantindo a segurança adicional que seus negócios exigem.

Internet – **suporte às atividades de e-business e e-commerce, integrando a organização no mercado global.**

Extranet – **rede proprietária ligando a empresa a entidades externas mais próximas.**

Intranet – **sistema interno de comunicação e informática, operando nos moldes da internet no apoio à operação e gerência.**

Uma extranet é criada a partir da conexão de uma intranet à internet, disponibilizando recursos da organização a clientes, fornecedores e parceiros em geral.

O adensamento crescente dessa complexa rede digital de integração mundial é, por si só, justificativa suficiente para que se criem "sites" ou portais voltados à informação, promoção e prestação de serviços. Efetivamente, ao lado da permanente preocupação com a eficiência dos processos e a superior qualidade de produtos e serviços, as organizações têm na capacidade de expansão virtual e de atendimento simultâneo a um diversificado mercado um de seus fatores-chave de sucesso.

World Wide Web (www ou 3w ou web) – **um dos muitos serviços de comunicação disponibilizados na internet.**

Site (website) – **um sítio ou lugar na web; em princípio, é uma composição de páginas interligadas, isto é, o total de uma comunicação ou publicação.**

Homepage – **página inicial de um site. Frequentemente, no entanto, utilizam-se site e homepage como termos sinônimos, equivalentes.**

Bill Gates, o líder da Microsoft, em artigo intitulado "A empresa na velocidade do pensamento", ressalta a importância de o relacionamento com a internet não ficar restrito à presença na web:

> "Aonde quer que se vá, há uma sensação generalizada de que todas as empresas devem estar na internet. É verdade que essa presença é importante. Mas o maior poder da 'rede de redes' talvez não esteja no fato de a empresa frequentá-la, mas em aproveitar sua capacidade para fazer com que o fluxo da informação dentro da empresa e entre empresas, assim como entre os elos da cadeia de valor e com todos os clientes atuais e preferenciais, seja mais eficiente.
>
> Em todos esses casos o efeito será percebido nas organizações, que hoje são obrigadas a se reformular para responder com a velocidade exigida no atual ambiente de negócios. Um processo que antes levava dias e envolvia várias pessoas, muitas em locais diferentes, agora pode ser executado em tempo real, graças ao **e-mail** e à **videoconferência** (grifo nosso), sem a necessidade do contexto pessoal ou de reuniões cujas agendas geralmente envolvem mais defesa do próprio território do que propostas de solução."

12.3 Padronização de processos

Processos bem estabelecidos e bem conduzidos, consequência de uma competente gerência de projetos empresariais, são um fator determinante de sucesso. Essa assertiva é particularmente válida em relação aos procedimentos – complexos, já por sua natureza – ligados à análise e ao desenvolvimento de sistemas de informação.

Tem sido uma das preocupações dominantes da comunidade o estabelecimento de métodos, técnicas e critérios de aferição de qualidade, capazes de nortear processos cada vez mais otimizados nas organizações. Nesse aspecto, ganhou notoriedade nos anos mais recentes o **PMI – Project Management Institute**, criado na Pensilvânia, Estados Unidos, em 1969, com o objetivo de fomentar o profissionalismo na carreira de gerência de projetos, normatizando e disciplinando procedimentos.

Ao final dos anos 1990, publicou a primeira versão do **PMBOK** – A guide to the Project Management Body of Knowledge. Em 2010, contava com mais de 500 mil membros e, hoje, está presente em mais de 185 países.

Atividades do PMI – Project Management Institute:

- **estabelecimento de padrões profissionais;**
- **certificação – O Project Management Professional (PMP – Programa de certificação reconhecido pela Norma ISO 9001) é uma das credenciais mais valorizadas na área;**
- **pesquisa;**
- **educação e treinamento;**
- **publicações: destaque para o PMBOK.**

O PMBOK, hoje considerado o guia mestre de condução ao conhecimento e prática de Gerência de Projetos, contempla em seus diversos capítulos:

- Introdução à Gerência de Projetos
- Contexto da Gerência de Projetos
- Processos da Gerência de Projetos
- Gerência da Integração do Projeto
- Gerência do Escopo do Projeto
- Gerência do Tempo do Projeto
- Gerência do Custo do Projeto
- Gerência da Qualidade do Projeto
- Gerência dos Recursos Humanos do Projeto
- Gerência das Comunicações do Projeto
- Gerência dos Riscos do Projeto
- Gerência das Aquisições do Projeto

12.4 Políticas de governos eletrônicos

Ao redor do mundo existem mais de dois bilhões de usuários de internet! Têm sido muitos os impactos provocados pela utilização da informação cada vez mais disponível no estabelecimento de uma nova ordem econômica e na organização da sociedade como um todo.

A internet não se apresenta, portanto, somente como um dos instrumentos da Tecnologia da Informação: seus impactos no Estado Moderno são significativos à medida que, por meio dela, os governos podem estar voltados a prover informação gratuita, transparente, abundante e acessível a todos os cidadãos.

Nosso país, em que pese dificuldades inerentes às suas características, inclusive a grandeza de suas dimensões territoriais, tem procurado acompanhar esse segmento de evolução. Sob tal propósito, foi posta em prática a **Política de Governo Eletrônico para o Poder Executivo Federal**, que pretende ser, no novo contexto mundial, um agente democrático, estratégico, socialmente justo e, ao mesmo tempo, eficiente na prestação de serviços, buscando, fundamentalmente, combater a exclusão digital, por meio de:

- integração de redes de comunicação;
- eficácia nos sistemas comunitários;
- transparência nas ações governamentais;
- universalização do acesso aos serviços e informações.

Ações do E-Gov Brasil:

- **Desenvolvimento de sites que funcionam como balcões virtuais.**
- **Serviços governamentais na internet, como Imposto de Renda, certidões de pagamentos de impostos, acompanhamento de processos judiciais.**
- **Sistemas de informação (SIAFI, SIAPE, SIASG, Saúde, Presidência etc.) em intranet/internet.**
- **Rede governo (https://www.gov.br/governodigital/pt-br/transformacao-digital/rede-nacional-de-governo-digital), com milhões de links de apoio ao cidadão.**
- **ICP – Brasil (infraestrutura de chaves públicas brasileiras), com o objetivo de garantir a autenticidade, a integridade e a validade jurídica de documentos eletrônicos que utilizam certificados digitais.**

12.5 A inteligência dos negócios

O crescente volume de aplicações críticas na internet está fazendo com que as organizações se preocupem cada vez mais com a criação, o gerenciamento e a disponibilização de informações relevantes. O interesse em proporcionar, a centenas de milhares de usuários simultâneos, tratamento o mais específico e imediato possível, bem como a necessidade de reagir a oportunidades e ameaças com presteza e eficiência deram origem a estratégias tecnológicas denominadas soluções de **Business Intelligence** (ferramentas para inteligência dos negócios). Essas soluções incluem o projeto, o desenvolvimento e a implantação de repositórios de dados como os *Data Warehouse* e *Data Mart*, a aplicação de técnicas de *Data Mining*, bem como estratégias associadas à integração e gerência de negócios, como *ERP* e *CRM*.

12.5.1 Data Warehouse (DW)

É um repositório de dados, selecionados a partir de bancos de dados operacionais, com vistas ao atendimento de determinados objetivos específicos ou negócios corporativos de uma organização. Caracteriza-se por manter registros históricos, funcionando como uma estrutura de apoio a processos de decisão, a partir de **análise multidimensional** de dados registrados, pois apresenta facilidades voltadas a projeções, simulações e consultas nos formatos em que vierem a ser requeridos pelos interessados.

Desafiantes tarefas no esforço de construção de um Data Warehouse são a implantação e o gerenciamento dos processos de captura dos dados. Fornecedores de software disponibilizam produtos especialmente voltados a apoiar a extração, a manipulação e o direcionamento das informações, integrando os bancos de dados com o Data Warehouse e, ainda, as ferramentas deste com aplicativos diversos como, por exemplo, planilhas eletrônicas.

Um importante aspecto no projeto de um Data Warehouse é a questão da **granularidade**: quanto menos detalhe uma unidade de dados apresentar, mais baixo é o nível de granularidade. Esse índice tem a ver com o volume de dados possível de armazenar e afeta o tipo de consulta que pode vir a ser feita.

> **Apesar de um projeto de Data Warehouse requerer, via de regra, o investimento de milhões de dólares, o custo para a implementação é visto pelos analistas de mercado como compensador. O retorno de um Data Warehouse bem-sucedido pode ser de 200 %, 300 % ou 400 %!**

12.5.2 Data Mart

É um repositório de dados, devidamente agregados e resumidos, com o objetivo de atender a interesses de uma área de negócios específica de uma organização. Há quem o defina como um subconjunto lógico do Data Warehouse, ou seja, um DW setorial.

Uma perspectiva *top-down* considera que um Data Warehouse completo, centralizado, deve ser desenvolvido antes que partes dele venham a ser derivadas sob a forma de Data Mart. Uma perspectiva *bottom-up* considera que um Data Warehouse possa ser composto a partir da agregação de Data Marts previamente desenvolvidos.

Vantagens de cada perspectiva:

- **Top-Down (DW → Data Marts)**
  1. Evita duplicação de dados
  2. Controla tendência à dispersão de dados
  3. Acarreta menor sobrecarga administrativa
  4. Acarreta menor custo para aplicações múltiplas
- **Bottom-Up (Data Marts → DW)**
  1. Apresenta menor custo inicial
  2. Oferece resultados mais imediatos
  3. Tem justificativa mais fácil
  4. Possibilita prematura análise de resultados

12.5.3 Data Mining

É um conjunto de técnicas que, envolvendo métodos matemáticos e estatísticos, algoritmos e princípios de inteligência artificial, tem o objetivo de descobrir relacionamentos significativos entre dados armazenados em repositórios de grandes volumes e concluir sobre padrões de comportamento de clientes de uma organização.

Há necessidade de reações rápidas às mudanças ambientais e do mercado. As ferramentas de Data Mining identificam com presteza correlações importantes existentes nas fontes de dados (Bancos de Dados, Data Warehouses, Data Marts), sugerindo aplicações com o objetivo de estreitar ainda mais o relacionamento da empresa com os consumidores finais.

Data Mining, como forma de selecionar, explorar e modelar grandes conjuntos de dados para detectar padrões de comportamento de consumidores, apresenta-se como poderosa ferramenta de auxílio das estatísticas de marketing.

12.5.4 ERP – Enterprise Resources Planning

É um tipo de **sistema integrado**, fornecido por empresas de software, com o objetivo de facilitar o controle e a avaliação de desempenho das várias áreas da empresa como um todo. Sendo originalmente denominado Planejamento de Recursos da Empresa, passou a ser conhecido no Brasil pela denominação **Sistema Integrado de Gestão** e se caracteriza por oferecer suporte ao processo de decisão, por meio de funcionalidades de **Business Intelligence**: as atividades básicas do gestor são auxiliadas por informações selecionadas, de alta confiabilidade, consistentes e em tempo real.

A implantação de um ERP exige que a organização trate o processo de negócio como um todo e não como segmentos atinentes a respectivos departamentos. De modo geral, os Sistemas Integrados de Gestão disponíveis fornecem suporte a três grupos de funcionalidades:

- funções de **back-office**: recursos humanos, manufatura, finanças;
- funções de **front-end:** venda, serviços;
- funções de **supply-chain management**: cadeia de suprimentos (fornecedores/clientes).

As empresas fornecedoras de ERP têm acrescentado facilidades a seus produtos, fazendo com que alguns deles atinjam elevado índice de eficiência, eliminando dificuldades inerentes, em princípio, a trabalhos de integração de tamanha envergadura.

12.5.5 CRM – Customer Relationship Management

É uma estratégia global de negócios que possibilita às organizações gerenciarem, de forma otimizada, o relacionamento com seus clientes. A **Gestão de Relações com os Clientes** é levada a efeito por meio de integração entre a **Tecnologia da Informação** e o **Marketing**, buscando prover meios mais eficazes para atender o cliente e cuidar de seus interesses em tempo real.

A Gestão de Relações com os Clientes (CRM) dissemina informações relevantes por toda a organização, permitindo que o cliente seja conhecido e cuidado por todos e não apenas pelas atendentes de *call center*.

A implantação do sistema CRM pressupõe revisar a forma de pensar o negócio: técnicas e processos devem voltar a materializar a estratégia, incluindo telemarketing receptivo e ativo, terminais de atendimento e uso intensivo da internet como canal de relacionamento e de negócios.

Os sistemas CRM estão em alta. É um mercado que cresce 58 % ao ano e deverá movimentar US$ 7,5 bilhões no mundo nos próximos três anos.

12.6 Gerenciamento eletrônico de documentos

Uma das preocupações com que se deparam os modernos gestores diz respeito ao tratamento a ser dado ao grande volume de documentos, contendo informações sob as mais variadas formas: legislações, cartas, ofícios, fac-símiles, avisos, e-mails, arquivos eletrônicos etc.

A multiplicação em escala geométrica, de todo tipo de veiculação, tornaria, sem dúvida, impossível seu efetivo controle em organizações de certo porte se não houvessem surgido softwares, denominados **GED**, voltados ao **Gerenciamento Eletrônico de Documentos**.

> Um sistema GED tem como objetivo gerenciar os ciclos de vida dos documentos, desde a criação ou recebimento até a distribuição, arquivamento ou descarte, possibilitando acessos oportunos e controle eficaz, confiável e econômico.

As informações a serem gerenciadas por um GED podem estar registradas sob qualquer forma: texto, som, imagem, microfilme, mídia eletrônica. Para prover adequado tratamento, o GED lança mão de variadas tecnologias, como **OCR** (Optical Character Recognition), **ICR** (Intelligence Character Recognition), **COLD** (Computer Output to Laser Disc), **FTR** (Full Text Retrieval), **HSM** (Hierarchical Storage Management) e outras. Em princípio, três funcionalidades básicas estão presentes:

- **Document Imaging** – captação da informação;
- **Document Management** – controle do histórico do documento;
- **Workflow** – encaminhamento automático dos documentos, de acordo com os respectivos processos, para que possam ser disponibilizados aos interessados.

Uma competente solução de GED, além das funcionalidades básicas, oferece possibilidade de integração com sistemas ERP e CRM e facilidades para disponibilização de acessos pela internet.

Exercícios

1. Uma grande empresa vai desenvolver uma estrutura de apoio a processos de decisão, a partir de registros históricos, utilizando informações provenientes de diferentes bancos de dados e facilidades voltadas a projeções, simulações e consultas. Com esse objetivo será desenvolvido um:

   a) Sistema gerenciador de Banco de Dados.

   b) Data Warehouse.

   c) Otimizador de Consultas.

   d) Sistema de Informação Multidimensional.

   e) Banco de Dados distribuído.

2. Analise a citação a seguir.

"Um conjunto integrado de dados extraídos de bancos de dados operacionais, históricos, externos e selecionados, editados e padronizados para recuperação e análise, para fornecer inteligência empresarial na tomada de decisões gerenciais."

A citação integra os conceitos do Business Intelligence, sendo conhecida por:

a) Data Smart.

b) Data Mining.

c) Data Business.

d) Data Information.

e) Data Warehouse.

(Prova Senado Federal – Analista de Suporte de Sistemas – FGV – 2008)

3. Uma das características fundamentais de um ambiente de data warehouse está em:

a) servir como substituto aos bancos de dados operacionais de uma empresa, na eventualidade da ocorrência de problemas com tais bancos de dados.

b) ser de utilização exclusiva da área de aplicações financeiras das empresas.

c) proporcionar um ambiente que permita realizar análise dos negócios de uma empresa com base nos dados por ela armazenados.

d) ser de uso prioritário de funcionários responsáveis pela área de telemarketing das empresas.

e) armazenar apenas os dados mais atuais (máximo de 3 meses de criação), independentemente da área de atuação de cada empresa.

(Prova: Analista em Gestão Especializado de Defensoria – Analista de Banco de Dados – FCC – 2018 –DPE-AM)

4. Data Mining é uma técnica utilizada em Sistemas de Apoio à Decisão

a) voltada à descoberta de relacionamentos entre dados e conclusão sobre padrões de comportamento de clientes.

b) de transmissão e recepção de dados, incrementando a comunicação em tempo real.

c) de compactação, muito eficiente, propiciando upgrade no armazenamento e na recuperação de dados.

d) dirigida à replicação de dados, provendo backup e aumentando o nível de segurança das aplicações.

5. Enquanto os depósitos de dados e seus subconjuntos data marts são bancos estáticos, ou seja, não mais sofrem mudanças depois de agrupados, formatados e armazenados seus dados em um repositório, os bancos de dados típicos mudam constantemente, sendo dinâmicos por natureza.

( ) certo

( ) errado

(Provas: TCE-RJ – Analista de Controle Externo – Especialidade: Ciências Contábeis – CESPE / CEBRASPE – 2021)

6. O data warehouse empresarial, ou EDW (enterprise data warehouse), é uma das aplicações do data warehouse que permite a integração, em larga escala, de dados oriundos de diversas fontes em formato padronizado, para subsidiar a inteligência de negócios.

( ) certo

( ) errado

(Provas: TCE-RJ – Analista de Dados e Informações – Especialidade: Controle Externo – CESPE / CEBRASPE – 2021)

7. As informações a serem gerenciadas por um Gerenciamento Eletrônico de Documentos podem estar registradas, entre outras formas, em microfilme e mídia eletrônica.

( ) certo

( ) errado

8. Um Data Warehouse empresarial é um Data Warehouse que contém dados de toda a empresa e, como tal, essa tecnologia, relacionada com a disciplina de BI (*Business Intelligence*), tem o objetivo de subsidiar a tomada de decisão dentro da organização.

( ) certo

( ) errado

9. Para todas as correntes de pensamento, a construção de Data Marts sempre antecede a criação de um Data Warehouse (visão bottom-up).

( ) certo

( ) errado

10. Em um Big Data alimentado com os dados de um sítio de comércio eletrônico, são armazenadas informações diversificadas, que consideram a navegação dos usuários, os produtos comprados e outras preferências que o usuário demonstre nos seus acessos. Tendo como referência as informações apresentadas, julgue o item seguinte.

O Big Data consiste em um grande depósito de dados estruturados, ao passo que os dados não estruturados são considerados data files.

( ) certo

( ) errado

(Prova: CESPE/CEBRASPE – DPF – Escrivão de Polícia Federal – 2018)

Internet

13.1 Características

Internet é a rede eletrônica de comunicação mundial. Interliga milhões de computadores de todos os tipos e tamanhos, operados em todas as partes do mundo.

Na internet, por meio de linhas telefônicas, sinais de satélites, cabos submarinos, enfim, de todos os recursos utilizados nas telecomunicações, integram-se desde microcomputadores pessoais até serviços comerciais on-line de grandes empresas.

A World Wide Web (**www** ou, simplesmente, **web**), cujo significado é teia de amplitude mundial, em que pese ser apenas um dos instrumentos da rede, é a mais importante fonte de divulgação e de consulta sobre as informações por ela disponibilizadas. Essas informações podem ser recuperadas sob a forma de textos, fotos, ilustrações, gráficos, vídeos e sons. Dá-se a denominação de **página** ao conjunto de informações que aparecem em uma mesma tela.

Cada lugar no ambiente web da internet, versando sobre pessoas ou empresas, é denominado **website** ou, simplesmente, **site**. Em princípio, é constituído por diversas páginas. Cada site tem seu endereço eletrônico virtual particular, denominado **URL** – Uniform Resource Location.

Um **link** é um ponto de conexão entre partes de um site ou de um site para outro. Quando a seta apontada pelo mouse, ao percorrer as informações de uma página, passa sobre uma palavra, expressão ou ilustração programada para funcionar como link, ela toma a forma de uma pequena mão: para ir, então, ao local sugerido pela informação que está apontada, basta clicar com o botão esquerdo do mouse.

Navegar na internet significa percorrer páginas de um mesmo site ou de vários sites, por meio de links sucessivos. Denomina-se **portal** o site ou a página que se usa como ponto de partida em uma navegação. No cabeçalho das páginas encontram-se teclas de retornar (back/voltar) e de avançar (forward/avançar) que permitem revisitar as adjacências do lugar onde se está situado a cada momento. Ao lançar o nome de uma página sob uma das formas seguintes:

- http://www.nome.tipo.sigla do país (página principal),
- http://www.nome.tipo.sigla do país/arquivo.html (página secundária),

no campo **endereço** do cabeçalho de uma página, você tem acesso imediato àquela página.

Um **provedor** é uma empresa que provê o acesso dos interessados à internet. Ao escolher o provedor, é necessário levar em conta a gama e a qualidade dos serviços oferecidos – inclusive quanto a aspectos relacionados com segurança e com manutenção – e, certamente, também, o custo sugerido. Há, até mesmo, provedores gratuitos.

Cada provedor está ligado a uma infraestrutura que permite a navegação do internauta por toda a rede. No Brasil, esse suporte (backbone) é fornecido pela Embratel, pela Rede Nacional de Pesquisa (RNP) ou por entidade privada autorizada a prestar esse serviço. É por essa infraestrutura que se dá a conexão entre os países.

13.2 Sites

A palavra **site** em inglês tem exatamente o mesmo significado de sítio em português, pois ambas derivam do latim *situs* ("lugar demarcado, local, posição"), e, primariamente, designa qualquer lugar ou local físico delimitado (sítio arquitetônico, sítio paisagístico, sítio histórico, entre outros).

Em informática, surgiu o termo website (às vezes, web site) para designar um sítio virtual, um conjunto de páginas virtualmente localizadas em algum ponto da web. Em pouco tempo, website ganhou a forma abreviada site, que passou a ser uma segunda acepção do termo original. Site, portanto, em inglês, passou a designar alternativamente um lugar virtual (na web).

Em português, a tradução desse conceito gerou "sítio na internet", "sítio eletrônico", "sítio na web", "sítio web", "websítio" ou, simplesmente, o estrangeirismo *site*, para se referir aos sítios virtuais. Um site normalmente é o trabalho de um indivíduo, empresa ou organização, ou é dedicado a um tópico ou propósito em particular. É difícil dizer com clareza até onde vai um site, dada a natureza de hipertexto da web. Por exemplo, toda a Wikipédia forma um site, mas, se as páginas Meta-Wikipédia são parte do mesmo site ou um site irmão, é uma questão aberta para debate.

Sites consistem em páginas HTML estáticas ou páginas criadas dinamicamente, utilizando tecnologias como JSP, PHP ou ASP. Um site também requer um software conhecido como servidor web, como o Apache, o mais usado, ou o IIS. Frequentemente, sites possuem também conteúdo armazenado em banco de dados (base de dados).

Para utilizarmos todos os recursos disponíveis na grande teia mundial de computadores, imenso manancial de informações que é a internet, necessitamos de um software que possibilite a busca adequada a cada demanda; para isso, temos o navegador: sites são escritos em – ou dinamicamente convertidos para – HTML e acessados usando esse software chamado navegador. Também conhecido pela terminologia inglesa web browser ou simplesmente browser, trata-se de um programa de computador que habilita os usuários a interagir com os documentos virtuais da internet, ou seja, as páginas da web.

Ranking dos cinco navegadores mais usados no mundo:

- Chrome: 69,98 %
- Edge: 9,40 %
- Firefox: 7,02 %
- Internet Explorer: 4,25 %
- Safari: 3,58 %

Diferentes navegadores podem ser distinguidos entre si pelas características que apresentam. Navegadores modernos e páginas da web criadas mais recentemente tendem a utilizar renovadas e diversificadas técnicas que não existiam nos primórdios da web. As disputas entre os navegadores causaram uma rápida expansão dos próprios navegadores e padrões da **www**; entre estas, ressaltam-se:

- ActiveX
- Bloqueio de anúncios

- Preenchimento automático de URLs e dados de formulário
- Bookmarks (marcações, favoritos) para manter uma lista de locais frequentemente acessados
- Suporte a CSS
- Suporte a cookies, que permitem que uma página ou conjunto de páginas rastreie usuários
- Cache de conteúdo web
- Certificados digitais
- Gerenciamento de downloads
- DHTML e XML
- Imagens embutidas usando formatos gráficos como GIF, PNG, JPEG e SVG
- Favicons
- Fontes (tamanho, cor e propriedades)
- Formulários para a submissão de informações
- Frames
- Histórico de visitas
- HTTPS
- Integração com outras aplicações
- Navegação off-line
- Applets Java
- JavaScript para conteúdo dinâmico
- Plugins
- Gerenciamento de sessões
- Tabbed browsing

Em 2008, a W3C (serviço de validação da World Wide Web) anunciou a especificação do HTML5, que, entre outras, muda a forma de "execução e funcionamento" dos navegadores, fazendo com que eles não mais executem as linhas de comandos em HTML, buscando os recursos agregados (arquivos contendo dados e informações, ou mesmo configurações adicionais de funcionamento), atrelando programas adicionais à sua execução (como plugin) e, como ocorre atualmente, limitando o acesso a alguns conteúdos da web, que ficam amarrados a programas de terceiros (outras empresas).

Assim, a especificação HTML5 propicia uma liberdade incondicional do navegador, transformando-o de mero exibidor e agregador em um "programa on-line", que contém as especificações (comandos) de forma única, não sendo necessário o complemento de outros recursos e ferramentas. Excetuando-se o IE8 (Internet Explorer), todos os demais navegadores já contêm o algoritmo que os torna compatíveis com a especificação HTML5.

Sites são restritos por limites de recursos, como, por exemplo, as larguras de banda que lhes são respectivamente dedicadas. Os muito visitados, como Yahoo!, Apple e Google, usam vários servidores e equipamentos de balanceamento de carga, como o Cisco Content Services Switch ou o F5 BigIP Solutions.

Os sites da internet, em geral, podem ter os seguintes propósitos:

- **Institucionais**: empresas usam sites como ponto de contato entre a instituição e seus *stake-holders* (clientes, fornecedores etc.). Há, ainda, alguns desses sites destinados à publicação de trabalhos, divulgação de informações de eventos etc.

- **Informações**: veículos de comunicação (jornais, revistas, agências de notícias) utilizam a internet para veicular notícias por meio de seus sites. Jornalistas *freelancer* e outros interessados também publicam informações na internet por meio de blogs e podcasts.

- **Aplicações**: sites de aplicações são aqueles cujos conteúdos consistem em ferramentas de automatização, produtividade e compartilhamento, substituindo aplicações de desktop. Podem ser processadores de texto, planilhas eletrônicas, editores de imagem, softwares de correio eletrônico, agendas etc.

- **Armazenagem de informações**: alguns sites funcionam como bancos de dados, que catalogam registros e permitem efetuar buscas, podendo incluir áudio, vídeo, imagens, softwares, mercadorias ou mesmo outros sites.

- **Portais**: são os sites que congregam conteúdos de diversos tipos, geralmente fornecidos por uma mesma empresa.

- **Comunitários**: os que servem à comunicação de usuários com outros usuários da rede. Nessa categoria se encontram chats, fóruns e **sites de relacionamento**.

- **Buscas**: sites que utilizam um software que retorna ao internauta uma relação de endereços na web associados a uma palavra-chave digitada; são os meios mais utilizados pelos internautas nas pesquisas por informações na internet. Atualmente os sites de busca utilizam programas chamados *spider* ou *robots* que percorrem a web pelos links e vão cadastrando e classificando cada página de acordo com seu conteúdo. A técnica de preparar as páginas de site para que apareçam na lista de resultados da busca é chamada de otimização de sites. Entre os sites de busca destacam-se o *Google*, o *Yahoo!* e o *Bing*.

13.2.1 Sites de relacionamento

Um site de relacionamento ou rede social é o tipo de site comunitário cuja estrutura é composta por pessoas ou organizações, conectadas por um ou vários tipos de relações, que partilham valores e objetivos comuns. Uma das características fundamentais na definição dessas redes é a sua abertura e porosidade, possibilitando relacionamentos horizontais e não hierárquicos entre os participantes. Embora um dos princípios da rede seja sua abertura e porosidade, por ser uma ligação social, a conexão fundamental entre as pessoas se dá por meio da identidade.

As redes sociais podem operar em diferentes níveis, como, por exemplo, redes de relacionamentos, redes profissionais, redes comunitárias (redes sociais em bairros ou cidades), redes políticas, entre outras, e permitem analisar a forma como as organizações desenvolvem sua atividade, como os indivíduos alcançam seus objetivos, ou medir o capital social – o valor que os indivíduos obtêm da rede social.

Um ponto em comum entre os diversos tipos de rede social é o compartilhamento de informações, conhecimentos, interesses e esforços em busca de objetivos comuns. A intensificação da formação das redes sociais, nesse sentido, reflete um processo de fortalecimento da sociedade civil, em um contexto de maior participação democrática e mobilização social.

No ranking de tráfego de visitantes, o Facebook está entre os primeiros lugares, com centenas de milhões de usuários ativos. É o maior site de fotografias dos Estados Unidos, com dezenas de milhões de novas fotos publicadas por semana, ultrapassando inclusive sites específicos voltados à fotografia. No "Ad Planner Top 1000 Sites", que registra os sites mais acessados do mundo, através do mecanismo de busca do Google, já em junho de 2010, o Facebook aparecia como primeiro colocado, com 540 milhões de visitas e um alcance global de 35 % registrados no mês de abril daquele ano. O website é gratuito para os usuários e gera receita proveniente de publicidade, incluindo banners e grupos. Usuários criam perfis que contêm fotos e listas de interesses pessoais, trocando mensagens privadas e públicas entre si e participantes de grupos de amigos. A visualização de dados detalhados dos membros é restrita para membros de uma mesma rede ou amigos confirmados.

Entre os sites de relacionamento há a destacar também o Instagram e o Twitter. Atualmente, a comunidade Instagram reúne muitas centenas de milhões de pessoas que se valem de múltiplas, diversificadas e crescentes funcionalidades que fazem dele um dos sites sociais mais utilizados.

13.2.2 Hashtag

Nas redes, passou-se a denominar hashtag (*hash* + *tag* – ou detalhe + etiqueta) qualquer conjunto formado por palavra-chave (frase ou palavra relevante) posposta ao sinal tipográfico da "*Cerquilha*" (#) com o que se identificam conteúdos (informações, tópicos, discussões) relacionados com determinado tema ou assunto específico.

Exemplo: **#praiadoleblon**.

Assim, criada uma hashtag, ela se torna hiperlink na rede, indexável pelos mecanismos de busca. Um usuário, ao consultar aquela hashtag, terá acesso a tudo o que a comunidade tem discutido a respeito. As hashtags constituem-se em indexadores, facilitando buscas futuras por outros usuários. Devem, portanto, ser curtas e objetivas. Não se deve confundir "criar um tema" com "dar destaque a cada elemento de um texto ou foto", o que acarreta uma "pulverização" indesejável e prejudicial. Por extensão, tem recebido a denominação hashtag o próprio símbolo da cerquilha quando usado nesse contexto.

13.3 Aplicações e serviços

Várias aplicações e serviços estão disponíveis na rede. Uma das mais importantes é, sem dúvida, a **www**, de que já tratamos. Convém destacar algumas outras de grande importância: E-mail, WhatsApp, Telegram, Skype, Teams e Google Meet.

13.3.1 E-mail

A internet suporta o mais utilizado serviço de correio eletrônico (**electronic-mail** ou **e-mail**) do mundo, possibilitando que milhões de usuários redijam e transmitam mensagens em segundos, para os pontos mais remotos possíveis. O uso corrente do computador nas organizações e o advento da internet, das intranets e das extranets trouxeram um novo modo de comunicação entre as pessoas: o correio eletrônico ou e-mail.

A comunicação por e-mails é prática e muito rápida, mas nem sempre é a solução adequada para determinados casos. Antes de enviar um e-mail, pense se não é o caso de discutir o assunto em uma reunião, videoconferência ou até mesmo em um telefonema. No entanto, é inegável que a comunicação pelas redes digitais de dados tende a substituir, quase na totalidade, a troca de papéis nas organizações.

Um e-mail pode ser – e comumente é – um suporte para a troca de documentos formais, como os citados anteriormente, e que, então, seguem sob a forma de anexo. O e-mail em si deve ser uma mensagem curta. Mensagens curtas não querem dizer pouco corteses: uma saudação e a assinatura ainda são de bom alvitre no início e no fim dos e-mails: assim como ninguém chega a um local e já sai falando sem cumprimentar, não há motivo para que não se tenha o mesmo comportamento no correio eletrônico.

É aceitável o uso de abreviaturas no corpo dos e-mails. Algumas são óbvias e de uso corrente. Porém, evite usá-las em exagero; também não use esse tipo de recurso em mensagens oficiais, quando elas encerram algum tipo de espirituosidade. *Emoticons* [;-)] são engraçadinhos, mas não podem ser utilizados no campo profissional ou em mensagens mais formais.

E-mails são como cartas; valem como documento e até como prova em juízo. E, como qualquer correspondência, são, em princípio, confidenciais.

Deveria ser óbvio, mas é preciso alertar: não repasse piadinhas indiscriminadamente. Imagens, mensagens eróticas ou engraçadinhas não devem ser enviadas para ambientes profissionais, até mesmo para que seu colega ou amigo não as abra inadvertidamente e fique em situação constrangedora. É preciso ter cuidado, também, com o envio de correntes religiosas e avisos de vírus (atualize seu antivírus e, se não tiver um, providencie). Esse tipo de correspondência abarrota de lixo a rede, além de ser muito inconveniente.

E por falar em lixo, esvazie sua caixa sistematicamente. Principalmente nos casos de intranet, faz a maior diferença: agiliza a comunicação (e aumenta a produtividade de fato); também é um claro sinal de civilidade cibernética.

Ao mandar um e-mail com cópia, a regra é mais ou menos igual à da comunicação escrita: informações gerais devem seguir para o superior na hierarquia da empresa, com cópias para os demais. Se for uma mensagem específica para determinado departamento, segue para o chefe da seção em questão, com cópia para o presidente da empresa.

Em caso de vários destinatários, selecione os mais importantes na hierarquia da empresa e coloque-os por ordem alfabética no campo "destinatário"; os demais seguem no campo "com cópia", também por ordem alfabética. Cuidado com os erros de português: as pessoas que se comunicam por meio de computador estão cada vez mais informais e relaxadas. Com o advento de mensagens instantâneas – conversas em tempo real –, acentuou-se o estilo casual, abreviado, dos bate-papos (*chats*). Porém, é preciso estar alerta em relação aos erros de ortografia e gramática. Para evitar isso, é necessário ler e reler o texto, usar o corretor ortográfico e, só depois, enviá-lo. Pense o quanto é desagradável lermos uma mensagem cheia de erros, sem contar que, muitas vezes, uma palavra mal escrita pode alterar completamente o sentido da frase, prejudicando a comunicação.

Cco (com cópia oculta) ou bcc (*blind copies*): ao mandar uma mensagem a um destinatário com cópia, coloque, preferencialmente, o e-mail dos demais do grupo em cco ou bcc. Dessa forma, seus amigos ou clientes não saberão se a mensagem foi enviada para duas, vinte ou duzentas pessoas. É infinitamente mais delicado. É muito desagradável (além de uma indiscrição) ler uma imensa barra de rolagem de endereços eletrônicos antes de qualquer texto.

E-mails devem ser respondidos. Faça isso, nem que demore alguns dias. É claro que você saberá estabelecer as prioridades e respondê-los na ordem. Também não adianta entrar em crise e querer acompanhar a agilidade da máquina, pois é impossível. Porém, é bom se organizar para dar conta da correspondência eletrônica sem atropelos. Deixar de responder a um e-mail corresponde a ignorar um telefonema ou um convite.

Assim como é importante responder a um e-mail, não se deve cobrar uma resposta, pelo menos até 48 horas. Nada de mensagens de reforço perguntando se recebeu a anterior. Lembre-se de que as pessoas podem estar longe do computador na oportunidade em que você enviou a mensagem, podem ter ficado um dia fora do escritório e, simplesmente, não ter aberto o computador nas últimas 24 horas. Acontece mais do que se imagina. Portanto, ao enviar uma mensagem, dê um tempo real de resposta. Lembre-se: quem as digita é a pessoa e não a máquina.

Convites por e-mail: se o evento for uma reunião informal na sua casa ou um evento comercial, como o lançamento de um livro, não há problema em mandar um e-mail, mas com a antecedência necessária para que chegue, o destinatário abra e possa se organizar para comparecer. Mandar na véspera denota falta de organização por parte de quem envia e de consideração para com o convidado. Além disso, convites para casamentos e outros encontros formais não devem ser mandados por e-mail.[1]

13.3.2 WhatsApp Messenger

WhatsApp Messenger, software gratuito disponível para diversos sistemas operacionais, é um aplicativo multiplataforma de mensagens instantâneas (textos, imagens, audiovídeos e documentos em

---

1 **O significado de @ no e-mail**

Durante a Idade Média, os livros eram escritos à mão. Precursores dos taquígrafos, os copistas simplificavam seu trabalho substituindo letras, palavras e nomes próprios por símbolos, sinais e abreviaturas. Um dos motivos era de ordem econômica: o elevado custo da tinta e do papel.

Atente-se para os casos seguintes: (1) o **til** (~) deriva historicamente de pequenino ene (n) posto linha acima, como símbolo de nasalização; (2) o nome espanhol Francisco, também grafado Phrancisco, foi abreviado para Phco e Pco, vindo daí, em espanhol, o apelido Paco para Francisco; (3) referências a santos, desde há muito, são associadas a detalhes significativos de suas vidas. A São José, por exemplo, se associou Jesus Christi Pater Putativus, ou seja, o acreditado pai de Jesus Cristo. Os copistas adotaram a abreviatura JHS PP, e depois simplesmente PP. A pronúncia dessas letras em sequência explica por que José, em espanhol, tem o apelido de Pepe.

Por outro lado, para substituir a conjunção aditiva **e** (**et em latim**), criou-se um símbolo que resulta do entrelaçamento dessas duas letras, o **&**, popularmente conhecido como **e comercial** na língua portuguesa e **ampersand**, na inglesa, junção de **and** e **per se**. Pois foi com o mesmo recurso de entrelaçamento de letras que os copistas criaram o símbolo @, para substituir a preposição latina **ad**. Com o aparecimento da imprensa, os símbolos @ e & permaneceram nos livros, notadamente nos de contabilidade. Por exemplo: o registro contábil 10@£3 significa 10 (unidades) em/de algo ao preço unitário de 3 libras. No século XIX, na Catalunha, os espanhóis, desconhecendo o exato sentido (**em/de**) que os ingleses davam ao @, acharam que o símbolo devia ser uma unidade de peso e interpretaram 10@£3 como dez **arrobas** custando 3 libras cada uma. Então, o símbolo @ passou a ser usado por eles para designar a arroba peso. O termo arroba lhes havia chegado da palavra árabe **ar-ruba**, que correspondia a 1/4 de outra medida de peso de origem árabe, o quintal, que originou o vocábulo quintal em português.

As máquinas de escrever, que começaram a ser comercializadas no final daquele século, e seus sucessores, os sistemas computadores, conservaram nos teclados o símbolo @. Então, em 1972, ao criar o programa de correio eletrônico (e-mail), Ray Tomlinson (Amsterdam, 1941) usou o símbolo @ entre o nome do usuário e o nome do provedor para dar a conotação de fulano **no** provedor X, assim escrito: fulano@X. Na língua portuguesa, a denominação **arroba** – embora, no caso, já nada tendo a ver com peso – foi conservada.

PDF) e chamadas de voz, por meio de conexão com a internet, voltado inicialmente aos smartphones. Em janeiro de 2015 também passou a ser utilizado pelo computador, pelo Google Chrome, e, de imediato, foi disponibilizado para usuários de outros navegadores.

Segundo dados de pesquisa, 73 % dos usuários que utilizam o WhatsApp em smartphones no mundo possuem celulares com o sistema operacional Android. A plataforma iOS, da Apple, está em segundo lugar, com mais de 25 % do mercado. O WhatsApp cresceu de dois bilhões de mensagens por dia em abril de 2012 para dez bilhões em agosto do mesmo ano e 25 bilhões de mensagens enviadas e recebidas diariamente em junho de 2013. De acordo com o Financial Times, o WhatsApp "tem feito para SMS em celulares o que o Skype fez para chamadas internacionais em telefones fixos". Em setembro de 2015, o aplicativo alcançou a marca dos 900 milhões de usuários ativos. Em fevereiro de 2016, o WhatsApp alcançou a marca de um bilhão de usuários. Em 2014, o Facebook – que já comprara o Instagram –, na oportunidade em que completou 10 anos, adquiriu o WhatsApp pela significativa quantia de US$ 19 bilhões.

13.3.3 Telegram

O Telegram é um serviço de mensagens instantâneas baseado na nuvem, disponível para diversos sistemas operacionais, como Android, iOS, Windows Phone nos smartphones e Windows, OS X, GNU/Linux nos computadores e, também, como Aplicação Web. Permite fazer chamadas com vídeo, enviar mensagens e trocar fotos, vídeos e arquivos de qualquer tipo. Admite que se formem grupos de até 200 mil membros. Faculta criptografia de ponta a ponta opcional. Os clientes do Telegram possuem código aberto, porém seus servidores são proprietários. O serviço também providencia APIs para desenvolvedores independentes.

13.3.4 Skype, Windows Live Messenger, Teams

Skype é o serviço de uso do telefone pela internet sem ônus pela ligação, seja ela local, interurbana ou internacional. O Skype também pode ser utilizado para ligações de um telefone internet para um comum, no serviço chamado "SkypeOut". Ou de um telefone comum para um telefone internet, no serviço chamado "SkypeIn". Nesses dois casos, as ligações têm custo, mas, ainda assim, as taxas SkypeIn e SkypeOut são, pelo menos, 40 % mais baratas do que as taxas de DDD e DDI das operadoras convencionais. O Skype pode ser utilizado também para comunicação via chat e conferência, e a ligação poderá ser vídeo, caso o usuário disponha de webcam.

Windows Live Messenger – sucessor do MSN Messenger –, como todos os programas de mensagens instantâneas (Yahoo!, ICQ e similares), funcionou como uma sala de bate-papo privativa, conectando dois ou mais computadores. As mensagens de uma pessoa para a outra em salas dessa natureza são gerenciadas por servidores disponibilizados pelos fabricantes dos programas que estiverem sendo usados: no caso do Windows Live Messenger, a Microsoft. O Windows Live Messenger, introduzindo novos recursos aos já existentes no MSN, tornou-se o mais usado no mundo com demanda superior a mais de 230 milhões de usuários. No Brasil, o serviço atingiu cerca de 75 % dos usuários da internet, o que significava mais de 34 milhões! A Microsoft anunciou no início de 2013 que descontinuou o Windows Live Messenger oficialmente, e o programa foi incorporado ao Skype.

No final de 2016, a Microsoft anunciou o Teams ao público e, em maio de 2017, comunicou que o Microsoft Teams substituiria o Microsoft Classroom no Office 365 Education, anteriormente o Office 365 for Education. Em julho de 2018 anunciou uma versão do Microsoft Teams, oferecendo a maioria das opções de comunicação da plataforma sem nenhum custo, mas limitando o número de usuários e a capacidade de armazenamento de arquivos. A seguir divulgou que o Microsoft Teams atingira 20 milhões de usuários ativos, o que significava um aumento de 13 milhões em poucos meses. A empresa anunciou o recurso "Walkie Talkie" no início de 2020 que usa o push-to-talk em smartphones e tablets por Wi-Fi ou dados de celular. E, em março de 2020, anunciou que o Microsoft Teams atingira 44 milhões de usuários diários. Passou a oferecer gratuitamente o Microsoft Teams para organizações e escolas de todo o mundo como alternativa de ambiente virtual de aprendizagem. A plataforma pode ser utilizada gratuitamente, porém há algumas diferenças, se comparada à versão paga.

13.3.5 Google Meet

Google Meet é um serviço de comunicação por vídeo desenvolvido pelo Google que, ao lado do Google Chat, é um dos dois produtos que substituíram a versão anterior do Googe Hangouts. O Google Meet começou oficialmente em março de 2017. O serviço foi apresentado como um aplicativo de videoconferência para até 30 participantes, descrito como uma versão comercial do Google Hangouts. No início, comportava um aplicativo da web, um aplicativo Android e um aplicativo iOS. Em abril de 2020, o Google anunciou a disponibilização do Google Meet a todos os usuários a partir de maio. Na versão gratuita, as videoconferências ficaram limitadas, de início, a 60 minutos (a partir de setembro daquele ano). Já em março de 2020 três bilhões de minutos de videoconferência via Meet ocorreram diariamente, e três milhões de novos usuários foram adicionados a cada novo dia. No início do segundo trimestre daquele ano, o número de participantes diários em videoconferência já excedia a marca de 100 milhões! Em outubro de 2020, a remodelação do G Suíte – atual Google Workspace – acarretou a alteração da logomarca do Google Meet.

13.4 Intranets e extranets

Uma rede de comunicação de dados em que não são utilizadas facilidades de comunicações públicas, mas apenas conexões internas, no âmbito de uma empresa, é denominada LAN (*local area network* ou "rede de área local"): computadores trocando e compartilhando informações e recursos em área limitada, valendo-se de competente combinação de hardware e software – servidores de arquivos e de aplicações, estações clientes, roteadores, concentradores, modems, pontes, switches, cabos de rede, placas de rede, sistemas telefônicos, meios de transmissão, sistema operacional e um conjunto de protocolos, como o TCP/IP –, para interconexão em área limitada.

Na década de 1990, a partir da compatibilidade das LANs com os sistemas de comunicação de dados de maiores abrangências geográficas, as empresas lançaram extensas redes corporativas, surgindo a modalidade de processamento em downsizing, a grande distribuição do tratamento e da inteligência nas organizações. As redes corporativas, operando nos mesmos moldes da internet e, no caso de algumas empresas, até interagindo com ela, passaram a se denominar intranets, designação cunhada em 1995 por Stephen Lawton, na publicação Digital News & Reviews. Ou seja, uma intranet é uma rede restrita a uma empresa que utiliza idênticas tecnologias às presentes na internet, como e-mail, world wide web etc. As intranets podem ter variado grau de complexidade. Por exemplo, uma bem simples pode ser criada meramente conjugando um computador cliente munido de um navegador web com uma estação equipada por software servidor web, via uma rede que utilize a pilha de protocolos TCP/IP. Para efetuar pedidos de arquivos e processar respostas recebidas, por exemplo, assim como acontece na internet, também nas intranets o principal protocolo utilizado é o HTTP (Hypertext Transfer Protocol), software de comunicação próprio para sistemas de informação de hipermídia, distribuídos e colaborativos. Apesar de as intranets serem, por definição, redes internas, fechadas e exclusivas aos funcionários das respectivas empresas, como já salientado, muitas são construídas sobre a internet e, em consequência, torna-se possível acessar uma delas a partir de qualquer computador ligado à internet, bastando que aquela esteja também ligada à rede.

No caso de algumas informações presentes na rede particular de uma organização serem disponibilizadas a terceiros, particularmente a representantes, clientes ou fornecedores, a rede passa a se constituir em uma extranet, o que ocorre, por exemplo, quando a empresa faculta parte de sua rede, permitindo acessos a clientes, ou – em outra hipótese – quando uma empresa e determinado fornecedor estão conectados a uma mesma rede que interliga suas respectivas redes particulares. Ainda outra tipificação de extranet ocorre no caso de rede de uma organização – ou mesmo parte específica de um site – que fica disponibilizada a determinado público, registrado e autenticado por senhas, para limitadas e específicas operações, como no caso de dados bancários acessados por respectivos clientes.

Exercícios

1. Assinale a alternativa verdadeira:

Programa de computador que habilita os usuários a interagir com documentos virtuais da internet, também conhecido como páginas da web:

a) provedor.

b) browser.

c) supervisor.

d) site.

2. Assinale a alternativa correta para completar o texto:

A _____ é uma rede de equipamentos que permite acesso externo controlado, para negócios específicos ou propósitos educacionais, sendo uma extensão da rede local de uma organização, disponibilizada para usuários externos à organização.

( ) internet.

( ) extranet.

( ) intranet.

3. Afirmativas acerca das tecnologias de internet e intranet:

I. Tanto a internet quanto a intranet utilizam o protocolo HTTP.

II. Na internet é possível acessar clientes de correio eletrônico como, por exemplo, o Gmail da Microsoft.

III. A intranet é um espaço restrito a determinado público, sendo utilizado para compartilhamento de informações restritas.

Analisando as afirmativas anteriores, marque a alternativa verdadeira:

a) apenas as alternativas I e II estão corretas.

b) apenas as alternativas I e III estão corretas.

c) apenas as alternativas II e III estão corretas.

d) apenas a alternativa I está correta.

(Prova: IDIB – CRO-BA – Técnico Administrativo – 2017)

4. Assinale a opção de três termos que completa adequadamente o texto que se segue.

Uma intranet simples pode ser criada conectando um computador cliente munido de um navegador web a um computador equipado com um software _____ via uma rede que utiliza a pilha de protocolos _____. Um _____ mantém visitantes indesejados do lado de fora da rede.

a) sistema operacional / HTTP / firewall.

b) servidor web / TCP/IP / firewall.

c) browser / HTTP / proxy.

d) servidor de aplicação / TCP/IP / DNS.

e) gerenciador de redes / TCP/IP / DNS.

(Prova: FCC – 2013 – TRT – 1ª REGIÃO (RJ) – Analista Judiciário – Execução de Mandados)

5. Assinale a opção correta:

A principal finalidade dos navegadores de internet é comunicar-se com servidores web para efetuar pedidos de arquivos e processar as respostas recebidas. O principal protocolo utilizado para transferência dos hipertextos é o:

a) HTML

b) XML

c) IMAP

d) SMTP

e) HTTP

(Prova: FCC – TRT – 4ª REGIÃO (RS) – Técnico Judiciário – Área Administrativa – 2011)

6. Em cada um dos itens a seguir, julgue se o que se afirma está certo ou errado:

a) Em uma pesquisa na internet por meio do sítio de busca Google, caso a frase associada ao assunto seja digitada entre asteriscos, o Google irá procurar pela ocorrência exata, respeitando a mesma ordem da frase.

(   ) certo

(   ) errado

(Prova: CNJ – CESPE – Técnico Judiciário – Programação de Sistemas – 2013)

b) O Google Chrome é um navegador que possui exclusividade no uso do Google como mecanismo de pesquisa de páginas.

( ) certo

( ) errado

(Prova: FCC – Sergipe Gás S/A – Assistente Técnico Administrativo – RH – 2013)

7. Em cada um dos itens a seguir, julgue se o que se afirma está certo ou errado:

a) A infraestrutura da internet é composta por dispositivos físicos, como roteadores, concentradores, modems, sistemas telefônicos e meios de transmissão, e também por um conjunto de protocolos, como o TCP/IP.

( ) certo

( ) errado

(Prova: CESPE / CEBRASPE – CNJ – Técnico Judiciário – Programação de Sistemas – 2013)

b) Programas disponibilizados na intranet de uma empresa podem ser acessados de qualquer local físico interno ou externo à empresa, desde que os usuários tenham uma senha específica para essa finalidade.

( ) certo

( ) errado

(Prova: CESPE – CNJ – Analista Judiciário – Área Administrativa – 2013)

8. Julgue se o que se afirma está certo ou errado:

É possível estabelecer condições de acesso a uma rede intranet, desde um computador qualquer com acesso à internet, no caso de aquela intranet também estar ligada à internet.

( ) certo

( ) errado

9. AFIRMATIVAS:

I. A intranet é uma rede local, que utiliza o mesmo protocolo de comunicação da internet. É uma rede totalmente segura, que não permite invasão nem vírus.

II. O protocolo utilizado em uma intranet para troca de mensagens é o FTP.

III. Em uma intranet o conjunto de páginas web nela publicadas pode ser acessado através de um navegador de internet padrão.

A alternativa que contém todas as afirmativas corretas é:

a) I.

b) I e III.

c) II.

d) II e III.

e) III.

(Prova: UEPA – PC – PA – Delegado de Polícia – 2013)

10. Nas afirmativas a seguir, use 1 para as que se referem à intranet e 2 para as que se referem à internet.

( ) Rede interna a uma instituição que pode ser usada para compartilhar arquivos e informações.

( ) Conjunto de redes interconectadas em escala mundial.

( ) Usada por universidades, corporações, governos e redes de pesquisa para trocar informações com todo o planeta.

( ) Rede de computadores privada.

( ) Usa provedores de acesso.

A sequência **correta**, de cima para baixo, é:

a) 1 – 2 – 2 – 1 – 2

b) 2 – 2 – 2 – 2 – 2

c) 1 – 2 – 1 – 1 – 2

d) 1 – 1 – 1 – 2 – 1

e) 2 – 2 – 1 – 1 – 1

(Provas: COVEST – COPSET – UFPE – Farmacêutico – Enfermeiro – Nutricionista – 2010)

Transformação digital nas empresas

14.1 Dos primórdios às tecnologias modernas

A incessante evolução do conhecimento, notadamente na área da informática, tem ocasionado, em todos os tempos, o surgimento de inovações em empresas dos mais variados portes e ramos de atuação, o que as leva, invariavelmente, a aprimoramentos em seus respectivos processos organizacionais e, em consequência, à otimização de seus produtos e melhoria nos resultados.

No início da saga do processamento de dados, o lançamento das máquinas de calcular rapidamente conduziu aos computadores digitais e à automação dos processos, introduzindo o conceito de Administração Sistêmica: surgiam a análise de sistemas e a implantação de sistemas informatizados nas empresas. A crescente complexidade resultante da integração dos sistemas, aliada ao incessante avanço tecnológico, particularmente das comunicações, levou a sociedade ao conceito de TI (Tecnologia da Informação), caracterizada pela associação dos recursos computacionais aos cada vez mais sofisticados recursos das telecomunicações. Não tardou para que estivéssemos vivenciando o que se batizou de TIC (Tecnologia da Informação e Comunicação), termo cunhado em 1997, casamento entre informática e telecomunicações, em associação cada vez mais intensa e poderosa. As redes daí advindas têm introduzido, em escala crescente, recursos e equipamentos, como os smartphones, capazes de realizar, de modo cada vez mais eficiente, inúmeras e sofisticadas funções.

Atentas ao processo evolutivo da tecnologia, seja no tocante a ferramentas de hardware e de software, seja em relação a metodologias e procedimentos, as empresas decidem pela adoção das inovações sugeridas, o que, via de regra, acarreta reformulações pontuais em seus procedimentos. De modo geral, a evolução daí consequente produz alterações nas diversas etapas da gestão organizacional, desde seu planejamento estratégico até a otimização no comportamento e na interação da empresa com seu público externo. O advento das inovações pressupõe, portanto, consequente mudança de mentalidade no processo administrativo como um todo, isto é, uma renovação da cultura organizacional; isso nos leva a concluir que a inovação tecnológica deve ser apresentada como responsável pelo fenômeno a que se tem modernamente denominado **transformação digital nas empresas**.

No Brasil, O MCTI (Ministério da Ciência, Tecnologia e Inovações) publicou, em 2000, o "Livro Verde da Sociedade da Informação", contendo as diretrizes de ações e estratégia de desenvolvimento tecnológico, inserindo o país no contexto de sociedade da informação. Em 2002, publicou o "Livro Branco sobre Ciência, Tecnologia e Inovação", que apresentou política de tecnologia e inovação para a construção de um país dinâmico e competitivo. Por fim, em 2010, publicou o "Livro Azul" (Livro Azul da 4ª Conferência Nacional de Ciência e Tecnologia e Inovação para o Desenvolvimento Sustentável), apresentando a *inovação* como um componente estrutural na cadeia produtiva nacional e apontando a necessidade do desenvolvimento de tecnologias estratégicas para o progresso do país. Textualmente: *"a ciência, a tecnologia e a inovação são importantes motores da transformação econômica e social dos países. A busca por novas possibilidades de transformar o conhecimento em inovação – e em riqueza, por consequência – envolve hoje inúmeros atores. Não é tarefa apenas de governos, mas do conjunto da sociedade, representada pela academia, setor empresarial, entidades de categorias profissionais, entidades do terceiro setor, entre outros."*

Modernamente surgiu o conceito de *startup* para designar empresa jovem empenhada em inovar em algum ramo de atividade, procurando desenvolver um modelo de negócio que, além de possuir o caráter inovador, seja *escalável* – capacidade de multiplicar seu faturamento sem aumentar as despesas de forma proporcional – e *repetível* – capacidade de entregar o mesmo produto em escala potencialmente ilimitada. Trata-se de empresas iniciantes que buscam explorar atividades inovadoras no mercado com o objetivo de angariar elevada clientela e gerar lucro, valendo-se de modelo econômico de baixo custo. A designação *startup* nasceu na década de 1990, quando surgiram muitas empresas com essas características, principalmente na área de tecnologia: Google, Apple Inc., Facebook, Yahoo!, Microsoft, entre outras. No Brasil, segundo a Associação Brasileira de Startups (Abstartups), a quantidade delas mais do que triplicou nos últimos cinco anos. Sua criação e seu ciclo de vida passam caracteristicamente por algumas fases bem definidas, desde a formulação de ideias e hipóteses até sua maturação, quando tiver conquistado clientela fiel e atingido considerável presença no mercado.

Por outro lado, é interessante assinalar o quanto, nas mais diversas áreas do conhecimento, as conquistas tecnológicas levam a significativos avanços no trato de assuntos de seus respectivos interesses. Na Engenharia Civil, por exemplo, como uma evolução das ferramentas *Computer Aided Design* (CAD) inteligentes, surge uma nova geração voltada à melhor gerência das informações no ciclo de vida de projetos. Por uma emergente técnica de modelagem virtual denominada BIM (*Building Information Modeling*, ou "Modelagem de Informações para Construção"), o processo de cada projeto está voltado a atender às necessidades de informação pertinentes às diversas fases do planejamento e da construção do empreendimento, contemplando as necessidades dos profissionais das múltiplas áreas (arquitetos, calculistas, construtores, contratantes, todos enfim), solidariamente empenhados em um mesmo objetivo. O modelo digital que então se estabelece, baseado em um banco de dados que proporciona aquela completa integração de informações, propicia aumento de produtividade e racionalização: na codificação dos objetos digitais (representação gráfica, numérica e textual) estão incluídos os parâmetros que dizem respeito a eles dentro do contexto. O conceito de BIM, também designado, de forma muito apropriada, "Modelo Paramétrico da Construção Virtual", é, portanto, um exemplo característico da influência do avanço da informática em específico segmento da vida na sociedade.

Entre as tecnologias de ponta, destaca-se a M2M (*Machine-to-Machine* ou "Máquina para Máquina"), propiciando o diálogo entre duas máquinas que possuem a mesma habilidade, podendo estar presentes em sistemas com fio, sem fio, ou híbridos. Essa tecnologia utiliza sensores ou medidores capazes de capturar eventos ou características – como temperatura, por exemplo – e enviá-los, através de uma rede, utilizando a telemetria, para serem usados como informações requeridas por um programa no destino. As modernas comunicações M2M expandiram-se para além da conexão ponto a ponto e passaram a estar presentes em redes, que distribuem dados para vários equipamentos pessoais, o que, em face da evolução da tecnologia de redes, tornou mais fácil a comunicação, incrementando a oportunidade de toda sorte de negócios.

14.2 A necessária disciplina do uso da internet

A internet, gigantesca rede de abrangência mundial, formada por centenas de milhares de computadores e em constante expansão, acessada hoje por mais de 3,5 bilhões de pessoas, às quais disponibiliza relevantes serviços, com destaque para o correio eletrônico e a web, veio revolucionar a informação e a comunicação na sociedade. Estudo da União Internacional de Telecomunicações (UIT), agência das Nações Unidas, registra que mais da metade da população do mundo está conectada à rede.

Três bilhões e novecentos milhões de pessoas – equivalente a 51 % da população – estão ligadas a ela. É na internet – revigorada a cada dia com milhares de novidades – que se podem encontrar, com rapidez, as mais variadas e atualizadas informações e onde se tem oportunidade de participar de discussões e debates sobre assuntos de toda ordem. Não há como negar, ou sequer minimizar, a importância de ordem superior que essa realidade tecnológica passou a representar na vida das pessoas, autêntica revolução no campo da informação e comunicação.

Diante dessa realidade, a ONU (Organização das Nações Unidas) proclamou que o "acesso à informação na internet facilita vastas oportunidades, como a educação acessível e inclusiva, entre outros pontos", e que "o acesso à internet não deve ser interrompido por governos ou agências governamentais, uma vez que representa um verdadeiro direito inerente ao homem". Ao mesmo tempo, há evidente cuidado por parte das autoridades, particularmente em relação à proteção que deve ser fornecida a determinados dados, com ênfase aos atinentes a particularidades de pessoas físicas e jurídicas, no trato da informação em todas as suas fases: coleta, armazenamento, divulgação.

No Brasil, o **Marco Civil da Internet** – uma iniciativa legislativa cujas gestões iniciais datam do ano de 2009 – visa regular princípios, garantias, direitos e deveres a respeito do uso da internet em nosso território e determinar as diretrizes para atuação da União, dos Estados, do Distrito Federal e dos Municípios em relação à matéria. Após dois anos de estudos e debates, o Marco Civil foi apresentado como Projeto de Lei (2126/2011) do Poder Executivo à Câmara dos Deputados.

Fundamentos

- Respeito à liberdade de expressão;
- reconhecimento da escala mundial da rede;
- direitos humanos, desenvolvimento da personalidade e exercício da cidadania em meios digitais;
- pluralidade e diversidade;
- abertura e colaboração;
- livre iniciativa, livre concorrência e defesa do consumidor;
- finalidade social da rede.

Princípios

- Garantia da liberdade de expressão, comunicação e manifestação de pensamento;
- proteção da privacidade;
- proteção aos dados pessoais, na forma da lei;
- preservação e garantia da neutralidade da rede;
- preservação da estabilidade, segurança e funcionalidade da rede;
- responsabilização dos agentes de acordo com suas atividades;
- preservação da natureza participativa da rede.

Os princípios aqui expressos não excluem outros previstos no ordenamento jurídico pátrio relacionados com matéria, ou nos Tratados Internacionais em que a República Federativa do Brasil seja parte.

Objetivos

- Promover o direito de acesso à internet a todos;

- promover o acesso à informação, ao conhecimento e participação na vida cultural e na condução dos assuntos públicos;

- promover a inovação e fomentar a ampla difusão de novas tecnologias e modelos de uso e acesso;

- promover a adesão a padrões tecnológicos abertos que permitam comunicação, acessibilidade e interoperabilidade entre aplicações e bases de dados.

O **princípio da neutralidade**, também denominado neutralidade da rede ou neutralidade da internet, segundo o qual todas as informações na web devem ser tratadas da mesma forma, sem privilégio de velocidade, ou seja, navegando na velocidade da contratação, foi objeto de particular atenção dos legisladores.

Na sequência da entrada em vigor do Marco Civil da Internet, ocorrida a 23 de junho de 2014, foi sancionada a Lei 13.709, **Lei Geral de Proteção de Dados** (LGPD), importante marco de legislação específica sobre tratamento, uso e proteção de dados pessoais no Brasil. Datado de 14 de agosto de 2018, o texto dessa lei, que deve ser observado pelas empresas e organizações de qualquer natureza, cunho, finalidade ou porte, define as regras relativas às diversas operações: coleta, produção, recepção, classificação, utilização, acesso, reprodução, transmissão, distribuição, processamento, arquivamento, armazenamento, eliminação, avaliação, controle, modificação, comunicação, transferência, difusão e extração.

Tomando por base o GDPR (General Data Protection Regulation, ou Regulamento Geral de Proteção de Dados) – diploma que dita as regras sobre a proteção, o tratamento e a livre circulação dos dados pessoais nos países da União Europeia –, a LGPD reconhece ao cidadão a titularidade e o direito absoluto sobre seus dados pessoais, assegurando a cada um a prerrogativa de permitir ou não a sua utilização para fins específicos. São motivo de atenção particular os denominados "dados sensíveis", que dizem respeito à intimidade, como os referentes à raça ou etnia, religião, política, saúde, vida sexual, filiação a agremiações políticas ou filosóficas. Da mesma forma, a LGPD se preocupa de modo específico com os dados pessoais de crianças e adolescentes, cujo tratamento exige consentimento de pais ou responsáveis.

14.3 Tecnologias de armazenamento: Solid-State Drive e memória flash

O SSD (Solid-State Drive ou Unidade de Estado Sólido) é uma nova tecnologia de armazenamento, lançada como evolução do disco rígido (HD), para armazenamento não volátil de dados digitais. Diferentemente dos sistemas magnéticos – como os HDs – e óticos – como os CDs e DVDs –, não possui partes móveis e é construído em torno de um circuito integrado semicondutor, responsável pelo armazenamento. Utiliza *memória flash*, semelhante à utilizada nos pen drives.

Em meados da década de 1980, no conglomerado japonês Toshiba Corporation, foi desenvolvida uma nova modalidade de memória, a que se denominou "Flash", criada a partir da memória

EEPROM (Electrically-Erasable Programmable Read-Only Memory). Essa memória flash é do tipo de armazenamento não volátil, ou seja, é capaz de manter as informações armazenadas no chip, mesmo se lhe faltar energia. Por possuir a característica de poder ser apagada, propicia que dados nela sejam reescritos (até uma quantidade limitada de exclusões/reescritas). Possuindo tempo de acesso rápido e ótima resistência e durabilidade, a memória flash popularizou-se principalmente na utilização em equipamentos portáteis. Tornou-se então a memória comumente usada nos SSD, nos cartões de memória, nos reprodutores de mídia (iPods), nos pen drives, nos armazenadores/reprodutores de música digital (MP3 players), nas câmeras digitais, nos telefones celulares e nos computadores de dimensões reduzidas (palmtops ou *personal digital assistants*).

O SSD tem peso menor em relação aos discos rígidos, possui reduzido consumo de energia, tem tempo de acesso à memória bem inferior ao tempo dos meios magnéticos ou ópticos, consegue trabalhar em ambientes mais quentes (até cerca de 70 °C) e realiza leituras e gravações de forma muito mais rápida. O fato de não possuir partes eletromecânicas móveis o torna bem silencioso e mais resistente contra choques físicos.

O custo dos dispositivos SSD é mais elevado do que o dos dispositivos magnéticos. Em consequência, em alguns casos tem sido adotada solução híbrida: parte de algumas máquinas conta com um SSD para abrigar o sistema operacional e programas e com um HD onde gravam os arquivos de uso e fazem o backup, o que já acarreta tempo de boot e abertura de programa até cinco vezes menor do que nas máquinas que só utilizam o HD.

Um **SSD SATA** ou **S-ATA** ou **Serial ATA** (*Serial Advanced Technology Attachment*) é um solid-state drive utilizando a mais moderna tecnologia de transferência de dados em série entre computador e dispositivos de armazenamento em massa. S-ATA origina-se da evolução da tecnologia ATA, introduzida em 1984 pela IBM em seu computador AT, também conhecida como IDE (*Integrated Drive Electronics*). Diferentemente dos dispositivos anteriores, em que a transmissão paralela (P-ATA) – mais lenta – se valia de cabos de até 80 fios paralelos, os cabos seriais ATA são formados apenas por dois pares de fios (um para transmissão e outro para recepção) e mais três fios terra, ou seja, apenas sete fios, apresentando assim diâmetros bem menores, o que facilita adicionalmente a ventilação do gabinete. Por oportuno, salientamos que, enquanto SATA se refere a interfaces de ligação do computador a periféricos de armazenamento em massa, a conexão HDMI (*High-Definition Multimedia Interface*) é a mais utilizada interface condutiva entre fontes de áudio e vídeo digital, compatível com qualquer dispositivo, sendo, portanto, a interface de comunicação utilizada, com vantagem de qualidade em relação a congêneres, em aparelhos computadores, monitores, televisores e DVDs.

O incremento progressivo que se vem experimentando na capacidade de armazenamento dos SSDs, atualmente atingindo a 4 TB (terabytes), aponta para progressiva substituição dos atuais HDD (hard disk drive), mas também há evidências de que, ainda por algum tempo, as duas tecnologias vão coexistir.

14.4 Inteligência artificial, aprendizado de máquina e inteligência aumentada

A busca pela **IA** (Inteligência Artificial) teve início já há algum tempo. A denominação foi cunhada em 1956, embora somente no início deste século os estudos a respeito tenham sido mais incrementados, em função dos avanços tecnológicos, particularmente na área de armazenamento de dados e no desenvolvimento de modernos algoritmos. IA, em síntese, consiste na utilização de mecanismos computacionais que, com base no comportamento humano, resolvem problemas, simulando a ideia de que a tecnologia leva o computador a "pensar" como se fosse uma pessoa, para realizar determinadas tarefas. Os estudos na área de IA vêm progredindo na esteira das recentes conquistas computacionais, como as da "Internet das Coisas" e do "Machine Learning".

Desde o **GPS** (*General Problem Solver*, ou Solucionador de Problemas Gerais), programa de computador apresentado por Simon, Shaw e Newell, em 1957, como solucionador universal de problemas – a ideologia de "pensar de forma humana" –, até os dias atuais, a IA tem alcançado relevantes progressos, buscando a automatização de processos atinentes a diversas áreas do conhecimento. Vem sendo empregada em análises e técnicas avançadas em lógica, na interpretação de eventos, na realização de determinadas ações e na automatização de decisões, proporcionando resultados de maior oportunidade e melhor qualidade, particularmente nas empresas, em otimizações de cadeias de suprimentos, atuações em políticas de preços, emissão de diagnósticos e recomendações médicas, entre vários outros. Tal qual a mecânica de comparação de experiências presentes na formulação do pensamento humano, também a IA recorre a repertório de dados (disponíveis na web, p. ex.) e a análises (utilizando algoritmos adequados a cada contexto) para concluir e tomar decisões. Em consequência, o conceito de "inteligência artificial" abriga o conceito de ML (Machine Learning, ou Aprendizado de Máquina ou Aprendizagem de Máquina) como um dos seus recursos.

Sistema desenvolvido sob a tecnologia do **Machine Learning** é aquele que pode modificar seu comportamento tendo como base sua própria experiência, mediante mínima ou nenhuma interferência humana. Isso se torna possível a partir do estabelecimento de regras lógicas, geradas com base no reconhecimento de padrões próprios de cada fenômeno, que conduzem à decisão mais condizente com cada ocasião. Quanto maior a utilização do sistema e quanto mais consultas, mais dados de entrada serão, ou seja, maior acervo e, em consequência, maiores serão o incremento de opções e o refinamento do sistema. Algumas aplicações modernas do **Aprendizado de Máquina**, entre muitas outras, estão ligadas a sistemas de oferecimento de opções a clientes, sistemas de tradução de textos e sistemas de combate a fraudes em pagamentos.

Em concomitância com aplicações dessa natureza, tendo por finalidades a prevenção de desvios ou desacertos e o refinamento no padrão de atendimento, são implantados sistemas denominados **Inteligência Aumentada**, em que se estabelece combinação da Inteligência Artificial com atividades desenvolvidas pelo ser humano, para melhorar o desempenho da aplicação, a interação com os clientes e o gerenciamento dos riscos próprios da automação de determinadas decisões.

14.5 QR Code: o código de resposta rápida

Ao alvorecer dos anos 2000, um código de grande aplicabilidade, uma das tecnologias com maior potencial do início do século XXI, passou a ser utilizado largamente: o QR Code (**Quick Response Code**, ou Código de Resposta Rápida), um código de barras a duas dimensões para leituras em alta velocidade, que foi inicialmente utilizado na indústria de automóveis, na catalogação de peças de veículos e, logo, teve aplicação generalizada.

Rapidamente se expandiu, em razão de sua grande capacidade de prover textos e todo tipo de informações gráficas a partir de URLs (endereços de recursos como páginas na internet): indicações de localizações, informações pessoais, telefones, contatos eletrônicos, como SMS e e-mails e, ademais, poder ser lido pela maioria dos telefones celulares equipados com câmera. Hoje o QR Code tem aplicação tanto em veiculação de propagandas e marketing quanto em controle de estoques em indústrias, comércio e serviços das mais variadas áreas, como atacadistas, produtos médicos, cirúrgicos, bélicos e alimentares. No Brasil, a utilização do QR Code em publicidade data dos anos 2007 e 2008.

A denominação QR Code, cunhada em 1994, é marca registrada da empresa Denso Wave Incorporated, que não exerce direito de patente sobre o código. O seu uso é livre de qualquer licença. Existem diversos padrões de codificação QR, destacando-se o AIMI (Association for Automatic Identification and Mobility International), norma ITS de 1997, e o ISO/IEC 18004, de 2006.

O QR Code é composto por combinação de quadrados pretos e brancos denominados "células", e contém padrões de detecção de posição, padrões de sincronismo, informações sobre formato e recurso aplicado para recuperar dados quando uma parte da figura está faltando ou está danificada. Mesmo parcialmente danificado, um QR Code pode, portanto, ser lido, porque abriga, por princípio, dados voltados à correção de eventuais erros ou empecilhos à perfeita interpretação. Em razão disso, a leitura de um QR Code pode ser feita a certa distância, pelas câmeras providas de aplicativos adequados, como as de smartphones e tablets, sem preocupação rigorosa, por exemplo, com foco ou ângulo de tomada. A taxa de recuperação varia em quatro níveis diferentes de correção de erros.

QR Code danificado

O uso de QR Codes é comum em impressos e propagandas na TV, encaminhando a endereços e informações detalhadas, facilitando em muito a inserção imediata dos dados. Desde 2003, foram desenvolvidas aplicações que propiciam aos usuários inserir os dados captados por telefones celulares usando as câmeras dos aparelhos. Um QR Code pode exibir também figuras, como logotipos, inclusive em cores, prestando-se assim à promoção simultânea de marcas e produtos.

14.6 Microcontroladores e sistemas embarcados

Os microcontroladores surgiram na década de 1980. Trata-se de circuitos integrados formados a partir do casamento de componentes eletrônicos a um chip processador. Essa tecnologia de compactação proporcionou, entre outras vantagens, uma considerável economia, ocasionada pela substituição de elementos analógicos, de custo elevado, por tecnologia de eletrônica digital, bem mais em conta. Define-se, a partir daí, microcontrolador como um pequeno computador (SoC ou System-on-a-chip, System On Chip ou Sistema-em-um-chip), encerrado em um único circuito integrado que pode abrigar núcleo de processamento, memória – RAM, FLASH ou ROM – e periféricos programáveis de entrada e saída.

Enquanto os microprocessadores são utilizados em aplicações de uso geral, os microcontroladores são concebidos para aplicações embarcadas, produtos e dispositivos automatizados, como, por exemplo, sistemas de controle de automóveis, controles remotos de várias naturezas, ferramentas automatizadas, brinquedos animados, aparelhos médicos e eletrodomésticos. No início deste século, os sistemas embarcados já tinham se imposto, substituindo, com vantagens, as tecnologias anteriormente presentes nos mais diversos dispositivos eletrônicos.

O primeiro sistema embarcado – utilizado em engenho militar, computador-guia de míssil nuclear datado dos anos 1960 – tornou viável a produção comercial, em larga escala, do artefato, em função da fabulosa economia que proporcionou. Ao longo do tempo, os sistemas embarcados vêm experimentando aumento em sua funcionalidade e contínua redução de custo. Em 1978, a *National Electrical Manufacturers Association* lançou a norma para microcontroladores programáveis.

No desenvolvimento de sistemas para microcontroladores, os projetistas geralmente criam a totalidade dos programas, podendo também valer-se de um RTOS (Real Time Operating System, ou Sistema Operacional de Tempo Real), no qual o tempo de resposta a um evento é predefinido.

Um microcontrolador consome relativamente pouca energia, em geral medida em miliwatts, e tolera interrupções de espera (*sleep* ou *wait*). Quando do atendimento de uma interrupção, informações úteis à execução global do programa são armazenadas em uma área de memória denominada pilha (*stack*). O consumo em modo de espera pode cair até a nanowatts. Essa importante característica torna o microcontrolador ideal para aplicações em que o baixo consumo é fator decisivo para o sucesso do projeto.

14.7 Telefonia móvel

14.7.1 Trânsito da informação: upload, download e streaming

Velocidade de *upload* é a medida – em megabits por segundo ou gigabits por segundo – com que as informações disponíveis em um computador são transferidas para outro dispositivo ou servidor na internet.

Velocidade de *download*, inversamente, refere-se à rapidez com que ligações com a internet transferem dados para os dispositivos que os requerem, ou seja, a velocidade com que uma informação buscada por determinado terminal é disponibilizada.

Importa ressaltar que a medida dessas velocidades é expressa em múltiplos de bits (e não de bytes) por segundo. Propagandas das telefônicas e prestadoras de serviços em banda larga com a internet podem induzir a enganos em relação a essa característica, por exemplo, quando apregoam que a velocidade é de tantos megas por segundo.

Downloads são operações bem mais comuns – baixar filmes e músicas, fazer "streaming" de vídeos, colher páginas da internet –, embora não sejam poucas também as atividades on-line em que o fluxo de dados se dá no sentido inverso. A velocidade de upload interessa particularmente em atividades de jogos on-line, videochamadas e envio de arquivos. Assim, de modo geral, interessa que a velocidade de download seja superior à velocidade de upload.

Operação de streaming é aquela em que dados são transmitidos para utilização sem necessidade de baixar o conteúdo em um dispositivo: com a evolução da tecnologia, proporcionando aumento na velocidade de conexão com a internet, tornou-se possível exibir músicas e filmes ao mesmo tempo que eles estão sendo acessados, ou seja, os dados chegam em fluxo constante (*stream*), e um smartphone ou outro dispositivo pode mostrar as imagens ou tocar o som enquanto se dá o download. Particularmente nestes últimos dez anos, surgiram várias empresas fornecendo serviços de streaming de alta qualidade, tanto em áudio quanto em vídeo.

As velocidades práticas em que as redes operam são variáveis no tempo. Por meio de aplicativos, é conveniente aferi-las e monitorá-las com alguma frequência. Em determinado momento, se uma rede de velocidade nominal de 40 megabits por segundo – equivalentes a 5 megabytes por segundo – está operando em download, por exemplo a 10 megabits por segundo (1,25 Mbyte/s), essa operação ocorre com eficiência de 25 %. Em outra oportunidade, a ligação com a internet, pelo mesmo dispositivo, pode se dar em nível superior, e, então, determinado download ocorre, por exemplo, com eficiência de 85 %, a 34 Mbits/seg. Essas variações ocorrem, entre outros motivos, em função das condições das instalações e da quantidade de acessos em cada oportunidade.

14.7.2 Gerações da telefonia móvel: do início à 4G

Uma rede de telefonia móvel é uma interconexão de recursos que propiciam a utilização simultânea de elevada quantidade de telefones celulares – e, eventualmente, outros terminais afins –, fixos ou em deslocamento, devidamente habilitados, no âmbito de determinada extensão territorial, denominada área de cobertura ou campo de abrangência. Trata-se de um sistema de transmissão de sinais que utiliza ondas de radiofrequência. A radiação eletromagnética de radiofrequência presente nas redes de telefonia móvel, tal qual nas transmissões de rádio e televisão e nos aparelhos de micro-ondas, é de baixa energia, *não ionizante*, não sendo, em consequência, cancerígena, motivo de tranquilidade em relação a temores infundados, particularmente quanto a proximidades com suas antenas.

Uma rede de telefonia celular divide a área geográfica de abrangência em segmentos chamados de células, de onde provém a denominação "telefone celular". Cada uma dessas células possui uma estação rádio base, ou simplesmente base, munida de antenas com receptores e emissores de sinal, e ligada a uma central telefônica. Um terminal da rede em deslocamento estará, a cada momento, dentro do campo de abrangência de determinada antena que, com ele, guarda as condições mais favoráveis de ligação, mais eficiência, melhor qualidade, maior potência de sinal. Ao fazer uma chamada, o aparelho se liga a essa antena que, então, localiza o telefone buscado e com ele estabelece o link. Para tanto, a operadora se mantém informada constantemente a respeito da posição (célula) em que cada telefone se encontra.

Desde o surgimento da primeira rede de telefonia móvel, elas não param de se modernizar e sofisticar, valendo-se da constante evolução tecnológica. Em consequência, as redes vêm possibilitando crescentes multiplicidade e qualidade nos serviços disponibilizados aos usuários, propiciando quantidade crescente de aparelhos interconectados. As diversas redes instaladas são geridas por operadoras de telefonia móvel, empresas que disponibilizam e gerenciam essa gama de serviços, entre as quais, no Brasil: Vivo, Claro, TIM, Oi, Nextel, Algar e outras.

Figura 14.1 Antenas para telefonia móvel no alto de torres.

À proporção que o aparelho celular móvel conectado a uma rede se desloca, quando se torna conveniente, no propósito de conservar as melhores condições, ele se transfere, passando ao domínio de outra antena retransmissora da operadora, mais próxima ou menos sobrecarregada, isto é, em condições de fornecer um sinal mais potente; essa operação é denominada *transferência intercelular*.

A evolução por que vem passando a telefonia móvel tem propiciado o lançamento de gerações sucessivas de redes de celulares, à proporção que se utilizam diferentes tecnologias. Em breve histórico, recorda-se que a tecnologia de rádio para celulares surgiu nos Estados Unidos durante os anos 1980, com o lançamento da rede de celular AMPS (Advanced Mobile Phone Service), que usava o FDMA (Frequency Division Multiplexing Access) para transmitir voz por meio de sinal analógico, caracterizando a primeira geração móvel (1G), padrão adotado por vários países, inclusive o Brasil, e com ele, portanto, os primeiros aparelhos celulares.

A telefonia celular, nas décadas mais recentes, revolucionou radicalmente o modo de comunicação das pessoas. No Brasil, por exemplo, ao início do ano 2021, a partir de dados divulgados pela Anatel (Agência Nacional das Telecomunicações), existiam mais de **250 milhões** de linhas de celular ativas, cobrindo toda a extensão territorial, com crescimento também explosivo de acessos à internet. Isso indica que o país já ultrapassou a densidade de 110 celulares para cada 100 habitantes.

No entanto, a telefonia celular somente começou a fazer parte da vida das pessoas com a chegada, a partir de 1990, dos padrões **2G**, isto é, da *segunda geração* de tecnologias móveis, com transmissão de sinais digitais. Esse é um acontecimento particularmente relevante, por ser o marco da transição do analógico para o digital. A tecnologia da segunda geração proporcionou boa qualidade de voz e suporte a inúmeros serviços, inclusive SMS e MMS, e foi precursora na transferência de dados. Nessa época foram lançados os primeiros celulares no Brasil, que, no entanto, tornaram-se populares somente na década seguinte.

A tecnologia 2G caracterizou-se pelo advento do **GSM** (Global System for Mobile Communications, ou Sistema Global para Comunicações Móveis), conhecido como segunda geração de telefonia móvel, que, difundida globalmente, de modo muito rápido, passou a ser utilizada por mais de um bilhão de pessoas em centenas de países. Essa disseminação do GSM pelo mundo ocasionou que seu roaming internacional passasse a ser muito comum por meio de "acordos de roaming" entre operadoras de telefonia móvel. A propósito, saliente-se que "roaming" (em português, *itinerância*) é, em breves palavras, o serviço de transferência de um usuário de uma rede para outra, nacional ou internacionalmente, proporcionando que o usuário de uma operadora permaneça conectado fora de localidade onde haja contratado os serviços, ou mesmo em área não coberta por sua operadora.

Uma desvantagem do GSM possivelmente a ser apontada é que ele se baseia na rede TDMA, considerada – como será comentado a seguir – menos avançada do que a concorrente CDMA, ambas desenvolvidas com o mesmo objetivo, mas incompatíveis entre si. Nascidas em consequência da explosão da comercialização de sistemas celulares, que gerou a necessidade de aumentar, de modo considerável, a quantidade de usuários simultâneos dentro de uma seção do espectro de rádio, para dar acolhimento ao grande crescimento.

O **TDMA** (*Time Division Multiple Access*, ou Acesso Múltiplo por Divisão de Tempo) é uma tecnologia de multiplexação, em que o canal de comunicação é dividido em *slots*, ou intervalos de tempo alternados, e que utiliza a compressão de dados da comunicação, com a qual se multiplicaram as possibilidades de conexões em relação às tecnologias analógicas.

O **CDMA** (*Code-Division Multiple Access*, ou Acesso Múltiplo por Divisão de Código), uma alternativa vantajosa ao TDMA, permitiu que a transmissão e o recebimento fossem feitos por vários usuários em um mesmo canal simultaneamente, utilizando um tipo de modulação denominado Spread Spectrum: os sinais, depois de digitalizados, são "espalhados" pelo canal de frequência, não mais ocorrendo a organização por slots ou intervalos de tempo, pois todas as conexões são realizadas simultaneamente; as informações pertinentes a cada uma das chamadas telefônicas recebem uma codificação própria, permitindo aos respectivos aparelhos destinatários apropriarem-se das que são endereçadas a eles. A tecnologia CDMA possibilitou o uso de frequências iguais em células adjacentes, permitindo a cada uma delas suportar maior quantidade de usuários, em consequência do melhor aproveitamento dos canais de comunicação. O CDMA normalmente utiliza as faixas de frequência de 800 MHz e 1900 MHz. Foi uma tecnologia adotada largamente por diversas operadoras, inclusive no Brasil. No entanto, paulatinamente, ela foi sendo preterida em presença do GSM, aqui e em vários países.

O sistema GSM foi sucessivamente aperfeiçoado, com o lançamento do GPRS e do EDGE. A rede com tecnologia GPRS (General Packet Radio Service), intermediária entre a 2G e a 3G, também conhecida como 2.5G, proporcionou significativas vantagens. Funcionando como uma "extensão" da tecnologia GSM, proporcionou a transferência de dados simultânea à transmissão de voz, em particular a comunicação com a internet, por apresentar compatibilidade com o protocolo IP.

Na sequência, considerada por alguns já como pertencente à terceira geração, mas apresentada como um degrau a mais na segunda geração, ou seja, um avanço a mais na tecnologia 2G, a EDGE (Enhanced Date Rates for GSM Evolution, ou Taxas de Dados Ampliadas para a Evolução do GSM) utiliza frequências de 876 MHz a 960 MHz, com capacidade de banda de até 236 Kbits por segundo, caracterizada por notável evolução na velocidade de transmissão de dados. Apesar, como salientamos, de poder praticamente ser considerada uma tecnologia de terceira geração (3G), a EDGE é tida por especialistas como "2.75G".

A imperiosa busca particularmente pelo aumento de velocidade levou, no limiar do novo século, a União Internacional de Comunicações (UIT) a criar um padrão global que incentivou as operadoras a promover upgrades, resultando no surgimento de famílias de uma nova tecnologia. O UMTS (Universal Mobile Telecommunication System, ou Sistema Universal de Telecomunicações Móveis), também chamado de 3G (terceira geração), solução integrada para transmissão de voz e dados, o sucessor do GSM, possibilitou o uso efetivo de banda larga móvel nas redes, caracterizando, portanto, uma nova geração. Utiliza bandas de frequência entre 900 MHz e 2100 MHz e também prevê o tráfego de diferentes mídias sobre um mesmo canal, incluindo o uso de TV móvel, conversações por videoconferências e acesso em alta velocidade à internet. Usa a tecnologia W-CDMA (Wideband Code-Division Multiple Access). Assim, a tecnologia 3G abrigou os padrões da telefonia móvel que substituíram os definidos na que imediatamente a precedeu, a 2G. Sua sigla, portanto, carrega o significado de "terceira geração de padrões e tecnologias da telefonia móvel". É uma das redes móveis mais utilizadas no Brasil e no mundo, com dezenas de milhões de usuários, tendo possibilitado a utilização da internet em sua plenitude: consultas e acessos para todos os propósitos, redes sociais, troca de e-mails, compartilhamento de textos e fotos. Sua implementação coincidiu com a chegada dos smartphones, os telefones inteligentes dotados de funcionalidades avançadas. O UMTS apresentou três evoluções sucessivas: o 3G+ (rede HSPA), o H + (HSPA +) e o H + Dual Carrier (DC-HSPA +), com incremento progressivo de velocidades, o que permitiu otimizações progressivas no trato com a internet.

Lançada na primeira década deste século, a tecnologia da rede LTE (Long Term Evolution) caracterizou a chegada da 4G (quarta geração de telefonia móvel) tendo, na sequência, evoluído para uma versão mais moderna (4G+), proporcionando velocidades muito altas, de até 300 megabits por segundo (em laboratório), isto é, permitindo – embora, nas aplicações práticas, o download ocorra em velocidades menores – conexões à internet com taxas até dez vezes superiores às da 3G, além de facultar melhor acesso a conteúdos multimídia, como vídeos em alta definição, videoconferências e músicas. Em síntese, a tecnologia 4G melhorou a qualidade de transmissão de dados, voz e multimídia e aumentou a segurança dos dados que trafegam nas redes. A tecnologia 4G faculta a utilização de todos os recursos da internet, incluindo streaming de vídeos, jogos na nuvem, rapidez nos downloads etc. Na sequência, como aconteceu com as tecnologias pretéritas, foi lançada uma nova versão, o LTE-Advanced-Pro (LTE-A) ou 4G+ ou 4,5G, a partir da combinação de mais frequências do espectro, proporcionando velocidades práticas de download de 40 a 100 megabits por segundo.

Dados divulgados pela Conexis Brasil Digital, entidade representativa das grandes operadoras de telecomunicações que atuam no Brasil, apontam que as empresas de telefonia móvel celular conectaram mais de um novo município por dia com 4G no período de 12 meses, entre dezembro de 2019 e novembro de 2020. Segundo o balanço, a cobertura do 4G no Brasil cresceu 9,4 % em 12 meses e está em 5.138 municípios brasileiros, onde moram 98,3 % da população nacional. Nesse período, 443 novos municípios receberam as redes de 4G, ampliando a conectividade no país. No mesmo período foram ativados 17,6 milhões de novos chips 4G, somando um total de 170,8 milhões de chips de quarta geração em todo o país. Em conjunto com as redes de 3G, a banda larga móvel já está em todos os municípios brasileiros. O 3G está em 5.532 municípios, onde moram 99,93 % da população nacional. No total, o Brasil conta com 204,7 milhões de acessos à internet pela rede móvel, em 3G e 4G. Considerados os acessos fixos e móveis, o Brasil fechou o mês de novembro de 2020 com um total de 240,6 milhões de acessos. Destes, 35,8 milhões são em banda larga fixa.

14.7.3 5G: a quinta geração de telefonia móvel

A tecnologia 5G, a recém-chegada geração de rede de telefonia móvel, surge com a perspectiva de notável evolução. Além de grande aumento de qualidade e de velocidade – atingindo a faixa de gigabits por segundo – na comunicação com a internet, ela traz a possibilidade de conexão de um número significativo de objetos simultaneamente – veículos, aparelhos, lâmpadas, geladeiras, objetos domésticos em geral – introduzindo novos conceitos, como os de automação residencial, carros autônomos, cidades inteligentes e telemedicina. A tecnologia vai expandir, portanto, a usabilidade de ferramentas inteligentes, possibilitando, por exemplo, que aparelhos monitorem o estado de saúde de um paciente em tempo real e notifiquem seu médico sempre que as condições aferidas assim o recomendarem.

Avaliando o ganho em velocidade proporcionado por essa tecnologia, recorda-se que as redes 4G mais rápidas conseguem, no limite, atingir a 100 megabits por segundo. Na quinta geração, atinge-se a faixa de gigabits por segundo. Destaquem-se os ganhos na conexão, com os vídeos sendo quase instantâneos e as videochamadas gozando de qualidade muito superior, em UHD (Ultra High Definition).

A previsão é de que o 5G venha a permitir que mais de um milhão de aparelhos se conectem por metro quadrado: telefones celulares, câmeras de segurança, carros, geladeiras, máquinas de lavar e outros eletroeletrônicos. Essa renovadora tecnologia, padronizada no final de 2017, começou a ser implantada no mundo, pelas empresas de telefonia celular, ao final de 2018.

No Brasil, iniciou-se no segundo semestre de 2020, quando a operadora Claro apresentou o DSS (Dynamic Spectrum Sharing, ou Compartilhamento Dinâmico de Espectro), considerado a transição entre a quarta e a quinta geração.

Apesar disso, a Claro ainda não opera nas faixas a serem usadas pelo 5G. A Anatel (Agência Nacional das Telecomunicações) realizou em novembro de 2021 o leilão que definiu as condições e as empresas responsáveis para operação das faixas utilizadas pela 5G, disponibilizando, em consequência, a implantação da tecnologia em nosso país. O leilão teve faixas dedicadas à operação nacional e faixas voltadas à operação regional e, para prevenir distorções, foi estruturado em *"blocos"*. Abarcou as seguintes faixas de radiofrequência: 700 MHz, 2,3 GHz, 3,5 GHz e 26 GHz, por meio das quais os dados serão transmitidos em ultravelocidade para as torres de comunicação. Delas, a faixa de 3,5 GHz – *"banda de ouro", a mais cobiçada* –, por despertar maior interesse, foi licitada de forma regional e nacional, fazendo com que as empresas atuem tanto em áreas mais rentáveis como em outras economicamente menos interessantes.

A incipiente tecnologia da quinta geração de telefonia móvel começa a se expandir pelo mundo. Na América do Sul, em abril de 2019, o Uruguai, com tecnologia Nokia, tornou-se o primeiro país a disponibilizar o 5G comercialmente. Nos Estados Unidos e na Coreia do Sul as operadoras de telefonia móvel, também em abril de 2019, começaram a disponibilizar o 5G, em algumas de suas respectivas localidades. Em outubro de 2019, a China lançou a maior rede de telefonia móvel 5G do mundo: uma rede cobrindo 50 cidades, incluindo Pequim e Xangai. Também no ano de 2019, o Reino Unido incluiu-se entre os primeiros países a disponibilizar o 5G.

(a)

(b)

Figura 14.2 A Telefônica Vivo apresentou um novo modelo de antena para telefonia celular, que permite o compartilhamento com o serviço de iluminação pública, evitando a construção de torres, com menor impacto visual e menos consumo de energia. Parte dos equipamentos é instalada em caixas subterrâneas de plástico reforçado com fibras de vidro. A antena pode ser usada para as tecnologias de voz e dados (3G, 4G, 5G). Em parceria com a Companhia Energética de Brasília (CEB), que fez a substituição do poste de energia, uma dessas antenas foi instalada em frente ao Estádio Nacional de Brasília Mané Garrincha. (a) Antenas instaladas em Brasília. (b) Antena para telefonia móvel pequena o suficiente para ser instalada em poste de iluminação pública.

A tecnologia da quinta geração de telefonia móvel tem estreita ligação com a "Internet das Coisas", com significativos benefícios para a sociedade. Nos denominados "domicílios inteligentes", por exemplo, antes de chegar em casa, um morador poderá ligar aparelhos de ar-condicionado, acionar ou programar acendimento de luzes, aparelhos de televisão e tudo mais que lhe possa aumentar o conforto a desfrutar no momento da chegada. No que se refere a carros autônomos (automóveis, coletivos, caminhões), haverá resultados de melhoria no trânsito e diminuição de acidentes. Esses são apenas exemplos pontuais no âmbito de uma grande mudança na vida das cidades e nos hábitos das pessoas, em função da altíssima densidade da tecnologia, capaz de suportar elevada quantidade de conexões simultâneas.

Nem todos os modelos de smartphones atualmente em uso no Brasil são compatíveis com a nova tecnologia da quinta geração. O lançamento do primeiro lançado aqui em compatibilidade com 5G, o Motorola Edge+, ocorreu no segundo semestre de 2020, com custo da ordem de oito mil reais, mas quem dispuser de um compatível terá de aguardar a oportunidade para utilizá-lo no país, após a realização do leilão.

14.7.4 Protocolos IPv4 e IPv6

Cada dispositivo conectado à internet tem sua própria identidade, chamada de endereço IP. Endereços IP (Internet Protocol address, ou endereço de Protocolo da Internet) são, portanto, identificadores numéricos atribuídos aos dispositivos conectados nas redes que utilizam o Protocolo de Internet. Eles são de dois tipos: os externos ou públicos, que facultam à internet reconhecer a rede que abriga o dispositivo (computador, celular, impressora etc.), e os internos ou locais, por meio dos quais esses dispositivos são rotulados dentro de suas respectivas redes.

O atual padrão de formulação desses endereços, o IPv4, está sendo gradativamente substituído pelo IPv6, em consequência do surgimento dos smartphones, tablets e, sobretudo, da Internet das Coisas, que têm ocasionado grande aumento na quantidade de dispositivos conectados à internet. O IPv4 foi criado com esquema de endereçamento de 32 bits (4 octetos ou bytes na forma decimal), sendo um deles, a título de ilustração, o 200.12.48.4, o que torna o padrão capaz de suportar pouco mais de 4,2 bilhões de endereços. O IPv6, por sua vez, criado em 1998 pela IETF (Internet Engineering Task Force), utiliza esquema de endereçamento de 128 bits, comportando 2^{128} endereços diferentes, o que equivale a aproximadamente $3,4 \times 10^{38}$ destinos. Portanto, quando a migração ocorrer por completo, a internet poderá suportar cerca de 340 undecilhões de dispositivos. Esses endereços são formados por oito grupos de quatro dígitos hexadecimais, separados por dois pontos, subdivididos em uma hierarquia de domínios de roteamento que reflete a topologia da internet. Um exemplo deles seria 2003:bad5:4641:1921:3c05:62ae:fe32:a365. Para amenizar essa complexidade de representação dos endereços IPv6, são introduzidas formas de abreviá-la, por meio de alguns processos de compactação.

Além do aumento na quantidade de endereços, o IPv6 oferece algumas outras vantagens em comparação com o IPv4: aumento de confiabilidade (implementação de IP Security Protocol de forma nativa), formato de cabeçalho simplificado, melhor eficiência de roteamento, inclusão de serviços de autoconfiguração, aumento de desempenho, maior velocidade e utilização de criptografia aprimorada.

14.8 Internet das Coisas (IoT) e importância do Big Data

Internet das Coisas (Internet of Things, IoT) é a tecnologia que designa conexão avançada de dispositivos, sistemas e serviços, a partir da inclusão de objetos físicos – termostatos, geladeiras, lâmpadas, remédios, livros, peças, veículos e tudo mais do cotidiano – à internet, desde que providos de tecnologia embarcada que os torne capazes de receber e de transmitir informações. Desse modo, IoT está muito associada aos conceitos de Casa Inteligente e de Cidade Inteligente, que hão de provocar profundas mudanças na vida da sociedade.

O conceito, introduzido em setembro de 1999 no MIT (Instituto de Tecnologia de Massachusetts), onde se realizavam pesquisas sobre radiofrequência em rede (RFID), atualmente ultrapassa o conceito tradicional de M2M (Máquina a Máquina) e abarca uma ampla variedade de protocolos, domínios e aplicações.

A extensão da comunicabilidade da rede mundial de computadores aos objetos do dia a dia torna possível controlá-los remotamente e, ao mesmo tempo, os transforma em provedores de serviços. Estima-se que muito brevemente estarão codificados cerca de 50 a 100 bilhões de objetos pela "Internet das Coisas" e que haverá dezenas de bilhões de dispositivos sem fio conectados à internet, o que ressalta a imperiosa mudança do padrão de endereçamento IPv4 para o IPv6, atualmente em curso.

Na Internet das Coisas é necessário haver um sistema que torne possível a identificação dos objetos e aparelhos do cotidiano ligados a bases de dados e à conexão das redes com a internet, de modo a viabilizar o arquivamento dos dados próprios de cada objeto. A identificação por radiofrequência conhecida como RFID é um exemplo – como o é o bluetooth – de tecnologia que oferece essa funcionalidade. Trata-se de método de armazenamento e recuperação de dados que utiliza cartões ou "tags" RFID. Recebidos os sinais das etiquetas, eles são decodificados, tratados e transformados em informações úteis, transferidas para os computadores de destino. Qualquer aparelho eletrônico poderá obter identificação por radiofrequência (RFID), que será guardada em banco de dados, viabilizando a IoT. A tecnologia RFID oferece, além da identificação dos objetos, informações sobre o seu estado e a sua localização, permitindo inclusive o controle de itens dinâmicos via satélite, sendo capaz de orientar e restringir seus movimentos.

Nessa "internet do todo", estima-se que superamos as marcas de 30 bilhões de dispositivos móveis conectados permanentemente e de 150 bilhões de dispositivos conectados ocasionalmente. É necessário, então, lançar mão das unidades de ordem superior do Sistema Internacional de Unidades – Peta, Exa, Zeta – para expressar as quantidades em pauta: em 2021 ultrapassamos extraordinários 40 zetabytes (40×10^{21} ou 40 sextilhões de bytes!) de dados na rede. Lidar com essa avalanche de informações, não estruturada e crescente a cada segundo, constitui enorme desafio. Tornou-se necessária uma tecnologia capaz de lidar com esse complexo manancial de dados, cujo custo de armazenamento tem sido muito reduzido e para o tratamento do qual – desde a aquisição até a atualização e a consulta – os softwares disponíveis se mostraram totalmente inadequados. A tecnologia indicada como ferramenta para a solução desse problema foi o Big Data (Cf. 1.14), apresentado como o suporte necessário ao desdobramento da ciência, às relações econômicas e à evolução nos sistemas nas empresas, essencial particularmente às modernas estratégias de marketing e à tomada de decisões. Dados continuamente são coletados ou gerados por simuladores, e a informação consequente é judiciosamente empregada, a partir de trabalhos estatísticos de gerenciamento, o que pressupõe analistas e executivos experientes, capazes sobretudo de formular questões adequadas e previsões corretas de comportamentos. Utilizam-se para isso softwares especificamente desenvolvidos, como o **SciPy** – científico, na linguagem Python –, biblioteca orientada para matemáticos, cientistas e engenheiros, e **R**, uma linguagem livre, orientada a objetos, especificamente destinada à visualização de dados, com foco em análises estatísticas e gráficas. O Gartner Group – empresa de consultoria líder mundial no mercado de pesquisas em TI – divulgou que o Big Data, já no ano de 2015, estaria demandando cerca de 4,4 milhões de vagas de empregos no mundo, mas apenas 1/3 delas foram preenchidas, por falta de qualificação profissional.

O surgimento do Big Data tem tamanha expressão, que representou o advento do **EScience** (Ciência centrada nos dados), o quarto paradigma da pesquisa científica na concepção de Jim Gray, cientista da computação da Microsoft Research, constituindo-se, segundo ele, em novo método de avançar as fronteiras do conhecimento, sucedendo, na linha do tempo, à ciência empírica, à ciência teórica e à ciência computacional: "os tempos contemporâneos nos trazem a Ciência apoiada nas novas tecnologias para coletar, manipular, analisar e exibir dados, isto é, a ciência centrada nos dados, sejam eles observados ou simulados, unificando teoria, experimentos e simulações". Esse paradigma emergente, valendo-se de métodos e algoritmos avançados, estabelecendo protocolos de comunicação entre as bases de dados de grande escala (ou várias bases de dados em paralelo) e lançando mão de novas tecnologias, como a Internet das Coisas e o Aprendizado de Máquinas, utiliza os computadores e afins, mais do que como instrumentos de processamento, como elementos essenciais no processo de descoberta de conhecimento, e fundamentais à interpretação dos dados. Em consequência dessa disponibilidade contínua de informações relevantes, é possível levar, particularmente às grandes empresas, maior eficiência e desenvolvimento de novos produtos.

A computação em nuvem foi fator decisivo para a concepção da tecnologia do Big Data. Essa forma de armazenamento é que proporcionou verdadeiramente a escalabilidade, permitindo aos desenvolvedores criarem *clusters ad hoc* (grupos privados de computadores, compartilhando uma conexão de internet) para testar subconjuntos de dados. De imediato, então, foram criadas nas empresas, entre outras, aplicações voltadas à(ao):

- **análise da eficiência operacional**: avaliação da produção, análise de devoluções de clientes e observação de outros fatores, visando a prevenir demandas futuras;
- **desenvolvimento oportuno de produtos**: planejamento, produção e lançamento de novidades, antecipando a demanda dos clientes;
- **visão da experiência do cliente**: análise de dados de mídias sociais, visitas à web e outras consultas, possibilitando melhor conhecimento dos perfis;
- **aumento de segurança**: identificação de padrões em dados que indicam fraudes;
- **manutenção mais econômica**: relacionamento de dados, estruturados ou não, com as ocorrências, sinalizando necessidade de procedimentos preventivos.

Exercícios

1. A Lei nº 13.709/2018 (Lei Geral de Proteção de Dados Pessoais) prevê a realização do tratamento de dados pessoais, mediante o consentimento do titular dos dados, para o cumprimento de obrigação legal ou regulatória e para a realização de estudos ou execução de contratos a pedido do titular. As hipóteses em questão são exemplos de:

a) princípios das atividades de tratamento de dados pessoais.

b) requisitos para o tratamento de dados pessoais sensíveis.

c) tratamento de dados pessoais de crianças e adolescentes.

d) direitos do titular dos dados.

e) requisitos para o tratamento de dados pessoais.

(Prova: CESPE/CEBRASPE –TJ-PA – Analista Judiciário – Análise de Sistemas (Desenvolvimento) – 2020)

2. Segundo a Lei nº 13.709/2018, de Proteção de Dados, a transferência internacional de dados pessoais é permitida nas seguintes situações, EXCETO:

a) para países ou organismos internacionais que proporcionem grau de proteção de dados pessoais adequado ao previsto na lei específica.

b) quando a autoridade nacional autorizar a transferência.

c) quando a transferência for necessária para a proteção da vida ou da incolumidade física do titular ou de terceiros.

d) quando o titular tiver fornecido o seu consentimento específico e em destaque para a transferência, com informação prévia sobre o caráter internacional da operação, distinguindo claramente essa de outras finalidades.

e) quando a transferência for necessária para a cooperação jurídica internacional entre órgãos públicos de inteligência, de investigação e de persecução, de acordo com os instrumentos de direito internos.

(Prova: INSTITUTO AOCP – MJSP – Cientista de Dados – Big Data – 2020)

3. A Lei Geral de Proteção de Dados considera como dados pessoais sensíveis os dados sobre:

a) contas bancárias.

b) viagens realizadas.

c) formação acadêmica.

d) origem racial ou étnica.

e) numeração de documentos.

(Prova: VUNESP – EBSERH – Analista de Tecnologia da Informação – 2020)

4. A respeito de Internet das Coisas (IoT), julgue o item que se segue.

Em uma residência, caracteriza uma solução de IoT a instalação de um detector de fumaça capaz de gerar alerta em caso de fumaça e ser acionado, a partir de um smartphone, para iniciar um mecanismo de reação.

(   ) certo

(   ) errado

(Prova: CESPE/CEBRASPE – ABIN – Oficial de Inteligência – Área 4 – 2018)

5. Microcontroladores são dispositivos de processamento amplamente utilizados em automação e tarefas de controle digital. Em essência, eles são circuitos integrados do tipo SoC (System on Chip) que incorporam internamente, além de unidade de processamento e memórias diversas, um conjunto de periféricos que permitem interação com o meio externo. No que tange a programação e operação física de sistemas microprocessados, julgue os itens a seguir. Em um microcontrolador, quando do atendimento de uma interrupção, informações úteis à execução global do programa são armazenadas na área de memória denominada pilha (stack).

( ) certo

( ) errado

(Prova: CESPE/CEBRASPE – ABIN – 2018)

6. Atualmente são utilizadas duas tecnologias para armazenamento permanente de dados em computadores pessoais: HDD (hard disk drive) e SSD (solid-state drive). Considere as seguintes afirmativas a respeito dessas tecnologias e assinale a alternativa correta.

I. A tecnologia SSD consome menos energia que a tecnologia HDD.

II. A velocidade de leitura/gravação de dados na tecnologia SSD é superior à da tecnologia HDD.

III. Considerando a capacidade de armazenamento, os dispositivos com base na tecnologia SSD são proporcionalmente mais caros que os com base na tecnologia HDD.

a) Somente as afirmativas II e III estão corretas.

b) Somente a afirmativa II está correta.

c) Somente a afirmativa I está correta.

d) Todas as afirmativas estão corretas.

e) Nenhuma afirmativa está correta.

(Prova: UFSC – Técnico em Segurança do Trabalho – 2019)

7. É um dispositivo de armazenamento de dados de alta capacidade, não volátil e que não possui disco. É construído em torno de um circuito integrado semicondutor, o qual é responsável pelo armazenamento. A eliminação das partes mecânicas o torna completamente silencioso. Outra vantagem é o tempo de acesso reduzido aos dados em comparação aos meios magnéticos e ópticos.

Assinale a alternativa que traz o dispositivo que melhor representa a descrição anterior.

a) HDD (Hard Disk Drive).

b) SSD (Solid-State Drive).

c) Memória RAM.

d) DVD.

(Prova: UFOP – Assistente em Administração – 2018)

8. São tipos de periféricos que, normalmente, se conectam a uma interface HDMI:

a) discos rígidos.

b) pen drives.

c) scanners.

d) monitores.

e) impressoras.

(Prova: IBADE – Câmara de Vilhena/RO – Analista Administrativo – Tecnologia da Informação – 2018)

9. Os sistemas de Big Data costumam ser caracterizados pelos chamados 3 Vs, sendo que o V de:

a) Veracidade corresponde à rapidez na geração e obtenção de dados.

b) Valor corresponde à grande quantidade de dados acumulada.

c) Volume corresponde à rapidez na geração e obtenção de dados.

d) Velocidade corresponde à confiança na geração e obtenção dos dados.

e) Variedade corresponde ao grande número de tipos ou formas de dados.

(Prova: DPE – Fundação Carlos Chagas (FCC) – Analista – Área Tecnologia da Informação – BD – 2017)

10. Uma organização que lida com um grande volume de dados estruturados e não estruturados objetiva organizar esses dados para encontrar *insights* necessários para o negócio usando técnicas de aprendizagem de máquina. A organização terá maiores chances de sucesso para atingir seus objetivos investindo na área de:

a) Data Science.

b) Business Intelligence.

c) Big Data.

d) Governança de Dados.

e) Qualidade de Dados.

(Prova: Fundação Carlos Chagas – FCC – MPE – Analista Ministerial – Área Informática – 2018)

Apêndice 1

Código ASCII

Código alfanumérico ASCII de sete posições*

DEC	ASCII	HEX	DEC	ASCII	HEX	DEC	ASCII	HEX	DEC	ASCII	HEX
0	NUL	00	32	BRANCO	20	64	@	40	96	`	60
1	SOH	01	33	!	21	65	A	41	97	a	61
2	STX	02	34	"	22	66	B	429	8	b	62
3	ETX	03	35	#	23	67	C	43	99	c	63
4	EOT	04	36	$	24	68	D	44	100	d	64
5	ENQ	05	37	%	25	69	E	45	101	e	65
6	ACK	06	38	&	26	70	F	46	102	f	66
7	BEL	07	39	'	27	71	G	47	103	g	67
8	BS	08	40	(	28	72	H	48	104	h	68
9	HT	09	41	)	29	73	I	49	105	I	69
10	LF	0A	42	*	2A	74	J	4A	106	j	6A
11	VT	0B	43	+	2B	75	K	4B	107	k	6B
12	FF	0C	44	,	2C	76	L	4C	108	l	6C
13	CR	0D	45	-	2D	77	M	4D	109	m	6D
14	SO	0E	46	.	2E	78	N	4E	110	n	6E
15	SI	0F	47	/	2F	79	O	4F	111	o	6F
16	DLE	10	48	0	30	80	P	50	112	p	70
17	DCI	11	49	1	31	81	Q	51	113	q	71
18	DC2	12	50	2	32	82	R	52	114	r	72
19	DC3	13	51	3	33	83	S	53	115	s	73
20	DC4	14	52	4	34	84	T	54	116	t	74
21	NAK	15	53	5	35	85	U	55	117	u	75
22	SYN	16	54	6	36	86	V	56	118	v	76
23	ETB	17	55	7	37	87	W	57	119	w	77
24	CAN	18	56	8	38	88	X	58	120	x	78
25	EM	19	57	9	39	89	Y	59	121	y	79
26	SUB	1A	58	:	3A	90	Z	5A	122	z	7A

(continua)

(continuação)

DEC	ASCII	HEX	DEC	ASCII	HEX	DEC	ASCII	HEX	DEC	ASCII	HEX
27	ESC	1B	59	;	3B	91	[	5B	123	{	7B
28	FS	1C	60	<	3C	92	\	5C	124	|	7C
29	GS	1D	61	=	3D	93	]	5D	125	}	7D
30	RS	1E	62	>	3E	94	^	5E	126	~	7E
31	US	1F	63	?	3F	95	_	5F	127	DEL	7F

*A versão de sete posições é obtida a partir de oito posições, por meio da supressão do penúltimo bit da parte de zona. Exemplos:

Caractere	Versão de 8	Versão de 7	Hexadecimal
A	10(1)0 0001	100 0001	41
Z	10(1)1 1010	101 1010	5A
9	01(0)1 1001	011 1001	39

Apêndice 2

Organização em séries da padronização do ITU-T (Telefonia e Transmissão de Dados)

Série	Descrição
A	A organização do ITU-T
B	Meios de expressão
C	Estatística sobre telecomunicações
D	Princípios de tarifação
E	A rede telefônica e o ISDN
F	Operação e qualidade de serviço (telefonia, telegrafia, satélite etc.)
G	Meios e sistemas de transmissão
H	Transmissão de sinais não telefônicos
I	IDNS – Integrated Services Digital Networks (Rede Integrada de Serviços Digitais)
J	Transmissão de sinais de som e televisão
K	Proteção contra interferências
L	Construção, instalação e proteção de cabos e outros elementos em instalações externas
M	Manutenção de sistemas de telefonia, telegrafia, fac-símile, sistemas de transmissão internacionais e circuitos privados
N	Manutenção de circuitos internacionais de som e televisão
O	Especificação de equipamentos de medição
P	Qualidade em sistemas telefônicos
Q	Sinalização e comutação telefônica
R	Telegrafia
S	Serviços telegráficos e equipamentos terminais
T	Equipamentos terminais e protocolos para serviços telemáticos
U	Comutação telegráfica
V	Comunicação de dados na rede telefônica
X	Rede pública de comunicação de dados
Z	Linguagens de programação

Estrutura geral das séries V e X

A estrutura geral das séries V e X é a seguinte:

Série V

A série V trata da especificação entre DTE-DCE e/ou DCE – canal de comunicação.

em que: DTE – Data Terminal Equipment (Equipamento Terminal de Dados); DCE – Data Circuit-Terminating Equipment (Equipamento Terminal de Circuito de Dados)

- V.1 a V.8 Assuntos gerais
- V.10 a V.34 Interfaces e modems na faixa de voz
- V.36 a V.38 Modems de banda larga
- V.41 a V.42 Controle de erro e compressão de dados
- V.50 a V. 57 Qualidade de transmissão e manutenção
- V.100 a V.230 Interconexão com outras redes

Série V – Geral

- V.1 Equivalência entre estado da linha e símbolos binários
- V.2 Níveis de potência nas linhas telefônicas
- V.4 Estruturas de sinais para o IA5 – International Alphabet Number 5 (Alfabeto Internacional Número 5)
- V.7 Definição de termos
- V.8 Procedimento para início de sessão

Série V – Interfaces e protocolos

- V.10 Circuitos não balanceados
- V.11 Circuitos balanceados
- V.13 Simulação de controle de portadora
- V.14 *Start-Stop* (partida parada) em canais síncronos
- V.15 Acoplamento acústico
- V.16 Modems analógicos para uso médico
- V.19 Transmissão paralela

- V.24 Definição dos circuitos de dados, controle e sinalização
- V.25 e V.25 bis
- V.28 Circuitos não balanceados
- V.31 e V.31 bis

Série V – Modems na faixa de voz

- V.17 Modems para fax de 7,2/14,4 Kbps em circuitos de dois fios
- V.21 Modem de 300 bps
- V.22 Modem dúplex de 1,2 Kbps
- V.22 bis Modem dúplex de 2,4 Kbps
- V.26 Modem de 2,4 Kbps para circuitos de quatro fios
- V.26 bis Modem de 1,2/2,4 Kbps
- V.26 Ter Modem dúplex de 2,4 Kbps
- V.27 Modem de 4,8 Kbps para circuitos privados
- V.27 bis Modem de 2,4/4,8 Kbps para circuitos privados
- V.27 Ter Modem de 4,8 Kbps
- V.29 Modem de 9,6 Kbps para circuitos de quatro fios
- V.32 Modem de 9,6 Kbps para rede telefônica e circuitos privados de dois fios. Suporta as recomendações V.42 e V.42 bis, podendo atingir velocidade de até 57,6 Kbps
- V.33 Modem de 14,4 Kbps para circuitos de quatro fios
- V.34 Modem de 28,8 Kbps para rede telefônica e circuitos privados de dois fios. Suporta as recomendações V.42 e V.42 bis, podendo atingir velocidade de até 115,2 Kbps

Série V – Modems de banda larga

- V.35 Modem de 48 Kbps. Este é um padrão não mais suportado pelo ITU-T. No entanto continua sendo muito utilizado. A maioria das implementações utiliza o conector *Winchester* de 34 pinos
- V.36 Modem síncrono de 48 Kbps até 72 pinos. Utiliza o conector ISO-4902
- V.37 Modem para velocidade de até 168 Kbps
- V.38 Modem de 56/64 Kbps. Utiliza os conectores ISO-2110 ou ISO-4902

Série V – Erros e compressão de dados

- V.41 Controle de erros para DTEs ou DCEs com velocidades de 200 Kbps a 4,8 Kbps
- V.42 Controle de erros para DCEs
- V.42 bis Procedimentos para compressão de dados

O grupo que trata da Qualidade de Transmissão e Manutenção e o grupo de Interconexão com outras redes não serão apresentados, por não serem significativos ao nosso estudo.

Série X

- X.1 a X.29 Interfaces, serviços e instalações
- X.50 a X.181 Transmissão, sinalização, computação, manutenção e procedimentos administrativos da rede
- X.200 a X.294 Aspectos gerais do OSI (Open System Interconections)
- X.300 a X.370 Interconexão entre redes
- X.400 a X.485 Sistema de manuseio de mensagens
- X.500 a X.582 Serviço de diretórios
- X.610 a X.665 Redes OSI e sistemas
- X.700 a X.745 Gerenciamento de redes OSI
- X.800 a X.862 Segurança e aplicações no âmbito das redes OSI

Como realçado nas tabelas anteriores, a Série X é muito mais ampla que a Série V, não se atendo somente ao nível físico. Na realidade, os padrões pertinentes no nível físico são um percentual muito pequeno do conjunto formado pela Série X.

Respostas dos exercícios

Capítulo 1

1. (–) (2) (1) (–) (3) (4) (–) (5)
2. (3) (1) (–) (2)
3. d
4. c
5. b
6. b
7. e
8. b
9. c
10. c

Capítulo 2

1. c
2. d
3. b
4. a
5. c
6. b
7. a
8. a
9. c
10. a

Capítulo 3

1. c
2. c
3. c
4. d
5. errado
6. certo
7. certo
8. errado
9. errado
10. (3) (8) (6) (4) (9) (7) (2) (1) (5)

Capítulo 4

1. b
2. errado
3. certo
4. certo
5. errado
6. certo
7. d
8. a
9. a
10. a

Capítulo 5

1. d
2. b
3. c
4. d
5. b
6. d
7. c
8. e
9. c
10. e

Capítulo 6

1. b
2. c
3. a
4. b
5. b
6. d
7. d
8. c
9. c
10. c

Capítulo 7

1. b
2. b
3. d
4. c
5. d
6. a
7. d

8. a
9. b
10. 080 040 001 800 305 073 16
    220 300 012 258 060 233 30
    300 092 36F 030 024 251 90
    602 606 030 033 266 802 00
    330 418 010 033 049 806 02
    743 030 033 277 809 022 52
    840 506 006 000 70

Capítulo 8

1. certo
2. errado
3. errado
4. certo
5. certo
6. errado
7. certo
8. errado
9. Comentário:

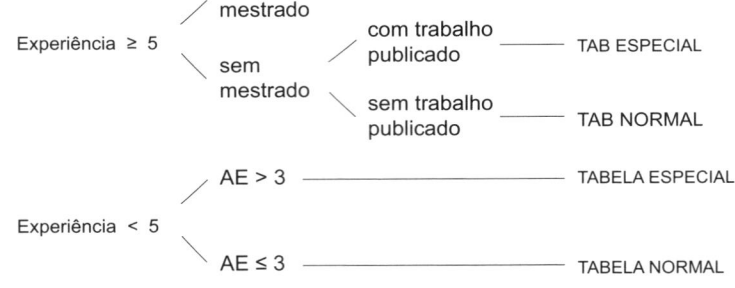

Observe que a Árvore de Decisão permite explicitar todas as alternativas citadas, mas não esgota todas as combinações possíveis. Por exemplo, o exame da solução anterior leva a crer que alguém com experiência superior a 5 anos, sem mestrado, porém com mais de 3 anos de prática com AE, receberá pela tabela normal (o que parece ser incoerente).

10. Comentário:

Árvore de Decisão e Tabela de Decisão são instrumentos que nos auxiliam na tarefa de analisar todas as possibilidades de combinação de condições e as respectivas ações a adotar.

Como as ações a adotar muitas vezes são levantadas junto ao usuário, esses instrumentos servem também para detectar distorções ou nos permitem sugerir ações, para casos não supostos pelos usuários.

Repare que na Árvore de Decisão a redução de cada condição a duas alternativas (S/N) normalmente facilita o entendimento, o que deve ser bem considerado quando se leva em conta que é o melhor instrumento para discutir com o usuário.

Já na Tabela de Decisão, agrupando condições (de modo a se ter condição com *n* alternativas) obtém-se substancial simplificação de trabalho.

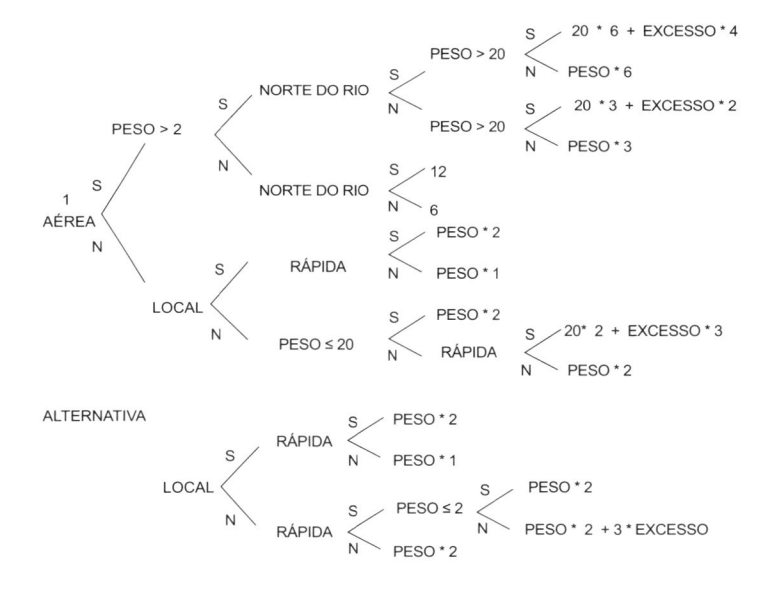

Tabela de decisão completa

	01	02	03	04	05	06	07	08	09	10	11	12	13	14	15	16	17	18	19	20	21	22	23	24	25	26	27	28	29	30	31	32	33	34	35	36
VIA (A/T)	A	A	A	A	A	A	A	A	A	A	A	A	A	A	A	A	A	T	T	T	T	T	T	T	T	T	T	T	T	T	T	T	T	T	T	T
DESTINO (L/S/N)	L	L	L	L	L	L	N	N	N	N	N	N	S	S	S	S	S	S	L	L	L	L	L	L	N	N	N	N	N	N	S	S	S	S	S	S
PESO (P/M/G)	P	P	M	M	G	G	P	P	M	M	G	G	P	P	M	M	G	G	P	P	M	M	G	G	P	P	M	M	G	G	P	P	M	M	G	G
Sv de ENTR. (N/R)	R	N	R	N	R	N	R	N	R	N	R	N	R	N	R	N	R	N	R	N	R	N	R	N	R	N	R	N	R	N	R	N	R	N	R	N
6u	*não pode haver "Aéreo Local"*											X	X																							
12u						X	X																													
60 + 2(P − 20)u																		X	X																	
120 + 4(P − 20)u											X	X																								
1 u/b																				X		X		X												
2 u/b																					X		X		X	X	X	X		X	X	X	X	X		X
40 + 3(P − 20)u																												X							X	
6 u/1b										X	X																									
3 u/1b												X	X																							

A partir desta tabela, elabore a tabela simplificada.

Capítulo 9

1. 6-13-25
2. 10001101001;1110100111
3. 51966-2842-4548
4. 2A; C3
5. $(19)_{16}$ $(6)_{16}$ $(F5)_{16}$
6. $(11101001)_2$ $(11001011)_2$ $(101000)_2$
7. (−) (6) (2) (1) (−) (5)
8. d
9. c
10. c

Capítulo 10

1. e
2. e
3. b
4. d
5. e
6. c
7. e
8. e
9. e
10. c

Capítulo 11

1. d
2. c
3. d
4. c
5. a
6. d
7. a
8. b
9. a
10. d

Capítulo 12

1. b
2. b
3. c
4. a
5. certo
6. certo
7. certo
8. certo
9. errado
10. errado

Capítulo 13

1. b
2. extranet
3. b
4. b
5. e
6. a) errado b) errado
7. a) certo   b) errado
8. certo
9. e
10. a

Capítulo 14

1. e
2. e
3. d
4. certo
5. certo
6. d
7. b
8. d
9. e
10. a

Glossário

A

ACK: Caractere de controle de comunicações, transmitido pelo receptor, como indicação afirmativa ao transmissor. Indica que o bloco transmitido foi bem recebido e que a unidade receptora está pronta para aceitar o próximo bloco de transmissão.

ActiveX: Tecnologia de integração que proporciona a intercomunicação de componentes de software, seja em uma máquina, em uma rede local ou na internet. Trata-se da versão da tecnologia OLE (Object Linking and Embedding), da Microsoft, estendida à internet. Controles ActiveX são pacotes de funcionalidades que podem ser incorporados a aplicativos construídos a partir de linguagens diversas, não necessariamente atrelados à tecnologia Microsoft.

acumulador: Um dos registradores da UCP, no qual são executadas operações aritméticas e lógicas.

alfabético-numéricos: Caracteres que abrangem as letras do alfabeto, os algarismos e outros símbolos, como os de pontuação e os símbolos matemáticos.

alfanumérico: Contração de alfabético-numérico.

algoritmo: Um conjunto definido de operações a serem executadas para levar a algum resultado desejado.

AMD Kn: Avançada família de microprocessadores fabricada pela AMD (Advanced Micro Devices).

analista: Pessoa qualificada quanto à definição e ao desenvolvimento de técnicas para solucionar um problema – especialmente aquelas técnicas de solução por meio de um computador.

analista de sistemas profissional: Pessoa que planeja e supervisiona a construção de novos sistemas informatizados.

Applet: Pequeno programa desenvolvido na linguagem Java voltado à utilização na internet; é executado na janela do browser (navegador) e amplia a funcionalidade de páginas da web.

arquivo: 1. Conjunto de informações orientadas para determinada finalidade. Os registros de um arquivo poderão estar, ou não, ordenados segundo uma chave contida em cada registro. 2. O espaço reservado em memória para essas informações.

ASCII: Abreviatura de American Standard Code for Information Interchange. Código utilizado em computadores, em que cada configuração é formada por 8 bits.

ASSEMBLY: 1. Linguagem-fonte de baixo nível em que se representam, com códigos mnemônicos, as instruções da linguagem de máquina, guardando correspondência uma a uma. 2. Programa do computador que transforma uma linguagem oriunda da compilação em linguagem de máquina.

assíncrona: Transmissão em que cada caractere de informação é transmitido individualmente com intervalos de tempo quaisquer entre eles, ao contrário da transmissão síncrona. A transmissão é controlada com o uso de sinais de start e stop.

atenuação: Um decréscimo na potência de um sinal na sua transmissão entre dois pontos. Geralmente, medida em decibéis.

ATM (Asynchronous Transfer Mode): Tecnologia de comunicação por comutação de células (tamanho fixo de 53 bytes), que estabelece conexão comutada entre as estações da rede, sendo capaz de transmitir dados, voz e imagem em tempo real.

atualizar (*update*)**:** Proceder em um arquivo mestre às mudanças requeridas pelas informações ou transações correntes.

B

backbone: Rede de alta capacidade que interconecta redes de capacidade menor. Normalmente contém os meios de transmissão mais rápidos e suporta distâncias mais longas.

banco de dados: O conjunto agregado e estruturado de informações armazenadas em um sistema de computação de forma a permitir o acesso seletivo.

banda: Uma faixa de transmissão, ou seja, a parte do espectro de frequências em que ocorre a transmissão.

banda base: Em uma rede local, um método de comunicação em que o sinal trafega no cabo em sua forma original digital. Um canal banda base é um canal que não pode ser multiplexado.

banda larga: Método de comunicação analógica, por meio de canal de alta largura de banda, normalmente multiplexado.

banda passante ou largura de faixa: A diferença entre a frequência mais alta e a mais baixa em uma banda de transmissão. É medida em hertz (Hz).

barramento: Via interna mediante a qual sinais elétricos circulam entre componentes do computador.

batch: Ver lote.

BAUD: Unidade da velocidade de sinalização. Refere-se ao número de vezes que o estado do sinal se altera por segundo. Se cada estado do sinal representa um bit, é equivalente a bps (bits por segundo). Mas se estiver sendo utilizada uma sinalização multinível, onde cada estado da portadora pode representar mais de um bit, essa equivalência não existe.

BAUDOT: Código de 5 bits usado em telegrafia. O conjunto de caracteres contém 53 símbolos.

BCC: Abreviatura de Block Check Character. Campo transmitido ao fim de uma mensagem contendo o resultado da acumulação dos caracteres da mensagem para fim de conferência.

BCD: Abreviatura de Binary Coded Decimal (Decimal Codificado em Binário). Sistema binário de numeração que possui somente dois dígitos, 0 e 1.

bit: 1. Abreviatura de Binary Digit. 2. Um único caractere em um número binário. Unidade de capacidade de registro de informações de um dispositivo de memória.

bit de informação: Parte da mensagem ou caractere que é usada para representar dados e não para controle.

bit de paridade: Bit de verificação ou de teste, que indica se o número total de dígitos binários 1, existentes em caractere ou palavra (exclusive o próprio bit de paridade), é ímpar ou par.

bitcoin: Moeda virtual criptografada, criada em 2009, que pretende transformar-se em instrumento revolucionário para utilização em transações digitais. É independente de qualquer organismo administrador central e só circula entre carteiras criadas nos computadores dos usuários. A bitcoin, na verdade, não é apenas uma moeda; é também um protocolo e um software que possibilita transações peer-to-peer instantâneas – isto é, sem envolver intermediários – e pagamentos a nível mundial.

blog: Espaço na web em que, de forma simples e direta, o interessado faz registro, normalmente cronológico, frequente e imediato, de opiniões, emoções, imagens, fatos ou qualquer outro tipo de conteúdo a sua escolha. Esse espaço presta-se a vários objetivos, podendo ser usado como diário pessoal on-line, ou para promover a comunicação entre pessoas com interesses comuns, ou registrar o desenvolvimento de determinado processo (uma gravidez, um acompanhamento escolar, uma dieta etc.), ou para ser um polo difusor de uma ideia etc.

bluetooth: Especificação industrial para áreas de redes pessoais sem fio (wireless personal area networks) que provê uma maneira de conectar e trocar informações entre dispositivos como telefones celulares, notebooks, computadores, impressoras, câmeras digitais e consoles de videogames digitais por meio de uma frequência de rádio de curto alcance.

booksize: Computador miniaturizado da família IBM/PC, de tamanho aproximado de um livro. Difere basicamente do laptop e do notebook porque não tem teclado nem monitor próprios.

bootstrap: Operação utilizada para carregar na memória as primeiras instruções de uma rotina; essas instruções servirão para colocar na memória o restante da rotina. Carga do sistema; partida. Partida a frio ou partida a quente. A partida a frio envolve a entrada manual de algumas instruções ou o emprego de uma chave especial. Usa-se, abreviadamente, boot, como sinônimo.

bps: Abreviatura de bits por segundo. É a unidade de medida da velocidade de transmissão serial.

browser (navegador): Software que permite a um usuário navegar na web; os dois navegadores mais conhecidos são o Netscape Navigator e o Microsoft Internet Explorer.

buffer: Parte interna de um sistema de processamento de dados que serve de memória intermediária entre duas memórias ou sistemas de processamento de dados.

byte: 1. Termo genérico que indica uma porção mensurável de dígitos binários consecutivos; por exemplo, um grupo de 8 bits ou de 6 bits. 2. Grupo de dígitos binários usualmente processado como se fosse uma unidade.

C

cabo coaxial: Cabo que consiste em um condutor, envolto por outro externo, separados por um material isolante.

campo: Área designada em cada registro (pertinente a um arquivo) para receber informações de uma natureza específica (campo nome, campo estado civil etc.).

canal: Conjunto de recursos que permite a transmissão de um ponto para outro. Por meio da multiplexação, vários canais podem compartilhar um mesmo meio de transmissão.

canal de voz: Canal adequado para transmissão de voz, que permite a passagem de frequências de 300 a 3.400 Hz.

caractere: Símbolo de um conjunto de símbolos elementares, como os que correspondem às teclas em uma máquina de escrever. Os símbolos usualmente abrangem os algarismos decimais (0 a 9), as letras de A até Z, os sinais de pontuação, os símbolos operacionais e quaisquer outros símbolos singulares que um computador possa ler, registrar na memória ou imprimir. Pode ser representado por um grupo de bits ou de pulsos.

carga de sistema: Ver bootstrap.

carregar: 1. Colocar dados em um registrador ou memória. 2. Colocar um veículo ou meio em condições de ser acessado pela máquina.

CD-ROM (Compact Disc – Read only memory): Disco compacto utilizado para armazenar mais de 650 megabytes em texto, som e/ou imagem, equivalente a cerca de 250 mil páginas de texto.

centro de processamento de dados: Instalação de computador que presta serviços de processamento de dados.

cibernética: Estudo e técnica do funcionamento e controle de conexões em organismos vivos e em máquinas. Ciência interdisciplinar que faz interfaceamento entre conhecimentos de ciências anteriormente isoladas.

circuito: Uma conexão entre dois pontos que permite transmissão nos dois sentidos, como uma linha telefônica.

circuito terminal: Elemento que termina uma ligação multiponto.

cloud computing: Computação nas nuvens ou computação em nuvem é a utilização de variadas aplicações, por meio da internet, em qualquer lugar e usando qualquer plataforma, com a mesma facilidade de tê-las residindo no próprio computador.

código: Sistema de símbolos por meio do qual se representam dados ou instruções em um computador.

código binário: Sistema de codificação no qual a codificação de qualquer dado é realizada mediante o emprego de bits, isto é, 0 ou 1.

código de detecção de erros: Qualquer código em que os sinais de dados obedeçam a uma dada lei de formação, e qualquer desvio seja detectado e corrigido. Também chamado de códigos autoverificadores; na transmissão são inseridos alguns elementos adicionais para permitir a verificação.

código de operação: Parte de uma instrução de computador que especifica, sob forma codificada, a operação a ser executada.

co-location ou colocation: "Compartilhamento de localização", entendido como espaço físico e infraestrutura, é uma modalidade de alojamento destinado principalmente a grandes organizações e a empresas de serviços web. Esse tipo de serviço é também denominado *housing*. Um *colocation centre* (também chamado de "*colo*" ou *carrier hotel*) é um Datacenter independente que oferece hospedagem compartilhada para múltiplos servidores de diversas organizações. Estas alugam a rede e dispositivos de armazenamento de dados, interconectando-se a vários provedores de serviços de telecomunicações e outros serviços em rede, além de usufruir de sua infraestrutura.

compilador: Programa de computador que, além da sua função de tradução, possui a aptidão de substituir determinados itens de entrada por séries de instruções. Desse modo, o programa resultante representa uma versão traduzida e ampliada do programa original.

compilar: Produzir uma rotina traduzida e ampliada a partir de uma rotina escrita em programa-fonte.

computador: Dispositivo capaz de ler informações, aplicar a essas informações determinados processos prescritos e fornecer os resultados da aplicação desses processos. É, basicamente, constituído de dispositivos de entrada e saída de dados, memória e unidade central de processamento.

computador analógico: Computador que representa variáveis por meio de analogias físicas. Trata-se de uma classe de computadores que resolve problemas referentes a condições físicas por meio de quantidades mecânicas ou elétricas, utilizando circuitos equivalentes, como analogia ao fenômeno físico que está sendo investigado.

computador digital: Computador que processa informações representadas por combinações de dados discretos ou descontínuos. Mais especificamente: trata-se de um dispositivo projetado para executar sequências de operações aritméticas e lógicas.

comunicação de dados: O movimento de informação codifica por meio de um sistema elétrico de transmissão. Transmissão de dados de um ponto para outro.

comutação de mensagens: Técnica de tratamento de mensagens em uma rede, que consiste em recebê-las por completo, armazená-las temporariamente e transmiti-las ao destinatário, quando este estiver livre. Cada mensagem tem um cabeçalho que indica, entre outras coisas, o endereço do destinatário.

contador ordinal: Registrador que controla a sequência das instruções que devem ser executadas, durante cada processamento.

cps: Abreviatura de caracteres por segundo. Unidade com que se expressam as velocidades das impressoras mais lentas. (As velocidades mais altas expressam-se em lpm.)

CPU: Abreviatura de Central Processing Unit, ou seja, Unidade Central de Processamento. Ver UCP.

CRM (Customer Relationship Management): Estratégia de negócios que possibilita gerenciar com eficiência os relacionamentos com clientes, oferecendo uma visão integrada deles a todas as pessoas da organização. A satisfação do cliente passa a ser o foco dos negócios, e o lucro passa a ser visto como consequência dessa satisfação e da fidelidade que se espera do cliente.

CRT ou vídeo: Abreviatura de Cathode Ray Tube (Tubo de Raios Catódicos), um tubo eletrônico de vácuo, como o tubo de televisão, que pode ser utilizado para visualização de imagens.

cursor: Um indicador da posição de um caractere ou ponto do vídeo.

ciberbullying: Uso de recursos computacionais para fazer agressão psicológica, com a propagação de mentiras e/ou calúnias, boatos depreciativos, manipulação de comentários desairosos e, ainda, crítica pública a comportamentos, atitudes ou traços de personalidade de alguém.

Cyrix: Fabricante de chips, pioneira na tecnologia de chips com funções integradas.

D

dados: Termo genérico empregado para denotar todos e quaisquer números, letras e símbolos que descrevem ou se referem a um objeto, ideia, condição, situação ou outros fatores. O termo indica de maneira indireta os elementos básicos de informação que podem ser processados ou produzidos por um computador.

Data Mart: Repositório de dados históricos, devidamente agregados e resumidos, para atender a um grupo de pessoas com necessidades de informações afins.

Data Mining: Utilização de técnicas de inteligência artificial e estatísticas com o objetivo de descobrir relacionamentos significativos entre dados armazenados em repositórios de grandes volumes.

data set ou modem: Equipamento que proporciona o interfaceamento para os equipamentos de processamento de dados, convertendo a forma digital de transmissão destes para a forma analógica das linhas de comunicação. Essa conversão é denominada **modulação**. O processo reverso denomina-se **demodulação**.

Data Warehouse: Repositório de dados históricos, granulares e integrados para atender à necessidade de informações corporativas.

Datacenter: Modalidade de serviço de valor agregado que oferece recursos de processamento e armazenamento de dados em larga escala para que organizações de qualquer porte e mesmo profissionais liberais possam ter ao seu alcance uma estrutura de grande capacidade e flexibilidade, alta segurança, e estar igualmente capacitados do ponto de vista de hardware e software para processar e armazenar informações. Na década de 1970, quando os sistemas Mainframe eram utilizados em grande escala, o conceito de Datacenter era conhecido como "Bureaux de Serviços". Atualmente há duas categorias principais de Datacenters: Datacenter Privado (PDC) e Internet Datacenter (IDC).

DB (decibel): Unidade de medida relativa entre duas potências, tensões ou correntes. É obtida multiplicando-se por 10 o logaritmo da razão entre os valores comparados.

Debian: Simultaneamente o nome de um sistema operacional não comercial livre (gratuito e de código-fonte aberto) de GNU/Linux e de um grupo de voluntários que o mantém.

Decimal Codificado em Binário (DCB): Notação decimal por meio da qual os dígitos decimais individuais são representados por uma configuração de uns e zeros; por exemplo, em notação decimal codificada, o número 12 é representado por 0001 0010 (o primeiro grupo de quatro dígitos representa o 1 e o segundo grupo representa o 2); em binário puro, o 12 seria representado por 1100.

deck: Coleção de cartões; em geral, um conjunto completo de cartões que tenham sido perfurados para determinado serviço ou finalidade. Massa de cartões.

definição de programa: A arte de reunir os vários procedimentos lógicos e colocá-los sob a forma de fluxogramas gerais e diagramas de blocos que claramente explanem o problema ao programador, de modo que todos os requisitos envolvidos na execução sejam apresentados.

diagrama de blocos: Representação gráfica dos componentes de um sistema. Sua principal finalidade é indicar as trajetórias segundo as quais a informação e/ou o controle passam entre as várias partes de um sistema.

digitador: Profissional que opera máquina elétrica ou eletrônica de teclados, ligada direta ou indiretamente a um sistema computacional, acionando teclas de acordo com os dados contidos nos documentos de entrada.

dígito binário: Algarismo do sistema binário de numeração, dígitos 0 e 1. Um dos dois estados de um sistema biestável: ligado ou desligado; sim ou não. Em inglês, Binary digit, gerando a abreviatura BIT.

dígitos: Sinais ou símbolos usados para representar uma quantidade específica de informação, quer por si mesmos ou em combinação com outros números do seu conjunto, como, por exemplo, 2, 3, 4 e 5.

disco magnético: Dispositivo de memória no qual se registram informações sobre a superfície magnetizável de um disco em rotação.

distorção: Mudança indesejável na forma de uma onda, que ocorre entre dois pontos de um sistema de transmissão.

distorção de retardo: Distorção resultante da velocidade de transmissão não uniforme das diferentes frequências componentes de um sinal por um meio de transmissão.

documentação: Instruções e explanações, como: fluxogramas, diagramas de blocos, instruções etc.

dump: 1. Transferência de todo ou parte do conteúdo da memória interna para a memória externa. 2. Imprimir esse conteúdo.

E

EBCDIC: Abreviatura de Extended Binary Coded Decimal Interchange Code. Código utilizado em computadores, em que cada configuração é formada por 8 bits.

ECD: Abreviatura de Equipamento de Comunicação de Dados. É a forma como é referido o modem em uma ligação com um ETD.

EIA RS-232-C: Um conjunto de características de sinais (função, duração, tensão), padronizado pela Electronic Industries Association, para interfacear modems e terminais ou computadores.

endereço: Identificação de um local da memória, representada por um nome, um símbolo ou um número.

endereço absoluto: Endereço que indica a exata localização de memória onde os dados deverão ser encontrados ou registrados, expresso no sistema de numeração de endereço em código de máquina.

endereço simbólico: Um nome ou símbolo, alfabético ou alfanumérico, usado para especificar uma localização de memória no contexto de um programa particular. Em geral, os programas são inicialmente escritos utilizando endereços simbólicos segundo um código conveniente, que são traduzidos em endereços absolutos por meio do programa montador.

entrada: Informação ou dados transferidos ou a serem transferidos de um meio de memória externa para a memória interna do computador. Em geral, emprega-se para fazer referência aos dados a serem processados.

entrada/saída: 1. Termo genérico para designar equipamentos usados na comunicação com o computador ou dados envolvidos nessa comunicação. 2. Periféricos que servem à introdução das informações iniciais e/ou à saída das informações processadas. Usa-se, também, o termo input-output, ou as abreviaturas E/S, I/O.

equipamento periférico: As máquinas auxiliares que podem ser colocadas sob o controle do computador central. São exemplos: as leitoras de cartões, as perfuradoras de cartões, as unidades de fita magnética e as impressoras de alta velocidade. Poderá funcionar em linha ou fora da linha, dependendo do projeto do computador, dos requisitos do serviço e da economia.

ERP (Enterprise Resources Planning): Categoria de software cuja finalidade é integrar áreas de uma organização. Sistema Integrado de Gestão.

erro controle: Esquema para detectar a ocorrência de erros, incluindo possibilidade para corrigi-los, por operações efetuadas sobre os dados recebidos ou por solicitação de retransmissão.

erro em rajada: Concentração de erros de transmissão em um curto período de tempo.

escalabilidade: Em telecomunicações, infraestrutura de tecnologia da informação; na engenharia de software, escalabilidade é uma característica desejável em todo sistema, rede ou processo, que indica a habilidade de manipular uma porção crescente de trabalho de forma uniforme, ou estar preparado para crescer. Por exemplo, isso pode se referir à capacidade de um sistema em suportar um aumento de carga total quando os recursos (normalmente de hardware) são requeridos. A escalabilidade é assunto extremamente importante em sistemas eletrônicos, bancos de dados, roteadores, redes de computadores etc. Um sistema cujo desempenho aumenta com o acréscimo de hardware, proporcionalmente à capacidade acrescida, é chamado de "sistema escalável".

ETD: Abreviatura de Equipamento Terminal de Dados. É a forma como é referido o terminal ou computador na terminologia ITU-T.

execução de uma instrução: Conjunto de etapas elementares, executadas pelo computador, a fim de produzir o resultado especificado pelo código de operação da instrução.

executar: Interpretar uma instrução de máquina e processar a operação ou as operações indicadas com o(s) operando(s) especificado(s).

F

Facebook: Rede social em que usuários podem se agrupar em uma ou mais redes.

FAT (File Allocation Table – Tabela de Alocação de Arquivos): Índice com os nomes dos arquivos em disco flexível ou disco rígido.

feed (ou *web feed*): Do inglês "alimento" – é uma ferramenta utilizada para pesquisar dados atinentes ao perfil de um usuário, visitando endereços de seu interesse. A partir desses dados, atualizam-se arquivos de conteúdos específicos. Distribuidores de informação disponibilizam *feeds* em que os usuários se inscrevem no formato de link. A inscrição em um feed pressupõe a inclusão do link do feed em uma lista de assinaturas de um agregador. Este, por sua vez, consiste em um programa que reúne as informações dos diferentes *feeds* escolhidos pelo usuário e se conecta periodicamente ou sob comando para promover as atualizações. Outros formatos de dados possíveis de serem comunicados por *feeds* são os arquivos de áudios, os vídeos e os *podcasts*.

feedback: Parte de um sistema que automaticamente faz retornar as informações sobre a condição que está sendo controlada.

fita de papel perfurada: Tira de papel capaz de guardar ou registrar informações. Pode ser lida pelo dispositivo de entrada de um computador ou por um dispositivo de transmissão, por meio da percepção da configuração de perfurações representativa de informações codificadas.

fita magnética: Fita de qualquer material impregnado ou revestido de material magnético, na qual as informações podem ser colocadas sob a forma de áreas ou pontos polarizados magneticamente.

flip-flop: Um circuito ou dispositivo contendo elementos ativos que podem assumir, em cada instante, um entre dois estados opostos. Usado para armazenar um bit de informação.

floppy disk ou disquete ou disco flexível: Um disco flexível no qual é gravada a informação, magneticamente. Seu tamanho compacto e sua portabilidade o tornam um popular meio de armazenamento para mini e microcomputadores e para terminais inteligentes em sistemas de comunicação.

fluxograma: Representação gráfica das principais fases de um serviço. Os símbolos ilustrativos poderão representar documentos, máquinas ou medidas tomadas durante o processo. Deve-se dar ênfase ao que é feito, onde é feito e quem faz; é secundária a questão de como será realizado.

frame-relay: Rede de comutação de pacotes similar ao X.25, mas com menor preocupação com controles e capacidade superior de velocidade de transmissão.

framework: Qualquer agente voltado a prover a intercomunicação de componentes de software. O JavaBeans, usado no desenvolvimento de applets, e o ActiveX são exemplos de frameworks.

front-end: Processador especializado no atendimento e controle das funções de comunicação, ligado aos computadores que atendem redes de maior porte.

full-duplex: Sistema capaz de transmitir dados em duas direções simultaneamente. O mesmo que duplex.

G

gateway: Equipamento que interconecta redes, com capacidade de converter protocolos (exemplos: SNA para TCP/IP; IPX/SPX para TCP/IP).

gerente de informação: Profissional que cria estratégias, identifica áreas de potencial aplicação e submete à alta direção o desenvolvimento de sistemas de processamento de dados.

giga: Prefixo que designa um bilhão.

gigabyte: 1.073.741.824 bytes ou 210 megabytes ou 1.024 megabytes.

Gmail: Serviço gratuito de webmail, criado pelo Google em 2004, que revolucionou os demais já existentes. O Gmail ofereceu, de início, 1 GB de espaço de armazenamento. Yahoo! Mail e Microsoft Hotmail – que ofereciam 6 MB e 2 MB, respectivamente – e outros provedores pagos e gratuitos tiveram de rever a questão para continuarem em condições de concorrer com o recém-chegado.

Google Chrome: Navegador desenvolvido pelo Google – disponível gratuitamente – que em 11 de dezembro de 2008 teve lançada sua versão estável ao público em geral. Em menos de dois anos de uso, tornou-se o terceiro browser mais usado do mundo, atrás apenas do Internet Explorer e do Mozilla Firefox. O navegador está disponível em mais de 51 idiomas para plataformas Windows, MacOS X, Android, Ubuntu, Debian e outras. Atualmente, é o navegador mais utilizado no mundo, com 39,15 % dos usuários contra 29,71 % do Internet Explorer e 20,06 % do Mozilla Firefox, segundo a StatCounter. A partir da versão 28, o Chrome trocou o motor de renderização WebKit pelo Blink, desenvolvido pelo próprio Google.

gravar ou escrever: Transferir a informação, usualmente da memória principal para um dispositivo de saída.

GUI (Graphical User Interface): Ambiente de processamento que exibe ícones ou símbolos gráficos.

H

half-duplex: Sistema que comporta transmissão bidirecional apenas alternativamente. Também denominado meio duplex.

hard-copy: A cópia impressa de saída de alguma máquina: relatórios, listagens, documentos, resumos.

hardware: O equipamento em si; os seus circuitos internos. O equipamento físico ou dispositivos que constituem um computador.

hertz: Unidade para medir frequência; equivalente a ciclos por segundo.

homepage: Página inicial de um site. Frequentemente, no entanto, utilizam-se site e homepage como sinônimos.

host ou anfitrião: Computador, em uma rede, ao qual cabem os serviços básicos, por ser o de maior porte e de maiores recursos.

HTML (Hyper Text Markup Language): Linguagem declarativa sob a qual é criada a maioria dos documentos da web.

I

impressão 3D: Também conhecida como prototipagem rápida, é uma forma de tecnologia de fabricação aditiva em que um modelo tridimensional é criado por sucessivas camadas de material. Tecnologias de impressão avançadas permitem imitar com precisão quase exata a aparência e a funcionalidade dos protótipos. As impressoras 3D vêm se tornando financeiramente acessíveis para pequenas e médias empresas. São utilizadas em diversos ramos de produção, como os de joalherias, calçados, automotivos e outros.

impressora: Equipamento periférico que imprime relatórios, registrando as saídas do processamento em papel.

indexador/buscador: Website especializado em listar páginas da internet a partir de palavras-chave indicadas, apresentando os resultados de forma organizada, rápida e eficiente. Verdadeiro motor de buscas, fazendo enorme varredura em toda a rede mundial (www). Existem buscadores globais, com destaque para Google, Yahoo! e Amazon; especializados em temas, como BuscaPé e WImóveis; e locais, restritos a limitadas áreas. Segundo a Hitwise, líder de inteligência em marketing digital da Serasa Experian, o Google Brasil manteve a primeira posição do ranking da preferência dos usuários de internet no país, registrando 78,63 % de participação nas buscas no mês de dezembro de 2012. Em segundo lugar, na lista de buscadores mais usados no país, está o Bing Brasil, com 7,61 % da preferência dos usuários, seguido de Ask Brasil, com 5,34 %. O Yahoo! Brasil aparece na quinta posição, com 1,19 % de participação de buscas. No entanto, se for considerada a taxa de sucesso das buscas, Yahoo! Brasil fica em primeiro lugar, com 82,89 %, enquanto o Bing Brasil atinge 81,32 %. De acordo com a Hitwise, isso significa que, para esses dois mecanismos de busca, mais de 80 % resultaram em visita a, pelo menos, um site. A Google Brasil atingiu 68,13 %.

indicadores: Registradores que indicam condições como: condições de maior ou igual, resultantes de uma comparação; ou condições de mais ou menos, resultantes de um cálculo.

informática: Tratamento da informação por meios automáticos, modernamente com emprego de computador eletrônico.

Instagram: Rede social gratuita para compartilhamento de fotos e vídeos. Com esse app é possível aplicar filtros em imagens e filmagens e depois publicá-las para curtição e comentários dos amigos. Desde meados de 2013, o Instagram permite aos usuários compartilharem vídeos de até 15 segundos.

instrução: Conjunto de caracteres que, juntamente com um ou mais endereços ou nenhum endereço, faz que o computador realize a operação com as quantidades indicadas.

Intel: Maior fabricante de microprocessadores do mundo, responsável pelos chips de CPU de cerca de 75 % dos computadores produzidos.

interface: Um dispositivo ou equipamento que torna possível a interoperação de dois sistemas. Pode ser um equipamento que compatibiliza duas máquinas diferentes ou a especificação de características e função de sinais a serem trocados entre dois sistemas para que possam realizar uma tarefa em comum.

internet: Rede de abrangência mundial, em constante expansão, que interliga centenas de milhares de computadores, disponibilizando inúmeros serviços, com destaque para o correio eletrônico e a web.

I/O: Abreviatura de input/output (entrada/saída).

iPad: Computador de mão, estilo tablet, medindo cerca de 19×24 cm, com as mesmas características do iPhone – com exceção do celular e da câmera fotográfica. Possui a mesma tela multitoque com a mesma sensibilidade e qualidade visual. O iPad, lançado em 2010, permite ao usuário, por seu tamanho maior, executar tarefas com mais conforto e rapidez quando elas são grandes demais para a diminuta tela do iPhone e pequenas demais para um notebook. Tem como itens de conectividade o Wi-fi, o bluetooth e conexão de dados celular 3G (sem chamadas de voz). Da mesma forma que o iPhone, tem acesso ao vasto acervo de aplicativos da AppStore, expandindo, assim, os recursos do aparelho.

iPhone: Computador de mão que faz chamadas telefônicas. O iPhone impactou o mercado e os fabricantes de celular de tal modo que a própria forma de usar o aparelho no dia a dia se alterou. A tela capacitiva multitoque da Apple reformulou a interface dos aparelhos. O iPhone foi o primeiro aparelho que integrou a internet – a "computação nas nuvens" – ao aparelho de mão.

iPod: Reprodutor de áudio, basicamente um MP3 player com vídeo e mais algum recurso, possivelmente câmera fotográfica. É similar ao iPhone em sua interface e operação, ou seja, é um iPhone sem o fone. O aparelho é menor e tem basicamente as mesmas funções do iPhone – compartilhando inclusive o mesmo Sistema Operacional. O iPod (2001) antecedeu o iPhone (2008). Em termos de conectividade conta somente com o Wi-fi e o bluetooth. O acesso à AppStore confere ao iPod Touch a mesma possibilidade de expandir seus recursos com a instalação de aplicativos extras, inclusive de jogos.

ITU (International Telecommunication Union – Associação Internacional para Telecomunicações) – antigo CCITT: Praticamente todos os países são filiados a essa organização, com sede em Genebra, criada para estabelecer padrões e procedimentos internacionais para telecomunicações. O ITU emite recomendações adotadas em nível internacional também para comunicação de dados.

J

Java: Linguagem de programação desenvolvida pela Sun Microsystems®.

JavaBeans: 1. Componentes de software, também denominados Beans, utilizados em determinadas plataformas Java, com vistas a incrementar a reutilização nos desenvolvimentos; ao contrário dos applets, residem no ambiente do usuário. 2. Plataforma ou arquitetura provida dessa funcionalidade. 3. Tecnologia voltada ao trato com esses componentes.

job: Tarefa a ser cumprida por um computador.

L

laptop: Microcomputador transportável, acondicionado em maleta, com monitor de cristal líquido, capaz de funcionar à bateria. Na linha de miniaturização surgiram os notebooks, ainda de menores dimensões. Ver booksize.

laser: Abreviatura de Light Amplification by Stimulated Emission of Radiation. Um dispositivo que transmite um feixe de luz extremamente coerente.

leitora de cartões: Dispositivo de entrada constituído de uma leitora mecânica de cartão perfurado e de circuitos eletrônicos relacionados que transcreve os dados de cartões perfurados para uma área de trabalho na memória ou para fita magnética.

ler: Perceber, compreender e interpretar as informações contidas em uma fonte.

linguagem: Conjunto de regras para transmitir informações.

linguagem C: Linguagem estruturada criada como evolução da linguagem B (nos laboratórios Bell), que se constitui em uma ótima ferramenta para codificação de software básico.

linguagem natural: Linguagem de programação, estruturada, voltada à exploração de bancos de dados, podendo ser interpretada ou compilada.

linguagem objeto: Linguagem que constitui a saída de uma rotina automática de codificação.

linguagem-fonte: Linguagem segundo a qual um programa é preparado antes de ser processado pela máquina. Trata-se de linguagem simbólica, podendo ser de alto ou de baixo nível.

linha privativa: Um canal reservado para uso específico de um só usuário, para transmitir voz ou dados.

linha privativa para uso com dados: Uma linha privativa em que o usuário informa, ao solicitá-la, que se destina à transmissão de dados. É uma linha de melhor qualidade e o usuário paga mais por ela.

Linux: Termo usado para designar qualquer sistema operacional que utilize o núcleo Linux. Foi desenvolvido pelo finlandês Linus Torvalds, inspirado no sistema Minix. Seu código-fonte está disponível sob licença GPL para qualquer pessoa que pretenda utilizar, estudar, modificar e distribuir de acordo com os termos da licença. Inicialmente desenvolvido e utilizado por grupos de entusiastas em computadores pessoais, o sistema Linux passou a ter a colaboração de grandes empresas, como IBM, Sun Microsystems, Hewlett-Packard (HP), Red Hat, Novell, Oracle, Google, Mandriva e Canonical. Apoiado por pacotes igualmente estáveis e cada vez mais versáteis de aplicativos para escritório (LibreOffice; BrOffice, p. ex.) ou de uso geral, por programas para micro e pequenas empresas gratuitos, mas que em nada ficam a dever aos seus concorrentes comercializados (projeto GNU), e interfaces gráficas cada vez mais amigáveis, como o KDE e o GNOME, o núcleo linux, conhecido por sua estabilidade e robustez, tem gradualmente caído no domínio popular, encontrando-se cada vez mais presente nos computadores de uso pessoal atuais. Há muito, entretanto, destaca-se como o sistema operacional preferido em servidores de grande porte, encontrando-se quase sempre presente nos "mainframes" de grandes empresas comerciais.

lote: Técnica segundo a qual os programas a serem processados são reunidos em grupos antes do processamento propriamente dito. Também chamado de processamento em batch.

LPM: Abreviatura de linhas por minuto. Unidade com que se expressam as velocidades das impressoras mais velozes (as velocidades mais baixas são expressas em cps).

LRC: Abreviatura de Longitudinal Redundancy Check (Verificação da Redundância Longitudinal). É uma técnica de verificação de erros baseada na soma binária (OR exclusivo) dos caracteres transmitidos. Essa soma é transmitida ao final após o último caractere da mensagem, como um BCC (Block Check Character), que será comparado com o resultado da mesma operação aplicada à mensagem na recepção. Se o resultado for o mesmo, isso indica que não houve erro de transmissão.

M

mailing list: Conjunto de endereços usado para distribuir mensagens de e-mail para um grupo de pessoas, os subscritores. Assenta em um serviço externo que reenvia automaticamente aos subscritores as mensagens enviadas para um endereço associado à mailing list. Assim, qualquer subscritor pode facilmente enviar uma mensagem para os restantes, evitando longas listas de endereços nos campos reservados aos destinatários.

mega: Prefixo que designa 1 milhão.

megabyte: 1.048.576 bytes ou 210 kilobytes ou 1024 kilobytes.

meio de gravação: A substância física sobre a qual os dados são registrados; por exemplo, fita magnética, cartões perfurados, formulário contínuo.

memória auxiliar: Dispositivo de memória suplementar à memória principal de um computador; por exemplo: fita magnética, disco magnético ou tambor magnético. A memória auxiliar usualmente pode guardar volumes de dados muito mais elevados do que a memória principal. O acesso às informações contidas na memória auxiliar é mais lento do que no caso da memória principal.

memória de discos magnéticos: Dispositivo de memória constituído de discos magneticamente revestidos, sobre cujas superfícies se registra a informação, em forma de pontos magnéticos. Esses dados são dispostos em trilhas circulares ao redor dos discos, sendo acessíveis a cabeçotes de leitura e gravação localizados em um braço que pode ser movido mecanicamente para o disco desejado e daí para a trilha desejada naquele disco. Os dados de uma trilha são lidos ou gravados sequencialmente, à medida que o disco gira.

memória de fitas magnéticas: Dispositivo de memória no qual os dados são registrados sob a forma de pontos magnéticos, produzidos em fita plástica revestida. Os dados binários são registrados como pequenas manchas ou pontos magnetizados dispostos em forma de coluna ao longo da largura da fita. Um cabeçote de leitura-gravação está, em geral, associado a cada trilha ou canal, de tal maneira que uma coluna poderá ser lida ou gravada de uma vez só, quando a fita passa pelo cabeçote.

memória principal: O dispositivo de memória mais rápido de um computador; aquele a partir do qual as instruções são executadas.

merge: Combinar registros provenientes de dois ou mais arquivos similarmente ordenados, em outro arquivo ordenado, sem alterar a ordem dos registros.

micro-onda: Qualquer onda eletromagnética no espectro de frequência de rádio acima de 890 Mega-hertz.

microssegundo: A milionésima parte de um segundo, ou seja, 10^6 segundos.

milissegundo: A milésima parte de um segundo, ou seja, 10^3 segundos.

mnemônico: Relativo a auxiliar ou pretender auxiliar a memória humana.

modem: Abreviatura de modulador-demodulador. Equipamento que transforma, por modulação, os sinais digitais, emitidos por terminais e computadores, em sinais analógicos adequados à transmissão por uma linha telefônica comum e restaura (demodula) a forma original na recepção. Também chamado de data-set.

modem digital ou banda base: Modem projetado para operar com distâncias de até 40 km. Necessita de linha privativa fisicamente contínua.

modulação: Processo pelo qual são variadas uma ou mais características de uma onda, denominada portadora, em função de um sinal, denominado modulador. É o processo pelo qual o modem transforma os sinais emitidos por um computador em sinais compatíveis com as linhas telefônicas. A modulação pode ser feita variando a amplitude, a frequência ou a fase da onda portadora.

modulação em amplitude: Alteração da intensidade máxima ou amplitude da portadora em função do sinal modulador. Quando a um dos estados corresponde amplitude zero, diz-se que a modulação é por supressão da portadora.

modulação em fase: Alteração na fase ou ângulo relativo da portadora de acordo com o sinal modulador.

monomodo: Fibra ótica que apresenta diâmetro do núcleo medindo de 5 a 10 micra. Esse diâmetro só permite a propagação em um comprimento de onda; consequentemente, pode atingir distâncias bem maiores que as da fibra ótica multimodo.

multimodo: Fibra ótica que apresenta diâmetro do núcleo medindo de 50 a 100 micra. Tem largura de banda menor que a fibra ótica monomodo. A transmissão é feita em vários comprimentos de onda e atinge distâncias menores.

multiplexação por divisão de frequência: Subdivisão da banda disponível para transmissão em sub-bandas, cada uma das quais é usada para um canal separado. Dessa forma, é possível haver transmissão oriunda de vários canais diferentes em um único circuito, simultaneamente.

multiponto: Forma de ligação em que é permitido mais de um terminal ou estação em uma mesma linha.

N

nanotecnologia: Nova tecnologia, criada no Japão, que busca inovar invenções, aprimorando-as, com aplicações em diversas áreas, como medicina, eletrônica, ciência da computação, física, química, biologia e engenharia dos materiais, com pesquisa e produção na escala nano (escala atômica). O princípio básico da nanotecnologia é a construção de estruturas e novos materiais a partir dos átomos (os tijolos básicos da natureza). Está apenas em seus primeiros passos, mas já apresenta, contudo, resultados surpreendentes.

NAK: Negative Acknowledge. Caractere de controle usado em comunicações para informar, a quem transmitiu uma mensagem, que ela deve ser retransmitida, pois não foi aceita (por falta de espaço para guardá-la, porque veio fora de hora ou porque continha erro[s]).

nanossegundo: A bilionésima parte de um segundo, ou seja, 10^{-9} segundos.

NetBEUI (NetBIOS Extended User Interface): Versão avançada do NetBIOS.

NetBIOS (Network Basic Input/Output System): Protocolo de rede próprio para aplicações distribuídas.

NTIC: Novas tecnologias de informação e comunicação desenvolvidas ao final do século XX, notadamente de 1970 a 1990, voltadas a incrementar, digitalizar e veicular conteúdos comunicacionais.

O

off-line: Equipamento fora do controle direto de uma UCP ou não conectado a uma linha de transmissão.

on-line: Termo descritivo de um sistema no qual a operação se acha sob controle da UCP e no qual as informações são introduzidas no sistema de processamento de dados tão logo ocorram.

operação em paralelo: Execução simultânea de várias ações, mediante a atribuição de dispositivos individuais para cada uma dessas ações. É executada a fim de poupar tempo em relação à operação em série.

operador de computador: Profissional que opera sistemas de avançada tecnologia e controla o desempenho do sistema por meio de console.

operando: Quantidade que entra ou aparece em uma instrução. Poderá ser um argumento, um resultado, um parâmetro ou uma indicação de localização de instrução seguinte.

Orkut: Comunidade on-line que conecta pessoas mediante uma rede de amigos.

overflow: A condição que surge quando o resultado de uma operação excede a capacidade do espaço de memória reservado em um computador digital.

P

pacote: Grupo de bits, incluindo dados e controle de tamanho fixo, transmitido em uma rede de comutação de pacotes.

palmtop: Microcomputador de mão cuja entrada pode ser feita por teclado ou caneta; a maioria deles usa o sistema operacional Windows CE.

paralela: Modo de transmissão em que todos os bits de um caractere são enviados ao mesmo tempo, em trajetórias separadas, em paralelo.

partida a frio: Carga do sistema quando o montador não está na memória principal.

partida a quente: Carga do sistema computador, quando a parte básica do sistema operacional já está na memória principal.

PCM: Abreviatura de Pulse Code Modulation. Amostragem, quantização e codificação em pulsos do sinal modulador.

pendrive: Também designado pen drive, é um dispositivo de armazenamento constituído por uma memória flash com possibilidade de conexão a uma porta USB do computador. As capacidades de armazenamento vão de 64 MB a 32 GB.

plataforma: Combinação do hardware com o sistema operacional de que é provida uma estação de trabalho.

plug-and-play (ligar e usar): Tecnologia sob a qual sistemas operacionais reconfiguram o ambiente de um equipamento, em consequência da instalação de nova placa ou periférico, dispensando procedimentos de configuração por parte de quem os instala.

ponte (bridge): Dispositivo que conecta dois segmentos de rede, de tipos semelhantes ou não (exemplo: Ethernet/bridge/Token-ring).

processador: Termo mais conciso usado para designar a Unidade Central de Processamento.

processamento distribuído: Designação genérica para a situação em que se têm terminais inteligentes ou programáveis e atividades de processamento de dados em pontos remotos.

processamento (eletrônico) de dados: Preparação de meios-fonte contendo dados ou elementos básicos de informação; procedimento, em computador; produção, como saída, de classificações, resultados numéricos, totalizações etc.

programa: A sequência completa de instruções necessárias para resolver um problema.

programa codificado: Programa expresso em um código ou uma linguagem específica.

programa objeto: Programa em linguagem de máquina, pronto para ser executado.

programador: Pessoa que prepara fluxogramas e respectivas codificações de programas a serem submetidos a um computador.

programador de computador: Profissional que codifica programas voltados à solução de problemas, utilizando linguagens de computação, a partir de lógicas explicitadas em algoritmos específicos.

programa-fonte: Programa de computador escrito em linguagem projetada de forma a facilitar que os seres humanos se exprimam; é denominada linguagem simbólica.

protocolo: Conjunto de formatos de mensagens e regras governando sua composição e sequência; utilizado para controlar a transmissão. Também chamado de protocolo de controle de linha.

psw: Palavra da UCP na qual é indicado o estado do processamento, a cada instante.

Q

QAM (Quadrature Amplitude Modulation): Técnica de modulação que transmite 4 bits por baud.

query: Pesquisa/consulta a uma base de dados.

quilo: Prefixo que designa mil.

quilobyte (Kbyte ou Kilobyte): 2^{10} bytes ou 10^{24} bytes.

QWERTY: Padrão de teclado usado em computadores.

R

recursividade: Propriedade de que gozam algumas linguagens de programação, mediante a qual é possível uma sub-rotina chamar outra sub-rotina.

rede: Um grupo de nós interconectados ou inter-relacionados por canais de comunicações. A rede pública é compartilhada por vários usuários, enquanto a rede particular ou privativa é utilizada só por um usuário.

rede local: Rede de comunicação de dados em que não são utilizadas facilidades de comunicações públicas, mas apenas conexões internas na empresa.

registrador: Parte do computador capaz de armazenar um específico dado, relacionado com a instrução em andamento (execução), encontrado em número variável na UCP e, também, na memória principal.

registro físico: Grupo de registros lógicos (ou fração de registro lógico) que o computador transfere de uma posição a outra, a cada vez, para tratamento. Se o registro físico contém mais de um registro lógico, diz-se que o fator de bloco (ou blocagem) é maior que 1; caso contrário, tem-se fator de bloco menor que 1.

registro lógico: Os diversos elementos componentes de um arquivo.

registro (record): Grupo de campos de informação relacionados, tratados como se fossem uma unidade.

RJE: Abreviatura de Remote Job Entry. Entrada remota de serviços a serem submetidos ao computador para processamento.

roteador: Dispositivo que processa e direciona pacotes de dados de uma rede (local ou remota).

S

saída: As informações transferidas da memória interna de um computador para a memória secundária ou externa ou para qualquer dispositivo externo ao computador.

seção aritmética e lógica: Componente da UCP onde são executadas as instruções aritméticas e lógicas, ou seja, o processamento propriamente dito.

seção de controle: Componente da UCP onde são determinadas a execução e a interpretação de instruções em sequência apropriada, decifrando cada instrução e aplicando os sinais adequados à seção aritmética e lógica de acordo com a informação decifrada.

seleção: Processo de indicar a uma estação que há mensagem para ela. Ela pode aceitar o recebimento ou rejeitá-lo, temporária ou definitivamente.

selfie: Autorretrato, frequentemente associado à rede social, tomado em princípio por câmera digital ou telefone celular, com o braço esticado ou em frente a espelho. Pressupõe, portanto, foto tirada de si mesmo, para exibição na rede, podendo incluir, além do fotógrafo, outras pessoas; neste caso, é conhecida como "*selfie grupo*".

serial: Modo de transmissão em que cada bit é enviado um a um na linha, sequencialmente.

simplex: Sistema de transmissão unidirecional.

síncrono: Método de transmissão no qual a sincronização é efetivada a partir de um caractere e vale para toda a mensagem ou bloco.

Skype: Comunicação gratuita via internet, por voz e/ou vídeo, entre usuários do competente software, disponibilizado pela empresa de mesmo nome, para esse fim. Está disponível em dezenas de idiomas e é usado em quase todos os países.

slot: Soquete para adaptação de expansões encontrado nos barramentos de expansão.

software: A totalidade de programas e rotinas utilizados para ampliar as potencialidades dos computadores. Confronte com hardware.

sort: Ordenar itens de informação, segundo regras que dependem de uma chave ou campo nos registros.

Spam: Mensagem eletrônica, e-mail, recado em rede social ou mensagem no celular enviada a usuário(s) sem consentimento. É considerado um lixo eletrônico, utilizado principalmente para fazer propagandas e, em casos mais graves, enviar pornografia, vírus, ou, ainda, roubar informações relevantes, como de contas bancárias, por exemplo. Quem as envia é um spammer.

spooling: Técnica que consiste em enviar informações gravadas em fita magnética (fita spool) para processamento em um segundo sistema computador.

start: Primeiro bit de um caractere na transmissão assíncrona, que antecede os bits do caractere para fins de sincronização.

stop: O último elemento na transmissão de um caractere, em transmissão assíncrona, precedendo o caractere para garantir o reconhecimento do próximo caractere. Pode durar o equivalente a 1, 1,5 ou 2 bits, dependendo do terminal receptor.

switch: Dispositivo comutador utilizado para segmentar redes locais, distribuindo banda entre os diversos domínios.

T

TDM: Abreviatura de Time Division Multiplexer. Multiplexador que aloca o meio de transmissão a vários canais, sucessivamente, para transmissão de um bit ou caractere.

teleprocessamento: Forma de um tratamento da informação em que o sistema de processamento de dados utiliza facilidades de comunicações para receber ou transmitir os dados.

Telnet: Protocolo da internet que permite ao usuário conectar-se a outro computador da rede e utilizá-lo como se seu equipamento fosse um terminal remoto daquela máquina (terminal de rede virtual).

tempo de acesso: Tempo despendido por um computador para localizar dados ou instruções em uma memória e transferi-los para um destino especificado.

tempo de máquina disponível: 1. A totalidade de tempo durante o qual um computador poderá ser utilizado. 2. O período durante o qual o computador está ligado, não se acha em manutenção e está funcionando corretamente.

tempo de máquina ociosa: Período durante o qual o computador funciona mal ou não opera corretamente em razão de falha mecânica ou elétrica: opõe-se a tempo disponível.

tempo de resposta: Intervalo que decorre desde a finalização da mensagem de consulta no terminal até o aparecimento da resposta; inclui transmissão, processamento (com acessos ao arquivo), enfileiramentos e transmissão da resposta.

tempo real: O processamento de informações ou dados de maneira suficientemente rápida para que os resultados do processamento sejam produzidos a tempo de influenciar o processo que está sendo dirigido ou controlado. Também chamado de processamento em tempo real.

tera: Prefixo que significa um trilhão.

terminal burro: Terminal não controlado, em que os caracteres são transmitidos na linha, à medida que vão sendo teclados. O terminal não efetua controle automático de erro nem participação e ligação multiponto.

terminal inteligente: Terminal programável, capaz de executar localmente algumas funções de processamento de dados.

time-sharing: Emprego de um dispositivo para duas ou mais finalidades, durante o mesmo intervalo de tempo global. Processamento em tempo compartilhado.

time-slice: Tempo durante o qual o computador (UCP) fica dedicado a cada usuário, em um sistema multiprogramado.

turnaround: Tempo necessário para reverter a direção de transmissão.

Twitter: Sistema de microblog que funciona como um blog integrado com uma rede social: blog porque cada usuário tem sua página; micro porque cada post deve ter o máximo de 140 caracteres.

U

Ubuntu: Sistema operacional de código aberto construído a partir do núcleo GNU/Linux baseado no Debian, sendo o sistema operacional de código aberto mais popular do mundo. O Ubuntu diferencia-se do Debian por ser lançado semestralmente, disponibilizar suporte técnico nos dezoito meses seguintes ao lançamento de cada versão (exceto nas versões LTS, ou seja, Long Term Support) e pela filosofia em torno de sua concepção. A proposta do Ubuntu é oferecer um sistema operacional que qualquer pessoa possa utilizar sem dificuldades, independentemente de nacionalidade, nível de conhecimento ou limitações físicas. O sistema deve ser constituído totalmente de software gratuito e livre.

UCP: Abreviatura de Unidade Central de Processamento. O computador propriamente dito. Conjunto que contém a seção de controle e a seção aritmética e lógica.

unidade de discos magnéticos: Equipamento periférico do sistema de computador que opera discos magnéticos.

unidade de fitas magnéticas: Equipamento periférico do sistema de computador que opera fitas magnéticas.

V

valência: Em teleinformática, refere-se ao número de bits necessários para individualizar cada estado de um sinal; $V = \log_2 N$, sendo N o número de estados possíveis para o sinal.

veículo de gravação: O mesmo que meio de gravação.

virtualização: Técnica que permite compartilhar e utilizar recursos de um sistema computacional em vários outros denominados máquinas virtuais. Cada máquina virtual oferece um sistema computacional completo, similar a uma máquina física. Com isso, cada máquina virtual pode ter seu próprio sistema operacional, aplicativos, e oferecer serviços de rede. É possível ainda interconectar virtualmente cada uma dessas máquinas por meio de interfaces de rede, switches, roteadores e firewalls virtuais.

W

web ou World Wide Web (www): Sistema utilizado na internet por meio do qual é possível navegar sobre textos interligados, incorporando hipermídia (imagens, sons, vídeos, animações); é o principal meio de divulgação na internet.

website: Também denominado site ou sítio, é um conjunto de páginas web, isto é, de hipertextos acessíveis geralmente pelo protocolo HTTP na internet.

wiki: Termo proveniente do idioma havaiano que significa "rápido", wiki é um conjunto de páginas na internet que qualquer pessoa pode editar e aprimorar, uma espécie de documento colaborativo.

Wikipédia: *Enciclopédia on-line* e, como um meio para esse fim, também uma *comunidade virtual* formada por pessoas interessadas na construção de uma enciclopédia de alta qualidade, em um espírito de respeito mútuo.

word (palavra): Conjunto ordenado de bytes que é tratado pelos circuitos do computador como se fosse uma unidade e como tal transferido. Em geral, é tratado pela seção de controle como uma instrução e, pela seção aritmética e lógica, como uma quantidade.

X

X-25: Protocolo de acesso a redes de comutação por pacotes, proposto pelo CCITT (atual ITU). Especifica formato, conteúdo e sequência das mensagens, sinais ou pacotes intercambiados com uma rede pública de comutação de pacotes.

Z

zona: As duas posições mais à esquerda no conjunto de seis posições do código BCD e as quatro mais à esquerda no conjunto de oito posições dos códigos ASCII e EBCDIC.

zip: Disquete de altíssima capacidade de armazenamento (centenas de MB).

Bibliografia

ALCÂNTARA, N. *Redes de Computadores*. GFI, 1996.

BERTALANFFY, L. *General System Theory: Foundations, Development, Applications*. Nova York: George Braziller, 1968.

BÖHM, C.; JACOPINI, G. *Diagramas de fluxo, máquinas de turing e linguagens com apenas duas regras de formação*. Comunicações da Associação para Máquinas de Computação (ACM). v. 9, n. 5, p.366-371, 1966.

COLLEMAN, D. *et al. Desenvolvimento Orientado a Objetos*. Rio de Janeiro: Campus, 1996.

COMPUTERWORLD DO BRASIL SERVIÇOS E PUBLICAÇÕES LTDA. *Anuário de Informática CWB 1987/88*.

DIAS, D. S.; GAZZANEO, G. *Projeto de Sistemas de Processamento de Dados*. Livros Técnicos e Científicos S/A, 1975.

DYSON, P. *Novell Dicionário de Redes*. Rio de Janeiro: Campus, 1995.

GANE, C.; SARSON, T. *Análise Estruturada de Sistemas*. Rio de Janeiro: LTC, 1984.

IBM DO BRASIL. *Isto é a IBM*, 1981.

INTERNATIONAL BUSINESS MACHINES CORPORATION. *Fundamentos de Sistemas de Computador* (Unidade I), IBM, 1979.

KERNIGHAN, B. W.; RITCHIE, D. M. C. *A Linguagem de Programação Padrão ANSI*. Rio de Janeiro: Campus, 1990.

MATTOS, J. M. *A Sociedade do Conhecimento*. Brasília: Editora UnB, 1982.

MEIRELLES, F. S. *Informática*. São Paulo: Makron, 1994.

PFAFFENBERGER, B. *Dicionário dos Usuários de Microcomputadores*. Rio de Janeiro: Campus, 1993.

QUE. *Dicionário de Programação*. Rio de Janeiro: Campus, 1994.

RAMALHO, J. A. A Caminho da Linguagem Distribuída. In: *Informática Exame*, junho/1996.

ROSE, F. *Into the heart of the mind*. Virginia Barber Literacy Agency, 1984.

RUMBAUGH, J. *et al. Modelagem e Projetos Baseados em Objetos*. Rio de Janeiro: Campus, 1994.

SOARES, L. F. *et al. Redes de Computadores*. 2. ed. Rio de Janeiro: Campus, 1995.

STINSON, C.; ANDREWS, N. *Windows 3.1*. São Paulo: Makron, 1992.

TANENBAUM, A. S. *Redes de Computadores*. 2. ed. Rio de Janeiro: Campus, 1997.

YOURDON, E. *Análise Estruturada Moderna*. Rio de Janeiro: Campus, 1990.

YOURDON, E.; COAD, P. *Projeto Baseado em Objetos*. Rio de Janeiro: Campus, 1993.

YOURDON, E.; COAD, P. *Análise Baseada em Objetos*. 2. ed. rev. Rio de Janeiro: Campus, 1996.

YOURDON, E.; CONSTANTINE, L. *Projeto Estruturado de Sistemas*. Rio de Janeiro: Campus, 1990.

Índice alfabético